北京市教育科学"十四五"规划2021年度重点课题
"基于真实问题情境的高中化学线上线下混合式学习方式的比较研究"
（项目编号：CDAA21056）研究成果

从北京四中到北大清华

肖振龙 叶长军 肖勇 主编

中国言实出版社

图书在版编目（CIP）数据

从北京四中到北大清华 / 肖振龙，叶长军，肖勇主编. -- 北京：中国言实出版社，2024.11. -- ISBN 978-7-5171-4843-2

Ⅰ. G632.474；G632.46

中国国家版本馆CIP数据核字第2024XK3139号

从北京四中到北大清华

责任编辑：王君宁
责任校对：张天杨

出版发行：中国言实出版社

地　　址：北京市朝阳区北苑路180号加利大厦5号楼105室
邮　　编：100101
编辑部：北京市海淀区花园北路35号院9号楼302室
邮　　编：100083
电　　话：010-64924853（总编室）　010-64924716（发行部）
网　　址：www.zgyscbs.cn　电子邮箱：zgyscbs@263.net

经　　销：新华书店
印　　刷：北京铭传印刷有限公司
版　　次：2024年11月第1版　　2024年11月第1次印刷
规　　格：710毫米×1000毫米　　1/16　　25.75印张
字　　数：395千字

定　　价：68.00元
书　　号：ISBN 978-7-5171-4843-2

本书编委会

主　编：肖振龙　叶长军　肖　勇

编　委：（以下按姓氏笔画排序）

王　凯　王晓萌　王楚达　叶长军　朱海燕

刘　军　孙小婷　杜文婷　李　伟　李　博

杨希子　肖　勇　肖振龙　吴　琼　余　洁

张祯祺　陈　伟　苗金利　周　康　赵　悦

赵晓刚　皇甫力超　袁海萍　高　杰　高　露

黄　振　路季滨　霍　莹

代序｜确保"斯文"

——北京四中 2023 届毕业典礼致辞

马景林

尊敬的各位家长，亲爱的老师们、同学们：

大家好！

祝贺同学们毕业了！

中学时代的毕业典礼意味着一段旅程的结束，明日，你们将奔赴不同的大学。期待同学们自己的精神世界更加成熟、丰盈：感性与理性并存，兼有积极与优雅，善良且丰富，敢于坚守也能够释然，有中国心和世界眼光。

今天，临别之际，我发言的题目是"确保'斯文'"。

斯文，不是文弱不讲健康体魄，不是指外表，不是指言谈的扭捏和无病呻吟的文风。斯文多是指人很有涵养、文质彬彬，有礼貌、有教养，又优雅，懂得尊重人。斯文是我们个人应特有的气质与修养，也是我们社会应具备的认识与风气。

非常期待你们在走出四中大门以后，确保"斯文"，既展现四中人应有的风采，也能带动我们身边的人，影响周边的环境，形成风清气正的社会风气。

确保"斯文"不容易，又如何能斯文一生呢？

第一，读书是斯文的起点。

不读书的人肯定是假斯文，只有读书人才谈得上斯文和斯文人。读书的重要性和终身学习的必要性，同学们都懂。读书人自然形成的"腹有诗书气自华"的气质，确实需要时间养成。建议同学们不仅要学教科书、将来的专业书籍，还应该涉猎得相对广泛。特别是文史哲和艺术类书籍，无论你学文还是学理，都要拿出点时间适当地阅读，既有助于你专业的学习，更有助于你良好修养的形成。

书中有历史兴衰、有经验和教训；有人情冷暖，有原则和是非；有成功和遗憾，有宏观与微观；有悲欢离合，有恩怨，也有一笑泯恩仇。看得多了，就是没有真实经历过，也是了解过、感动过、思考过的，若哪一天真的在现实生活中碰到了，也会少些慌张、多点从容。

除此之外，对生活中的是非对错、历史上的兴衰更替，对人对事的评价判断，比起他人，可能会理解得更加厚重一些，相对客观一些。对应的言行，会显得胸有成竹；面对荣辱，还能够闲庭信步；对待得失，会多些骨气、多些斯文。

斯文难得，唯有读书，才有可能养成。

第二，旅行中的见识，多数能够修炼成斯文。

旅途之上，山山水水、风土人情、艰难险阻，以及大自然的造化，"百里不同天"的文化，还有看得到的历史和人世凡间，入了眼、入了脑、入了心，就成了见识。

见多识广了，就了解到事情有万般存在，人类有千万种的生存样态，进而在看知识、看世界的时候，能够站得更高、看得更远。性格都会变得稳了，自信油然而生，对事对人多了几分敬重，对大自然多了些敬畏，在生活中，本人也就少了些猖狂，多了些优雅，变得有礼貌、有教养。

相反，坐井观天之人，总觉得天就这么大，没啥了不起，人也就自然狂妄自大起来。

但是，见识要修成斯文，还真不能在旅行之中走马观花，还真是要有所准备，有所观、有所思，有所交流才有所感悟，最终形成对人、对事、对自然环境的积极认识，知道世界之大，深知自我的渺小，才会变得谨慎谦虚，从而把见识修成斯文。

第三,"野蛮其体魄"也是斯文之所在。

弱不禁风、不堪一击、手无缚鸡之力,不是真正的斯文。强健有力是斯文的基础,否则,文弱就成了斯文的代名词。我们不要做文弱书生,我们想要的斯文是高素质、有教养,是一种由内而外的优雅。这种优雅既需要强大的文化素养滋养,同样需要身心健康作保证,真正实现"内外兼修",这才是我们想要的完整的斯文。

四中向来重视体育,不仅要同学们三年来坚持锻炼,更希望同学们未来能始终坚持体育锻炼,让自己更健康有力量、精力充沛有勇气,在此基础上,方有独立之精神,思想之解放。

总之,斯文不是文弱,强健的体魄是斯文的基础。

第四,优雅待人,既是对他人的斯文,更是自我的斯文。

前面我们更多说的是怎么才能拥有斯文,其实斯文又是一种由内而外的表现方式,集中体现在对别人的态度上。斯文之人,多是优雅,特别在对他人的态度上,有礼貌有教养。无论对待什么人,无论在什么状况下,斯文不改。而支撑这一切的,一定是他对各种人的平等认识,对各类事的规则意识,对自己情绪、认识的良好认知和把控,否则难保会"斯文扫地"。

报道中的插队、抢座以及公共场合的争吵,甚至大打出手,绝无一丝一毫的斯文。更为可怕的是,成人队伍中的弄虚作假与钩心斗角,连假斯文都不要了。

在这里,真诚地期待同学们,从今日开始,做到对他人有礼貌,努力让自己的行为符合规则,还要让自己成为更高道德层面的楷模。我们还期待同学们在精神层面更加纯粹和高尚,多一点骨气、少一些俗气,要多坚持真理、少随波逐流。这又是另一种斯文,是自我的斯文。

最后想说:真实才能确保最后的斯文。

常人说斯文,最有两怕:一怕假斯文;二怕斯文扫地。而这多是不真实造成的。所以,同学们无论在日后的求学研究之路上,还是现实的生活中,只有确保了真实,才能确保斯文。

我们校训当中有一条:"开拓",强调不唯书,不唯上,只唯实。特别期待同学们在今后的工作和生活中，慢慢理解，肯于坚持，勇于付出。但是，问题的关键在于，何为"实"？需要我们去学习了解，调查研究，做出相应的判断。客观地讲，科学范畴的有些事情，相对简单，但是在生活和日常工作中的有些事情，相对复杂，就更需要我们真心对待，真诚地思考，去伪求真，并以独立之精神做出正确的判断。

最可贵的就是要坚持真实的东西，绝不弄虚作假。也许我们改变不了结果，但四中人要努力确保真实，以确保最后的斯文。

同学们，斯文大多来自读书、旅行和锻炼，更多呈现为对人对事的礼貌和教养，更体现在对真实的确保。期待同学们，做一个斯文的人，面对得失不计较、面对宠辱不恐慌、面对选择不犹豫、面对利益不争抢。懂得对他人的尊重和礼让，懂得对事物的理解和宽容。慢慢学会优雅地离开，也能够一笑了之。

特别希望，走出四中校门的，是斯文的你，并把这斯文一直带着，影响到身边的人，影响到整个社会。

同学们，就要离开了，希望你们带走的不仅是知识，还有积极快乐的人生态度、优雅的举止、以天下为己任的社会责任感。更要懂得给理想一点时间，在生命和理想面前，分数一文不值。只要坚持努力，机会总会垂青于你们。

同学们，就要离开了，祝你们一生平安、幸福，完成了"厚其积储"，一定要记着"大效于世"。"穷则独善其身，达则兼济天下"，虽是两种生活处境，但不失是同一种积极的态度，是值得人们欣慰的一种斯文。

同学们，就要离开了，人生路上，别丢了自己。当然希望你们轻装前进，但心里必须装着父母、国家，有召必应。这是值得历史铭记的一种斯文。

真的要走了，无论你们未来是否富有，是否成功，无论你们是叱咤风云的领袖人物，还是共和国的普通公民，四中永远是你们的家。

祝福你们！

谢谢大家！

2023 年 6 月 21 日

目　录

鼓起勇气，修炼自己

丁恒宇　高三（12）班

成绩情况：高一、高二年级大致排名第 35；高考成绩 682 分，年级排名第 43。

成绩雷达图：

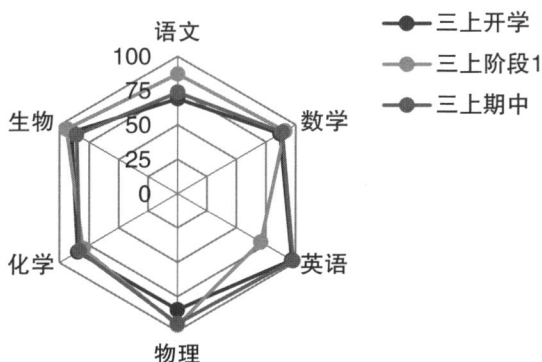

弱势科目：语文（高中三年）、数学（主要在高三）。

主要弱点：

（1）规划时间的能力不是很强，有时候不能及时完成任务（这一点正在不断改进）；

（2）高压环境下容易紧张（经过一定的锤炼，已经好了许多）；

（3）面对未知时心中还是会畏惧，做决定不果断（例如当时不敢查自己的高考成绩）。

送给学弟学妹的一句话：希望你们能够珍惜在四中的日子，利用好身边优秀的老师、高年级的同学，多多请教。此外，还要有明确的目标以及向目标前进的坚定意志；在此基础上，不断突破自己的弱项，提升自己的硬实力，并充盈自己的精神世界。这样，无论将来走到哪里，你都会是优秀群体中的一分子。

最终录取院校：北京大学地球与空间科学学院。

我的简介

丁恒宇，2023届12班毕业生，高中三年一直担任副班长；曾获得北京市优秀学生、北京市三好学生、西城区优秀学生干部、校十佳团员等荣誉称号。

对天文和物理兴趣浓厚。高一、高二曾担任两届校天文社社长，组织多次天文台开放活动，开展多次天文科普讲座，在校内引发热烈反响；多次参加天文竞赛，曾获得第15届国际天文与天体物理奥林匹克竞赛银牌，2021—2022学年全国中学生天文知识竞赛决赛一等奖。多次参加物理竞赛，曾获第17届泛珠三角物理奥赛全国一等奖、第38届全国中学生物理竞赛省级二等奖。

爱好广泛。体育方面，高中三年，一直坚持长跑、羽毛球等体育运动；艺术方面，高二时担任过校园广播播音员、五四灯火晚会主持人。

高考选科物化生，最终考入北京大学地球与空间科学学院。

引子

高中三年的时光转瞬即逝。2023年6月25日上午，在微信朋友圈里目睹"几家欢喜几家愁"的实况后，我终于鼓起勇气坐到电脑前，左手拿着计算器，右手握着鼠标，点击了北京教育考试院官网的"高考成绩查询"链接，并迅速用准考证遮住了电脑屏幕。

现在，努力的最终结果就在这一张小小的纸背后。周围忽然变得异常安静，只有"怦、怦、怦"的声音传来——那来自我快速跳动的心脏。

我深吸一口气，缓缓地向下移动那张准考证。渐渐地，语文、数学、英语……成绩一科一科地露了出来。

"语文，还可以！""数学，不错！""英语，挺好！"……

终于见到总分：682，对应北京市第482名。

那一刻，我心中的一块石头终于落了地。虽然这个成绩并不是最拔尖的，也并未完全达到我志愿墙上定下的"宏伟目标"，但是它却是对我高中三年不断努力、修炼自己的一个最好的回馈，也足以使我进入梦寐以求的高等学府——北京大学地球与空间科学学院——学习地球与空间物理学专业。

追梦的人终圆梦，一个阶段性目标终于实现。站在新的起点上，回首过往，高中三年究竟带给了我什么呢？除了丰富的知识、强健的体魄，我想更重要的是四中对于完整的人的塑造。从外部来讲，无论是考试还是游学，老师都会给我们设置一些"障碍"；在面对困难时，我们一次次地挺住、坚持不懈，通过不断地锤炼来提升自己的意志品质。从内部来讲，我们的内心怀有对理想的坚定追求，从而驱使我们一点点地突破自己的弱项、补全自己的短板、修炼自己的硬实力。

无论将来走到哪里，这种坚定的意志和不懈的追求，都将引领我们走向更高更远。

勇于突破和自我修炼——补齐短板

叶老师曾经在年级会上多次强调，补齐短板是提升分数的利器。试想一下，对于一个优势学科，从95分提升到100分，即使有兴趣、有方法，也需要花费大量的时间和精力才可能做到。但是，花费同样的时间精力，对于一个弱势科目，很可能就可以从70分提升到90分。对比来看，如果只看分数的绝对值，在高考的大背景下，显然后者更加合算。

为什么呢？首先需要明确，高考考的不仅是知识，更有心态、策略、方法，甚至运气。在高分段，往往知识掌握已经基本没有问题了，拼的是更好的发挥。而"发挥"是最难把握的，因为它不仅与答卷人的综合实力有关，而且与出卷人的命题方向有关。一次考试不可能覆盖所有知识，因此策略、方法各有不同，而且面对不同类型的考试，心态也会有不同的变化，所以，要想实现高分段的突破，就必须做到面面俱到，其困难程度可见一斑。

但是弱科的突破就不一样了，弱科之所以弱，很大程度上是知识体系出了问题，即知识点存在漏洞、基本的方法运用不熟练等。面对这种情况，下功夫把知识体系构建完整，把策略方法训练到位，成绩就会有很大提升。

可是这一点说起来简单做起来难，因为弱科自带天然的 buff：你一定是因为对一个学科不感兴趣、没有自信，或者在学科难度增大后难以接受，才使得知识掌握不合格，最终导致弱科出现。因此，"突破弱科"就是要直面自己的不适。其实这也正和"突破"一词的定义相符："突"意味着集中力量向困难发起进攻，需要鼓起十足的勇气；"破"意味着打破自己的边界，如同小鸟破壳而出，一定是充满艰辛和挑战的过程。

但是，就好比蝴蝶只有通过自己的力量挣破茧的束缚才能飞翔一样，人也只有在经过这种痛苦之后才能真正迎来能力的提升。

对此我是深有感触的。高中三年，身为物理竞赛班的同学，更擅长理科学习的我在语文学科上十分头疼，高一时成绩十分不理想，基本在 110 分及以下徘徊，甚至有几次成绩低于年级平均分（班级排名接近 30 名）。我通过一定的努力突破，在高三时，语文成绩虽然有波动，但基本可以稳定在班级中上等（班级排名 10 名左右）；数学学科在高三时出现了一些问题，由于选填题失误率较高，导致成绩有所下滑。通过及时补漏，高考数学选填最终也做到了零失误。

许多事情在经历的时候会感到艰难、痛苦，事后回忆起来却是十分甘甜、美好。"突破自我"的过程，也正是如此。

语文：克服畏惧，找准方向，持续不断地发力

语文，是高中时一直在困扰我的一个学科。高一时，由于在物理竞赛

上花了较多的精力，我对语文的关注少了许多，基本属于上完课、写完作业、考前复习一下基础知识，别的啥也不干的状态。这样不对称的精力投入导致了语文成绩的低迷。

此外，没有及时适应高中语文的教学也是一大原因。高中语文不同于初中。初中时许多题目本身就出自课内，如文言文阅读的文章就出自教材，只要记住特定字词句的含义即可；但是到了高中，文言文阅读全部来自课外，这就要求我们运用教材中学到的文言词汇和语法知识来理解新的文言文。所以，从"死记硬背"到"灵活运用"的转变也给我带来了很大的不适应。

因此，面对使自己感到"不舒服"的语文，我自然很想去"躲避"它。具体表现就是，我常常在写作业时把语文作业留到最后，而且不会单独去做一些额外的阅读和练习。当然，加上时间不够这一"屡试不爽"的 buff，我自然减少了对语文的关注。这么做的代价就是，虽然物理成绩名列前茅，但语文成绩落到了班级中下，而且很"稳定"。

怎么办呢？时间总是有限的，一天只有 24 个小时。要想在语文上多花时间，我必须得舍弃一些东西。

2021 年 9 月初，新高二开学考试。由于暑假中有物理竞赛集训，又有国际天文奥赛国家集训队集训，所以时间又一次不太够。虽然我高质量地完成了语文作业，并且以更高标准要求自己阅读《红楼梦》，但不得不承认，我其实把语文的优先级降低了，没有做一些额外的训练来弥补高一时语文的缺口。自然，开学考试给了我"颜色"看。拿到成绩条，我发现自己的语文竟然没有达到年级平均分，整体年级排名也创下新低。

即便如此，我仍不能腾出工夫来立刻处理语文。开学考试后的周末，我参加了第 38 届全国中学生物理竞赛的预赛。预赛结束后的那天晚上，我和父母进行了深入的沟通。父母建议我高二不要继续搞竞赛学习，而是回归课内，好好把语文成绩提一提。

一开始听到这一点，我是很不乐意的。经过高一一年的竞赛学习，我对物理竞赛的兴趣逐渐浓厚。高二时，学校把有志于继续搞竞赛的同学放到了 15 班，我虽然希望接着学竞赛，但又不想把希望都压在竞赛上，因此没有去15班。不过我仍希望能够继续接触物理竞赛知识。可是，如果要突破语文，就必须把原本学习物理的时间拿出很大一部分来，基本等同于放弃竞赛去搞语文。

放弃自己喜欢的，去干自己不喜欢的，是个人在一开始都会感到十分不爽。但后来通过静下心来分析，我逐渐意识到了父母建议的合理性：

（1）对于物理竞赛等五大学科竞赛，只有入围国家集训队才能获得清北等高校的保送资格，但是全国入围国集的只有50人，其中来自北京的选手更少。而反观高考，清北通过高考在北京市的招生接近400人。由此可见，想要通过物理竞赛进入梦想的高校，是远比高考难的。

（2）不可否认，兴趣对于竞赛学习十分重要，我的家庭也全力支持我根据兴趣来发展（例如天文的学习）。但是，对于我这种从高一才接触物理竞赛的学生而言，即使有很强的兴趣和钻研能力，也很难在一两年的时间内获得竞争上的优势。

（3）语文这样的学科需要长期的积累，若再不行动，到高三时很可能就晚了。倘若最终竞赛成绩不理想，语文也没突破上来，弄得个两头落空，肯定会感到非常失落、遗憾。

（4）不打竞赛并不意味着放弃了对物理的热爱。我上大学时肯定选择理工科专业方向，届时物理将是非常重要的工具，我依旧能够在兴趣的驱使下努力学习。但前提是我需要进入这样的平台，而这需要高考成绩。换言之，高考成绩得够，我才有选择的余地。

由此可见，把语文突破上来，并把物理竞赛暂时放一放，是能够实现"收益最大化"的一种方式。虽然我一直认为兴趣是最好的老师，我的天文竞赛之路也是全部凭借兴趣自学，但是在高考选拔的大背景下，懂得适当舍弃以实现最大效益，才是更加合理的选择。

因此，在得到入围复赛的通知，并经历了两周的停课集训，取得复赛省级二等奖后，我以全新的姿态回到了语文课堂。不过，仅凭课堂是难以突破的，我还需要更加全面系统的训练。该从哪里下手呢？

首先，我需要把"弱科"变成"弱项"，这样一来才有下手的切入点。举个例子，语文考试包括多文本阅读、文言文阅读、古代诗歌阅读、现代文阅读、语言基础运用、大作文，如果我说"我语文不好"，具体是哪里不好？应该先突破哪里？我内心很难有一个定数。这样一来，我想突破却根本不知道该从哪里开始，显然是不可能实现"突破"的。因此，要明确自己具体哪里不行，突破才能有针对性，找准方向，精确打击。

怎么化"弱科"为"弱项"呢？之前语文考试的成绩条就显得尤为重要了。拿出高一时多次考试的成绩条，按照题型逐一统计具体丢失的分数，我发现我的文言文失分较多——不出所料，很多次考试时我都因为读不懂课外文言文而失分。有时候甚至会在文言文上一直"死磕"，结果耽误了其他题的作答时间。

当然，纵览我多次语文考试的失分统计，其他题型的扣分也很多，但文言文的扣分是最多的。突破需要集中力量，不能贪多。即使有很多题型都有问题，也需要逐一解决、各个击破。

现在，我成功把"我语文弱"转变成了"我语文文言文弱"。那接下来努力的方向就非常明确了——我需要突破文言文。

那该怎么突破呢？文言文阅读，考查的无非就是对文本的理解，就像英语文章需要一定的词汇知识和语法知识才可能读懂，文言文也需要知道实虚词含义和倒装等语法才能看明白。回顾之前的语文学习，我认为我读课外文言文的障碍源于深度阅读量的匮乏——高一一年，我课外文言文读得少，基本上只接触课内文言文；而即便是课内文言文读得比较多，我也没有把所有的重点实虚词和语法结构搞清楚，即没有"深度阅读"。因为初中老师还会带着我们做"三行对译"来夯实这些基础，但到了高中，文言文数量变多、篇幅变长，而且四中老师在高中更注重培养学生的自主学习能力，因此这些打牢根基的事情，没有了老师的监督，我当时做得并不到位。

分析清楚问题之后，我决定展开行动了——行动方案是增加文言文阅读量并积累词汇和语法知识。可新的问题接踵而至：我该读什么？怎么读呢？

通过咨询同学和老师的意见，我最终决定购买一本针对全国高考的教辅书。之所以练全国卷，一方面，因为这会儿的"突破"并没有那么注重题型技巧，而更多地把重点放在读懂篇章内容上；另一方面，我想把北京的真题和模拟题留到高三再用，以便高三时能更加真实地展现自己的水准。

拿到书后，我决定只做文言文的选择题和翻译句子题，并在阅读中记录下不认识的生词。最重要的是要把这一过程坚持下去。

可开始突破的第一天，我就遇到了困难。

第一天的文言文出自 2020 年全国新课标 I 卷，是苏轼的"人物论"。我用手指着，逐字阅读起来。可是每读一句话，我几乎都得停下来琢磨琢磨含义，遇到有的词实在无法理解，就查阅《古代汉语词典》，把释义记录下来；有的句子实在无法理解，我就闭上眼睛多默念几次，如果还不行就做好标记并跳过去。一篇文章有将近 500 字，每一句话都得这样琢磨，一点点地推进，打一个不恰当的比喻，仿佛便秘一般痛苦。

花了将近 1 个小时，终于把文章啃了下来。自以为已经把文章读得差不多了，结果一做题，三个选择错了俩。那一刻，我颇有种"天煞我也"之感，仿佛自己的努力都白费了，内心充满了失落。

可是，不经历这样痛苦的重塑过程，怎能突破自己的薄弱点呢？

倘若草草读完，不仔细琢磨字、词、句的含义，下次再遇到类似的，我怎能保证自己还会呢？

……

突破意味着走出舒适，而走出舒适意味着感到难受。可是，这一关必须得过，否则语文成绩永远无法得到提升！

通过这一番"自我对话"之后，我继续鼓起勇气，仔细研究了答案和参考译文，进一步积累了语法知识、实词含义、虚词用法。这一天的突破工作完成了，我重重地松了一口气。

第二天，第三天……依旧是这样的过程。不过正所谓"万事开头难"，前期底子薄，自然钻研文言文会感到十分困难，而当前期的积累达到一定量的时候，后续再读，会感到越来越流畅。

因此，我不断告诉自己，要坚持住这几天，踏踏实实地干活儿。

坚持了将近一周左右的时间，我的文言语感开始逐渐提升，阅读文言的速度也日益变快了，从原先的 1 个小时慢慢缩短到 50 分钟、40 分钟……不可否认，困难依旧存在，如翻译句子完美错过正确答案，选择题几乎全错的事情仍然会出现，但是我并不会像一开始那样感到垂头丧气了——因为可以明显感觉到，我对文言文的阅读感觉正在稳步提升，我也坚信，我正走在正确的道路上，正逐步补上自己在文言文上的储备漏洞。

很快，从9月中旬到10月上旬，接近3周的时间，我完成了15篇左右逐字逐句精读的文言文训练。虽然只有15篇左右，中间也有几天休息调整，但我感觉我的文言文语感已经有了很大的提升。

自我感觉如此，实际情况又如何呢？10月阶段性测试给了我检测自己成果的机会。

再次在考场上读到文言文，虽然只有几个星期的时间差，但是我的做题感受发生了明显的变化——阅读不再那么费劲，做题也更加得心应手。是题目出简单了吗？我不知道，但是我可以肯定，我的文言文阅读能力有了明显进步。最终的结果也的确如此，我的语文成绩得到了巨大的提升，从班级中下飞跃到了班级上游。

短短十几天的突破就带来如此巨大的回报，这远远超出了我的想象。瞧！人的潜力是多么巨大！只要找准方向，敢想敢做、坚持不懈，最终一定能够收获惊喜！

高二一年，我在语文上投入了更多的时间精力。虽然中间有几次考试出现了滑坡，但与高一相比，从整体上看，成绩的确有了比较大的提升。这样突破的经历，使我在进入高三时对自己的语文水平更加自信，也期待在将来的高考中语文不会拖我的后腿。

高三的语文训练在高一、高二积累的前提下，更加针对应试技巧。然而，高三上学期的期末考试又给了我一记重拳——第一次全区统一阅卷的语文考试，我竟又没上校平均分。

说实话，这会儿我的心态已经与刚刚进入高二时有所不同。刚进入高二时，感觉时间还比较充裕，因此即使成绩出现"滑铁卢"，也有足够的时间进行调整，可是现在高三上学期都快要结束了，距离高考只有半年时间。因此，突破刻不容缓，一旦这次没能突破上去，高三下学期就没有时间可以再进行单独的突破了。

因此，我盯上了寒假——这是高考前最后一段可供我自主支配的时间。

寒假前夕，语文老师布置了作业，每天都有《天利38套》上面的模拟题练习。为了达到"定点爆破"的效果，我重新组合了寒假作业日程安排——从每两天滚动一次全部高考题型，到每周只重点突破一个题型。不仅做到逐字逐句阅读，还要仔细研究答案的组成——弄明白每一个要点的来源和内在逻辑，并思考以后遇到类似的题时，自己能否可以不缺要点地作答。此外，我还及时汇总了突破时做过的题，根据考查方向分类，把设问和答案放在一起纵向对比，寻找共性，提炼解题策略。

为了能够更好地坚持，我还特意邀请了期末语文考试同样不理想的王梓积和王瑞扬同学，共同组建了"我爱语文"小组。每天，我们打卡自己的语文突破计划完成情况，相互监督和鼓励；我们还进行了资料共享，例如王瑞扬共享了他的突破计划、王梓积分享了《红楼梦》的整理、我分享了我的题目汇编……大家在一起，共同为突破语文而努力着。这种结伴而行的力量，在"突破"这一充满艰辛的过程中，时刻激励着我们，再努把力，再多干一点儿！

最终，在高三下学期的开学考试中，我们仨的成绩都有了明显飞跃。在进入高三下学期紧张的备考过程前，这无疑是令我们振奋的好消息。

零模、一模、二模，我的语文平均百分等级分为85.7%。

高考，语文成绩虽没有达到我的最佳水准，但也没有给我的总分造成不利影响，整体上我还是很满意的。

回顾高中三年在语文学科上的突破过程，我认为"克服畏惧，找准方向，持续不断地发力"是最好的总结。既然为弱科，就得克服对它的本能畏惧心理，直面不适感，鼓起勇气发力；找准方向，才能化弱科为弱项，从而集中力量定点突破；持续不断，坚持下去，才有可能最终把弱科提升上来。

数学：高标准、严要求，笃行不怠

在数学的突破过程中，我侧重的是坚持的力量。

高一、高二，数学并不算是我的强项，但也不算弱科。每次考试，我基本能做到基础空不失分，但是压轴大题一般也很难得到比较高的分数。因此，数学成绩基本稳定在班级中上层，百分等级分在85%左右。虽然数学不会拖我的后腿，但是也不会给我太大的优势。这是我对数学学科的一个基本定位。

进入高三，伴随着一轮复习的进行，数学考查的内容开始综合起来，并逐步向高考方向过渡。然而，我开始在选填基础题上失分。在高三的多次大型考试中，选填出现失误的占了大多数。

高三下学期的西城一模则给了我更大的震撼：原本自信心满满的我却因为数学错了两道选择题而痛失 8 分；海淀一模的选择题亦让我痛失 4 分。在一、二模之间，我也做了许多其他区县的模拟题，依然无法杜绝选填题出现失误的情况，每次总有一两个漏网之鱼，给我带来扣 4 分或 5 分的"惊喜"。因此，我开始做《天利 38 套》上模拟套卷的选填练习，断断续续做了几套，直到西城二模。

经过一定的练习，我对西城二模感觉不错，结果又错两道选填。海淀二模虽然选填全对，但并不能打消我对"高考数学因选填基础题失误而崩盘"的担忧。

于是，二模结束后，我痛定思痛，下决心一定要把选填给突破掉。在与数学纪荣强老师交流过后，我决定继续坚持练习《天利 38 套》上模拟题中的选填，同时轮换练习基础大题（16—18 题）和压轴大题（主要以导数解析为主，创新题仅做少量练习），并打算一直坚持到高考。

我虽然在寒假和一模前也练过《天利 38 套》上的一部分题目，但终究有限，从模拟考试的结果来看，也并不是很理想。因此，我重新翻开这黄色的大本，一篇篇地做了起来。

每天晚自习的前一个半小时，我都会投入到数学的怀抱之中。前 30 分钟，计时完成选填题，并严格要求自己要做到专注，全力减少非智力性因素失分；中间 30 分钟，以同样的水准计时完成大题练习（一天立体三角解析，一天概率导数）；后 30 分钟，自判并改错，同时研究参考答案和解析，积累一些好方法。值得一提的是，如果当天已经在保温练习或模拟题中做过选填，我就不会再练《天利 38 套》了，以避免时间的重复投入。毕竟高三下学期的时间非常珍贵。

这样的生活从 5 月初持续到 6 月初，我切实做到了一天一套选填，从不落下。最终，在高考前，我完成了《天利38套》上的全部28套选填并认真改错。

坐在高考考场上，面对一份崭新的试卷，我也吸取了模拟考试的经验教训，不再去想自己能否全部避免选填的失误，而是更加关注每一道题都遵循程序，严谨细致、按部就班地完成。过程做好，结果是自然的事；倘若一味追求结果而忽略了过程，最终只会失去结果。

最终，高考数学的成绩达到了我的预期，选填题并未出现失误。事后回想起来，正是这种坚持训练给了我考场上的自信，使我扎扎实实地走好每一步，不再忧虑于最终的结果。

迎难而上，挑战自我，克服自己的人格弱点

除了弱科的突破，如何突破自己内心深处的人格弱点也是我们人生路上的重要命题，亦是叶老师给我们提出的"灵魂拷问"。

我在四中度过了六年的学习时光，这六年间，对我弱点改变最大的是我初二担任班长时的经历——我从面对众人讲话时的"严重紧张怯场"转变为"非常自信从容"。可以说，这算是四中带给我的最大蜕变之一。

故事还要从我"初来四中"时讲起。新初一的暑假，班主任魏鑫老师家访时，问过我想竞选什么班委职务。我当时只填了一个"电教委员"。为什么呢？一方面，我对计算机比较有兴趣，小学时就自学了 Microsoft Office、Adobe After Effect 等软件，对电脑操作有比较好的把握；另一方面，我对自己的综合能力确实没有什么自信。因此对于班长、学习委员等工作量大，还需要经常到讲台上讲话的职位来说，我在内心深处还是会有所畏惧，更倾向于"躲一躲"。

事实也确实如此，我担任了电教委员，"躲过了"一些工作，每天就是及时开关电闸，帮助老师连接设备等，琐碎但也不忙碌。可这样一来，我上台发言的机会就少了，每次去发言也总是极其紧张——脸都会红成猪肝色。这样的情况一直延续了初一一年。

后来，鉴于我平时的优异表现（当然，不包括上台发言），初二时班主

任联系我说，想不想试一试当班长？起初我很犹豫，毕竟班长意味着全班工作的总体协调，需要经常上台发言，传达一些任务，还要总结同学们平时的表现——想想就挺"恐怖"的。但我经过几天时间的斟酌，还是接受了这个提议。毕竟这不仅是一次锻炼的机会，更是同学老师对我的肯定。

于是我成了班长。后来，我主持过许多主题班会，做过数不清的上台发言。慢慢地，上台后我不再脸红，不再心脏狂跳。虽然在班级管理上遇到过许多困难，在发言时也有过忘词、逻辑混乱等问题，但这些对我来说已经算不上什么了。通过这些经历，我的眼界更加开阔、心胸更为宽广。

这是四中带给我的一次重塑。我从面对众人时的紧张，逐步过渡到自信与从容。四中给了我挑战自己的机会，我也勇敢地抓住了机会，直面困难和挑战。

得益于初中时的锻炼，考入北京四中高中后，我再次参与班级事务、社团事务的管理，在成人礼上作为学生代表面向全年级的同学、家长和老师发言，便感到得心应手。虽然困难不可避免，上台前依旧会感到紧张，但我可以说，我做到了昂昂自若地面对所有人。

迎难而上，挑战自我的精神，从初一开始，一直伴随着我在四中的六年，也将继续陪伴着我未来的生活。

手指口呼、眼看笔画——从程序上避免非智力性失误

谈完突破，我还想谈一谈关于学习方法的问题。毕竟，突破是学习的一部分，都需要方法的加持。正所谓"学即是法"，拥有好的学习方法往往可以起到事半功倍的效果。

在此我主要聚焦于"如何改错"这一点上。在数学的突破练习中，我也经历过不少错题，其中不少都是非智力性因素的失误。在与错误共存的过程中，我体悟出一些对待错误的方法。

首先，我们面对犯的错要有一个清楚的定位。我们的数学苗金利老师曾说："同学的失误就是我们的财富。"记得有一次讲解析几何，我被苗老师叫起来回答问题，回答了三个问题，全部陷入了易错点的坑。虽然站在那

儿有些尴尬，但是换个角度讲，自己犯了错，不仅能填上自己的知识漏洞，还可以警醒他人，真的是一举两得，因此我也没有什么不好的感觉。犯错是不可避免的，而对待错误的不同方式却因人而异，这也是人和人之间差异的来源之一。把错误改正，并及时改正，争取以后不再犯同样的错误，不就是很大的进步吗？

当然，改错也需要方法。我的建议是，改错务必要明确易错点和预防措施。具体情况分两类讨论：

（1）智力性因素失分：说明知识点还有漏洞，需要通过看课本／翻笔记／找老师／问同学来完善大脑的理论。

（2）非智力性因素失分：需要我们长个心眼，完善做题的程序。

在这里，我想具体说非智力性因素失分的处理方式。

很多同学在分析错误原因时喜欢用"马虎"这个词，提出预防措施说"下次注意"，千万注意：这是完全没！有！用！的！

对于"马虎"，数学苗老师有一个比喻非常恰当："马虎就像发烧一样，发烧不是病，一定是有其他病引起了发烧的症状。"因此，改错的任务并不是诊断自己"发烧了"，而是要找到真正的病灶，即"我为什么发烧"。也就是要明确做出判断，我到底是因为哪个知识点出了问题而出错，还是因为哪个做题程序出了问题而出错。

对于"下次注意"，这其实是个筐，什么都能往里装。你说要下次注意，可问题是注意什么？怎么注意？没有实际操作的预防措施本身就是无效的。改错，一定要有明确的预防措施。在实践中，我认为非常有效的方法就是"手指口呼、眼看笔画"。

经常坐地铁的同学一定都注意过，当列车关门之后，站台上的工作人员总会用手从车头指到车尾，眼神伴随手指划过，同时嘴里轻念："车门已关闭。"这其实是调用了身体的多个感官来确认万无一失。在做题时，我们可以借鉴这样的方法来尽量避免非智力性因素导致的失误。

举个例子吧。某同学数学考试第一题总把"∩""∪"看反。

以下是错误的应对方式：

（1）啊！第一题我就错了！扣4分！我高考完蛋了！（情绪化应对是不

可取的，解决不了任何问题）

（2）交并看反了，下次注意！（怎么注意？没有具体操作，下次还错）

而正确的应对方式应该是这样的：

（1）先判断错误类型：非智力性因素失分，需要完善做题程序。

（2）思考以后如何不再错：首先我需要逐字阅读题目，用笔把"∩"/"∪"圈出来，并把大大的汉字"交"/"并"写在旁边。选完答案后再通读一遍题干，确认选项。（这么做，以后一定不会再错了）

最后，一定要及时记录自己的非智力性因素失分及需要注意的要点和预防措施，做好自己的"死亡笔记"，防止遗忘。在大考前，这将是最重要的复习资料。

在四中仰望星空

我与四中的相识源于天文。六年级时，我凭借对天文的兴趣，抱着试一试的心态报名了四初的科技特长生，结果一不小心把美好的愿望变成了现实。

我凭借着对天文的热爱进入四中，自然也要在四中继续发展自己的天文特长。初二时我便担任了初中部天文社社长，在每周二放学后的一个小时里，为同学们讲解天文知识，偶尔在操场上用天文望远镜观测月亮和行星。考入北京四中高中部后，我高一时便负责学校天文社工作。那时原本负责天文教学的叶楠老师因工作调动离开了四中，因此我一入学就面临了一大难题：我需要在学校找到一位指导天文社的老师，以帮助我们开展天文活动。

那时我对四中高中的老师基本上一无所知，只得先去联系魏华老师，跟他充分沟通后，我又去找肖振龙老师进一步沟通。后来，历史组刘明昊老师成了我们临时的指导老师。再往后，考虑到专业知识教学的更好适配发挥，我又去联系地理组的王凯老师，他最终同意担任天文社的指导老师。每次开放天文台，都由他负责跟学校总务处等部门联系，同时负责晚自习同学请假等事宜，而且每次在天文台陪我们直到晚上9点多。当然，还有刘刚老师、秦福来老师等对我们活动的鼎力相助。毫不夸张地说，他们的热情付出使得天文社举办许多颇具影响力的大型活动成为现实。

抛开社团活动，回归到天文本身，仰望星空也带给了我们莫大的震撼和收获。

众所周知，天气好坏是可见光波段天文观测能否成功的重大影响因素。在"追星"的过程中，与天气较量、不放弃一丝机会，最终有所收获的经历，最令我难忘，也带给我许多感触。

2021年5月26日发生了一次月全食天象，北京可见带食月出。天文社很早就写好了活动方案，并准备好了所有设备。可是天气的变化非常有戏剧性——发布活动通知时，预报多云。过了两天，变成了晴。兴奋之余，再一看天气预报，变成了小雨。过了一天，又变成了晴……26日凌晨，预报小雨转多云。26日清晨，预报晴转多云。

上午，艳阳高照，晴空万里。下午，南面天空一团积雨云徐徐飘来，上午明媚的阳光荡然无存，取而代之的是淅淅沥沥的小雨，伴随着远处轰隆隆的雷声，一片"黑云压城城欲摧"之景。

教学楼楼道旁的窗户边多了几个人影，他们有的盯着头顶翻滚的黑云，有的盯着旗子了解风向。可大家能做的，只有观察和预判。想要做出改变，我们的力量太过渺小。

只能等待。

傍晚，太阳再次出现，然而没过多久就又下起雨来。再次登顶科技楼时，乌云散去，已然大晴，让我们收获了"带食月出"大景观。

又有一次，2021年6月10日，日环食，中国可见偏食。在甘肃敦煌游学的我们想要拍摄带食日落，却发现西方低空早已被一片乌云遮挡，太阳所在的地方只剩下一个光斑。

只能等待。

可等待又能换来什么样的结果呢？我不得而知，只能看着太阳越来越低。

忽然，光斑变成刺眼的光芒，云层在地平线上露出了一条缝隙！此刻，距离日落仅有13分钟。我们知道，一切等待最终都是值得的。

这样的故事还有许多。天时、地利、人和，是天文观测能够成功开展的必备条件。我们能控制的，只有我们自己。天文观测确实是件不确定性极高的活动，但人类自古以来正是通过天文观测了解、探索星空，这背后反映出的人类对宇宙的好奇和向往，绝不会因为"天不时，地不利"而改变。我们对星空的热爱，也绝不会因为夜空为乌云所遮而消逝。

依稀记得 2018 年 7 月 28 日，也是个月全食的日子。凌晨，本该是皓月当空，随后月球渐入地影，可北京的天空被云遮了个严丝合缝，到头来只拍了个"彩云追月"。沮丧吗？那必然。

2017 年 4 月 8 日，木星大冲。那是我第一次正经的天文观测，那天北京也是阴云密布。到了晚上将近 11 点，在我几乎要失去希望准备睡觉时，抬头向窗外望去，木星在南方高空闪耀。一瞬间，兴奋劲儿冲走了所有睡意。那次观测更坚定了我走上天文之路的信心。

回首过往，正是一次次天文观测、一次次乌云下的等待、一次次寒风中的坚守，使自己终于站在星光之下，尽情享受星空的美好。

既然热爱，那就去追求。纵使道路并不平坦，也要坚定地走下去，最后你会发现，前方一片光明。天文观测，就是这样。仰望星空不只是看看星星，其背后蕴藏着的精神，值得我们去追求。

除了带领同学们一同仰望星空外，我还在天文竞赛的道路上不断前行。

从初一开始，我便参加了全国中学生天文知识竞赛。在全国决赛的赛场上，我见到来自全国各地的优秀同龄人，在理论考试中比拼、在观测考试里较量、在联欢会上欢唱。虽然它对中高考和升学基本上没有帮助，但我们依旧坚持：背后大概是一颗赤诚的心。每年的决赛不仅是知识技能的战场，更是全国天文爱好者交流的殿堂。在决赛现场可以见到来自全国各地的志同道合的人。虽然口音不同、背景各异，但是内心深处都深藏着对天文和宇宙的向往。

2022 年，我第 4 次参加全国决赛，获得一等奖，并入选国家集训队，最终通过选拔，入选 2022 年第 15 届国际天文与天体物理奥林匹克竞赛（以下简称 IOAA）中国代表队。IOAA 是全球参赛国家最多、难度最高的国际天文竞赛，而且从集训到参赛仅有短短几天时间，难度可想而知。

从 8 月 9 日公布国家队名单，到 8 月 14 日 IOAA 开幕，其间不到一周的时间。就在这短短几天内，我扔下暑假作业，全力投入天文竞赛的准备当中，不仅要完善好国家队集训的笔记，还要钻研《天体物理概论》、*Fundamental Astronomy* 等大学教材的部分重要章节，做往年的练习题，背下星图和所有 88 个星座的拉丁文简称（因为需要用纯英语答题，而拉丁简称国际通用）。

看似是一个不可能完成的任务，但是凭借着对天文的兴趣和热爱，以及参加国际比赛的使命感，我全力以赴，尽力不留遗憾。开幕式那天，看着我这几天烙下思维印记的书籍、笔记本和草稿纸，连我自己都难以置信。

其间，我和中国队的另外 4 名中学生被会集在中国古观象台以线上方式参赛。在 4 天赛期内，我们完成了理论考试、夜间观测、数据分析、日间观测等 4 门考试。每一门考试都是对体力和脑力的极限考验，尤其是理论考试，从北京时间下午 1 点到下午 6 点，在 5 个小时的时间内要完成 5 个 10 分的短问题、5 个 20 分的中问题、3 个 50 分的长问题；夜间观测由于天气和光污染的原因，基本看不见什么星星，只能凭借方位和记忆的星图来作答。

考试结束后，我们 5 个人都感到今年的试题非同寻常——难度明显要高于往年。当时我们的领队告诉我们："放心，你们不会的其他国家的选手也不会。"事实也确实如此，最终我获得了银牌，把自初一以来一直埋在心底的梦想变成了现实。

回首在四中的六年，从凭借天文入校，一直到实现自己的梦想。对我而言，天文早已超出了知识本身。仰望星空，已经成为一种习以为常的生活方式。平日里，我会时常在晴天的夜晚抬头仰望，即使在城市中心地带，也能看见点点星辰高悬于空中。在高考前最后几天的到校自习中，晚自习下课后，我会走到外挂楼梯旁，遥望西方低空的一弯峨眉月和熠熠生辉的金星，一天的劳累很快就一扫而空。假期里，我会去郊区进行天文观测。夏夜有蚊虫嗡嗡、冬夜有寒风呼呼，与彻夜不眠的我相依相伴。我也有过在深夜零下 16℃ 的严寒中给观测设备排查故障的经历，结果故障没有解决，我却因为劳累过度患上重度肺炎。但是，这些特别的经历，都没有阻止我继续前行在仰望星空的道路上。

因为对星空的追求和向往是一股磅礴的力量。这股力量激励着我不断前行！

写在最后

从 2017 年到 2023 年，六年的四中生活在我的内心烙下深深的印记。蓦然回首，四中是我梦想起航的地方，人生改变的开始。无论是初中给我带来的大气、自信和从容，还是高中给我带来的意志品质和追梦的能力与勇气，都将使我终身受益。

回望六年走过的路，有欢笑、有失落、有激情、有泪水；我灰心过、彷徨过，也专注过、拼搏过，最终，追梦的人终于圆梦。

眼下，新的征程已经开始。我将永远怀揣追梦的心，持续不断努力奋斗。

长长褐色的大路在我面前，指向我想去的任何地方。

家长心语┃平等·信任·无为

一眨眼的工夫，孩子在四中的学习生活已结束了。孩子也升入了自己期望的大学。在四中的六年，从入学初一时的手忙脚乱，再到渐渐适应了不一样的学习生活，甚至渐入佳境享受其中，孩子经历了一段非常不一般的生活历程。我们也陪伴着孩子，与孩子一起适应着新的生活方式，也从彷徨、焦虑，走向坚毅、镇定。回首孩子的中学生活，我们也经历了"平等""信任""无为"三原则，以陪伴孩子的成长。

平等原则。孩子是个独立的个体，每天在学校的时间几乎要长于在家的时间；而当面临长期线上上课时，缺少与身边的老师和同学的有效沟通，而且每天的作息时间也大为变化，孩子和家长未免会产生焦虑、不知所措的紧张情绪。面对这种情形，我们始终平等地对待孩子，把孩子看成是成年人，与孩子商量，充分尊重孩子的想法，与孩子一起分析现状，寻找应对方法。我们共同认识到居家不仅能带来更大自由的时间安排，而且还会享受到以前没有过的惬意，并且也是为社会、个人履行疫情防控的一份责任。更何况，大家面临的境况是一样的，不如随遇而安、放松心情，彻底缓解焦虑，拥抱新的生活，迎接新的挑战，安排好学习任务。

信任原则。平等地对待孩子、尊重孩子之后，接下来我们完全信任孩子，相信孩子能安排好自己的学习和生活，只是每过几天简单交流下这些天的学习情况，包括有没有什么困难，自我感觉有没有进步之类的。每天的作息由孩子自己安排，每天的具体内容由孩子自己决定。一般来说，当孩子完全受家长信任，完全在放松的状态下，他的学习效率是最高的，这也是我们所要一起追求的最佳任务完成方式。

无为原则。在信任的基础上，我们提倡无为。家长要从自身做起，多提醒自己，孩子已长大，已能有效自我管理。针对一般的事务，尤其是学习方面的事情，尽量尊重孩子的意见。孩子没有提出需要帮助的地方，尽量避免主动帮助孩子，以免孩子会认为大人在干涉他。尤其在居家线上学习过程中，无为原则也相当于给孩子创造了一个内心安静、不受干扰的学习环境。

总之，陪伴孩子成长的方式有千千万万种，适合自己的才是最好的；平等、信任、无为只是我们的一点小总结，权做抛砖引玉，与大家一起努力，让孩子的中学学习收获成果最大化。

在青春激昂中拼搏
在理想主义中成长

陈宇轩　高三（1）班

成绩情况：我是 2023 届 1 班的陈宇轩，高一年级大体排名第 250，高二年级大体排名第 80，高考成绩 699 分，年级排名第 5。

成绩雷达图：

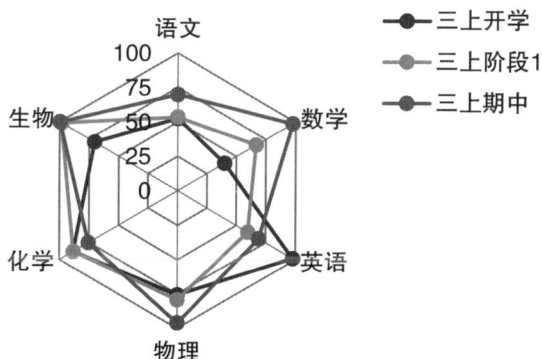

弱势科目：语文。

弱点：对语言的理解能力差，学习过程中不够灵活，总拘泥于一种学习方式或思路。

送给学弟学妹的一句话：找到最适合自己的方向方法，拼尽全力向前。

最终录取院校：北京大学。

我的简介：我是一个主观能动性相对强的人，但是刚到四中时很叛逆、很偏执，在四中老师和同学包容的环境中我逐渐成长，拓宽自己的眼界，学着和自己和解，再逐渐学会学习，感受自己的进步和蜕变，最终在学习和人格成长上都收获颇丰。

语文作为我的弱科已经纠缠我十多年了，其实我自己心里一直是很抵触学语文的。在高二的时候，我的总成绩一直被语文"拖累"，也是在经过长期的心理斗争和自我说服之后，我开始认真对待语文学科。至今我都清楚地记得语文老师李老师对我们说的"语文就是考生活"，我也非常认同李老师的观点，对待语文，不只是刻板地套所谓的公式，要有全面的灵活的判断，也不只是没有根据的随意判断，同样要加上有根据的深入思考。

我的语文在当时是每个题型都弱，而且作文尤其弱，所以我就制订了前面各个模块题型滚动练习加上每周作文练习的计划。当时是高二，整体学习安排相对宽松，我每周会滚动做完整的两套题前面的模块，加上做完后的积累总结。对于作文，我从审题开始练习，先了解了很多审题破题的方法，然后每周会实践一次，在实践中同时练习文章的编排，再将写完的一稿给老师看，待老师指出在破题立意方面的问题和行文方面的问题后，在下一周我就会针对这些问题修改我的作文，有时候会改三四稿。到了高三我对语文的训练就不止于做题，从审题理解到对文本加深理解认识，更加多元全面的训练保障了我在面对各种题目、各种文章时都能从容应对，真正抓到我自己的答语文试题的"活套路"。这些需要很多的时间和精力投入，同时也会遇到非常多的困难，在开始阶段要调整好心态，稳步开始计划，同时要及时和老师交流，我当时就一直缠着我的语文老师给我答疑，老师也非常关注我的变化全力帮助我（这里非常鼓励大家大方地和老师交流自己的想法，老师一定会尽力帮你）。每当遇到困住我的思维难点，我都会向老师求助，老师的帮助和对我计划的修正也让我对自己的努力越来越有自信，让我相信我的努力方向是正确的（当然实施过程中心中的毅力是必不可少的，面对弱科任何人心中都会有胆怯和逃避，克服这些心理的障碍是必要的）。这里谈一个我自己实施过程中印象最深刻、也是最痛苦的经历，其实就是听我语文老师给我作文的反馈。因为每次大概率听到的都是一个个问题，在那个很努力的状态下我心理其实很脆弱，总想让自己的努力快点见效，于是每次听到这种评价时我心里难免会难受，但是我一直记着老师的鼓励，同时凭借我自己的自信，只要我相信我最终能行，我就一直坚持努力，这样的经历持续了将近一年，直到我第一次上40分、第一次范文，虽然作文水平依然不太好，但是有明显的进步，这种努力给我带来进步后巨大的效能感和正反馈。所以我鼓励大家在确定努力方向正确后，在质疑自己能力时、质疑自己天赋时再坚持一次，每次我写完一篇作文后那种按计划完成任务的喜悦会比其他科目更强，反复地坚持也会铸造一个强大的内心。这种正反馈和越发强大的内心会对生活和其他科目的学习都有很大帮助。在我的计划一直坚持执行的过程中，我能明显地感受到语文的进步，尽管成绩一直在波动不定，常考出一百零几的分数，但是我从平时的练习中已经收获足够多的自信，也对语文的理解慢慢变深，我在临考阶段已经对我的语文基本放心了，正是前期扎实全面的训练让我毫无担忧地上考场，从容发挥。最终考取120分这样对于我还不错的成绩。

　　下面谈谈我高中学英语的感受。首先是和语文一样，我作为一个起跑晚的普通孩子，在进四中时英语水平就止步于初中，高中的英语课和考试都一次次打击着我，我也是从抵触和胆怯中开始摸索。在英语学习中有经验也有教训。先谈经验，首先，英语学习特别需要积累，一定要有意识地尽早开始积累语料（一定是自己能用出来的，不要做"面子工程"）。平常勤加使用更容易记住，我个人积累的一些语料就起到一些作用。其次，做英语题尽量不积累过多的做题方法，根据个人情况决定需要多少套路，不同的题型中可能有的自己题感很好，有的差。题感好就可以少积累套路，但是每次看到都没思路的题型一定要适度积累经验。下面主要谈教训：和语文一样不要着急刷题，英语在高一、高二除非做题正确率很差，否则一定不要把精力都花在刷题上，多去学习英语本身的词法语法，提升对英语的感知和理解才是学习语言的真谛！多听、多读、多写，广泛接触英语，在高一、高二不要过度僵化地去面对，尽量提高自己的上限。

这里再和大家分享一下我突破英语作文困难的过程。我在高三下之前一直只关注前面的客观题部分，从没有把精力放在练习英语作文上，在一模考试后我才终于意识到作文水平很影响我最终的成绩，于是我诚惶诚恐地去找我的英语老师问现在再开始练英语作文还来得及吗？当听到英语老师肯定的答复后我抓紧开始改作文写作文，计划每周改两个作文。就这样，坚持下来的我在高考前英语作文的水平已经有了很显著的进步，可以写出一篇面貌尚可的文章。所以我鼓励大家在面对任何问题时都不要担心开始得太晚，全力以赴去做就一定有回报。

在高二升高三的时候，年级组长叶老师让我们在志愿墙上写下自己灵魂拷问后的弱点，我写下的是："自己常会被学习以外的杂事分心，想太多干扰正常学习。"我在这一年的时间里也一直在和这个问题作斗争，我个人的应对方法如下：（1）在高三要少关注成绩的波动，因为校内成绩的波动是无法避免的，要专注于问题的解决而非成绩的变化。（2）在面对问题的时候，不管是学习中的问题还是生活中的问题都可以大胆地向老师求助，寻求老师的帮助是非常高效率的解决方法。（3）在心理状态很波动的时候要多和朋友交流，这样可以让自己找到归属感，不再会有质疑自己的情况，同时这种交流也有助于问题的解决。（4）学习以外的事情会很多，主动地去适度减少活动，有助于自己专注于学习。我的班主任在高三下说过一句话，她建议我们要主动地让自己处于孤独之中，这样能更好地感知自身的状态，更好地沉浸在学习之中。

谈到我的学习方法，我个人最有心得的就是课上延伸笔记内容，课下总结归纳笔记。先谈课上，课上老师的笔记内容会有很多方向，我个人会在听课的同时积极地进一步思考，沿着老师的思路去品味题目，同时我会把我的新想法直接记在旁边以便于课下及时整理，这要求我们对老师所讲内容有深刻的理解和认识，要求比较高。但是课下的总结归纳要求稍低，也更重要。我会把相同题型的题放在一起找解决过程中的相同点，思路中的一致就意味着题目核心逻辑的一致，题目逻辑相同的题放到一起理解有助于多角度地认识这种思维逻辑，加深理解逐步突破。在逐步地训练中就会慢慢认识到什么样的问题应该用什么方法解决，从而一次解决一类问题。

　　归根结底，学习方法是每个人独有的，在没有找到学习方法时我建议可以尝试多种方法，再根据自我感受筛选出几个真正适合自己并且效率高的方法，然后在应用中不断地加入自己独有的改动，最终目的是用上真正适合自己并且高效率的学习方法。在开始过程中可能有畏难的情绪，但是在没有什么明确的方法时一定要勇于去尝试别人推荐的方法，只有真正试用才能感受到有没有效果。

　　下面谈谈对我个人影响比较大的一件事，就是获得了一次去其他班班会课上分享学习感受和经验的机会。这次经历的开端至今对我而言都有很深的影响，我在和英语老师交流我的学习感受时，谈到了自己学习的时候心中正反馈的力量，英语老师感觉我的心理状态很积极，于是邀请我到她们班分享我的学习态度。对于我这样一个一直向上攀登的"后来者"，心中其实一直缺乏自信，这次机会极大地增加了我的自信，让我意识到原来我也可以和别人分享，原来我也被重视。在那之后，我开始重视和他人的交流，也开始慢慢地从自卑中走出，内心力量也开始成长，第一次有了原来我也有可能的感觉，开始逐渐把清北放在心上关注。这个经历在我高中三年是最让我受益的，也特别感谢四中的环境，让我的心理慢慢成熟，让我的自信逐步增长。

　　谈到在四中的收获，首先是收获了深厚的友情。在这里，和同学们的交流给了我们成为好朋友的机会，从各种兴趣社团到私下个人的交流，彼此建立了深厚的友情。其次，我收获了学习的进步，这不只是指成绩的进步，更多的是学习方法的优化。最重要的是我收获了个人的成长，在这里我度过了人生中最重要的成长期，从叛逆的小孩变成理性的成年人，从三观尚未成熟变成有判断能力有见识的成人。这都得益于四中这样广阔的平台给了我丰富的见识，四中这样自由的空间让我充分发挥主观能动性的力量，得以快速成长，同时优秀的师资力量也保障了我在成长过程中的方向保持正确，不在迷茫中拖延时间，不在歪路上浪费人生，在我遇到困难时他们总是第一时间给我提供有力的帮助，让我不断学习各种经验和知识，得以迅速成长。同时，四中给了我一个永远的家，源源不断地给我提供精神力量，支撑我一直向前，在我迷茫时回头看四中给我的教诲，我总能找到前路的方向，是我一生的精神财富。

谈到我对四中的评价，主观上是高度赞扬。抛开情绪，从客观上讲，我认为四中真的是一所独一无二的高中，它一视同仁的素质教育，高度保护了学生独立自主的思考能力，注重培养学生的综合能力，允许学生自然成长，多了自由探索的机会。这真的对一个孩子的成长有很重要的影响，从人格到性格都受到很大影响。因此我高度评价四中。

至于四中对我的价值我没法用三言两语说清，我想这是一生的财富，我三观的树立、我对生活中各种事情的态度都是在四中成型的，我能到北大也是四中给了我自由成长空间的结果，我整个人巨大的变化也是发生在四中，我不知道未来的人生会走向什么方向，但是我知道四中是造就这一切的开端。

班主任点评

陈宇轩是一位个性鲜明、特点突出的孩子。他有较高的智商和天赋，主观能动性非常强，也很自律，尤其是有一股百折不挠、认真钻研的精神。他在理科上有非常明显的优势，自我高二接班以来，在数学、物理、化学、生物几个科目上基本保持着班级第一名的位置。而他的语文和英语则是明显的短板，成绩平平。另外，这个孩子有一颗非常敏感的心，善感又多思，时不时会让自己陷入纠结或负面的情绪中，影响学习和生活。

回顾过去的三年时光，以下三个方面我的印象较为深刻。

第一，交流谈心。陈宇轩在高一时非常桀骜，有想法，又直率，很多时候就像个小刺猬，用一身刺面对着周遭的人和事。所幸他不封闭，乐于也很善于和人交流，可以说，他是我十几年教学生涯里交谈次数最多的学生。所以无论是在他不羁的高一，还是在不断成长、成熟的高二、高三，谈话是我了解他、帮助他最常用、现在想来也是最有效的方式。十几岁的青少年，想法会不停变化，情绪也时常起伏不定，大部分他纠结的问题很难彻底解决，可能会反复困扰他，所以在他需要的时候，老师的聆听和劝导一直在旁边陪伴，就可以给他一些纾解和安慰。

第二，肯定鼓励。陈宇轩在学习上非常努力，完全不需要他人督促，而越努力的孩子，因为付出了很多，心理往往就会越脆弱。我了解他的能力，看到了他的努力，也非常赞赏他的刻苦，所以在他状态低迷甚至怀疑自己的时候，我都会发自内心地肯定他、鼓励他，告诉他他真的很棒，他有能力把各个学科学好，持续的努力和付出是正确的做法，会有回报。

第三，解决问题。十几岁的少年会在生活和学习中遇到各种各样的问题，而我有时会在陈宇轩面临困境时，帮他想一想具体的解决办法。比如，在高三临近高考的时候，陈宇轩谈到自己会在上自习的时候，不自觉地观察同学们的学习状态，无法专注在自己的学习中，做了很多努力也不能很好地控制自己。而冲刺阶段基本上都是同学们自主学习，这段时间的学习状态也直接会影响到在高考中的发挥，所以我直接建议他坐到班级的第一排，看不到任何同学，用这种简单的方式快速调整，使自己专注于自己的学习中。

三年，我和其他老师同学看到了陈宇轩一点一点的成长与进步，看到了他由一个桀骜不驯的少年逐渐长成沉稳谦逊的青年，而且他在高考中取得了自己高中阶段的最好成绩，让自己所有的刻苦努力得到了丰厚的回馈，想到这一切，我由衷地感到喜悦和欣慰。得英才而教之，陪伴一个少年走过如此宝贵的三年，我感受到了作为高中教师实实在在的幸福。

家长心语 | 成长之路

非常荣幸学校给我这个机会，让我谈谈孩子的高中生涯。

陈宇轩高考成绩取得 699 分，年级第 5 名。他是以校额到校的方式进入四中的，于平行班就读。在高手云集的四中，他最初的名次在 400 多名的位置上，这个名次我们没有批评教育，而是安慰他"没有垫底就行"。由于他小学、初中一直是名列前茅的状态，所以这个落差于他自己实在难以接受，于是他给自己定了目标。为了目标的达成，他开始复盘自己的学习状态，跟各科老师约时间答疑，这里说的答疑不是简单地解答题目，而是和老师探讨这个科目如何学，学习方法在他一次次探讨、一次次实验、一次次及时改变方式方法中总结出来了。老师给予他鼓励、支持，在他懈怠的时候及时给他加油打气，在他神经绷得很紧快要崩溃的时候，很多科目的老师都会帮他开解、陪他聊天舒缓压力。

在日常相处上，我们做家长的每天和他聊聊天，他喜欢许倬云、刘墉、项飙等的见解理论，我们也看这些大家的书籍，以便和他有共同话题。当他发表自己想法的时候，我们即便是不赞同，也很少会以家长的权威姿态盛气凌人地逼他听我们的，这样的话只会逼得孩子不和父母交流，没有共同语言，会让他从心里远离排斥家庭这个避风港湾，所以要尊重他，让他可以很轻松地表达他的想法、他的做法、他的见解，每天回到家里是一个轻松愉快的环境。

我们作为家长也秉持着不在家刷电子设备、不在家追剧，只看看体育比赛的习惯，让他间接地理解一下意志品质的重要性，理解一下坚持的重要性，看看团队合作，避免自私的本性对自己的侵蚀，比如他自己为了不看手机，又需要了解社会热点，决定订报纸，从来不怕别人说他是2G少年。还有一点最重要的是不抱怨、不怨天尤人，如果孩子有不顺心的事情发牢骚抱怨，孩子爸爸和我两个人就及时开解他，提醒他多角度看问题，了解事物的多样性，他会改变思路，不再纠结、不再抱怨，允许存在即是合理的现象，并且在爸爸妈妈遇到这种情况时也如此提醒我们。我们彼此都是学习帮助的关系。

从来没有报过任何课外班，他所有学习都是按照老师的教学安排，结合自己摸索出来的节奏，不急，不被外界的提前学、教难题和必须补课才能进步的舆论所影响，他喜欢思考，用思考来抵抗一些外界人为制造的焦虑的裹挟，他坚持相信自己、相信老师，相信相信的力量。平时学习，他提醒自己放下杂念，学就是了，事情做就行了，不是在这儿患得患失地想，信念要有，要坚定，一心只想着踏踏实实干这事就行了，别的不重要，名次逐步提升，在校期间到了年级12名的位置，孩子爸爸及时提醒他名次重要也不重要！重要的是学习本身，学习是伴随人一生的必备技能，学习知识，学习做人，学会学习，是立身之本。爸爸聊天式的教导，让他明白了学习和考试的目的，让他不反感、不畏惧、不骄傲，放平心态迎接高考。

在四中就读的三年，让我们感触最深的是学校的教育理念：包容的态度，家国情怀的培养。校长开年级会的教导让学生能在心目中确立一个方向，而不是把眼光放在找个工作挣个钱上，使命感很强，相信自己可以为社会、为国家做些贡献，觉得自己有义务为国家、社会更强更好而努力。他觉得年级会是很有必要的，而且是对他很重要的环节。作为家长，我们认为在发展变化如此快的环境里，孩子能有一个丰盈的内心，能有一个高层次的精神生活是多么弥足珍贵呀，不至于迷失在快节奏中失去方向，不随波追逐，不人云亦云，有独立思考的习惯和能力，这一切都是四中给的。老师们尊重学生的个性，真正践行因材施教，而不是用好坏、行不行定义任何一个学生，比如陈宇轩就是一个个性很鲜明的学生，一次下雪，自习课，他在校园赏雪，肖振龙老师问他为什么不在班里上自习，他回答说在赏雪，因为很美。老师说好的，过一会儿想着回教室。并没有劈头盖脸地一通批评，给予孩子足够的理解和尊重。

我们和孩子都认为是四中成就了他！

每一滴泪水伴随着每一个目标，汗水换来了一步一步的名次进步，有道是事在人为，莫道万般皆是命！就像年级组长叶长军老师说的：敢想，敢拼，敢战，敢赢！总之目标要有，坚信成绩是奋斗出来的，也要坚信自己有能力做到！加油，未来可期！

银杏树相伴的时光

孙牧远　高三（11）班

成绩情况：高中大体排名第一梯队。

成绩雷达图：

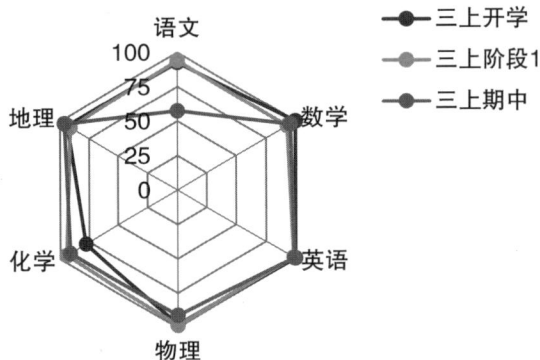

弱势科目：体育有点费劲，作文最为头疼。

弱点：有点内向，不爱交流。

送给学弟学妹的一句话：敢想敢拼，敢战敢赢，相信自己，相信老师，做到极致。

最终录取院校：北京大学。

　　"古老的银杏树伴我回想，挺拔的银杏树给我们力量"，四中的银杏树和六边形教室，陪我走过了人生最美好的时光，这三年的校园生活紧张而又充实，潜移默化中，也许我身上已带有"四中人"的烙印而不自知。

　　四中一向注重学生精神品质的提升，然而，四中的学生在应试中同样能够脱颖而出，我认为其关键也恰恰在于四中给予学生的精神滋养。

　　我在四中的高中生活始于数竞。选择尝试数竞，是由于身旁许多优秀同学的引领，也是由于四中一贯的多元包容的态度。在基本没有数竞基础的情况下，我仍决定加入数竞班。我并没有希望在数竞中获奖，只是为了提升自己的能力才做出这样的选择。在高一的一整年里，当其他班的同学在享受四中丰富的活动时，数竞班只有羡慕的份儿。这一年的埋头苦学，让我的数学水平有了飞跃，考试可以稳定在140分以上，对数学有了些浅薄的认识。然而，此外的一切都有点差强人意，各科成绩也不甚理想。当时我甚至认为这是一个糟糕的选择，但后来才发现，这是我的一笔重要财富，那种花上个把小时在一道题上才做出来的韧劲儿，是我在后面的生活中再也锻炼不到的。此外，严谨的思维方式也是数学赠送给我的礼物。在此，我也特别感谢贾祥雪老师让我体验到了数学之美，虽然我辜负了他的期望在高二时放弃了数竞。

　　四中对我精神品格的塑造不只学海，更在于社会实践。在高一升高二的暑假，四中组织了游学，其中令我印象最深刻的当属戈壁徒步20多公里。尽管全副武装，补给充足，我和同学们还是走得脚底板生疼、喉咙冒烟。戈壁滩上烈日炎炎，大风不停地攫取着我们身体中的水分，然而最要命的当属缺少辨认方向的参照物。我们不知道走了多远，也不知道离终点还有多远，我们甚至不能确定自己走的方向是否完全正确。事实上，我们的确走偏了，这导致我们的行程比预定还多了几公里。后来我们感到有些迷茫，就开始给自己定一个个阶段性的小目标。我们瞄准远处的一个小山包或一块大石头，并告诉自己走到那里就可以了。走到那里之后，又开始寻找下一个标志物，开启下一段旅程。找到一个个小参照物让我们有了阶段性的成就感，从而有了前行的动力。

当向导告诉我们走到最远处的那片小树林就到达终点时，我还感叹，原来也并不多难嘛，但其实当时只走到了中途，由于地势平坦开阔，使得我们能遥望见远处的树林。随后，我们仿佛怎么走也无法接近那片树林，偶尔上个坡下个坡它还会从视野中消失，真可谓"望山跑死马"。这时支撑我走下去的，一是坚定的信念；二是同学的陪伴。我和几个好友肩并着肩走在队伍的最前面，一路高歌猛进，甚至超过了在队首携带补给的越野车。好朋友间的说说笑笑，可能是缓解脚底板疼痛的最佳良药了吧。当然，好朋友之间也都在互相较着劲儿，谁也不想落后一步，这也是前行的动力之一。

在到达终点那片树林后，我坐在地上，才开始发觉脚底板生疼、嗓子干涩、皮肤滚烫。而在路途中，远没有如此令人不适。果然，在坚忍的意志品质驱动下，人是可以挑战自己的极限的。活动之后，尽管疲惫，一股成就感油然而生，我也悟出一点叶老师设计徒步活动的初衷——让我们锤炼自己，铸就顽强不屈的意志。

此外，我有幸在西路军纪念馆活动中上台发言，起初我认为准备讲话是一项费力且有些无聊的活动，但考虑到老师寄予我的厚望，我只得硬着头皮开始干。在广泛查阅各种资料后，我才发现，红西路军的奋斗事迹实在是惊心动魄、令人震撼。我也渐渐发现，看似无聊的写讲话稿的活动，其实令人受益良多。红西路军的英雄事迹和大无畏精神是我的收获之一。如何讲好他们的故事？如何结合当前形势，发出我辈青年学子的呼告？简而言之，如何以真挚的感情写好一篇宏大的红色主题演讲稿，是我得到的收获之二。收获之三是我改变了对这类活动的认识，我原以为红色事迹、红色精神，当代中学生接受起来有些困难。后来我悟到，用心讲述他们的故事，全心体会他们的精神，就能发现红色血脉根植于每个人心中，赓续不断。

在述说革命前辈的英勇奉献事迹时，我的确感受到了一种力量，那就是青年人勤奋刻苦、开拓进取的力量。带着这种力量，在高二的一年里，我挑好了选考科目，开始从头来过，并很快取得进步，达到了较高的成绩水平。出乎意料的是，高二一年我竟然觉得很轻松。也许正是高一一年的历练，让我的学习能力大涨。在高二的那一年，我体验了许多高一未来得及体验的四中学生活动，而令我最享受的活动当属年级乒乓球联赛，以及每天课后与同学们的乒乓球快乐时间。我最爱打乒乓球，是因为乒乓球不需要蛮力，不需要那么对抗，最需要巧劲儿。这一点恰恰与学习过程相符合，因为学习靠的也不是刷题、死记硬背，而是实时总结、精准发力。

打乒乓球尽管占用了我一些时间，却并没有影响我的学习，反而是这每天额外的一个多小时体育活动让我晚自习时更有精神。此外，它带给我的更大收获是让我交到了许多朋友，我很快跟班级中所有会打乒乓球的同学成为好友。之后，我们几个还会拉上其他不会打乒乓球的好友一起前往，从零开始教他们打乒乓球。他们起初有点羞涩，后来进步飞快，再后来跟我一样爱不释手，甚至有时为了打乒乓球误了吃饭。在乒乓球俱乐部的训练上，我还和外班同学对打，扩展了我的朋友圈。年级乒乓球联赛，是学生会自己主办的活动，没有老师参与，但同学们的热情依旧高涨。由于我的技术并不足以称雄年级，就和好友王正熹商量着报名双打，双打中配合得好比技术高还要管用。在乒乓球联赛上，我们两个相互配合，他擅长削球，而我擅长拉球和扣杀，再加上我们平时打球时钻研出来的一些怪招，有幸获得了男子双打季军的好成绩。

打乒乓球给我的学习生活增添了以上种种诸多乐趣，也许这是我高二一年里感到轻松的主要原因吧。

叶老师设计的年级活动大多与爬山有点关系。后来我才明白他的用意：叶老师从山东来到北京，成为优秀的教师，实现了人生价值，攀登着人生之山。他常说让我们做一位低姿态的攀登者，这一比喻可能就缘于他自己作为一名攀登者的人生经历。类似的，叶老师常挂在嘴边的还有抗美援朝第一一七师的英雄故事，他们在冰天雪地中急行军，成功全歼美军王牌主力。他在年级会上给我们讲这个故事时，全场默然。叶老师激动地宣告，这（指上述）一切都可以克服，现在的学习考试又何足惧。叶老师的一整套理论贯穿年级始终，这看起来和应试教育搭不上边，我却认为正确的人生观、价值观和顽强奋斗的品质是学生最要培养的素质。叶老师的理论，并没有多么高深，我却深以为高明。

我的锤炼铸魂之旅还有续章。在高二升高三的暑假，学校组织了学生、家长、老师三方会谈。我很是惊讶于学校竟能结合所有学生的特点一一进行谈话，后来听说这是年级组和班主任对每位同学的成绩图进行分析后提出的个性化方案。可以看出，年级组和班主任是对每一位同学真心负责的。所谓三方会谈，其本质就是自己发出对自己的灵魂拷问，找出自己当前最大的问题和增长点。然后，由家长、学校、学生三方集思广益来寻找解决方法并达成共识、形成合力。虽然谈话只有半个多小时，但使我对高三接下来的路要怎么走有了更清晰的规划。

在高二升高三这个暑假中，我们原来的班主任袁海萍老师由于有公派任务，前往新西兰任教一年，无法继续担任我们的班主任。袁老师绰号"老萍翁"，颇有文人风骨。她为数竞班注入了些许人文关怀，很受同学们爱戴。她走后，一时有点让人难以接受，所幸我们熟悉的英语老师赵悦老师临危受命，挑起大梁。赵悦老师与袁老师的教学风格大不相同，她虽然教英语，却基本被"同化"为理科生。赵老师曾担任年级组长及班主任等职务，在教学方面也有自己独特的教学理论，可谓经验丰富。我对赵悦老师感受最深的一点是她对我们每位同学细致入微的了解。她的英语课上，每个问题由谁回答都是有讲究的。她清楚地知道哪位同学完形填空选动词这一题型拿捏不准，也清楚地知道哪位同学阅读理解考查主旨的题总是出错；她还知道，哪位同学上课上到一半就会开始走神，需要适时提醒。赵老师温柔和蔼，从不发火，但她对你提出意见时，总是一针见血，让你后背发麻；她对你提出表扬时，你仔细一想，也会觉得自己实至名归。

到了高三这一年，我是怎么也轻松不起来了。语文的写作一直是我未解决的问题，此前并不会对我的成绩造成多大损失，但一到了系统性模拟高考的时候，我才意识到问题的严峻性。语文写作有两道题，分别是大作文、小作文，分值大、用时长，其完成情况还会对其他科目的考试状态有影响。我意识到，想做到最好，就必须把这一关攻克下来。在任务繁重的高三练写作这样如此费力的事，我想做却总能找出各种理由推诿。直到一次听马校长讲话，其中一句话让我印象深刻，他说高三的任务就是"发现问题，解决问题"。我已经发现问题了，这是好事，剩下的就是去解决它。顺着这个新思路，我把练习作文当成头等大事。那些做着顺手以至于喜欢写的作业，就往后放一放。完成这样的置换，再加上一点点我在高一学数竞时的韧性与耐心，语文写作也逐步被我攻克。攻克作文这一难关的过程让我感触颇深。原先的我是一个性格比较内向的人，很少找老师答疑，也很少主动和老师探讨交流问题。然而，语文作文突破的关键就是与老师当面探讨交流作文并课后修改。于是，我下定决心，一定要克服自己这个小小的心理障碍。跟别人一样，我也争抢着去约老师答疑。如果老师没有答疑时间，就蹭别的同学的答疑时间。实在没有机会的话，就堵在老师办公室门口抓住机会和老师交流探讨我的作文。渐渐地，我发现与老师交流并不是我原先想的那么令人紧张和畏惧。如果我答得有不对的地方，或者考虑不周到的地方，老师也不会责怪，反而会启发引导我继续思考。总而言之，与老师交流是轻松而且愉快的，我也渐渐享受上这个过程。

如果说与老师面批作文是比较轻松且愉快的过程，那么回过头来自己改作文就比较枯燥乏味且具有挑战性。改作文是个大工程，往往需要花上个把小时，也不一定能达到预期的效果。于是，我就把它安排在了周六或者周日上午这种精力比较充沛的时间段。这其中我也遇到了一些困难。由于周末作业比较多，我常常在修改作文的时候，心里惦记着其他科目如山如海般的作业。这导致我写作文时无法展开思路，无法集中精神，效率变得低下。这个问题的解决还要感谢我的父母。他们察觉到我周末改作文时的坐立不安，于是跟我打包票说先不用管其他科目的作业，要集中精力解决作文这一当前的短板。如果其他科目老师来问责，他们会帮我解释。此外，他们还为我准备了丰盛的午饭、晚饭，又为我准备适当的娱乐活动，这一切打消了我的顾虑，使我精神倍增、文思泉涌，作文也就一挥而就。借着这个势头，我也往往能顺利地完成其他科目的作业并且不耽误周末适当的放松。一次次的修改作文，使我的心理素质得到了提升：在面对许许多多繁杂的任务时，我能够专注于眼前的工作，而不过多地担忧后面的事情。这种沉浸其中的状态，既提升了我的学习效率，也让我多了几分成就感，少了几分疲惫。

语文作文素材的积累就要相对轻松一些了，但也同样重要。老师说，素材就是作文的血与肉，有了丰富且适当的素材，作文才能变得丰满，说理也更加透彻。可是，作为高三学生，颇有"两耳不闻窗外事，一心只读圣贤书"的状态，再加上数竞班出身，人文素养实在少得可怜。怎么解决这一问题呢？我从土方法开始试起。我利用起家中订阅的《人民日报》，以及每天的《新闻联播》，摘取其中有所感悟的事例，制作一个剪贴本贴上去。背下来之后，作文素材却并没有如我所愿地在写作文时奔涌而出。后来语文白楠苗老师就这个问题也进行了分析，她说光背下素材是没有用的，要主动思考某一个素材究竟可以用在论证什么命题上面，主动思考怎么有效地论证，至于具体的实施方法，可以从每次改作文开始。在改作文的时候尝试用上自己积累的素材，在用素材进行了一番论证之后，自己对于素材的理解也可以更加深入，记住它并且下次运用它，也就更加容易了。此外，白老师又给我提供了另一条妙计，她说《新闻联播》《人民日报》上的素材好是好，却离中学生有些遥远，作为学生，我们可以对语文课本加以利用，语文课本中的名家经典往往是富含哲理与思考的，用作道理论证或事例论证再合适不过了。而且，这也可以使我们对背诵、默写篇目的利用更加充分。除了语文课本，平时阅读的名著，如《论语》《红楼梦》等，都是极富思想性的，何尝不能用来写作文呢？白老师的这番话，可谓一语点醒梦中人。所谓生活就是语文，生活中处处都可以为语文所用，只要善于发现、勤于思考，积累素材就是自然而然而且轻松的过程了。

高三的一年里，在我大概解决了语文作文这个问题之后，又有一个令我更加忧心的问题开始浮现。那就是我本来擅长的数学学科由于一年多来并没有勤加练习，渐渐失去了原先的优势。尽管我不想承认，但是一次次的考试成绩告诉我，我必须巩固我的数学学科。有一次数学考试并不十分理想，我在找贾老师答疑的时候，贾老师语重心长地对我说，高一升高二的选科实质上是扬长避短。高二、高三的重点就是补短和扬长。短板补得差不多了，就要开始巩固自己的优势学科。也就是说，没有永远的所谓优势学科，只有投入多或者投入少的学科。我痛定思痛，开始重视数学的学习问题。可能终究还是补得不够，或者高三的题目本就综合性强、难度大，高三以来历次考试，我鲜有上140分的时候。所幸，高考考场上，面对一众不合套路的新奇题目时，我稳住心态，找回了数竞班的感觉，考到了140分，这也算是对我辛苦学习数学的小小回报吧。

英语，或许由于从小学开始就有比较深厚的英语课外积累，我一直比较擅长，在高中谈不上有什么巨大的突破，但仍愿意来讲一讲自己学习英语的经验、历程。我始终坚信，英语的阅读、视听、口语交流与传统的英语课搭配起来，才能有更好的学习效果。比如假期里可以刷一刷英文原版小说、英文电影电视剧。有机会出国旅游，一定要多和外国友人交流唠嗑，毕竟一对一的外教课死贵死贵。这些英语素养的积累并不是高考的重点，但是有机会仍要做，并且要坚持做，说不定完形填空中某个地道的搭配就藏在美国人交流的习惯用语当中，这可能是上多少堂英语课也讲不到的。想把英语真正作为交流的钥匙，这些"务虚"的部分必不可少。学校的英语课当然十分重要，毕竟我们要面对高考，拿分才是硬道理。即便英语的课内学习是比较有体系的，但英语课最大的特点仍然是见效慢、重视积累。我们不能祈求像学习数学那样，在学习了这一章的内容之后，就能完成这一章的习题，英语学习的逻辑是在进行了大量的阅读积累之后，有阅读能力的提升，从而在做阅读理解题的时候有更高的正确率。能力的提升是一方面，应对英语考试同样重要的一方面是保持手感。也就是说，在高三英语题片刻不能离手。这么说有点夸张，但是每天做一套题并不是过分的要求。这个所谓手感的保持，其实就是使阅读速度和反应速度保持在高位。可以说，英语学习还是有迹可循的，它没有理科学习那么烧脑，也没有语文等文科那么重视文采才思，英语学习的关键就是持之以恒的积累。

通过上述语文、数学等科目的学习突破，我逐渐明白了一个道理：越是感到困难陌生的任务，越要迎难而上。在生活中，这点同样适用，说白了就是要走出舒适区。叶老师在这一点上做出了很好的表率。据说，叶老师从小体育不好，年纪大了更没有长期运动的习惯。可是这样一位工作繁忙的中年男人，竟开始每日清晨在学校操场跑步。很多次我停好自行车时，都看见叶老师精神抖擞地从跑道上下来。久而久之，叶老师的身材也变得苗条了一些，精神更加充沛。叶老师说他开始跑步就是为了让我们明白，对于自己惧怕的领域，要勇敢地发起挑战，没有什么困难是无法战胜的。

此外，叶老师作为一位不会唱歌的老同志，能鼓足勇气在毕业典礼上领唱一曲电影《笑傲江湖》的主题曲《沧海一声笑》，也在昭示着要不断突破自己极限的奋进精神。也许这就是四中校训中"开拓"一词的一种体现吧。

在高三的一年中，我除了体悟到自己的成长，也感受到了班级良好的学风。年级一直在推行小组学习制度，据反映效果十分不错，而我们班有可能因为在高一时花了大量时间在数学竞赛上面，以至于没有工夫去找别的同学搭伙组织小组学习。但我在学习中仍然能强烈地体会到同学们的通力合作，敬佩每位同学的智慧。究其原因，我们班虽没有固定的小组，却有良好的研讨学习交流的风气，同学之间常常频繁地提问讲解，而且没有人在乎对方的学习成绩比自己好还是比自己差，大家都平等地交流，相互借鉴、共同成长，往往两个同学的交流能引来五六位甚至十余位同学的集体讨论。这种景象在班级中很是常见，课间、中午、晚自习前，满是一小堆一小堆的。大家常常在说说笑笑中就把今天的知识难点又温习了一遍，大部分自己想不通的问题也得到了解决。我认为这就是我们班的优点，没有小组学习却胜似小组学习。最终的高考成绩也证明，这种良好学风对我们产生了积极影响。经过现在的反思，我认为年级推行的小组学习制度，的确非常有借鉴意义。究其根本，小组学习的目的是鼓励同学们互相促进，互相帮助，而不是彼此隔绝，把对方当成竞争对手。然而，实现这一核心目的的途径并不只有小组学习一种。当然可以由三五同学好友组成学习小组时时一起讨论，每天总结收获；也可以像我们班一样，组成许多非正式的、随机组合的研讨论坛，在互相交流中共同成长，共同进步。如果有比较喜欢安静独处的同学，也可以找一个志同道合的伙伴去图书馆自习，相互监督陪伴。在四中，优秀的同学、良好的氛围是不可多得的财富。我也非常感谢我优秀的同班同学们，他们给我答疑解惑，让我在平日的嬉笑中也能收获成长。后来我得知，叶老师组织小组学习，还曾向我的初中班主任熊良柏老师取过经。在我上初中时，熊老师的七班以"师徒制"闻名，我也有幸当过"师父"，帮扶其他同学。在高中，同学们的时间不如初中那么富裕，这种制度无法照搬，的确是"小组学习"更符合需要。不论哪种制度，合作共享的精神都是四中学生的名片。

四中学生最闪耀的时刻，不是发榜的时候，而在于平日里一次次以自觉的态度剖析自己的问题和增长点，一次次以对自己负责的态度攻克每个难题，一次次在与同学交流的过程中认清自己的问题并解决。正是这些时候，四中"勤奋、严谨、民主、开拓"的精神才熠熠生辉，2023届"敢想敢拼，敢战敢赢"的口号响彻云霄。

我会永远怀念这银杏树相伴的几年时光。

班主任点评

牧远应该是典型的"别人家的孩子"：成绩稳定在年级第一梯队，思维敏捷聪慧，文理兼修，性情温和，发展全面，总能与班里的同学打成一片——他的名字不仅仅总是出现在成绩排行榜的最前端，还会稳定出现在第一批报名参加班级年级活动的那群人里。

也许大家都认为是他非常聪明的缘故，牧远的成绩总让人认为得来有些许"轻而易举"，印象中他总是呵呵笑，很少有愁眉苦脸的样子。以至于我总是想办法告诉他，你可以再努力一点。他也不辩驳，习惯性地打哈哈，有时候顾左右而言他。后来经过观察，有了很多新的体会和发现。他的"轻松"，只是不会把付出和努力轻易挂在嘴边，不矫情，也不曾把自己的困难和艰辛的时刻给别人看。他的"随意"，经常是不刻意拘泥于考试，但每一分表现都诠释着很多年深厚的基本功和学科素养。我可能只是不太习惯这个阳光优秀的大男孩像他自己所描述的一样，有的时候只是有点害羞。

牧远不仅是"别人家的孩子"，还是个幸运的孩子。他的家长了解他、关爱他，很多时候也能够恰到好处地引导他。我总是忘不了临近高考前看到的一幕：牧远及爸爸、妈妈三个人骑行在平安大街上去看考场，夕阳斜下，人流如梭，他们仨虽前后徐行，却是那段路上最紧密的连接，最美的一道风景。

家长心语 | 那些日子，我们仨一起走过

孙牧远考入了北大，分数与他的预期、我们的预期或许还有学校的预期有点差距，没能为他热爱的四中更好地争光，他有点懊恼和小缺憾。但人生不可能完美无缺，在没有影响大局的情况下早早体会这一点，也许有助于他以后独立应对将会遇见的人和事。

高中三年飞逝而过，没时间品味，今天回头看，我们也经历了迷茫和焦虑，但很庆幸，那些迷茫和焦虑的日子，我们仨一起走过来了。

刚进入高中的时候，我们就给孙牧远打了预防针，四中高中藏龙卧虎、高手如云，不可能再像初中那样始终名列前茅了，但同时也不能过于降低标准，希望能保持在年级前30。虽然做了这样的铺垫，但现实还是给了我们不小的打击。在高一的几次大考中，他的成绩总是起伏不定，我们发现每次考试总会有那么一两科的成绩跌出我们的预期，有时物理没考好，有时化学没考好，有时地理也不行。高一最后一次期末考试，甚至物理和化学双双报警，年排到了36名。那次考试知道排名后，我和他爸爸内心有些沮丧，也有几分怀疑，也许孩子的能力就是如此了，也许我们需要进一步调整预期。其实我们也知道，那时候孙牧远的沮丧和对自己的怀疑比我们更甚，他可能也处于丧失信心的边缘了。怎么办？做父母的不能向孩子传达消极的信号，也不能让孩子就此"躺平"，认为自己不行。现在想来，我们当时的做法还是非常正确的。首先，在家里尽可能营造宽松的氛围，不给他心理压力，在知道排名的那天，我们带他去吃他一直想去的"大董"，不谈考试和成绩。随后，我们把试卷拿出来，客观分析那次考试成绩不理想的原因，发现他在概念掌握方面出了些问题，一些选择题做错了，再加上做题少，不够熟练，一些大题失分严重，由此我们针对性提出了暑假的学习攻略。针对暑假作业中的错题，我们开始了讲题活动，让孙牧远给我们讲他的错题，他要把我们两个讲明白，回答我们的疑问，当然他爸爸负责物理，我负责化学，也结合了我们俩的一些专业特点。在新高二的开学考试及期中、期末考试中，可能是因为开始了选科，可以集中精力搞选考

科目，也有可能是暑假期间的策略得当，孙牧远进了年级前十。最让我们有感触的是，孙牧远有一次在写考试总结的时候，无意中也谈到了高一暑假的这些经历，大致意思是他高一期末考试考砸了，但是父母没有任何责备之意，反倒带他去吃大餐，让他觉得父母非常理解他，他要更加努力学习才是。在孩子遇到困难的时候，父母做最强的后盾，理解他，鼓励他，帮助他，可以让他的困难期尽可能缩短，回归正常。

在高三上学期第一轮复习的时候，孙牧远偶尔也会有些困扰，有时候比较消沉，总觉得自己没什么进步，有些题以前不会做，到了高三还不会做，并且不会做的题还层出不穷。这时我们父母能做的肯定不是战术方面的了，而是要从战略的角度来讨论出现这些现象的原因。高三复习是查缺补漏，不是学习新内容，之所以感觉没有什么进步，可能是自己的漏洞并没有那么多，但其实潜移默化中肯定是有进步的，每天把遇到的错题、难题攻克了就是一种进步。现在老师肯定是多给你们一些难题、易错题，所以出现错误、不会做很正常，现在纠正的每一个问题如果都避开了你考试中可能会遇到的雷，这不就是进步和收获吗？也许此时我们提供不了什么解题方案，但切实分析目前的形势，尽可能宽慰他，让他浮动的心静下来，平稳度过这紧张的复习阶段，也许是来自父母最大的支持了吧！

告别高中，孩子开启了人生另一阶段。以后，需要我们一起面对的也许不再是考试和成绩，但让孩子觉得，家是他心灵的港湾，累了，委屈了，回到家会让自己轻松一些，这就是我们能做的吧。

如果我们做的这些能让读这篇文章的您有一点共鸣，那它也就发挥了一点作用。

祝四中辉煌依旧，祝孩子们都以梦为马，不负韶华！

"双轨战士"的追梦之路

陈应涵　高三（8）班

　　成绩情况：高一、高二年级大体排名 2—30 名，高考成绩北京市排名前 20。

　　成绩雷达图：

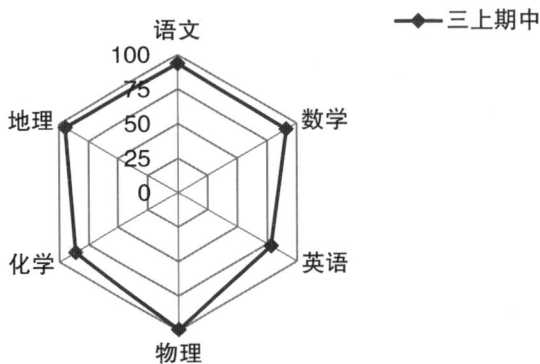

　　弱势科目：化学、地理。

　　送给学弟学妹的一句话：在四中你会有无数多元的选择，不论选择什么样的道路，拼尽全力去追寻自己的梦，无怨无悔的青春最美！

　　最终录取院校：北京大学元培学院、帝国理工学院。

我的简介

我自初中开始在四中就读，高中在科技特色班（2023届8班）就读，受个人兴趣影响和班型设计参加了很多科技类比赛和科研项目。同时，我还是一个"双轨战士"，在高考体制的学习之外，我的高二、高三有一半多时间放在自学英国A-Level课程和准备英国大学的申请上，最终两条路线都收获了不错的结果。

踏入初一，在各科老师认真负责的教学中，在和周围优秀的同伴们一起努力、共同进步的良好氛围下，我较快地掌握了合适的学习方法，终于在第一次年级统考中取得了第一名的好成绩。在小小自得了一阵之后，我发现优异的成绩在四中是一件再平常不过，甚至理所应当的事。四中推崇的是在各方面均能达到优秀的综合性人才，在初中，丰富的社团活动和选修课让我接触到了天文和辩论，丰富了自己的兴趣爱好；参加并组织学校机器人队的活动，不仅让我学习到了机器人和编程等技巧，获得了北京市一等奖的好成绩，更是培养锻炼了我的领导组织能力；面向所有同学的数学和信息竞赛选拔与后续系统性的课程让我学习到了很多精深的知识，锻炼了我的逻辑能力和思维深度，让我历时两年在信竞奥赛中取得了省一等奖的好成绩，并最终确定了计算机专业方向；被选拔参加的法律竞赛活动更是拓宽了我的视野，使我在理工之外开始涉及文史哲法的领域，至今仍对法学有着很浓厚的兴趣……可以说，初中三年，四中不仅给我的学习打下了坚实的基础，更是丰富了我的视野和兴趣，并告诉我：学习成绩绝不是中学的全部，丰富多元的青春才足够绚丽多彩——这个理念，贯穿了我后续三年的生活。

初三暑假，我入选了北京大学全球精英人才A计划，与各行各业的学者专家交流学习，与全球的优秀同龄人一起为实现联合国17个可持续发展目标共同努力，设计项目并付诸实践。基于初中的计算机编程基础和对人工智能领域的兴趣，我参加了卡内基梅隆大学的项目，和高校学生一起完成了利用人工智能和深度学习判别心脏病的研究工作，并第一次在期刊会议上发表了英文研究论文。此外，我还在闲暇时间学习了法语和 AP 体系的微积分课程——这些学习经历似乎都没有对我未来的道路起到什么决定性作用，因为法语对我来说只是一门有趣的外语，而 AP 作为美国申请所需要的成绩于我而言并不必要——但我始终坚信学习本身是快乐的，不应该带有功利的目的性，我多学习的每一点知识都会使我更加丰富，让我成为更好的自己，并在未来的某一天绽放，而事实证明的确如此。

进入高中，学习方面，我深深得益于学习小组的活动，在和同学的互帮互助中共同进步。在课程设置方面，四中的多元化也体现得淋漓尽致。以我喜爱的数学学科为例，我们可以根据自己的兴趣选择竞赛、建模、先修等相关课程，从更高的维度、更宽的广度感受数学之美，提升自己的数学素养和能力。我个人选择了数学建模课程进行学习，高一下学期完成了数学建模研究《中国青少年身体活动代谢当量预测模型的建立》，并获得了北京高中数学建模应用能力展示活动的一等奖，对数学建模有了基本的了解与掌握。这得益于老师们的认真负责、高质量的教学和同学之间的共同进步。三年来，我的成绩整体还算不错，基本可以处在年级前 30 的位置。

当然，我本人收益最多的是科技特色班的课程设计。在每位同学都可以在专业老师的指导下完成一项科学研究并撰写论文的基础上，我还通过后备人才选拔计划进入了中国科学院大学的计算机科学与技术学院进行深入学习和研究，跟随导师深度学习计算机视觉等相关知识，和学校老师们进行多次探讨后确定了山水画着色的选题。我从浩如烟海的网络资料中筛选出了数千张山水画作为训练和测试数据，选择了 5 种网络框架搭建我的 GAN 和 pix2pix 模型。每种网络框架构建的模型都需要数千行的代码编写，又包含十几种不同的训练参数需要编辑选择，每编写出一个模型还需要进行近两天的训练。我抓紧一切课余时间进行实验研究，经过训练、改进和测试最终选取了最优模型。这几个月里，我面对电脑时常奋战到深夜，也时常被卡在某个难关停滞不前。高强度的工作和压力曾让我几近崩溃，但最终我还是坚持了下来，历时近一年完成了研究和论文《基于生成对抗网络的山水画着色研究》，并译作英文发表，陆续参加了金鹏科技论坛、青少年科技创新大赛、丘成桐中学科学奖、ISEF 国际科学与工程大奖赛，获得了市、国家、世界级诸多奖项，并获得了第十三届中国青少年科技创新奖。比赛成果和奖项尚在其次，更为重要的是，这次独立自主完成科学研究的经历进一步加深了我对科研的兴趣和热情，更是锻炼了我自主学习、研究、讲演、思辨的能力，也为我的大学申请和未来发展照亮了一条康庄大道。

在完成高考体系的全部内容之外，从高一开始，我就下定决心通过自学的方式同时完成英国高中的所有课程并在高三完成对英国大学的申请。于是，我之前所有的兴趣爱好，科研、竞赛、活动的记录和成绩都渐渐成为我申请资料中的亮点——做过的一切都没有白费且很有价值。但同时，这也是一条异常艰难而辛苦的道路，任务繁重、压力巨大。我从高二开始学习雅思，小时候多次出国交换和游学的经历让我有着比较 native 的英语水准，在一段时间的准备后首考就考出了 8 分的成绩，成功上岸。此外，更重要的还有英国的高中体系课程 A-Level，为了保证在大学录取中有着足够的竞争力，我自学了数学、物理、高等数学和计算机四门课程，过五关斩六将，在 2022 年 10 月、2023 年 1 月和 5 月以总分只扣 7 分的高分通过四科累计共 22 门考试，又在 2022 年 10 月和 2023 年 6 月通过两次高难度数学加试，后又历经文书写作、面试等诸多流程，最终斩获了帝国理工学院计算机科学的 offer。

回想这两年自学 A-Level 的历程，堪称艰辛。高二为了保证课内学习，我只能在课余时间抓紧一切时间自学。当然，我也从学校获得了大力支持，得以根据自己的需求决定作业的完成情况，也可以从数学和物理老师处获得需要的指导和帮助。

进入高三，为了 10 月的大考，我请了两个月假专注备考，这期间通过学校提供的课程录制和学习小组同学帮忙拍摄的笔记基本跟上了一轮复习进度，并在回校后的期中考试取得了年级第 15 名这一比较令人满意的成绩。接下来的两个月，我在网课参与高考复习之外准备了各个大学的面试，并在 1 月的考试结束后，于高三下学期恢复到校。在紧张的复习之余我还完成了最后四个单元课程的学习，并在 5 月中旬请假一周完成了最后的考试，而后才全力投入最后的冲刺阶段。

回想起来，英国课程的自学的确占用了我很多时间和精力，但我觉得对我的学习和成长是大有裨益的，甚至可以说是和课内学习相辅相成的。相较而言，高考体系偏向于知识的深度，而英国体系偏向于知识的广度，涉猎得更加广泛。国内数理学习的较高难度锻炼了我的思维深度，让我能够很从容地理解、掌握、应对英国体系的知识。反过来，A–Level的课程中很多方面广度很大，如数学方面在微积分、向量、线性代数等方面所涉及的内容量远超高考，在完整地学习之后，回头看高考内容就有一种高维俯视的感觉，很多原先觉得很复杂的问题都得以迎刃而解。

在紧张的双轨学习、科研和竞赛之外，我依然积极参加了四中丰富多彩的活动。高一，我代表班级参加学校的状元榜知识竞赛活动，一路过关斩将斩获亚军；凭借十年的钢琴练习，我在合唱比赛中为班级伴奏，助《天耀中华》响彻云霄。高二，我积极组织科技节各种活动，又在戏剧节中积极参演，屡获佳绩。此外，我还积极参加体育活动和班级活动，篮球联赛、排球场上都能见到我的身影，班级的辩论赛、主题班会很多也出自我的手笔。而对于班级学习工作、学风建设，我作为学习委员更是责无旁贷。进入高三之后，在下半学期返校后，我作为总导演策划了成人礼和毕业典礼两项重要活动，统筹调度节目、场务、设计、资金、视频制作等，协调几十号人的工作和展演，最终两场活动都圆满落幕并得到了大家的一致好评。我想，这些课外活动的组织经历对我个人能力的提升是十分重要的，这些闪光的经历和回忆也会一直伴随着我。

我的弱势科目是如何突破的

在我语文、数学、英语、物理、化学、地理六门高考学科里，我的语、数、英、物四科在正常发挥的情况下通常可以达到班级甚至年级的顶尖水平，但化学和地理学科就相形见绌了。下面，我分别阐述一下这两门弱势学科的学习经历，以及我是如何突破困境，在高考中取得满意的成绩的。

说起化学学科，我高一、高二的化学老师、也是我们年级组长的叶长军老师在高一上学期就和我认真交流过，得出的结论是我化学思维不行。当时的我稍有些不以为意，因为在高一时我的化学虽然发挥不很稳定，但最高也是考过几次年级第一的，几次考试的顺利让我略有些忽视思维的专门训练，而我相当紧张的学业安排也让我难以在化学上投入大量的时间。进入高二，随着化学学习进入原理和有机部分，课程难度陡然提升，我在一瞬间就感受到了我的化学思维与顶尖学生的巨大差距。课上老师讲的重点难点，我理解起来会比较缓慢而吃力，因而有的时候难以完整跟上每节课的进度，"听不懂课"的困扰在我学生生涯里头一次如阴霾般扣在了我的高二化学学习上。犹记得当时，面对认真耐心给我讲题的朋友们，我瞪着迷茫的双眼，看他们恨铁不成钢的神情，加上实在想不明白原理，内心是无比煎熬而痛苦的。而搞懂课上知识并不意味着万事大吉，当我鼓足勇气翻开练习册，花远比计划中更长的时间写完作业，然后在对答案时"惊喜"地发现错误满篇，那种挫败感对于从小到大成绩一直不错的我来说堪称"从没受过这样的委屈"。当我发觉在很多次考试中化学总能以一己之力拖下我其他科目的良好发挥的时候，我知道到了痛定思痛的时候。于是，每次考试之后我都会去找叶老师认真地分析试卷，再进行谈心，主要是试图从叶老师那里获取一些训练思维的改进之法，叶老师的回答是"只能多投入时间"。为了让我的化学成绩不太拉胯，我在相当紧张的时间里努力挤出了一些，用于进行化学的额外练习——即老师推荐的王后雄练习册（也是我迄今为止做的唯一一本课外的练习册）。上面的题很多也很难，最开始做的时候可谓一整页也对不了几道题，但我强迫自己必须硬着头皮写、逼着自己必须把每道错题都搞明白，到了高二上学期的期末，纵使我只做了那本书的一半多，我也感受到自己有了一定进步，看到题以后思路更加清晰准确，取得的成绩也较为令人满意。到了高二下学期，我的化学学习就相对来说更为顺利了（相比上学期而言），也真切地感受到了练习、思考、感悟对于提升学科思维的作用。

此时，我的化学学习大概是一个通过多做了一点题、稍有成效的比较励志的故事，但事实上，我高三化学的学习更为曲折。整个高三上学期，我因为准备出国的相关考试几乎没有到校，这意味着我完全错过了一轮复习。对于其他几科，我可以较为自负地说一轮复习对我意义不是很大，但本就是我短板的化学学科在我错失一轮复习后瞬间又暴露出了巨大问题。另外，经过一轮复习，同学们都对高考题型练习了很多，对题型和答题方法已经非常了解，而我对其可谓一无所知。于是，在高三上学期期末、高三下学期开学考试和零模中，我的化学成绩都相当惨淡，甚至到了吓人的程度（在班级甚至年级平均分附近徘徊）。当我在寒假结束出国的考试后，立刻投入高考复习中，而我的重中之重就是集中精力补齐化学的短板，不能因这一块"木板"让我整个"木桶"中的水流光。首先，就是重拾基础知识。我在寒假和开学的第一个月通过回看高一、高二的笔记、学案、总复习指导，以及借阅同学一轮复习学案等方式，大致重新捡起了原有的基础知识。当然，这样短时间的大量复习注定会有很多顾及不到的地方，这就需要我在每次作业、考试中暴露漏洞和问题时绝不放过，甚至在某个点有些含糊时都要及时回头去查看该问题涉及的知识点，借助题目的练习一点一点补齐漏洞，并在反复练习、出错中一再巩固各基础知识，这样的查漏补缺一直持续到了最后的冲刺阶段。其次，就是题目的练习。因为我5月份还有半个月的时间需要出国考试，同时还有学校大大小小的事务等着我负责（如成人礼等），在有限的时间里实在难以再进行额外的补充练习，因此我决定全力把老师留的作业做好，并力争题题搞懂搞透。但接下来摆在我面前的问题就是，很多经典的题目，尤其是近十几年的高考题，其他同学们都已经做过两遍以上，老师讲课时会默认大家早就完全理解了这些题，进行的主要是重看、重做、重讲工作，这对于基本没接触过这些题的我提出了巨大的挑战。对此，我只能努力做题、询问身边的同学，再通过每周2—3次答疑的方式争取赶上同学们的进度，搞懂搞透每一道历年高考题。真的很感谢化学余洁老师在高三一年对我不离不弃，帮我额外约排了很多答疑时间，认真耐心地帮我解答了我的全部问题（不论我的问题有多么愚蠢或显而易见），加深了我对化学学科和考试的理解、提升了我的能力，为我做好了应考的准备。

　　时间来到了3月底，一模开始之后，最后的时光就只剩下无休无止的考试和讲评。一模我的化学发挥不错，但随后在二模和各区的模拟练习中我的发挥总是忽上忽下，随之不稳定的还有我的心情和情绪。记得很多次，我在化学办公室里面对着余老师，对着上不了班级平均分的化学试卷接近崩溃、自暴自弃，但余老师总是温柔亲切地鼓励我、帮我重拾信心。同时，她也帮助我调整了目标和考试策略（我认为这对我来说影响相当重要），即认清我化学并不是很顶尖的现实，把目标放低一点，高考赋分最终在91—94分之间即为胜利。在调整目标之后，我的考试策略也在老师的指导下进行了调整。我原先总是希望努力做对每一道题，常常在选择题上死磕，但最后不仅选择会错不少，末尾的一到两道大题往往还会没时间做，这常使我的分数低得吓人。在策略调整后，我不在选择题上过多浪费时间，多用排除、迅速浏览选项，仔细审题后一分钟以内拿不准的选一个看着比较对的选项后直接跳过，保证在20—25分钟内完成选择题部分。针对选择题，我还以每天一套的频率认真完成了余老师布置给我们的专项练习，在时间把控、心态和做题策略上都做了相对充分的准备。更重要的是，我发现迅速过选择的正确率不比纠结很久时的低……在前面部分省下的时间，我可以比较认真地看和做后面的大题，尤其是工业流程和实验题。经过和余老师的交流学习，我渐渐学会了先宏观整体看题、保证把简单空的分拿到手，再努力啃复杂的难空，啃不下来就努力写点上去不空着，不过多浪费时间（让你写四行的空和让你写四个字的空的分值很可能是一样的，哪个分简单先拿哪个！）。在高考最后十几天的冲刺阶段，我又一次重新回看基础知识，回顾近十年的高考题和模拟题里的重点题型，做了几套保温练习，坚持每天去找余老师答疑，力争不带漏洞地上考场。但直到最后，我对化学考试心里都还没底，我知道我化学学得并不很好，长时间的努力也只是把我从落后水平拉到正常水平，最后的高考只能看我的临场发挥——看我能不能很好地践行我们长期训练的考试策略。

干了余老师考前送我的一罐红牛，加上我对语文、数学、英语、物理的答案发现考得都不错（大家别学我！我提前已经有大学上了，心态很稳定！也别学我考完就对答案！），和叶老师拥抱后，我比较自信地走进了高考考场。按照不纠结很久的策略做完选择题，一看表，刚过19分钟，优势在我！心态平和地开始做第16—19题，整体都比较常规，没有像2022年的高考卷子那么"阴间"，我的心态又放松了一些。但我做这些题时又格外小心谨慎了一些，更加注重了审题和细节，因为我记得老师和同学们都说过，相对简单的卷子更要注重细节，在简单题丢很多分会掉进赋分地狱的！

在还剩35分钟左右的时候，我开始做倒数第二道工业流程题，有点吃力，有的空还是不很确定，但整体已经比之前做过的各种模拟题好很多了，随后的实验探究题亦是如此。我还是有几个空不太确定，但我对此保持了良好的心态，一来是因为我并没有奢求赋分到100或者97；二来我已经十分满足于在高考完成高三以来第四次写完卷子的壮举了——遇上这么一届不很难的化学高考是我的幸运。美滋滋地出考场，一对答案发现选择基本全对，遂彻底放心并认真复习地理去了。

高考出分，因为屏蔽政策，我无缘知晓我的化学成绩了。这和我苦战三年的劲敌啊，唯一一次大胜你的时候我却不知道比分如何，不得不说真是非常遗憾的。但根据网传的我的成绩进行推算，我的化学成绩大概不会低到哪儿去，至少会远远高于我们曾经91—94分的目标，三年的苦战终究以胜利结束，我战胜了我的弱项，也可以说是战胜了我自己吧——这是我一个"化学差生"逆袭成功的故事。

再来说说地理。我和地理的故事没有化学那么曲折，我也不能算是地理学得很差（比化学强点），主要是受困于地理之"玄学"。高一下学期的高考选科中，我放弃了历史而选择了地理，原因有三：一是我高一地理成绩相当不错，尤其是天体地球和自然地理部分，考试基本都能考到年级前几；二是高一的王悦莹老师教得相当好，并大力鼓励我们选考地理，我成功受到了鼓动；第三点比较奇葩，那就是我在高一下学期并没决定要参加高考，原本计划是上完高二出国，在没有高考压力且自小喜爱历史，熟读各种史书的情况下，我更愿意学习一点新知识来丰富自己。机缘巧合之下，我就这样选考了地理学科。

到了高二，我发现一切都和想象的很不一样——每节课听得都很开心，作业也不多，但考试每次都完蛋，这使我充分地感受到了地理学科的本质——不归天理管的都是地理！抛开戏言，地理的"玄学"主要体现在它可以考大千世界的方方面面，令你难以预测和准备，所学知识也仅仅是一个辅助思考的工具，真正重要的是具体问题具体分析。由于我个人记性还不错，出于学习文科的常规经验，高二我总是习惯把所有知识点和答题应该答的点全部背下来，然后考试的时候套用默写，但分数总是很惨淡。后来通过和老师们的交流，我逐渐意识到了地理答题必须从材料出发，注重分析材料，兼以结合所学写知识点，至此，我的地理学习方才步入正轨。

高三上学期对一轮复习的缺席，在我看来对地理而言不见得是一件很坏的事，因为我开始淡忘很多套路化的答题模式，再遇到题目时会被逼着逐句分析材料，从中提炼要点，最后再添加一些记忆中的知识点，这样取得的效果竟还不错。当然，我还在寒假和高三下学期的开始重新复习拾取了基础知识（但不是套路式的答题模板），从而避免在基础题（尤其是选择题）丢分。

关于地理的考试技巧，经过不断的磨炼和与曹老师的探讨，我归结为以下几点：（1）基础知识必须牢牢掌握，很多时候基础知识是对选择题的绝杀；（2）做选择题时思维要直来直去一点，别想太多太复杂；（3）回答主观题时要从材料和题目出发，逐句审材料提炼要点，着重关注图示中的要点，审完答完材料后再用基础知识和答题常用的套路点"溜缝儿"。但不得不说，地理的玄学是客观存在的，我的成绩波动确实也比较大，如一模和二模分别考了年级第二和年级平均分，其实我认为这的确与每个人和不同题目的"亲切度"相关。对此我的建议是，在时间允许的情况下适当地多练一些题吧，和更多题型和地区"混个脸熟"，打好关系，高考遇到"亲切"的题的概率就会高一些。对于我来说，我能真切地感受到，在最后冲刺阶段训练的专题和套题都让我更加熟悉了各类题型、积累了答题经验，这样的积累一定是越多越好的——而最后在高考中遇到一套"亲切"的题目，就是努力积累和运气共同作用的结果！

我的学习方法

说起学习方法，我想从三方面来谈：各科的学习方法、学习小组和时间管理。

先来说说每个学科的学习方法，鉴于化学和地理已经在弱势学科部分说过了，暂且按下不表，主要说说我学得比较好的四个学科。

对于语文学科，我认为主要是重在积累。坦白来讲，高中我对于语文花的精力和时间并不很多，除了听课和完成作业以外几乎没做过什么其他的工作，因此我认为我不错的语文成绩主要得益于长期的积累。一方面，我从小比较喜欢读书，尤其是历史类的书籍，因此不仅积累了一定的历史文化底蕴，给作文写作提供了丰富的素材来源，还在比较小的时候就通过阅读"二十四史"中的部分书籍比较熟悉文言文的写作方式和阅读理解技巧，我想这些都对我文言文和诗歌阅读的学习和做题起到了很大的积极作用。另一方面，我很欣赏四中语文的教学模式，高一、高二并不重训练答题技巧，而是重在培养语文素养和积累文化底蕴。高一、高二，我们品读小说、散文、文言文、诗歌，培养积累阅读能力；我们在课上关于某个问题针锋相对地讨论、开展辩论赛，不断锻炼我们的思辨能力；我们每周写三篇日日写，以自由的创作激发我们对于写作本身的热情，磨炼笔法，引领我们留心生活和世界、拓宽视野，并通过和同学们思维的碰撞迸发新的灵感。高一、高二，我也曾面对不是很好的语文成绩着急地向李老师咨询怎么提升成绩、我们为什么不讲答题套路，李老师淡然笑曰"高三一年练题足矣"——事实证明一年确实足矣，甚至对我来说小半年就足够了——当积累充足丰富，成绩的提升是水到渠成的。对我个人来说，前期一直比较困难的是作文的写作，究其原因是我接触了较多的英文写作，其要求和笔法与高考议论文写作有很大区别。因此，在高一、高二时，我的作文时而跑题，时而偏题，时而啰里啰唆一堆空话，总之分数不是很理想。但随着不断开发长期以来积累沉淀的素材，再加上一些审题训练，在几次议论文写作之后我就可以保持在42分左右，整体的语文成绩能相对稳定在130分附近。因此我认为，语文学科主要重在日积月累，沉淀了足够多之后，高三一定量的技巧训练就能实现分数的腾飞。

再来说说数学，我想最值得关注的重点是计算，而这也是从小到大任何一个学习阶段都必须要坚持训练的。得益于初中恩师熊保林老师对计算的严格要求和数学竞赛的学习，我的计算能力比较扎实，基本可以做到又快又准，很少出现因计算失误造成整道题大量失分的惨况，保障了考试分数能基本稳定在130分以上。同时因为有着过硬的计算功底，很多题目在没有很巧妙的思路时，硬算可以保证把题做出来，且速度较快不会浪费太多时间，这保障了我能稳稳拿到一些复杂的选填题和圆锥曲线大题的分数。但在计算之外，数学考查的重点还主要在于思维，这点对我来说可能稍有些薄弱，用数学周康老师的话说我是一个"直着走道不会拐弯、硬算的钢铁直男"。但导数和创新题对思维的要求是很高的，这就只能通过多练多见、多思考、多总结、多整理来让自己不断进步、熟练。对此，我很感谢周老师对我们导数题的训练，让我们见过练过了从易到难的各类题型，总结了各种方法技巧，还发明了诸多充满趣味的口诀，如"遇到林表姐""指数找朋友对数单身狗"等，让我们在学习中充满欢乐和兴趣。我们以最高难度的标准进行导数备考，无数次在放缩、找点中崩溃，但最终练就了一身武艺，在高考中轻松战胜导数题。我想我能学好高中数学主要归功于三点：一是长期注重计算的训练；二是周康老师的风趣幽默培养了我对数学课的兴趣，同时认真负责，把我教得很好，思路很清楚；三是因为我有一些课外的学习，主要是通过英国高中体制和周老师的"鸡兔同笼"选修课对高等数学、微积分、线性代数等部分进行了拓展学习，虽然这些都不可能体现在高考试卷中，但能站在一个更高维的数学视角看问题，我认为其对于我数学思维的深度和广度的训练都是大有裨益的。

英语学科我能分享的学习方法不多，因为从小在国外生活学习的时间比较多，加上我比较早就考过了雅思，课内英语学习和考试对我难度不大。就整体英语学习而言，我的建议还是多积累，多进行一些英文小说和英语文学的课外阅读，多看多听外国电影、新闻（如 BBC News）、演讲（TED）等，有机会的话可以参加英语戏剧和 native speakers 交流等来锻炼英语口语。我认为英语是一门考查能力的学科，能力过硬的话拿分是水到渠成的。单就高考而言，完形和阅读只要能看懂，有适当的训练得分并不难。语法填空对我来说是一个难点，因为英美本土的英语教育是不注重语法的，我在冲刺阶段花了不少时间补了一些高考范围内的语法知识。语法只要认真学、练，最终考试中的考查不会很困难。写作可能是高考英语的一个难点，在我看来，重点在于审准题目和要点（跑题、偏题或结构不对分会很低），以及精练、准确地表达（字数限制是不允许啰唆的），语言正确、得体即可（现在的高考难度已经不要求华丽的辞藻和句法了）。再说听口考试，其实只有反复练习、适应其规则。我本人作为雅思 8 分选手，有比较标准的伦敦腔，第一次听口考试也没有满分（49.5），二战才成功上岸，因此我想说认真练、放平心态，最终结果不会差。

物理可能是我高中最喜欢的学科之一，当然也有我超喜欢认真负责富有人格魅力的魏华老师的原因！客观来讲，相比于化学的网状思维系统，物理和数学的直线式思维更适合我。对高中物理而言，高一上学期是一个重要的磨合期，当时的力学和运动学相比初中物理难度陡然提升，更有典型的"课上听啥都挺会，作业写啥都不对"，着实让当时的我们很是苦恼。但其实，经过不断地学习、训练和磨合适应，高一下学期以后的学习就会比较游刃有余了。但高一上学期的运动学、力学和功能关系的部分一定要重视，因为后续电学、振动、电磁感应等几乎每个板块都将上述内容作为基本工具。对于物理我没有额外做过题，保质保量完成作业、积极找老师答疑解惑，再认真思考尝试老师提的问题和思考题，窃以为足矣。更为重要的是真正理解透彻每一个知识点，对原理应有一种刨根问底的态度、彻底想透。对我而言，我一般会把每个比较有深度的知识点追问到超纲范围，直到魏老师都不太能很好解释时才肯罢休，我认为这样才能达到一个透彻的理解深度，才能谈得上学懂、学好了物理，应对高考就比较游刃有余了。

说完各个学科，再来讲讲对我个人积极影响重大的学习小组活动。2020年的秋天，进入高中后我感受到的最大不同除了课程难度的陡然提升，就是身边的同学每个都超级厉害，都是各区各校的佼佼者。在第一次大考中，我勉强跨入年级前 30 的门槛，人生第一次在学习成绩方面感受到了一丝挫败感。但很快我就发现，和一群优秀的人在一起，除了有竞争的压力，更多的是在思维的碰撞中互帮互助、共同进步。在高中对我课内学习影响最大的当属学习小组制度，在高一下学期，我们班人称"四大卷王"的前四名自发组织了学习小组，并借用了生物学科的概念将其命名为"协同进化"。随后随着年级将学习小组统一规范化，暑假里我们开始每天早晚打卡、分享学习进度，针对有价值的难题进行讨论，后期虽然略有人员上的变化，但这样的模式一直持续到高三的最后。后来，我们还利用腾讯会议开展了小组云自习，使我们相隔万里也能面对面学习，感受和同伴共同学习进步的乐趣。

　　我认为，学习小组主要起到一个互相鼓励、监督的作用，利用适度的"peer pressure"和"内卷"，实现自我警醒、自我惕厉的效果。"早起的鸟儿有虫吃"，每天的早打卡让我们在假期中也能保持时间紧凑，互相鞭策，起床时间越卷越早，直到每天7点前准时起床。我想，学习小组的一个重要意义就是充分调动同学们的好胜心，让自己的懒惰在同伴的勤奋面前自惭形秽。学习小组的另一项基本任务是问题讨论，相比于询问老师，同学之间更了解彼此的思维模式，往往能更快地发现我们真正疑惑的点在哪里，从而更好更快地解决问题。而相比于常常会使我们陷入思维局限性的一对一讨论，小组讨论的方式往往能拓宽思路、更快地解题，甚至获得一题多解。假期的每天晚上，我们小组成员都会进行晚间打卡，汇报自己一天的学习进度、完成了哪些学习任务，以及打卡自己一天的手机使用时长。同样是有了同学间的相互比拼，我们的手机使用时长共同从每天一个多小时逐渐压缩到半小时左右，学习进度也逐渐加快——当你在暑假一周后刚写完三章作业题，却惊闻另一位同学只差三章就写完了，很难不发奋加快进度。网课期间，"云自习"这样线上连接的共学方式诞生了。在假期之中，我们定时登录腾讯会议，及时交流困难的问题，并通过摄像头看到彼此在做什么，起到互相监督和自我约束的作用。并且，在居家期间，这种线上的连接和交流也能极大地缓解孤独寂寞，增进同学情谊。除此之外，我们常组团去老师的办公室答疑，还常常受老师之托为同学们出一些补充练习题……我们的学习小组始于学习但不仅限于学习，在题目讨论之余，我们还经常分享自己的生活点滴，增进了同学间的感情，这样的良性竞争、共同进步的学习氛围窃以为是我高中取得优良成绩的重要原因之一。

　　当然，四中的每一位老师都相当给力，他们有时幽默风趣活泼，有时高标准严要求，但不变的是课堂的生动有趣和老师们认真负责的教学态度。多少次在中午到办公室答疑，却发现老师早已提前等候，甚至顾不上吃午饭；多少次晚自习，灯火阑珊之时老师们依然陪伴我们到深夜……每每想及此，总是感动不已。

　　最后再来说说时间管理。可以看出，我的高中生活相当紧张忙碌而充实，因此合理分配时间和精力至关重要。在进行时间规划时，首先是要将所有要做的事根据重要性和紧急性划分优先级，从而按顺序有条不紊地完成。在这个过程中，一定要对自己最需要、最重要的事了然于心，对当下不十分重要的事要及时而果断地"断舍离"，不应再浪费时间瞻前顾后。例如，我多次为科研项目和出国考试的准备申请减免作业甚至请假，一方面源于我对于跟上课内进度的信心，另一方面则是因为我深谙当时对我最重要、最紧急的事情是什么。在完成自己给自己制订的每项任务的过程中，最重要的是心无旁骛、专心致志，切忌胡思乱想或让手机、微信和聊闲天的同学干扰到专心的自己，保证任务完成的高效性。当然，合理利用时间仅靠紧凑科学的规划和专心是不够的，更重要的是利用科学的方法最大程度地提高效率，在最短的时间内最高效地完成既定任务。例如，在课内学习方面，我除了化学几乎从来不做额外的练习题（以我的时间安排能做完作业就已经相当不错了），而是尽可能弄懂、吃透做到的每一道题，深刻理解、归纳整理反思，总结这一类题目的经验，争取以最小的题量熟练掌握知识点和题型，再见时便可了然于胸。

说到刷题的问题再多谈一点，在高考后和老师们的交谈中，我发现身边有一些平时成绩相当好的同学在几次大的模拟考试和高考中失利，可谓十分可惜。对此，我的化学余老师提出了一个观点，那就是这些同学往往都大量刷题，致使在之前三年的大部分考试中都对题目有着很强的熟悉感，从而分数很不错。但一模、二模和高考的题目一定是求新的，在面对完全陌生的题目情境，一旦在考场上紧张无措，分数就可能受到影响。因此我认为，过度刷题不仅会占用和浪费很多时间，甚至可能会使我们在考场中心态出现波动，应谨记题目练习应该适当而非过量。

对自己有影响的重要节点和事件

高中三年里，对我影响最大的重要节点，我想或许有两个，但这两件事都和学习本身无关。

第一件事是高一高考周时前往贵州的红色游学。出发之前，我们就惊闻交通方式竟然是长达 29 个小时的绿皮火车，这在当时有点娇生惯养的我看来简直是闻所未闻、难以理喻的。明明有更舒服快捷的飞机高铁，为什么要选择这样一种折磨人且"没必要"的方式呢？真正踏上那辆绿皮火车，条件确实难以称得上令人满意，但我慢慢发现，在一个充满温暖的集体中，艰苦的条件并没有让那29个小时痛苦难熬，大家都是懂苦中作乐的。可以想见，同学们当中几乎每个个体都不会适应、满意于那样的条件，我一个人大概难以在那样的环境中坚持，但集体的力量可以让我们克服这样的困难。下火车，站在遵义会议会址前的红军烈士纪念碑前，我作为发言代表用一场讲演告慰先烈，便不再觉得这一路的艰难是完全"没必要"的。而后，我们在娄山关西风台的烈日下歌唱，在平塘的崇山峻岭中徒步行军21公里，都很苦、很累，但可以说是高中最美好最快乐的一段时光。这样的历练"必要"在哪里呢？我想，大概就是我们年级一直的口号"锤炼""铸魂"吧。"宝剑锋从磨砺出"，经过这样的锤炼，我逐渐收获了坚忍的意志和毅力，和老师同学们一起，在集体当中，顽强地拼过了原本对我来说也"没必要"的高三冲刺，这又何尝不是另一场"锤炼铸魂"的"长征"呢？

在贵州印象最深刻的一件事，是一天因为一件上车顺序的小事，和我非常非常喜欢的年级组长叶老师爆发了一次挺激烈的冲突。我当时认为我的想法合情合理——我想和我关系好的同学坐一辆车，但因为差不多要满员了坐不下，我为什么不能去坐上已经排在后面、打开车门的第二辆车呢？就是这么一件很小很小的事，在我们抵达目的地西风台后，在观景平台上，面对崇山峻岭，叶老师和我谈了半个多小时。他给我讲的道理我记忆犹新：人不能只为自己活着，人要学会在集体中活着，在集体中和所有人一起成长。我想和谁坐、想坐哪辆车本身并没有什么不可以的，都是再小不过的一件事，但我的任性破坏的是一种秩序，是维系一个集体凝聚在一起的基石。如果每个同学都像我一样任性而为随心所欲，那集体的秩序就会荡然无存，不说管理的难易和行进的效率，我们也都将难以在这样一个混乱的集体中汲取养分、健康成长。所以，作为一个喜欢我的老师，他理解我的想法；但作为整个年级的引领者，他不能准许我破坏一份井然的秩序。两年多前的情景历历在目，那样一番话对我影响真的很大。我一直是一个有能力的优秀个体，却也常因此蔑视很多我认为不合理的规则。可能有不少对集体中大部分人有价值的东西在我看来没太大作用，或是在束缚我的自由天性和自主发展，但那些真的很重要，对一个集体很重要，因为一个集体所能爆发的强大力量，是个人难以产生的。从那之后，我渐渐不再从我认为没很大意义的集体活动中溜走，哪怕我时间很紧、任务很多很繁重，我也会尽量多融入集体，和大家同甘共苦。

四中、2023届、8班，这样的集体真的是一个温暖的大家庭，也是支持我一路走来、取得一些成果的坚实后盾。

高三下学期的春游，我们去了京郊的青龙峡，那里的山前也有一片观景台，和贵州的那个地方真的很像。我在人群中找到叶老师，笑着问他："您看，这像不像您在贵州教育我的那个地方？"叶老师："那次骂你骂对了，不然说不定还没有现在这么优秀呢！"我们相视一笑。

那次贵州之旅，大概是我迄今为止人生中最艰苦的一段旅程了，却是真正对我影响最大，也是最难忘最怀念的一次征途。无数次的，我梦想着能回到那个时间、那个地方，和那群人一起，重走一次那段旅途。

第二件事便是导演成人礼和毕业典礼的经历。2022年11月15日，我结束英国考试回到校园的第二天，成人礼总导演的任务便空降到了我肩上。短暂的迷茫后，各部门开始飞速运转起来，直到12月，一场又一场突如其来的变故一次次地打乱了我们所有的计划和安排，直到成人礼最终被确定在年后的2月17日。那三个月，我算是狠狠体会到了一波"统揽全局、殚精竭虑"的滋味。三个月来，从联系同学、充分发掘可用之才，到不断修改策划案和节目；从和设计组一遍遍商讨、改动背景板、PPT和信封信纸，到监督朗诵组撰稿排练、书法组练字写词、唱歌组分词排动作、视频的制作和场务组的调试；从向学校不断申请预算，到努力学习和尝试与商家砍价……一切准备工作无疑是艰辛无比的，各环节的最终方案甚至直到典礼三天前方才确定。紧随其后的辛苦联排，却让我见证了最最优秀的同学们是如何在最短的时间内化腐朽为神奇的。第一次排练结束后，情况大概只能以"漏洞百出"来形容。当天晚上，很多环节和方案又被推倒重来，全部同学都辛苦到很晚。作为一个几乎"事必躬亲"的导演，每晚回家后都只得强撑着精神把作业写完，然后累得以我久未有过的时间早早睡觉。但最难的似乎是对同学们开口这件事，我其实深深明白，对各位高三下学期的同学们说出"明天晚上大概到9点结束"是一件很残忍的事情。但也无比感谢各位同学，人人几乎都任劳任怨、日日坚持，也让我们一起见证了三天之内飞速进步的奇迹。

成人礼的那天下午，历经大大小小的考试、面对几千人做汇报演说时都从未紧张泰然自若的我也不免手心冒汗。当我对着对讲机说出"3，2，1，开始"的那一刻，我的心中完全不知道这场活动的最终效果如何，忐忑不安。前几天出现的纰漏和问题会不会再次出现？台下会不会冷场？我们排的节目大家不喜欢怎么办？就这样，灯光暗下，主持人的声音响起，一个个精心编排的节目接踵而至，一切都开始完美地运行起来。虽然也有耳麦失灵的意外，有演职人员突然失踪的紧张，但整体下来，那是比任何一次排练都完美的呈现。当我们所有人涌上台，一边唱响"随风奔跑"一边蹦蹦跳跳，看着台下挥舞的手电筒和荧光棒，便相信付出总是有收获的，幸运总是会垂青努力付出的人的。之后的毕业典礼，动员人数更多、流程更烦琐、难度和挑战更大，但我和团队成员都更加游刃有余了。最后，2023届的故事结束在6月21日的那天下午，结束在我们精心策划的一台台节目、一首首歌曲中，我的付出成功给四中、给同学们的青春记忆留下了些印记。

这两件事都和学习无关，大概也不是我在高考和其他种种事项中取得成功的直接原因，也不会是我受邀写这篇文章的原因，但我认为，这两件事对我真的很重要。亚里士多德在《政治学》中说："从本质上讲，人是一种社会性动物。那些生来离群索居的个体，要么不值得我们关注，要么不是人类。社会从本质上看是先于个体而存在的。"这两件事的本质，是教会我怎样看待和处理个体与集体、与他人、与社会的关系，教会我除了努力成为更加优秀的"我"还应该懂得和做些什么。贵州的经历教会我人要学会适应在集体中的生活、维护集体的秩序，告诉我磨炼的意义，使我明白集体的力量是强大的支持力。成人礼和毕业典礼的组织经历则教会我如何在自己的舒适区和朋友圈外，与更广范围的人精诚合作、共创成果，也使我明白牺牲一些自我、去做一些"对我没用"但有价值有意义的事是值得的。这，可能才是我高中三年真正的成长。

四中的价值

在我的心中，四中从来都不是一所普通的中学。在知识的学习之外，我们还能从四中收获太多太多。限于篇幅，我将四中对我而言的最重要的价值概括为两点：

第一，是四中的开放、多元和自由，以及其给我们提供的丰富多样的选择。四中活动之丰富令人叹为观止：运动会、足篮乒泳联赛中，我们挥洒激情与汗水；舞会、五四灯火晚会、朗诵会、戏剧节、合唱比赛中，我们在艺术的熏陶中修养人文情怀；配音大赛、演讲比赛、状元榜、棋牌联赛中，我们在丰富的活动中遨游知识的海洋；通过职业体验实践、游学和乡村社会实践，我们在读万卷书的同时行万里路，走出象牙塔，体味人间百态……丰富多彩的活动使我们的高中生活不止于学习，而是在一个轻松愉快的氛围中度过，回首过往，看到的是一个闪闪发亮、绚丽多彩的青春时光。此外，作为百年名校，四中是这样一个平台——无论看起来多么不切实际的疯狂想法，都可能得到支持和实现，甚至可能惊奇地发现其实早有优秀的学长学姐实践过类似的壮举。无论是各种科研项目、科技竞赛，还是从日常生活中的问题中萌发的奇思妙想、开展的社会实践，甚至是双轨学习、DIY国外申请，都曾有很多学长学姐做过，并取得过很高成就，有先例可循、有经验可依，都能得到学校的鼎力支持。在这样一片自由开放的土壤中，我才能无所顾忌地做我想做的、追求我独一无二的梦想，同时使我的青春时光丰富多彩而充实快乐。

第二，在学习生活以外，四中给我们带来的还有很多更重要的东西。作为享誉全国的百年名校，四中出众的并不仅仅是高考成绩，也不仅仅是为人称道的多元的素质教育，更是四中一直以来所倡导和培养的理念——家国天下的情怀，舍我其谁的担当。这样的理念让我们有集体游学，用脚步丈量先烈们走过的山川道路；让历届四中人在高二跋山涉水进入偏远乡村支教，感受人间冷暖、世界参差，然后尽我们所能去帮助那里的孩子和人们；我们组织志愿活动，去关照智力障碍儿童，去为环卫工人送去温暖，去救助流浪猫狗，去为了爱心捐赠在烈日骄阳下挥汗如雨地奔跑……四中不是培养精致利己主义者的地方，从这里走出的都应是心怀社会责任感、以天下为己任的有志青年。在这所学校中，我们学到的是在未来某天，凭借努力改变它，让所有人都能和我们一样，在优渥的资源中按最理想的方式成长。我想，相比于知识和成绩，这样家国天下的理想主义和社会责任感才是四中给我们带来的最珍贵的礼物。

自2017年的那个盛夏，我第一次踏入四中初中的校园起，六载时光荏苒，四中的精神印记已经深深烙印在我的血脉中，也给我带来了太多成长与收获。回望过去，没有四中的包容和多元、没有如此多的机遇与选择，就不会有现在的我——丰富、多元，在度过了六年精彩至极的青春后，面对着许多条可供选择的道路，能以自信从容的姿态，迎接更美好的未来。几天前，当我最后一次以学生的身份踏出四中校园，回首望去，"勤奋、严谨、民主、开拓"，那金色的校训闪耀如初见。站在校门口，看向脚下，向着出发的方向，是千言万语说不尽的青春、两千多个日日夜夜的终点，亦是从四中开始的人生新起点——

"从这里开始——向前看"。

班主任点评

聪明的同学见过不少，勤奋的同学更是大有人在，而一个聪明的人又勤奋刻苦，那似乎就无往而不胜了。陈应涵就是这样一位同学。

说起聪明，主要体现在陈应涵对知识的洞察力，这一点在数学课上体现较为明显。数学究其本质，概念一定是第一位的。陈应涵在新授课的学习过程中，能够比较迅速地抓住概念的内涵，捕捉到其中的关键信息，再辅以定量的训练，从而比较高效地掌握了新学习的内容，事半功倍。尽管他的思维敏捷程度未必及某些竞赛同学，尽管不是理化生等所有理科都洞若观火，但是不承认他的聪明，就像认为足球世界里的C罗没有天赋一样，是有失偏颇的。

说起勤奋，我认为是陈应涵取得成功的重要因素。作为班级最大的

"卷王"，他几乎以一己之力带动了班级的整体学习气氛，甚至激励了我作为教师的工作热情，足见他对学习和生活的极大投入。他同时兼顾国内国外两套课程，并参加了若干科研项目，学习任务繁重。尽管如此，他通过自己详细的计划和严格的落实，高效完成了课业任务。

作为班主任，我和他的主要交往围绕在做人做事的引导和学习方法的指导上。前者为价值观念的引领，包括如何处理同学关系，如何看待个人和集体的关系等；后者更多的是给予足够的空间，比如允许他在我的课堂上（比如高三的习题课）有选择地听讲，针对复习规划提出我的建议等。对于高手而言，老师们所做的工作需要有相当的针对性，真正做到因材施教。

人生舞台，绽放自我

高艺瑄　高三（14）班

成绩情况：高一年级排名第310，高二年级排名第80，高考年级排名第29。

成绩雷达图：

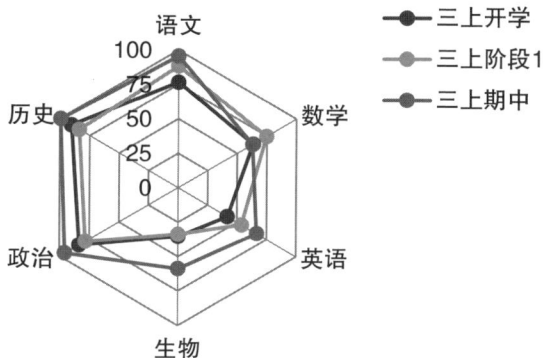

弱势科目：数学、英语、生物。

弱点：在压力不大时容易懈怠。

送给学弟学妹的一句话：高考不只是学知识，也是见证自我的过程，万事皆有可能！

最终录取院校：北京大学法学系。

我的简介：北京四中 2023 届人文班学生，曾任第 41 届团学会社团部部长、辩论社副社长、班级文艺委员。曾组织百团大战、十佳优秀社团评选，参与组织艺术节、五四灯火晚会、校园歌手大赛、毕业典礼等多个活动，主持"从风"新年舞会。

学习方法

心态篇

心态分为两个部分：备考心态和临场心态。我高三的心态可以用两个词概括，就是压力和斗志昂扬，甚至可以说是这两个词的共存帮助我取得了一个比较满意的高考成绩。

我知道提起压力大家的第一反应往往是焦虑、痛苦这些负面情绪，没什么人会喜欢，但是压力是无法逃避的。高三上学期老师会和你说一轮复习多么重要，到了下半学期就没什么时间了，而下学期几乎一开始墙上那个小黑板就会挂上高考、一模、二模的倒计时，然后你会看着那个数字逐渐减少，压力越来越大。所以和压力共存是一门必修课。

我觉得高考不只是学知识，也是见证自身的过程，你要了解自己的特点，找到适合你的压力范围，比如我属于压力大、有紧迫感效率就会提高的人，所以我会用目标学校的分数刺激自己，用高考临近恐吓自己。同时，也一定要学会排解和释放压力。我认为每个人都应该有一个方式让自己别被压垮，你可以打篮球、和同学聊天，我到最后阶段压力特别大的时候会在睡觉前看小潮的视频，一般是当成助眠视频放着然后睡觉。就是说高三不是让你零放松，不然你这根小皮筋要是绷断了那就是断了，必须要学会自我调节。

此外，学会自我树立信心也很重要。高三充满了挑战和变数，比如，可能到高三下学期所有人都在强调一模的重要性，然后你一模考得很不好，强势科目失手，弱势科目依然弱势，这时看着墙上那个 60 天的数字，可能表面一派繁荣、内心一片废墟，这差不多是我一模后的状态，因为我三个小科都拉胯了。面对这个问题要怎么做？树立信心。树立信心不是盲目乐观，不是对着五三、天利、王后雄许愿，然后坚信高考能超常发挥。你应该回顾你的学习过程，判断你的知识是否有漏洞又或是答题时的状态、方法问题，寻找问题、解决问题，然后你可以告诉自己，我前段时间是怎么怎么样的，我的问题是怎么怎么样的，我应该怎么解决，这之后你自然而然就会有信心，因为你知道问题，也学会了如何解决。这个时候最忌讳的就是"我的高考完蛋了，我的世界不会有晴天了"，然后深陷情绪的旋涡无法自拔，或者是盲目地相信"一次小失误，下次轻松拿下"，而不去分析失败的原因。

最后就是努力保持拼搏的状态直到高考前最后一天，比如我在高三突然遭遇瓶颈的政治，正是在最后两周调整了方法重新总结，最后取得了满分的成绩。

整体学法篇

首先是设定目标。我认为要寻找自身的上限，这个上限是指我如果在接下来这段时间全力以赴并且考场零失误能达到的分数。

我认为高考是见证自我的过程，在寻找你的能力上限的时候就是在认识自己，我擅长什么，不擅长什么，我怎么投入时间精力能得到最多的收益？其实在这个过程之中我已经开始做出了取舍，这是特别重要的一步。比如数学，我到高三最后苟延残喘了一下还是放弃了新定义的第二问、第三问，放弃了拿满填空最后一题，而去争取解析导数尽量满分，最后数学得到了138，只有我放弃的这些部分扣了分。再比如英语，我对于作文几乎是没下功夫的，小作文稳定3.5分以上之后就不再管了，大作文我要求14分就可以了，然后尽全力去解决前面客观题的问题，因为我的英语基础不太好，高三上学期上130分都费劲，最后高考英语139分。

我认为高中的学习，尤其是高三的学习一定要学会进行取舍，比如英语作文，我要投入很多很多时间才能提高一两分，而这些时间用来学数学、历史可能有更高收益。所以，要想在高考取得好的成绩，一定要学会估量自己的长处，把时间投入到高回报的项目中去。当然，这并不意味着不去钻研，也不意味着不再投入大量时间在某一项目上，这么做的核心是提高努力的回报比，比如有些科目的学科思维树立就是需要花费大量的时间，而在这个方面无论花费多少时间都是物超所值的。

其次是学习状态。学习状态是一个很玄乎的东西，别人能看出来你是好是坏，有的时候自己却浑然不觉，但是无论如何它只有自己才能调整。这方面我的方法是关注自身，关注学习。

关注自身是指别管这场考试那个谁考了多少多少分、那个谁怎么超过我了，只需要在意我哪里做得好、哪里做得不好、怎么改正就可以了。

关注学习是指我的关注点必须高度集中于学习上。高三上学期第一个月，我可以说是除了学习没有什么娱乐活动，只是分了一部分注意力控制体重，一个月后我体重掉了 5 斤，可成绩几乎没涨。下一个月我体重摆烂，学习时间什么的几乎没变，期中成绩却突然起飞了，说起来有些神奇，但是事实就是我会被影响。高三可以有甚至必须要有一些娱乐活动放松身心，但是在高三再树立一个比如说减肥、学化妆这种需要坚持的目标是非常不明智的，即使对于你来说减肥就是少吃两口抵抗一下饥饿，但是这些活动就是会影响你的学习和精神状态。

然后是比较具体的学习方法。我认为一定要带脑子学习，不要只是傻傻地刷题，做完一套题之后要总结，总结出错的原因，同时也要总结做得好的方法。

而对于长期学习来说，我曾面临究竟是"暴饮暴食"还是"细水长流"的纠结，需要积累的东西是要每天坚持、细水长流的，比如语文古文的提高，我在寒假开始坚持每天做一篇古文，后面可以做到 20 分钟做完并且客观题不错。有一些专项练习，自身有特定方法套路的那种，暴饮暴食会更快地解决问题，比如历史的解读题做不好，一天一个是可以提高的，但是要是下定决心一个上午做个五六道然后体会答题思路，总结答题方法，则可以更快地提高成绩。

数学提高

在高三我的数学可以得到提升的最重要的原因就是跟着老师走，有问题及时找老师，在百分百完成老师任务的情况下我的数学水平就得到了很大的提升，这个百分百完成任务不只是完成老师留的可见的作业，还有那些"不可见的"，比如留在黑板上的思考题、让我们自己推导的公式，这些老师不查的作业让我的数学思维得到了极大的锻炼，我真正开始理解公式，这是能够活用知识举一反三的基础。

数学的提高还有很重要的一点就是不能放过见到的每一道题，不要说"这题有点难算了不管了"，把十道题做透的效果好于囫囵吞枣地做三十道题。我曾经遇到难题思考10分钟想不出来就放弃了，但是数学的提高一定是要吃苦的，这种苦不仅包括每天坐在书桌前咬着笔头埋头苦算，也包括面对难题的毫无思路或是百思不得其解时依然坚持思考。当遇到一道真的很难的题目的时候，在思考20分钟后依然没有正确的思路，那你可以记住这道题的题目信息，利用碎片时间，比如上下学的通勤时间、午饭排队的时间去思考这个问题，这样做即使过了两三天你依然不会，再去看答案或者是问老师的效果也一定是好于直接放弃的。而如果只是一味地去练习那些已经会的题，改变的只是熟练度，是无法解决复杂题目，得到别人难以得到的分数的，那数学学科的优势也就无从说起。

此外，要注重失分统计。失分统计不仅是把失分归在是哪个模块，比如是复数失分还是解析失分，还要将其归为三类：我本会但是技术失分，我可能会但是不熟练＋心态不好和我真的不会。

前两类可以归为熟练度问题，无论做题方式的正确度不够还是你对于这个知识操作的熟练度不够，它的本质都是熟练度不够，解决这个问题的最好方式就是练习。我高一、高二每次考试一定错一道数学选择题，于是我在高三的寒假每天计时两小时做一套卷子，当成考试来做。当然，在两个小时之后一定有解析或者导数没有做出来，我会再延长时间去努力把它们做出来。这样一个寒假回来，我选填可以稳定到只扣两到三分。同时，尤其是对于中低档题目，越是熟手越是可能随着肌肉记忆去做，但是越是这样越容易出现技术失误，比如加号写成减号这种，所以一定要带着脑子做题，你每做一步你的大脑是跟着走的，而不是无脑地计算。

对于"我真的不会"这个部分，要加以辨别，比如新定义最后一问我不会那是真的不会；但是比如解析放在第19题，那是可以通过努力拿到的分数，我就每天一到两道解析，一定要把这个数算出来，如果可以长时间坚持，这个部分的分数就是可以拿到的。

我认为数学就是你给它多少精力，它就给你多少分数的学科，只有吃了数学学习的苦中苦，才有可能成为在数学领域的"人上人"。

历史学法

历史的学习组成很简单，它不像语文、英语涉及课外阅读，政治涉及时事，它只由背诵＋刷题组成。

背历史要求的是有体系的背诵，我觉得如果你可以有体系地掌握历史知识，即使你不刷题分数也绝对不会差。

那这个有体系的背诵是指什么？比如世界史，世界史包括世界古代史、近代史、现代史，古代史有两个单元上古和中古，上古单元有三个模块：文明诞生、各地区的古代文明、三个帝国。当然我的这些划分并不是完全正确或者是固定的，但由于历史的知识非常多，你必须要把它有条理地、一层一层地归类才能够记得准确且牢固，遇到题目时才能够快速提取知识。

对于大题，我的方法就是审题—材料提取—知识对应三个步骤，先审题不用多说，材料提取是从材料中提取答案要点，知识对应是先看这个材料和问题要对应的是什么时间段、什么事情，问的是背景、内容、影响的哪部分，然后把知识点一一对应，这样可以尽可能地保证你不漏点。这个过程并不等同于简单地罗列，一定要把知识点和材料有所对应。

还有就是历史每一种大题都有自己的特点和套路，比如说影响作用类的题目就是要由浅入深，从最表面的写到比较深层次的。在日常做题的时候，自己要善于总结。

同时，在答题的时候还要注意一定要把关键词写出来，因为老师在判卷时很多时候是找关键点的。

弱点突破

我的弱点就是在整体压力大但是约束条件宽松的情况下容易懈怠，通过娱乐来进行逃避。比如居家学习时期，高三整体的压力是很大的，但是因为居家学习的高自由性和较低的 peer pressure，我开始花很长的时间在阅读课外书籍、看综艺这些可以让我感觉到短暂逃离高压环境的活动中，每天的学习时间仅有 3 个小时左右。

对于这个问题，我首先对于自己的心态进行调整，不断用高考临近和我的理想院校的分数线刺激自己，唤醒我的内驱动力，当然加之高三上学期期末考得很差，也让我产生了危机感。

其次是制造适宜学习的环境，不去挑战自己的自制力。比如我能去学校上自习就去学校上自习，甚至到高三下学期几乎每个周末都在学校上自习。并将对我造成诱惑的手机交给我爸妈保管，只在每天回去的路上用半小时手机，不在学校上自习的时间也会将手机放在客厅。

然后是适当释放压力。高三的状态是高压的，我不能通过长时间沉溺在虚拟的快乐世界里来获得现实的成功，但是一味承担压力无疑是不明智的。我后期调整状态，将娱乐放松放在在家里吃饭的时候看看视频，因为我很清楚这段时间是为了短暂逃离高压环境喘口气，而不是"玩中学"，所以我会选择那些没什么深度但是看着很开心的视频，比如小潮 team 的视频。

我认为高三的好心情是十分重要的，如果你的高三毫无放松，或者说如果你安排了放松又在其中暗戳戳给自己布置了"玩中学"的任务，那么你这根小皮筋会最终失去弹力而断掉，并且心情低落的时候学习效率也并不是最高的。

重要节点

我最重要的节点是两件事。第一件事是在高一升高二的时候，因为没有努力学习，我的第一次月考成绩并不尽如人意，班主任老师在一次班委会后拉住我说"你是清北的脑子，要好好学习啊"，这句话就像一语点醒梦中人，我也从此开始了在学业上的刻苦和努力。这段只有几句的谈话重新树立了我的信心，让我有勇气摆脱高一一地鸡毛的成绩，重新相信我有能力、我可以。所以我想别人的几句话，或许是老师，或许是父母，或许是同学，是真的会产生意想不到的效果，也许从那一刻命运的齿轮开始转动。

第二件事是在高三我去北大参访。在参访前北大对于我来说就只是一个高高挂起的名头，说不想上是假的，但是有多么渴望倒也没有。在我真切地在北大走过一圈之后，真切地感受到"原来这是这么好的一所学校，如果这个学校和我没有关系那多可惜"，于是我开始有了"我要上北大"的念头，也开始了全力以赴的冲刺。我想说如果你觉得你没有动力，或者是任何大学在你心里都只是排名的区别，那就亲自去看看，这种感性的体验会成为你未来的动力。

我在四中的收获

四中对于我来说是一个舞台，它是学业的舞台，让我接触到了最优秀的老师、同学，给我创造了一个可以专心学习的环境，给我提供了向上的台阶。在校园生活中，学校在假期和周末提供的到校自习，给我提供了良好的学习环境；老师们不辞辛劳地为我们答疑，给我指明了学习的方向。在北大营中，我可以听到各位北大教授的讲座，开阔了视野，对于很多问题和专业有了更加深入的了解和思考。在线下活动中，我和各位北大学长学姐近距离接触，他们让我更深刻地了解北大，也传授给我许多宝贵的经验和学习方法。在两次人文游学中，我更深刻地了解了我生活了十几年的这座城市，也向西北走去，去看那些历史的遗迹，去和先贤们的伟大灵魂相遇，四中让我体会到何为"读万卷书，行万里路"。在阳关的沙漠里我沉思过去与未来，思考何为孤独，人究竟会走向何方；在莫高窟，我欣赏那些壁画，赞叹工匠画师们高超的技艺，并为人类艺术文明的瑰宝而赞叹……四中真正教会了我何为素质教育，告诉我学习不只是课本上的三两行，更是抬头看世界。

北京四中也是丰富自我、发展自我、展示自我的舞台，在这里我参加多样的社团活动，成了辩论社的副社长，参与了大型比赛。也组织了许多重大活动，从中提升了自我表达能力、组织能力，我的思维方式得到完善，也拥有了更开阔的眼界。

四中也是一个平台，让我结识到更多志同道合的朋友，我们可以一起为了一个活动、一场比赛废寝忘食。我也在这里遇到了许多和我意见相合又或是有着不同看法的同学们，他们帮我开阔了眼界，让我知道"原来还有这种看世界的方式"，我学会用包容替代偏执，用民主替代独断。

我在四中的三年，尤其是高三一年，成长了许多。这一年的埋头苦学让我学会了静下心来，不再去追求旁人的目光，不再去在意他人的看法，而是专注于自我目标实现和自身的提高。这一年让我有了为了自己的目标沉下心来拼搏的能力，在日复一日看似枯燥的学习之中学会自得其乐，知道了再远大的目标也并不真的遥远，一步一个脚印总能走到。我也学会了与自己和解，期望成功也学会了接受失败，明白在全力以赴后结果是怎样的都无须后悔。

我在四初和四高一共生活了六年，我从幼稚的小孩逐渐长成大人，我在四中参加成人礼，也确实在四中变得成熟。在老师们的指导下，在和同学们的交流中，在自身的不断成长中，我逐渐摆脱稚气，拥有更广阔而坚定的理想，也拥有将其变为现实的能力。我或许依然不够成熟，但是四中的经历告诉我，我一直在路上，在通往希望与理想的路上。

家长心语｜教育是等待的艺术

从孩子出生的那天开始，我们就希望她成为幸福的人。什么是幸福的人？做事、生活能享受选择的权利，而不是被迫而为，这就需要培养孩子有理想，学习做事专注高效。

上高中了，新的环境又面临新的挑战。暑假，我和孩子一起制订了学习计划："英语每天背50个单词，数学提前预习高一的书本和书上的试题，语文继续广泛阅读，认真完成暑假营的物理、化学学习。"那个本该放松的假期，孩子不敢放松，为进入"高中人文班"打下了一定的基础。高一第一次期中考试，孩子成绩排到年级300多名……我们认真分析了成绩背后的原因。经过这次考试之后，孩子更能清楚地认识自己，知道自己的优缺点，也开始思考高二需要选考的科目，将来想要从事的职业。所以高一第一学期末她非常明确自己将要选择的学科是自己的优势学科历史、政治，将来要从事的职业是"律师"。

高二上学期月考后，班主任王老师找孩子谈心说"你是清北的好苗子，要好好学习啊"，数学高老师说"你数学思维很好，高考 140 分没问题"，等等。特别感谢四中老师对孩子的信任和鼓励，每一个老师都那么认真负责，一对一面批、一对一做思想工作，不遗余力地帮助孩子成长。进入高二后按照 6 科排名，孩子已经进入年级前 100 了。我知道这个成绩远远没有达到她的上限，但是我不能给她任何压力，还是那句话"高效最重要"，还没到最后发力的时候，高二每天晚上 9 点后基本就不学习了。

她喜欢组织各种活动，学生会竞选如火如荼，新生联欢会做主持、为"天下明月白"做策划、参与朗诵和演节目……这些我都积极支持她去做、去努力做。始终坚信一个努力做事的孩子，成绩将来不会差。

高三了，我要做到的是，不增加她的焦虑，要成为她坚强的后盾，无论是心理上还是生活上。

高三上学期第一次机考，她又错了一个听选。有了以前的经历，这次她没有号啕大哭，但是很沮丧，第二天本来要去参加北大参访，她说不去了，反正也考不上。我的建议是，考不上更要去，以后去的机会更少，你就当去散散心。第二天她去了，回来后兴奋地告诉我："妈妈，我决定考北大了！"当天晚上就制订了详细的学习计划。

高三期末居家考试那次，成绩又滑到年级 200 多名，看到这个成绩我心里不免担忧，但表面还要装作很平静，因为高三，她已经比高二更加努力，我只是说"高三大家都开始全力以赴了，超越自己容易，超越别人很难"。我第一次买了一个小毛绒挂件，作为她"考试辛苦了"的礼物。这个时候，我时时提醒自己，只要她努力了，不要去管成绩高低，都要好好鼓励她。第二学期她每天晚自习到 10 点，一模成绩又回到了年级前 100，二模到了前 80，当然我知道这不是她的上限，但是依然不给她任何压力。

孩子最后的一个月真的做到了全力以赴，直到 6 月 10 日高考结束的那一天。

6 月 25 日查分那天，她与北大法学系签约，这看上去意料之外，其实也在情理之中。由衷地感谢北京四中 6 年来对高艺碹提供的无微不至的教导和关怀，不仅让孩子成长了，也让我成长了很多。

这就是我一直向往的幸福人生，做事、生活能享受选择的权利，而不是被迫而为！

关注自己，稳住心态

黄勃翔　高三（11）班

成绩情况：高一、高二年级排名前十，高三成绩稍有浮动，几次大考都维持在前十，高考成绩 699 分，年级排名第 5（并列）。

成绩雷达图：

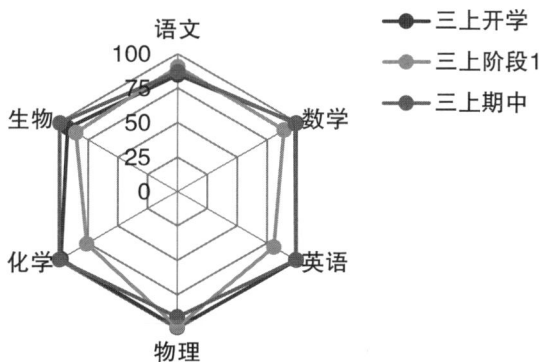

最终录取院校：北京大学。

我的经验

重在课堂

我自认为是一个适应性比较强的人,至少对于初高中的学习生活。回想起来,我在初高中起始进入好状态的节奏是一致的。新的开始令我的精神高度集中,无论是课堂上紧跟老师的思路还是精心整理出一份份笔记,从结果来看我都做得不错。适应性测试(初中的话是期中考试)前我利用短假把前面所学从头梳理,之后取得了班级第三的成绩。我在这个卧虎藏龙的集体里找到了一点自我认同感,于是有信心把各项基本任务持之以恒地坚持下去。

我在高一、高二理科学习方面比较有自己的心得。理科重在理解,真正的理解不会因为题目情境的变化和时间的推移而模糊不清。如果在某些题目上自己对概念产生疑惑,或逻辑不顺,那就把相关题目的思路放在一起,寻找共性、对比差异,总结自己的认识。数学、物理每一个周期的课堂和作业像一个闭环,从接收的老师的讲解开始,自己跟紧思路,反复从头推演,构筑各个零件,形成完全属于自己的逻辑,再应用于作业,从作业中的漏洞修补自己的"体系",再重复思考感受。以一种生怕自己借助听讲印象跳步、杜绝囫囵吞枣的心态完成这一圈圈的对思维逻辑的追逐,老师的每一句话都要留意、每一段话都要深思,高一、高二的基础就打牢了。生化学习有所不同。升入高三后,我们越来越认同老师所说的,我们在高一、高二"相当于没学"。知识点我们的确学习过,但是不同于数学、物理中对前面所学的反复应用,我们对生化知识已经生疏了不少。另外,虽然我们在高一、高二学习化学、生物时已经形成了零散的逻辑,但是这两科考试对于我们的学科体系要求更高,相对"简单粗暴"的高中数学、物理做题模式——拿到条件和目标,找到路径——行不通了。有时我们会因为忽略题目的信息暗示直呼"想不到"答案,有时我们剑走偏锋,自己的答案看似可以解释得通,实则存在跳出来宏观看才能发觉的漏洞。高一、高二时对细节的追求、对整体的把握以及高三暑假开始的易错积累、好题积累，都有助于我们最终得心应手地应对它们。

我有一个称不上是成就的"小成就"，就是高中三年没有进行过预习和课外刷题。我其实没有刻意这么做，原因很简单，就是我认为每天课后复习积累的任务量已经很大了，并且根据以往的经验，我可以只通过课堂听讲、同学研讨、老师答疑和做经典习题把当天的知识掌握得比较扎实。我们有很好的学习氛围，课后讲台前常常被同学们围得水泄不通，我们不只向老师提问，提问的同学和听讲的同学间也常常碰撞出思维的火花。同学们一开始对一个问题的理解不同，通过互相讲解，我们可能发现其他人疑惑的难点恰恰是自己忽略的，甚至一起被带到坑里，百思不得其解，与老师讨论后才恍然大悟，加深理解。我认为这是检验自己思路是否完整的好方法。高一、高二时我常常在课间就把课堂上遗留的问题通过答疑解决了，之后做完数学、物理作业再和几个人凑在一起对答案、聊难题，每次都有新收获。现在回忆高一、高二两年时光，我很感谢那时课堂上拼尽全力听清老师说的每一个字的同时快速思考、记下疑问并在课后肯花大把时间复习整理笔记的自己，也很感谢和我一起交流的老师同学们。临近下课时我怀着"天大"的问题随时准备冲向讲台的急切心情、在老师跟前厘清思路后也让听我分享的同学有所启发时的成就感、下一节课开始前急匆匆回到座位上在笔记空白处飞速写下刚刚的讨论结果时的充实感，我记忆犹新。

高中三年做到颗粒归仓便能不留遗憾，做到颗粒归仓的一种途径就是严格要求自己对每一堂课的掌握和理解永远走在前列（以优秀的同学们为参照），而保持在前列的意识在自己的成绩名列前茅时或者自己正大步追赶时最为强烈。只要同学们一直给予学习足够的重视，摸索到适合自己的方法，与其他同学积极交流（这是明确上面提到的参照的最佳方法）、良性竞争，一定能在学习氛围浓厚的班集体里取得让自己满意的进步。

关注自己

高中入学后我才逐渐感受到"卷"的滥用，并且不自觉地加入其中。根据我三年的经验，当我们感受到别人的"卷"带给我们的压迫感时，我们在为自己眼前无"事"可做而焦虑。举个例子，距高考两周时，高考冲刺开始，任务铺天盖地，我实操第一天就知道自己的计划肯定不能如愿以偿地完成。埋头半天，抬头看见旁边的同学在积累老师之前提过而我没空积累的课本内容，望见前面的同学已经把后面几天的任务都完成了，我心中没有波澜，而是又低头专注于自己手头最重要的任务。高一、高二时同样如此，我对自己的每日安排有比较明确的规划，多余的时间拿来积累英语，所以见到同学刷题也渐渐不再"眼红"。其他同学的学习方法固然值得借鉴，但还是要看自己是否需要。事实证明，我放弃理科刷题并未让其中任何一科失去优势，而英语积累上投入的大量时间在前两年帮我增添了一个优势学科，减轻了不少心理压力。从入学时眼观六路、耳听八方的向外平均用力，到高三时保持交流、关注自我的向内定向求索，我认为自己的心态一直比较符合各个阶段的要求（高一时难点少，多探索适合自己的科目，向他人取经；高三时考试多，问题暴露，需要个性化对策），这也是我在学习方面获得一定优势的因素之一吧。

稳住心态

高三一年的起起伏伏有时让人感到迷茫，但是确认自己努力的方向和每个阶段的特点是否符合而不过分局限于自己成绩的起伏可以缓解不必要的焦虑。高三第一学期以一轮复习为主，针对的是知识体系和学科思想，我们对做题技巧的提升较慢，如果这时候一头扎进去做表面功夫，综合能力的欠缺可能导致我们的用功看起来不那么有效，反而加重了焦虑浮躁的情绪。第二学期一模开始后是从做题中长经验、提成绩的最佳阶段，我们从模式相似的试卷中逐渐找到考试状态，通过不断地查漏补缺获得自信。

高一、高二相对平稳，但每月一次的考试有时也会打乱我们的心态、节奏。从我高三常常"裸考"的经验来看，当我们对考试内容非常熟悉之后，就不需要在考前特意腾出大段时间复习，而且记忆效率也比较高。把功夫在平时做到位，应考前就比较从容，有余力去深挖自己的不足，仅仅把笔记粗过一遍的抱佛脚行为不会再占用我们宝贵的考前时间，于是我们的学习计划可以不被频繁地考试打断，心态更平稳。

我的遗憾

大家可能注意到以上我的经验中鲜有跟语文学科相关的内容，对于这个"弱科"我谈不上有什么成功经验，在四中前两年的语文学习上我确实留下了不少遗憾。四中语文教学在高三前很注重素养的培养，一期期的《澡雪》、阅读课的设置都很好地体现了这一点。我回忆起自己作业多、安排紧的时候会放弃当期《澡雪》的阅读，想起高一时偶尔在阅读课上偷偷写数竞作业的经历，加上被难度稍低的试卷、比较好看的成绩"迷惑"，错过了充实自己语文素养的大好机会。我从高三一年语文成绩的涨落中总结出，自己缺少一定的应试技巧，但是更缺对文字的敏感度、广阔的视野。在高三一年下慢功夫不算太晚，但是预期要低、心理负担更重。相比理科带给我们充实感的"务实"任务，从入学起语文学习就要兼顾虚实，文言文知识、默写等也很务实（我在这方面做得比较不错），而"务虚"的范围就更加广阔，生活中每一处值得我们深思的小事都不应被清单上繁杂的任务埋没。由于我们面对的是"学什么不考什么"的语文高考，下这种功夫并不像其他学科一样见效快，这让人心里摸不到底，容易丧失继续的动力。但是把目光放长远一些，高中三年不可能全部投入高考，语文学习也不只是为了高考，在"务虚"的过程中充实着自己的人生，就可以顺利地走过高考，坚定地走向未来。

说在最后

以上只是我高中时代的经历和感悟，也许有同学跟我有着相似的"开局"和"方向"，愿我的经验能作为你未来发展的参考；也许我的想法没有让同学们产生共鸣，那么同学们可以适当借鉴我的方法，多探索、多调整。祝愿同学们收获难忘的高中三年，同时取得理想的成绩。

班主任点评

黄勃翔同学在班里一直是大家的"偶像级"人物；他不仅三年成绩都稳定在年级最高位，而且更加难能可贵的是他的学品：对于学习他从来都是投入的，从不炫耀自己的"不在意"，而是认认真真对待每一个细节，不放过任何问题。对于时间，他也从不浪费，很多人都看过他在食堂嘈杂的背景声中，心无旁骛地专注于手头的任务。这也就不难理解为何大家都视他为榜样了。

课堂上从来没有见过黄勃翔同学有过丝毫的松懈和认为老师讲的内容"不重要"；相反，他总是每时每刻都保持高度的集中，随时与老师呼应。课后，他又往往是第一个冲向讲台的；有的时候可能不是有疑问，而是习惯与老师沟通自己思考的结果。正是在这日复一日的思考和努力中，他织成了一张细密的知识网，因此无论考试如何变换形式，难度如何变化，黄勃翔总是稳操胜券。

在这么多年的执教生涯中，我见过很多优秀的孩子。我是相信天赋的：不仅是思维品质和智商，还有性情和品性。比如小黄同学，我认为他过人之处在于他对于细节的把握和精益求精。换言之，他是个完美主义者。但在进入高三以后，几次考试后与他的交流中，发现他认识到全局的重要性，走出对于细节的掌控，一定程度上容忍"模糊"与"不确定"，我认为这也是他越来越大气、自信、从容的原因之一。任何能够自我突破的人都是强者，黄勃翔同学就是当之无愧的强者；他的勤奋与韧性值得敬佩，也是四中人引以为傲的样子。

家长心语

今天车限行，选择公共交通出行。下班的时候，突然心血来潮，坐上了一辆612路公交车。从单位到我家，其实坐地铁最方便，高效快速，而选择612路公交车，坐到南锣鼓巷站是要倒一次地铁8号线的，反而麻烦。那为什么要舍简就繁呢？主要原因是612路公交车经过北京四中，我想再看看四中的样子，也许以后经过这里的机会就少了。

过去的三年时间里，曾经无数次从四中门前经过。早上迎着晨曦送儿子上学，晚上顶着星光接儿子回家。春来秋去，寒来暑往，三年既漫长难熬，又转瞬即逝。儿子从初入校门时满脸稚气的初中生，一晃长成了目光坚毅的北大学子。

三年来，感谢四中"勤奋、严谨、民主、开拓"的校训，指引孩子们一路向上，勇攀高峰；感谢四中的老师，春风化雨，润物无声，在孩子学习和成长的道路上给予的谆谆教导和诚挚的关爱。

作为家长，针对这些年和孩子的相处我主要分享以下三点经验：

适当的鼓励

举一个例子。虽然孩子当初以577分（当年中考满分580分）的高分进入四中，但他不止一次地透露过自己的心理压力。初中三年，他的成绩一直名列前茅，已经习惯了"在云端"的那种高高在上、受人敬仰的感觉，到了高中他很担心万一"坠落凡尘"的尴尬。其实我也有同样的顾虑。毕竟高中课业难度增加，再加之四中高手云集，要想保持以前的辉煌谈何容易！但是作为家长，不能任由孩子妄自气馁。我分析了他各学科的优势劣态，以及在中考中的得分位次，鼓励孩子相信自己的实力，帮他树立信心，同时也告诉他要想在高手如云的四中脱颖而出，必须加倍努力。在后来的学习中，每当孩子遇到困难或者挫折的时候，我都是一方面帮助他分析查找失败的原因，同时又适当地给予鼓励，让他重拾信心，迎难而上。

及时的引导

虽然上了高中，但孩子毕竟是孩子，总会有少不经事的惆怅和青春期的迷茫，在面对困难的时候不能正确地审视和调整自己。如何引导孩子顺利度过这个时期，对于父母来说是一项很大的挑战。我家孩子在高三上学期，有段时间状态很不好，明显感觉他看手机的时间和频次增加了，他自己也明确地说最近学不进去。问他为什么，他说感觉到了瓶颈期，学习没有突破，成绩提高不上去。当时我的内心是极其崩溃的，但是只能稳住情绪，强装镇定。我跟他谈了各科的学习情况，了解到他在化学学习上遇到了困难，自己感觉考不好，有了畏难情绪。我和他一起分析了化学科目的特点：考题新颖、应用性和综合性强，但是只要把知识点学会搞懂、融会贯通，再配合适当做些练习题，就能做到以不变应万变。问他自己有没有解决的办法，需不需要请个辅导老师，他说自己解决。后来他加大了在化学上的时间投入，不懂的问题及时向老师请教，最后高考化学赋分满分，让人比较欣慰。

永远的陪伴

说到陪伴，很多家长立马想到一个画面：孩子在桌前抓耳挠腮、冥思苦想，家长在一旁唠唠叨叨、指指点点。这与其说是陪伴，不如说是捣乱。高中孩子已经有很强的自主学习能力，给孩子创造一个安静的学习氛围，是聪明的家长应该做的事情。但是自主学习不等于家长完全放任不管。问问孩子有哪些知识点听不懂，在学校有什么困难需要家长和老师去沟通，让孩子时刻感受到家长的关心和爱护，让他知道他不是在孤军奋战，实际上就是一种最好的陪伴。

"路漫漫其修远兮，吾将上下而求索。"未来的道路还很长，祝愿我们的莘莘学子在求学的道路上锲而不舍，勇攀高峰。

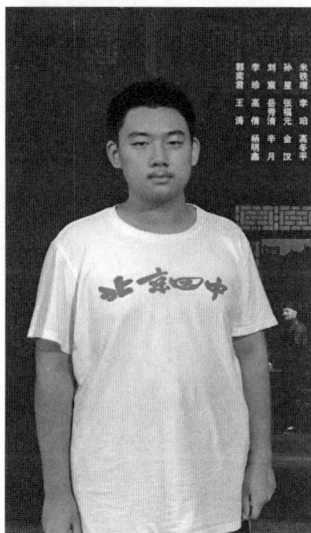

雕刻那个六边形

吕俊辰　高三（12）班

成绩情况：高一、高二年级大体排名第10，高考成绩北京市前20，年级排名第1。

成绩雷达图：

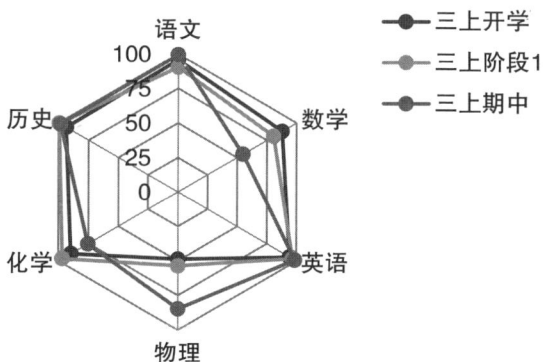

弱势科目：数学。

弱点：基础题、中档题正确率低。

送给学弟学妹的一句话：相信决定一切。

最终录取院校：北京大学元培学院。

我的简介：吕俊辰，北京四中 2023 届 12 班生活委员，曾担任 2023 届"戏如人生"话剧节总导演及北京四中戏剧社社长。好读书，不求甚解。艺术方面，各个门类多有涉猎，书法、篆刻、二胡皆略知一二。严于律己、宽以待人，以学为乐、以乐助学。

我的经验：雕刻那个六边形

对于高中最热血的几种描述当中大概有这样一种：一群人，为了一个共同的目标，在一个共同的地方，奔跑三年的故事。没有人永远在高三，但是永远有人在高三，对于我们来说，这一群人就是 2023 届的全体同学，共同的目标是各自的理想，也是四中长久以来的"高考夺标"，那个共同的地方，就是四中校园和那特色的六边形教室。这三年注定印象深刻，因为它在本就会留下深刻印象的事情上加上了时代的印记。高中三年如梦似幻，仿佛飞逝而过，在此不妨遴选其一角，谈谈这三年中我收获的学习心得与体会。

中学时代不同于小学的重要原因之一就是不论是在初中还是在高中，我们都面对着一个即将来临的大考——初中是中考，高中是高考。在我们这个就业压力极大的当下，高考对于未来的发展有比较强的制约作用，这场考试因为其一锤定音的特质，而经常被人们形容为一场军事上的作战。那么随之而来的问题就是，高考是一场什么仗？

其次，高考是一场有准备的仗。一般情况下，高考有着确定的时间、提前告知的地点、固定的流程甚至相似的出题风格。这就使得高考与生活中许多事物不同，高考有着很强的确定性。

再者，高考是一场持久战。从小尺度来讲，这是高中三年知识的总体考查；从大尺度来讲，这是对于十二年学习生活的全面总结。在应对考试的过程中，需要拿出全方位的学习积累甚至生活经验，于学习过程更应久久为功，不可追求一蹴而就。

不过就可操作性而言，高考更应该是一场攻坚战。攻坚战指向的是弱科突破，往往在高考当中，弱科的拉分比优势科目的提分更加具有决定性，因为优势科目很可能难以发挥出来，而弱科总是能稳定地拖后腿。我的数学水平并不差，但是在数学考试当中得不到高分，因此数学常常成为拖累其他五科的那一个弱势科目。面对弱势科目，首先产生的必然是错综复杂的负面情绪，这使得弱科突破更加困难，很有可能因为负面情绪影响而把弱视科目的优先级降低，导致恶性循环。要说攻克弱科，倒有点像中医看病，望闻问切的辩证过程是很重要的，如果没有挖掘出问题的根本原因，而采用"刷题"等病急乱投医的方法，恐怕只会事倍功半，得不偿失，不能达到有效突破弱科的结果。这是对于弱势科目的一次"归因分析"，在接下来的文字中，我将展示两种归因分析的作用。

以我的学习经历为例，数学是我的一个弱势学科。面对弱势学科，首先就要去归因。为什么在这些问题上我总是失分？为什么相似的错误易于重复？在这个环节宜深挖，仔细探究根本原因。对于我而言，数学的基础知识不存在问题，但是基础题和中档题经常出差错，这说明在"做题"这个环节的问题比较大，也就是知识和实战两个维度当中的实战维度。我高一、高二的数学老师苗金利老师就把这样的软实力总结成"基本活动经验"，这正是我面对数学高考所欠缺的东西。明确原因之后，才好制订解决的方案。知道问题的症结所在，具体的操作反而简单一些了。具体操作上，我跟随着一轮复习的节奏，按照复习的进度，进行了基本方法的练习。对于基础题，在一轮复习中，数学组强调要有"程序"，按部就班，用每一步固定的操作去保证基础题答题的稳定性和正确率。在一轮复习后，数学组为同学们提供了可以自主选择的分题型练习，我在数学程老师的监督下加强了练习，在二模考试前把熟练度提到了一个较高的水平，最终在高考中取得了不错的成绩。

这一次的弱科突破给我带来的主要收获并不是知识上的，我并没有通过反复的练习学到什么新知，但是弱科突破的过程实实在在地对我的意志品质进行了磨炼。在上到高三之前，我一直对年级组长叶老师常常提到的意志品质对于高考的重要性不以为意，觉得这种心理因素对高考的影响并没有他所描述的那么大。然而2023年的高考题让我见识到了意志品质的作用，高考确实不仅仅是一次知识上的测试，而是对一个人的学习生活经历的综合考察。在2023年北京卷数学考试当中，计算量的急剧增大让很多同学猝不及防，在导数这一道题中更是出现了平方根这种平时很少出现的"怪数"。在我处理导数这道题的时候，一开始我的计算中出了一步错，幸而后来及时发现了这个错误，调整心态，一步一步重新把整个题目在答题卡上呈现了一遍。在数学考试当中时间是很紧缺的，心态是很紧张的，要想稳住重做一道题并且做对，需要十足的意志力。除此之外，在高考当中还有可能遇到各种各样的意外情况，所谓"天有不测风云"，这是谁都说不好的。在考第一科语文的时候，可能是因为温度太高，加上我也有一些紧张，写到作文的时候流了鼻血，我用左手一只手指堵住鼻孔，继续完成了作文。此外，不可否认的是，近几年的高考都有难度增加的趋势。后来我提起在高考中对较难题目的应对时，一般会说"咬咬牙""琢磨琢磨"，这大概就是所谓的意志品质吧。

　　方才所说的只是"归因"的一面，其实归因还有另一面。对于弱科突破需要我们做的是对弱势、对困难、对错误进行归因。但同时在我们的学习当中，也有不可忽略的好的方面。我们或多或少有一定的优势、有一定的强项，这些也是我们归因的对象。对于优势，我刚才提到的是如何将其发挥出来。有这样一种说法，把劣势科目全部解决，就能达到正常发挥；而把优势科目发挥出来，达到的是超常发挥。我不认可这种说法，这相当于把优势科目的展现变成了一个概率问题。比方说一个人的优势科目是数学，那么他在考试当中考得高分的概率就是90%。这相当于把另外10%的概率放入了"天注定"的不可知论当中。然而实际情况并不是这样的，通常我们看到一个数学好的同学，他往往是能保证自己的分数在某一个线上，而决定他的分是在高分还是超高分的，往往是一道题（我说的就是创新题）；另外，所谓超常，也容易抹杀同学们的个人努力。如果运气作为主因的话，努力好像是充满虚无的奔跑，天道酬勤在这里成了一种陷阱，因此如果在一次归因当中成功主因有一项和运气挂钩，我认为这首先是不自信，再者是不理智。高三常常说的一句话是提弱保优，"提弱"大家每天都在做，但是"保优"被大家忽视。我认为优势科目难以发挥的情况更多的还是出现在文科当中。一个经典的例子就是一个平时作文写得还不错的同学，到了高考考场上写了一篇自己觉得还不错的作文，最后得到了一个不怎么美丽的分数，这大概是典型的优势科目没有发挥好的情况。这就是因为同学们从来都不知道自己的作文到底为什么好？为什么给出高分？作文的评判标准到底是什么？这些问题都是我们本应该思考却没有思考的，最后落成了运气好坏以及发挥超常或失常。

在这方面我有很多可说的，所以我也将其作为学长助学的内容，和2024届的同学们宣讲。记得刚上高三不久有一期《澡雪》，写的是企业如何在新的大环境下发挥优势，创造效益，保证自身的生存。其中的一个论点谈到企业要"做精益化"，这大概与当下高质量发展的政策不谋而合，也指向了未来国际分工进一步细化之下每个企业的功能和作用，而我觉得这也指出了一种广泛的行事标准——用充分的分析去获得最大的效益。最优势的归因需要细心和耐心，而最重要的是信心。在高三的每一个时刻，你都可以去做归因。这并不需要你留出一大块的时间，你也不可能在某一个大块时间内就完整地分析出你强大的原因。我所做的归因是伴随着高三的起起伏伏，用一个渐进的形态逐步地完成，在这个过程中，你很容易产生对自我的质疑，这需要我们把质疑转化成动力，牵引着我们一步一步继续走下去，去看一看到底为什么。这是学习的本质思维。在每一次作文失利之后我都会换一种写作的方式、换一种写作的风格、换一种构建文章的思路，去尝试到底哪一种是在高考框架下最适宜的。这样的方式让我们"明白着学"而不是"糊涂着学"，这正是对优势归因的意义所在。

刚刚我集中讲述的这两科恰好就是高考最靠前的两科，我对于考试时的状态已经记不太清了，但是对于这两个科目的备考过程，我仍感觉清晰得像昨天刚发生的一样。

高考出分后，以前的一位老师向我约稿，其中一个问题是想让我谈谈我对于天赋和努力的看法。我觉得天赋和努力对于不同的目标有着不同的重要性。如果说高考这件事，高考的一切题型，只要方法正确，都可以训练，但是北京高考的特殊性使得其需要一定天赋，因为有那种很拔高的题目（比如数学最后一道）。大部分时候，努力还是更重要的。我觉得没有人可以不劳而获，有没有天赋都需要努力。

这让我想起我的高三历程，那段时间，我会择其荦荦大端，以主要时间为线索做一点串联。高考的第一仗是第一次英语听口考试。考试结束后，我知道自己有一个口误，但是问题不大，原以为可以拿到满分。在查分那天，我和家长说"不是50也得是49.5"，在同学们纷纷用移动设备查分的时候，我没有查，但是看到英语老师那一言难尽的表情，我有一种不祥的预感。回到家里，家长告诉我，我说对了，第一次英语听口获得了尴尬的49.5分。那天晚上，一直到睡觉，家里都很安静。

0.5分只有在听口考试中才会造成这么大的压力，与这个0.5分比较，我们经常会提起语文3分一道的选择题，数学4分一道的选择题和5分一道的填空题，在决定考试结果上，这0.5分算不了什么，后来的事实也证明了这一点。但是当你把这个0.5分和别人对比着看，你会发现这个0.5分被扩大了。在你计算分数的时候，你会发现你总比别人要少一点，这会对你的心态造成很大的冲击。此外，这0.5分仿佛在证明以前日复一日的上机练习没有什么意义，我的努力被冲散了，我没有等来我想要的结果。

在那之后，一次又一次的挫折接踵而来。一模数学的低分，外区一模练习中优势科目的剧烈波动，语文作文分数持续走低，真有一点全线崩盘的味道。与此同时，同学们在外区一模考试中的优异成绩给予我心灵的震颤。这大概算是我高三的至暗时刻。

一模之后，我去参加了第二次听口考试。与前一次不同，这次我没有对结果做任何的预设，我只知道，在第一次考试和第二次考试之间的每一天中，我按照最高的标准完成了每一次的练习，我一定能够以最饱满的状态去迎接这一次考试，这就足够了。我走进熟悉的四高机房，重复了一遍我再熟悉不过的操作。我感觉这一次的发挥更加稳定，表现更加完美，确实没有什么差错。出分那天，我借用同学的设备查询了成绩，仍旧是49.5分，颇有几分戏谑，这算是给我的听口考试画上了一个完整而不完美的句号。英语老师在英语课前给我拿来了一些零食，作为连续失利的安慰。不过，此时我的内心并没有那么大的波澜，对于这个已成定局的结果，在看到分数的那一刻，我已经可以坦然接受了。

同样是0.5分，不同的是什么？人变了，人的心态变了。0.5分的压力是虚幻的，因为它的来源是内卷的心态。内卷与非内卷的区别就在于，在奔跑的过程中，你的目光是在别人身上还是在自己身上。目光在别人身上，眼前的视野是狭窄的，追逐的目标是怎样超越别人和在超越的同时不受到别人的倾轧，换言之，这就是"内卷"的恶性竞争。"内卷"永远是与追求自我价值相悖的，在盲目地攀附他人之时，哪里有时间看一看自己呢？

幸而我们还有另一种状态，把目光放在自己身上。那是一种什么样的状态呢？在准备2024届年级会发言的时候，胡老师和我分享了学长在一次演讲中引用的《礼记》中的一句话——"庄敬日强"。这句话的意思是说，用庄严严谨的状态去对待每一天，一个人会一天天地强大起来。"庄"描述外表，"敬"表现心态，"日"体现频率，"强"揭示结果。把目光放在自己身上，追求自我的每日精进，汲取自我突破的获得感，这是学习的根本目标。这是"君子朝乾夕惕"，这更是我们所追求的"人的自由而全面的发展"。从高考的意义上讲，其致一也。高考前三天，我们初中来到四中办艺术节。散场时，一个曾经的老师问我，高考打算考多少分数。由于对自己的不自信，我说不出具体的分数，我回答说，尽我所能，追求最好。现在看来，这恰恰是最好的答案。

高三一年的生活不会是完全的坦途，纵然生活的现实以它那戏谑的笔不住地在你的面前胡乱地书写，你也可以以一颗富有色彩的心去坦然面对。这就是所谓青春，这就是所谓赤子，这就是所谓在看清生活的真相之后，依然热爱生活。人们会告诉我的是"尽人事，听天命"，而我从高考中明白的是，在给不定系统增加确定性这件事情上，我有着那么一点点的主动权，即使很少，也意义非凡。哭过，笑过，痛苦过，满足过，才能称得上是走过，因此，在尚未出发之前过多地踌躇，似乎显得不太负责。站在终点的时候，便会感觉过往的一切，其实都值得怀恋。

现实给你抛来一个事实，这并不能决定事情的结果，你大可以去选择怎样去对待。你有着充分的机会把绊脚石变成垫脚石，把曾经摔倒过的地方变成在你面前徐徐延伸的广阔大陆。我所有成功的经验，都是在遭遇失败之后一次又一次痛定思痛的练习之中摸索而来的。在高三这段岁月里保持思考，一个人会收获更多的东西。

说完高考、高三，还要谈谈在四中学习生活的点滴瞬间。其实进入四中之前，对于我来说，四中是以其开放的氛围和多彩的校园活动而闻名的。我们这一届有一个主线，恰恰就是"锤炼·铸魂"。这个主题应该是在我们高一高考周进行"青春向党·奋斗强国"主题特色游学活动的时候提出的。在那一个6月，我们全年级500多名同学分成4条主要路线，浩浩荡荡走遍华夏大地的大江南北。这样的一次游学有一个副主题"锤炼·铸魂"，对应着这个副主题，每一条路线都设有远足一类的环节。我们班走的是西北路线，沿着河西走廊，经由张掖、酒泉，过嘉峪关，到敦煌。在敦煌，我们要进行一次长达20余公里的"行军"，我敢说，这绝对是印象最深刻的一次活动。我们第一次把双脚踏在戈壁滩的盐碱地上，感受盐碱化的土壤松脆的质感。我觉得，在四条路线当中，我们这一条路线的戈壁行军才真真正正算得上是行军。西北寥廓的天空中那颗浑圆的太阳，照得我们头脑发昏、身子发热，为了中途的喷水降温或是驿站的功能饮料和西瓜，我们都愿意加快脚步。戈壁滩的场景与我们走过的许多路都不同，从身处的位置向终点的方向看，一眼望不到边，只有一条长长的地平线。有时候我们有的同学也觉得，为什么要搞这样的高强度活动？许多同学都对于有时候有点"打鸡血"式的年级会不以为然。值得一提的是，叶老师还很喜欢用军队的例子，比如一段抗美援朝英雄连的视频。其实我也在思考，这些东西对于今天在四中生活的我们有什么意义？我想那是一种血性，一种拼劲，现在的我们貌似缺少这种东西。我们在四中所经历的，就是这样的一种锤炼。

与此同时，我也在四中参与了许多课外活动。每年一度的五四灯火晚会是谈起四中必然要提起的，它凝聚成了青春昂扬的活力，凝聚成了满满的激情和无限的动力。我作为表演者参加了两年的五四灯火晚会，高三对应的五四灯火晚会因为天气原因被推迟到7月中旬，那一天我恰好和同学们一起回去做"学长助学"，有幸观览了一下同学们的新风采。高喊的口号从"高三加油，四中必胜"升格成了"青春万岁"，让这样一场展现自我的歌舞盛会奏响了一曲青春的颂歌。四中培养的是挺立于天地之间的大写的"人"，而不是总困顿于踌躇之中的葳葳蕤蕤之徒。

从2022届开始，四中的高考加油词从"四中加油"变为了"大效于世"，这体现着我们的目标并不仅限于在高考中获得佳绩，而更关注在经过高考之后如何为我们所处的世界创造一份价值，这是四中人远大追求的生动体现。在四中，"厚其积储"是我们的基本任务，而"大效于世"是我们的根本目标。

在四中，"厚其积储"的过程无疑以三年的学习生活为主要组成部分，但绝不仅限于此。在三年的校园生活中，令我感受最深的是四中的"民主"。四中是一个把"民主"写进校训的学校，"民主"的核心是以人为本，在四中，这不仅仅是每个学年度都要进行的"提案反馈会"，更意味着每个人有充分地发展自己、表达自己的机会和权利。四中有着丰富多彩的学生活动，从一年一度的爱祖国田径运动会到合唱节等艺术展示活动，从学生会组织到各类学科竞赛，每一位同学都能在这里展现自己的闪光点，收获独属于自己的四中回忆。由此，我们不单单从课堂上获得知识的储备，还在这些活动中发现自我、认识自我，培养敢想敢为的自信力。我们2023届高考口号的第一句就是"敢想"，不论外界环境如何，我们总是敢于去争第一，敢于去做最好的，敢于把自己的理想付诸现实，这是四中给予我们的底气。在四中这片天地里不需要有什么顾虑，可以放心地去发展自我，挖掘自己的无限潜能。

如今四中的培养目标是"做杰出的中国人"，这是对于"大效于世"在新时代下的新诠释。正是在四中这种精神的引领下，一代又一代四中人以卓越为自己的目标，在学习的路途中不断追求极致，在四中校友中，既有如冯至、王蒙先生这样的文坛巨匠，也有如今仍在为光刻机事业潜心研究的尹志尧博士，他们的个人理想与国家的前途命脉紧密联系，这是四中人的社会责任感。冯友兰先生把人生分为四种境界，当一个人从功利境界上升到道德境界时，他便可以不汲汲于利，进而追求更高的价值，这与四中人"家国天下的情怀，舍我其谁的担当"不谋而合。在高三一年的学习中，面对接踵而来的困难与压力，我们2023届的同学始终有勇气坚持到底，并且最终成功取得佳绩，这是因为我们能超越眼前的得失，看到分数之外更加广阔的天地。我们并不是把家国天下当作口号，而是真正从中汲取前行的动力，将其放在心中最重要的位置。

我记得有一句很有意思的话，"钻石只能用钻石雕刻"，四中就是那一颗雕刻钻石的钻石，这恰恰与四中那特色的六边形教室不谋而合。四中就是这样的一个地方，它给了你一片天地，让你纵情地展现自我，疯狂地发展自我，让你认识人、认识自己，在高中这个独具特色的年岁里认识到如何让自己以一个昂扬又适宜的姿态生活在这个世界里。那句话"今日我以四中为荣，明日四中以我为荣"恰恰就好像"要用钻石来雕刻钻石"一样。

家长心语丨四中三年·柳暗花明

高中三年时光落下帷幕，时间过得好快，回想每一个瞬间，想到的是感恩、感动、感谢……

还清晰记得中考结束时，孩子如愿进入四高。初入四中，丰富多彩的校园生活，让孩子应接不暇。在四中的日子，每天都有惊喜，百团大战、新年舞会、五四灯火晚会……在这个自由探索的过程之中，四中自由开放的平台充分地发掘了孩子的潜质。

2023届是特殊的一届，孩子的高中三年始终受到疫情的影响。在这里，特别感谢叶老师在疫情期间努力争取机会，带领孩子们在2021年建党百年之际进行了为期一周的西北红色游学。游学归来，孩子的精神状态和学习态度都有了很大的改善，为后续的学习打下了基础。叶老师常常提起在高三开始之前那次延庆拓展，孩子们在雨水中骑行，共同分享青春的快乐。此前，我们并没有发现一次综合实践活动能有这样大的力量，全年级的昂扬状态，绝对是2023届优秀的一大原因。

与此同时，四中组织的一些高校讲座为我们提供了许多高校招生信息，也给孩子定位高考目标校一些启发。在一次北大元培学院副院长的讲座后，孩子回到家后说，感觉元培学院很适合他。我们也赞成孩子的意见。元培所在的不限02是招生分数最高的专业组，孩子鼓起勇气，就此订立了高考志愿和分数目标，并制订了学习计划，向目标校发起冲刺。

转眼间，进入了高三总复习阶段。我们明确了分工：他负责学习，我们负责后勤保障。学校老师们的无私付出，从高考志愿墙的设立，到给孩子制订个性化学习策略的三方会谈，无不鼓舞孩子积极向上。

孩子将高考目标分数定为730，正式确定目标为北大元培。虽然我们觉得这个分数实在定得太高，很难达到，但是我们依然支持和鼓励他，坚信他能达到目标，实现理想。其实在孩子的学习过程中，难免产生一些对自己能力的质疑和对未来目标的犹豫，在这种时候，我们做家长的一定要给孩子足够的鼓励，让孩子的自信能发挥很大的作用。在我们看来，订立目标是提供一个追逐的方向，如果孩子轻易达到，很难通过目标产生动力。有时候，看似遥不可及的目标更能激发他的潜能。

高三备考是一场持久战，身体状况和学习生活习惯都是关键因素。孩子改掉了不爱交作业的毛病，拒绝了一切社交活动，更加自律。为了第二天获得良好的精神状态，更好地投入学习，十点半睡觉成了铁律。

高考进入了倒计时，磨了十二年的宝剑，终于要试一试锋芒了。首先迎来的是推迟的英语听口考试。这次考试没有迎来开门红，满满的自信遭受了不小的打击。考试之前，经过反复地练习，原以为可以得到50分，结果成绩出来是49.5。第二次听口考试依然是49.5。这样的挫折没有消磨孩子的信心，反而更让他希求用实力证明自己，这更坚定了他冲刺700+高分的决心。

如约而至的一模考试，由于心态和场地等因素，孩子没有达到自己的预期目标，数学科目的分数太低，导致了整体未能在高分段获取优势。孩子的情绪难免有些低落，不过他及时调整了心态，进行全方位的查漏补缺，对一模卷子的错题进行整理。二模时，成绩达到了较高的分数。从期末到模考，孩子稳定在年级前列，这给了孩子迎接高考的自信。

回望高中这三年，父母的支持与陪伴是孩子不懈努力的动力，老师们无微不至的关心和辛苦付出给了孩子坚持梦想成真的决心，"敢想、敢拼、敢战、敢赢"给了孩子勇气和奋发向上的动力。经过我们共同的努力，孩子最终以优异的成绩得偿所愿成为北大元培的一名学生。

四中"家国天下的情怀，舍我其谁的担当"的育人理念激励了孩子报效国家的决心。感恩四中优秀的教师团队，感谢四中给了孩子各种才能展示的机会。相信"敢想、敢拼、敢战、敢赢"的精神，将一直陪伴孩子的学生时代，进而化为四中留给孩子一生的印记。

最后，祝愿四中越来越好，为祖国培养出更多杰出的人才。

以学为乐，学无止境

杨楚云　高三（4）班

　　成绩情况：高一第一学期末年级排名第12，第二学期末年级排名第17；高二第一学期末年级排名第1，第二学期末年级排名第1；高三第一学期中年级排名第4，高考成绩693分，年级排名第16。

　　成绩雷达图：

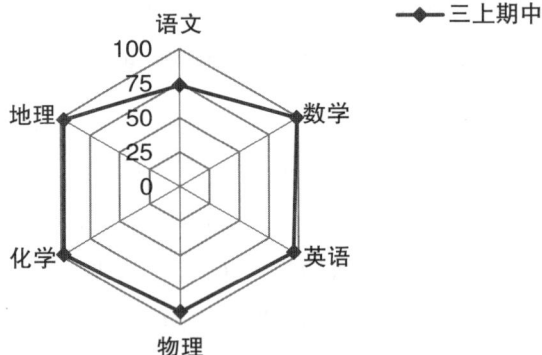

　　弱势科目：语文。

　　弱点：拖延。

　　送给学弟学妹的一句话：无论什么事情，只要认真对待，努力去做，自然会达到"水到渠成，风来帆速，廿四中书考不难"的境地。

最终录取院校：北京大学。

我的简介：我来自朝阳区和平街一中，中考通过统招跨区考入西城区北京四中。在四中，我努力学习，脚踏实地，高中三年所有期中、期末考试成绩均在年级前列；我喜欢课外活动，参加了多个社团，比如机器人社团、心理社团、天文社团等；我热爱集体，积极参加各项集体活动，荣获了优秀志愿者等荣誉称号，并连续两年获得校三好学生以及西城区三好学生的荣誉称号；我酷爱音乐，喜欢弹钢琴和吉他；等等。

我的经验

北京四中是块肥沃的土壤，我就是一棵青涩的小苗，在这里吸收营养，苗壮成长。三年难忘的时光，有快乐有沮丧，在这里我精心梳理了一下我的经验，分别是找准方法，破茧成蝶；按部就班，拒绝拖延；以学为乐，学无止境；接纳失败，海阔天空；感恩有你，不负相遇，希望大家能从中受益。

第一篇　找准方法，破茧成蝶——谈我突破语文这项弱势科目

在语数英和物化地这六个科目当中，我最弱势的就是语文。发现这个问题是源于高一第二学期期末考试，语文成绩一下跌到了从未出现的低谷。这次成绩大幅度下滑提高了我的警惕，因为这对于我将来的学习和考试是极为不利的。我努力保证我的语文保持在持续稳定的高水平，如何保证呢？需要找到下滑的原因，找准适合自己的破解方法。

我把高一一年的所有语文试卷汇总起来，从题型、分值、标准答案和我自己的答题内容做了一个分析，得出以下结论：考试成绩下滑的第一个原因是这次期末考是区级出题，考试的题型和内容更加广泛，更考验平时的语文积累，平时我考得分数高，是因为主要集中在课上的内容，对于课上内容我复习得很好，但平时积累不够；第二个原因是对诗词、对文章的共情不够、鉴赏能力不够，不能正确分析诗词文章；第三个原因是相对老师给的范文，我的作文观点立意不贴切、不新颖，语言欠佳。

我认为造成以上情况的根本原因是我对待语文的态度太随意，不以考试为目的而是只完成课上的任务，并没有太多课后的积累，阅读也是随心所欲，看自己所喜欢的东西，所以基本上跟考试没有太大关系，而且只是以阅读为乐，一阅而过，并没有深刻领悟课外读物的精髓，也没有对读物的内容做分析，所以阅读能力并没有得到一定程度的提升。另外，对诗歌古诗词读得少，致使对古诗词的理解能力比较弱。

我结合从老师和父母那儿获取的一些看法和建议，从考试分数角度调整了一下我的学习方法：第一，加大了在语文学科上的学习投入时间。基本上放学回家晚上会学习1—2个小时的语文，周末也会分配半天时间来学习。第二，加上应试能力的训练。工作日周一到周五每天刷一套文本阅读题，提高对题目和题型的感知。第三，提升诗词鉴赏能力，我买了商务印书馆出版的《唐诗鉴赏辞典》，还有中华书局出版的王大绩老师的《一本书备考高考古诗词》，每天选看3—5篇古诗鉴赏，从古诗文上打一点基础。第四，对于作文的立意和素材方面，我主要用周末时间看《古文观止》《意林》《澡雪》和各种范文，多体会里面的观点、语言、情感和文章结构，并适当写写作文练笔。

在这个过程中最大的困难就是如何坚持下去，因为我本身就不是特别喜欢这种纯粹功利的学习模式，而且不知道为什么，对语文，我看一会儿就打哈欠犯困，很难坚持两三个钟头的持续学习，但是没有两三个小时的学习，根本不能学透、学明白，所以这样的学习对我来说比较枯燥乏味，那怎么解决这个问题呢？我每学习30分钟或者看完一定的篇目就休息一下，用弹琴、听音乐、做数学题、做手工等方式来调剂一下，以维持我对语文的学习动力。

虽然我课后下了这些功夫，但有时候还是感觉不得要领，所以在课堂上认真地听讲，仔细地做笔记，根据老师的讲解来对自己的学习做调整，有好老师的指导真的是事半功倍。所以在语文学习上我非常感谢后来高二到我们班级任教的谢超老师，她的课讲得很好，责任心也非常强，她不辞辛苦给我们做很多学生答卷的分析，对提高我的语文水平很有帮助。

我很庆幸我的语文在谢超老师的教导下，在我自身的努力下，基本维持在一个比较理想的水平。这个水平一直保持到我高考结束，使我完美实现了大学随便选专业的心愿，最终破茧成蝶。

第二篇　按部就班，拒绝拖延——谈修正我的一个弱点

人无完人，每个人都会有一些弱点，我自然也不例外，但是我觉得有些弱点是可以包容的，而有些弱点是可以通过后天努力去修正的，我最成功修正的一个弱点就是改变了我的拖延症。心理学研究表明，75%的人都会有拖延症，但是我并不想让这个成为我包容拖延的一个借口，成为我学习成功之路上的一个绊脚石。

我开始直面问题，去寻找拖延的原因和方法。我发现，造成拖延的关键原因就是学习没有照计划按部就班地落实，而没有按部就班执行的原因有几个：一是执行的动力不强；二是总喜欢把执行的时间点往后拖，在学习之前弹有趣的钢琴，意犹未尽，意兴盎然，没有时间限制；三是发现凡是不能按部就班执行的计划都是任务制订过于繁杂，以及作业安排的先后顺序和分配的时间不太恰当造成的。针对我自己的问题，我想了几个办法：

第一，要坚定自己的决心，作业要做，习题也要完成。我在学习桌上贴了一张励志纸条，"宝剑锋从磨砺出，梅花香自苦寒来"，提醒自己按部就班地执行学习计划。只要我定下心来坐在课桌前，基本就能安心学习了。

第二，妥当安排弹钢琴的时间。我发现我练琴不需要特别长的时间，往往是因为我要学习新的曲目或者改编曲子的时候，研究新乐谱和做训练时所花的时间比较长，所以我把练新曲目的时间放在周末进行，这样我基本能保证计划的顺利执行。

第三，除了完成老师布置的作业之外，其他的自主学习我便精简学习任务，在有限的时间内安排适合我学习速度的任务，尽量一天一学科分天复习，学习的任务我按平时作业速度估算时间，再多加十多分钟。这样在时间上游刃有余也比较有成就感，让计划都能如期完成。

从我的实践看来，想方设法保证按部就班执行计划是拒绝拖延的最好方式。

第三篇　以学为乐，学无止境——谈我的学习方法

当学习建立在兴趣和爱好之上，就无须太多的技巧和方法，自然而然深入我心，自然而然就会反复咀嚼、举一反三，自然而然就会博观约取，自然而然就学会了。我的学习方法就是找到对学科的兴趣，维持兴趣，凭兴趣去学，找到学习的乐趣，从而好学，乐学。

兴趣有三个好处。

一是兴趣能扩大知识面。有了兴趣才会去探索，书读得多了，知识就丰富了。我书读得多，读得杂，爱看历史类、科普类、探险类、数学类、物理类、交通、旅游等杂七杂八的书，所以知识面相对同龄人要广一些。

二是广博的兴趣能导致触类旁通，帮助我们理解一些抽象概念，让抽象的学习变得更简单，因为相比单纯把定义摆上去，一些故事和类比更能吸引人的注意力，同时也更易于理解。

三是深入的兴趣可以推动我们深入学习，深入思考，从而培养思维力。比如数学中有一个"取子游戏"。如果我们想获胜，就要研究这个游戏的获胜策略。刚开始可能就是觉得哪儿对就下哪儿；继续琢磨就会去研究一些简单的情况，总结一些规律；为了找更多的规律，我阅读了很多的数学书，从数学家身上学习到的思维方式，是为每一个游戏状态赋一个值，来定量描述这个游戏状态，并通过不同操作对这个量的影响来确定获胜的策略。这种思维便是定量化描述一件事情。这在很多学科上都很常见，比如说物理用动能和动量来描述物体的运动，化学用平衡常数来描述可逆反应能够进行的程度。就是在生活中，我们去考虑买一个东西的性价比，也是这种思维的一个体现。当思维力增强的时候，你会对常人觉得艰深晦涩难懂的学科感到通俗易懂，会更加有兴趣，而且有学习的成就感。

那么如何去培养学科的兴趣？

首先是去接触。接触便是去阅读，包括网上的和书上的，但培养一个学科兴趣的最好地方就是书店、图书馆和博物馆。我经常去书店看书，因为我可以在书店中随便抽出一本书，翻两页，如果没有兴趣就放回去，如果有兴趣就继续读下去。当找到一本能让你读下去的书的时候，一个兴趣

就被激发起来了。

其次是持续。当兴趣被激发起来的时候，剩下的就是要持续下去。而持续一个兴趣和激发一个兴趣一样，最重要的还是持续的接触、持续的阅读、持续的发现。好比朱熹说的"为有源头活水来"，培养出来一个兴趣就是我们的源头，要想不停地有活水，最忌讳的就是不去接触、不去发现。当你不去接触不去读一个东西的时候，最开始可能还有这个兴趣，但时间一长这个兴趣就会慢慢地消失殆尽。所以，要保有源头，要保有兴趣就要去不停地寻找新的发现、新的兴趣的活水，这样兴趣才能源源不断、连绵不绝。

古人云，"学而时习之，不亦说乎"。学习本身并不是一件令人不愉快的事，实际让我们觉得不愉快的主要是考试和作业。当抛开考试和作业不谈，只关注学习本身，那我们就很容易发现学习的乐趣，从而激发学习的兴趣，拥有学习的动力。另外，"知之者不如好之者，好之者不如乐之者"。有人说要把学习作为一种习惯，虽然有一定道理，但我认为不如把学习作为一种爱好来得更好。作为一种习惯可能是为了考试，为了一个目标，那考完试目标达成之后，这个习惯还有什么用呢？如果把学习作为一种爱好，就不存在这些问题，因为热爱一个东西，就会很少考虑这个东西究竟能带给我什么。以学为乐，便能学无止境。

第四篇　接纳失败，海阔天空——谈触动我的一件小事

那一天是晴空万里，但是我的心情却是阴霾密布，昏天黑地。因为在我期待已久、训练已久、胸有成竹的乒乓球季军争夺赛中，我输掉了，我失败了。这对我是一个沉重的打击，我心情极其郁闷和沮丧，那一刻、那一天、那些日子一切好像都没了滋味儿，失去了意义。

因为这次乒乓球比赛是我们高中阶段最后一次比赛，而比赛当中只设冠、亚、季军对应的金、银、铜三枚奖牌。我审时度势了一下，研究了比赛的选手，觉得有很大的希望能争夺季军获得铜牌。我非常渴望在高中能拥有这样一枚有纪念意义的奖牌。

在之前的很长一段时间里，我每天下了课都去打乒乓球，接触了很多对手，非常熟悉他们的套路和打法。每周末回家，我都坚持练习。从一开始

比赛到最后的终结，我每天都在找时间训练自己，对这个比赛充满了期待。一路过关斩将，到达了争夺冠、亚、季军的循环赛，不知道是对比赛的结果期望过高，还是因为前面太过顺利而掉以轻心，在争夺季军比赛的过程当中，我过于紧张，好几次有正手弧圈抽球上台拿分的机会，却因为害怕失误过于小心谨慎而失掉了好几个球，最后输掉了比赛。最终比赛我排名第四，没有拿到季军奖牌。我的心情非常沮丧、难过，责备自己为什么没有抓住机会，也第一次尝到了想而不得的滋味。在那几天日子里，我无心向学，都在排解这样的不良情绪。

我放学后在家里茫然地弹钢琴，漫无目的地去骑行，去吃美食，终于我想开了，这个结果就像泼洒的牛奶、砸碎的花瓶，再无法回收，我为什么要为难自己呢？为什么要执着于那是最后一次比赛？为什么要执着于也许可得的奖牌？得或不得又怎样呢？与其天天郁闷、烦恼、难过，不如退一步海阔天空，开开心心接纳自己的失败，学会看淡名利和得失。人生能有几回搏，至少我还有能力去搏，而且我努力了，尽力了，用心了，人生无憾。

这也只是人生中小小的一次经历，其实后来再来看这件事什么都不是。"是非成败转头空，青山依旧在，几度夕阳红"，人生的舞台很大，还会经历很多的人和事，不能事事顺心、事事如意、事事成功、事事完美，学会淡然处世笑看人生，当拥有大心量大格局的时候，那么人生也就无所谓成败的烦恼了。

第五篇　感恩有你，不负相遇——谈四中与我

四中是老北京人心中的王牌，是西城区排名第一的优秀学校。这来源于我父母对北京四中的印象。我仰慕四中。我是朝阳区的中考生，因统招与四中结缘，在这里度过了三年的美好时光。

第一个让我惊艳和惊讶的是四中的招生分班老师。在8月底还未入学的分班考试之后就让同学们填写选班意愿，五个志愿我全部填的平行班，因为当时觉得四中都是学霸，我还是不要被碾压得好。但，不知什么原因，招生老师给我父亲打电话了，建议我们重新考虑一下，报竞赛班或科特班。不管后来结果如何，我都很感谢这位从未谋面素不相识的老师，在我懵懂

无知的情况下给了我再次选择的机会。入学后第一次开学考，我排在年级第七。所以我也明白了，其实也许我是有实力可以进入实验班的。但既然进入了普通班，那维持我的学习风格和学习态度就好。尽管高二的时候学校给了所有同学重新选择实验班的机会，但是我依然留在了平行班高二（4）班，因为我与4班的老师和同学结下了不舍之缘。

在这里我认识了很多非常优秀的老师，我要感谢他们，因为他们带给我的不仅仅是应试技巧和课本知识，还为我的待人处世树立了非常优秀的榜样。比如英语赵悦老师，不仅带我们看了很多课外的书籍和阅读材料，还给我们放很多英文音乐，其中我最喜欢的就是 *Skyfall*，这是英国流行女歌手阿黛尔·阿德金斯为电影《007：大破天幕杀机》演唱的主题曲。我为它扒了钢琴谱并且天天练习，那一个月我每天都沉浸在这个优美的旋律当中。从那以后我步入了电影音乐和英文音乐的海洋，在其中遨游，由此也领略了电影音乐王者 John Williams 和这些年如日中天的音乐配乐大师 Hans Zimmer 的电影音乐。

还有我们班主任兼数学老师皇甫力超。他虽然是教数学的，但是完全不死板，不失亲和，说话慢条斯理，和蔼可亲，总是鼓励我们，给我们以前进的力量，而且总能切中要害，给人以启发。每一次班会他都能说一些文学的典故和古语，还给我们推荐了很多课外书籍。虽然我在年级成绩排名居于前列，是我们班学习上的"领头羊"，但是皇甫老师并没有对我特殊对待，让我在这个班级当中没有心理负担，而且轻松愉快；也幸好是遇上皇甫老师，他给我做了一个温文尔雅文理兼修的榜样。当然还有很多其他的老师，他们都有各自优秀的特质，我就不一一赘述了。

在我周围，有这样一群积极向上、努力学习、团结友善、集体荣誉感很强的同学，我们班经常获得最佳宿舍生、最佳班集体、最佳班会荣誉，还有运动会比赛团队奖，我为我们班经常获得集体荣誉登上榜单而感到骄傲和自豪。在我们这个名字普通学习普通的班级中，也有不普通的同学，我见识到了语文文学修养高的同学，见识到了英语流畅地道的同学，也见识到了比赛中在体育场上一马当先势如破竹的同学。在这里我也收获到了来自同学的友情和友谊，我们地理小组一行五人曾一块儿去护国寺进行考察，合作制作环境地理小报，一块儿参与全国环境地理竞赛……

四中还给我们提供了丰富多彩的平台，比如因为有完善的志愿服务的渠道和管理体系，我才得以去学校图书馆、西城区第一图书馆、西城区第二图书馆、国家科技馆、国家博物馆等地方参与各式各样形形色色的志愿服务。更有纪念意义的是我通过英文面试后参与了国际友人环昆明湖竞走志愿服务。还有很多的社团，如机器人社团、心理社团、天文社团等。所有这些活动和平台都开拓了我的眼界，丰富了我的课余生活。

在四中我收获良多，受益良多，在四中优秀老师、优秀同学的影响下，我接受熏陶、不断成长，这是我人生当中最宝贵的经历、最难忘的一段时光。当然，在四中这种氛围和环境下，我也一直保持着自己的学习风格和学习水准，最后如愿考入北大，也算是为四中争了光。四中是我心目中最棒最优秀的百年老校，感恩四中，不负相遇。

班主任点评

杨楚云同学成绩名列年级前茅，是四中2023届学生的榜样和旗帜。他发自内心地热爱学习，完全沉浸在学习的快乐之中。在课堂上，他能很快进入老师营造的教学情境中去，神情专注，眼眸闪亮，全身心遨游于知识的海洋。他的作业表达规范，条理清晰，常常直击问题的本质。他没有局限于课本所学，还常常涉猎课外读物，尤其是数学类的科普书籍。他在学习上已经从一个"好之者"转变为"乐之者"。

杨楚云同学会学习，深谙学习规律。他在学习的关键环节（如听讲、课后复习和作业）上能全身心投入时间和精力。他始终能抓住学习的首要目标是掌握知识方法这一根本，这使得他的学习行为效率高、效果好。由于对知识方法理解得深刻而透彻，他常能提出精彩问题和精辟见解。

杨楚云同学助人为乐。在学习上遇到问题和困难，同学们常常会找他寻求帮助。他态度随和，解答问题简洁明了，是同学们的"小老师"。他还曾应邀在班里和年级分享自己的学习心得体会，赢得师生的高度评价。作为平行班的一员，他的优异表现，时刻激励着全年级积极追求进步的同学。

踏实认真助力生长

金亦扬　高三（5）班

成绩情况：高一时年级排名约 100—150，高二时进入前 100，高三时进入前 50，一般在前 30 左右。高考成绩 679 分，年级排名第 53。

成绩雷达图：

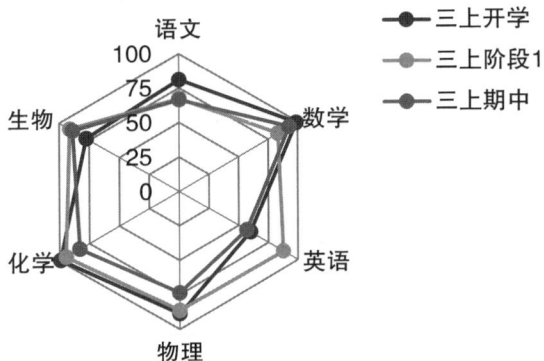

弱势科目：语文。

弱点：有时候对自己要求不高，做事总是做个大概，觉得差不多就行了，没有做到最好。

最终录取院校：清华大学未央书院。

我的经验

我的弱势科目是如何突破的

如果要我对弱势科目的提高过程做一个总结，我可以给出16字真言：相信老师，答疑解惑，不折不扣，认真执行。

年级里有很多所谓6个科目都很好的"六边形战士"，也有很多双语（语文和英语）弱项的人，幸运的是我的弱势科目主要是语文。

高三之前，可能是因为语文老师觉得素材积累应该是很多同学从初中就养成的习惯，所以很少留相关的语文作业，而我也没有太重视这些，所以在高一、高二积累的好词好句比较少，导致我的语文作文没有素材可写，经常跑题，作文分数总是徘徊在32分左右。

升入高三之后，为了成为"六边形战士"，我主动找老师答疑，老师建议我从课本、新闻和书籍中积累可以用的素材。我对老师的要求不打折扣，开始进行素材积累，每周积累5个左右，几个月下来，我的素材本里已经积累了一批可观的写作素材。虽然大部分素材内容称不上多么新颖，但对于大部分作文题目来说已经足够了。

之后，我又在老师的建议下对素材进行分类，在每个素材旁边打上类似"助人为乐""爱国奉献"的小标签，方便在考试前重点复习，在考试时大脑可以及时调用合适的素材。从此之后，我的语文作文只要遇上比较常见或相对熟悉的主题，都能稳定在40分左右。

然而，好景不长，高三下学期，我又遇上了新的问题：各区一模、二模的作文题目，既新颖又发散，我经常无法辨析出题目的主题，就无法明确提出论点，比如一篇主题为"传统文化助力中国式创新发展"的题干，我却以"传统文化的创新发展"为主题写了一篇文章，最终只得到36分。遇到新问题的我再次找语文老师答疑，老师给我提出了很好的建议——只列提纲不写文章，这种方法可以很好地训练审题以及搭建文章结构的能力，同时还可以节省很多时间。

经过一段时间的专项练习，我的作文审题能力有了一定的提升。与此同时，学校也给予了我很大的帮助，在高三下学期，语文组老师开设了玉兰书院语文课，旨在针对那些语文成绩远低于整体成绩的偏科学生，毫无疑问，我也在内。每周一次长达一个半小时的补课，先讲现代文阅读，后讲作文写作，让我受益匪浅。

除作文这一最大问题外，我还有选择题不稳定、大题有时会答偏等其他问题，对此我也没有坐以待毙，仍然积极、主动地去找老师答疑，提出问题、解决问题。

对于选择题不稳定这一问题，老师给我的建议是按照每周两套试卷的题量做题，只做选择题。说得直白一点，就是利用刷题找到做选择题的感觉。老师说，对于选择题而言，感觉是很重要的。经过一段时间的练习，我在临近高考时找到了这种感觉，简单来说就是有时没有明确证据判断哪个选项是对的，但是你能明显感觉到一个选项更像是正确答案，听起来有点玄幻，但是确实就是这种感觉。

对于大题有时会答偏这一问题，老师给我的建议是：梳理不同题型的大题的答题思路（比如"手法 + 效果 + 情感"），总结出答题技巧，这样即使达不到满分，也不会低于题目分数的一半。最终我的语文高考成绩为114分，虽不能算是多么亮眼，但已经够用了。

要注意的是，弱势科目并不需要做到完美，而是要学会有舍有得，譬如对于即将升入高三下学期的学生，花很多时间去提升作文的文采会是一件收益小于付出的事，不如用这段时间去提升选择题正确率等易于提升、见效快的部分。总而言之，对待弱势学科要有更为认真积极的态度，要有迎难而上的勇气，也要做好努力了但没有取得回报的准备。

我的弱点是如何突破的

我的弱点突破方法可总结为八个字：依靠自己、团结同学。

每个人都有弱点，我个人的弱点主要是三分钟热度，对做一些事情要求不高，不能持续地将一件事做到极致。尤其是在学习上，要想取得好成绩，靠三分钟热度肯定是不行的，必须要不遗余力、持之以恒才行。为克服我性格中的这个弱点，也为了进一步提高自己的学习成绩，我想了几个办法来解决。

对于自己而言，每天要有一个明确的自主学习计划，可以在早上制订，也可以赶在晚自习开始前制订。自习时，每完成一项任务就在该项任务后打个钩，这样的话既能区分已完成的任务和未完成的任务，还能在看到满满的对钩时有一丝成就感，支撑你继续学下去。学习计划不能太理想化，将每一分每一秒都占得满满当当，应当适当留出几十分钟作为机动时间，以便于灵活调整自己的当天计划。还可以为每天准备几项可选任务，在完成所有必做任务后，如果还学有余力，可以完成可选任务作为补充；如果时间或者精力不够完成可选计划，也没有关系。

对于学习而言，持续的努力远大于一刻的爆发，因此，切记不要因为三分钟热度而学到半夜，因而打乱自己的作息节奏，导致第二天听课效率下降，得不偿失。应当建立合适的作息规律，持续地努力。除了自己做出改变之外，还可以通过同班同学来督促自己坚持。在高二时，年级组组织学习小组活动，我认为这是一种很好的形式。当时正处于线上学习期间，我们小组共6人，其中一人专门负责开腾讯会议，其余人按时进入会议，大家一起云自习。有同学在身旁学习，那种监督是无形的，会迫使自己不去胡思乱想或者去干其他的事，而且专心坐在学习桌前安静学习。有时候感觉学累了，抬起头看看还在埋头苦读的同学们，就能继续学下去。我们小组的6位同学互相监督，承诺不偷懒、不缺席，因此在线上学习期间，当大部分同学成绩有不同程度的下滑时，我们小组的所有成员成绩不降反升。

和同学一起学习除了互相监督提醒外，还可以讨论、答疑、变换学习方式、组织学习活动等。在高一暑假，学校组织了单科突破营，我作为班里的物理课代表，当仁不让地担任了物理学科突破组的组长。为了使同学们能够在物理学科方面有所长进，我设计了知识点讲解、真题练习和错题整理三个部分。在知识点讲解环节，我亲自制作PPT，进行相关知识点的圈点勾画和重点讲解；在真题练习环节，我和同学们轮流出题，和大家一同练习；在错题整理环节，我和组员们一同整理错题，并在微信群中打卡。最终，我们小组的物理成绩均有较大提高，我作为组长，做了一些例如整理错题之类的平时总是坚持不下去的任务，物理水平也有所提高。俗话说"江山易改，本性难移"，改变自己确实比较难，因此和同学们结伴而行是更简单、更高效地改变自己、突破自己的方法，这一点到高三尤为明显。在最后的冲刺阶段，教室里根本没有人讲话，大家都在抓紧每一分每一秒学习，你置身其中，也就没有了说话的念头，一心学习，如果自己在家里学习，效率肯定要大打折扣。更何况，高中三年是少有的身边的人都冲着同一目标努力的阶段，因此和同学们相互帮助、相互激励、共同进步、共同成功是一件易于完成，而又极为美好的事。

我的学习方法

在北京四中，老师往往更强调学习方法而非学习时间，我在高中三年，也慢慢地形成了自己的一套学习方法。对于语文、英语而言，我认为学习的诀窍在于每天都要有一定的学习时间。我的数学老师高老师曾经说过，不要说你不擅长语文学习，你把每天学你最擅长的那个科目的时间用在学习语文上，我不信你语文成绩还提高不了。确实是这样，除非你天赋异禀，否则你的成绩绝对和你付出的时间成正比。在高一、高二，我的语文和英语成绩一直不算好，主要原因就是没有持续地努力，总是三天打鱼两天晒网，有时候连续几天都不学这两门，导致成绩迟迟无法提升，而且浮动较大，有时可以考到年级前100，有时会直接掉到400多名。在高三一模前模拟考试语文、英语失利之后，我进行了深刻的总结反思，发现在语文选择题和英语阅读题上有大量失分，我认为这是长时间不接触语文、英语卷子中这两种题型所导致的，因此我决定每天都要做一到两道语文、英语的阅读题来保持手感。经过一段时间的试行，我在西城一模考试中英语得到了141分的好成绩，这也让我更加确信了语文、英语需要不断保持手感这一观点。为此，我制订了每天的计划，在固定时间学习英语或者语文。一模考试之后，我每天固定第一节晚自习学语文，第四节晚自习学英语，从此语文和英语成绩便稳定在年级前200。

对于数学的学习，我也有一套自己的方案。首先，数学和语文、英语一样，也会受到做题手感的影响，因此每天一定要腾出一定时间来学数学。

其次，数学学习不能只停留在"听懂了"的阶段，唯有自己认真、用心地思考才能把知识变成自己的。最后，数学错题是自己学习过程中的知识弱点和知识盲点的综合体现，一定要重视错题整理并认真改错。高中三年，我严格按照数学老师的要求，在高一、高二每天花一个小时左右的时间学数学，无论是旧题重做还是一题多解，我都认真思考，久而久之，我的数学成绩一直位于年级前列，这也为我高三的数学学习打下了坚实的基础。对于数学，我不仅有知识上的学习，还有学习策略和应试策略上的改进。到了高三之后，解析导数题的难度直线上升，在考试时难免会出现毫无思路的情况，很难考出高一、高二 140+ 的分数。因此我改变学习策略，稳住基础、写好步骤，这样的话即使最后三道题的最后一问没能做出来，也能拿到一个自己能接受的分数，而且年级排名也应该不错。一直以来，我的基础题很稳定，而难题还有一定的提分空间，因此我的数学老师教给了我另外一个学习策略：每周做一套数学卷，如果这套数学卷子中的基础题没有丢分，就可以继续放心大胆地将时间花在研究难题上。在高三下学期的备考阶段，我一直坚持着这两个学习策略，因此纵使 2023 年高考数学难出天际，卷子上的最后三道大题很多人全军覆没，我还是靠着基础题全对和难题稳扎稳打拿到了 140 分的好成绩。

最后，我对于物化生这三门选科的学习方法也有一定的心得，这也是我从老师那里学来并转为己用的。首先，我高一的化学老师叶老师教会了我做学科的总结，我将其推广到了其他学科。在高一、高二，不论什么科目，每学完一个大的知识板块我就会完成相应的总结，因此到高三前，我已经将所有章节的知识点都记录在了我的总结本里，高三再复习就会很方便，因此这节省了我很多时间，事半功倍。其次，我还会定期整理错题、旧题重做，这使我的知识漏洞和知识盲区不断减少，帮助我的成绩稳定在年级前列。

在高中，找老师答疑不只可以问学习方面的问题，还可以问生活和情绪方面的问题，比如端午节能不能一整天不学习出去放松一下、考试期间应该保持怎样的学习强度等，老师们见过各种各样的学生，经历过各种各样的高考，经验丰富，为我提供了宝贵的建议，使我能正确地保持学习与生活之间的平衡，劳逸结合地完成了高中三年的学习任务。

对自己有影响的重要节点和事件

在上四中之前，我就已经对北京四中丰富多彩的课余活动有所耳闻，高中三年，有很多活动让我记忆深刻。例如，每年五四青年节都会在操场上举行的五四灯火晚会，每个班都要有节目的展示，同时还会有很多社团的表演，包括现音社、街舞社等，让我见识到了四中学生除了学习以外的多才多艺。同时，晚会即将结束时，所有同学都会冲着教学楼齐喊"高三加油，四中必胜"的口号，不论是鼓励他人，还是被他人鼓励，都让我感受到四中相互帮助、相互鼓励的大家庭般的温暖。

在所有活动之中，最让我难忘的还是高一高考周时的红色游学。我们班被分到陕西线。其实在这之前我已经去过陕西了，但想到能和同学们一起出去玩一周，还是决定参加这一活动。我们的第一站便是延安，四中一向强调培养学生的家国情怀，于是学校组织我们在烈士墓前默哀了一分钟，在那一分钟里，我想的事情很多，从抗战英雄到开国元勋，从战乱的过去到和平的现在，北京四中的学生享受着全北京数一数二的教育资源，理应有家国天下的情怀、舍我其谁的担当。

离开延安，我们坐车几个小时到了壶口瀑布，在震耳欲聋的水流声中，我们合唱了练习已久的《黄河大合唱》，每一位同学无论唱功如何，都全身心地投入到合唱之中。不知不觉之间，我们的声音竟盖过了瀑布的轰鸣声，那一刻，每个人的心中都有一种说不出来的激动，甚至有人热泪盈眶。

后来，我们还参观了陕西省博物馆，见识到了陕西省的众多文物，了解到了陕西省悠久的历史和文化。我认为，学生的学习不应只停留在课本上，还应有自己亲身的体验，四中组织的游学活动，让我们从博物馆中的一件件文物看到陕西作为天下闻名古都的独特的皇家文化；从秦始皇陵中的一个个兵马俑，见识到古人的工匠智慧和秦朝末期的过度奢华。这样的知识是课本上学不来的，这也是游学活动的目的所在。

除了当地的景点之外，和同学一起出去旅游的另一大乐趣便是同学之间的玩乐。从延安到壶口瀑布有数小时的车程，因此在车上老师让大家表演节目来解闷，有的同学自告奋勇"上台"献唱，无论唱得好坏，同学们总会在第一时间给予最热烈的掌声。有时在大巴车发车前，我们还会在车上做数学老师准备的立体几何练习，同学们相互请教、认真思考，还有在酒店门口、博物馆排队时的《阿房宫赋》背诵，让我感受到了北京四中极有特点的、极为浓厚的学习氛围。还有最后一个晚上的生日宴会，学校为所有近期过生日的同学准备了生日蛋糕，在场的所有人还为他们齐唱了生日歌，再次让我感受到了四中这个大家庭的温暖。

在四中的收获

北京四中对学生的培养是多方面的，因此我在北京四中的收获也体现在多个方面。首先，优异的成绩是好学生的必要条件，所以成绩的进步是必然的。初入北京四中时，我的中考成绩在班级里并没有处于领先位置，进入四中的同学都是各个学校的佼佼者，我早有心理准备，因此我在高一时降低姿态，不做领导者，积极向同学们请教好的学习方法，同时，上课认真听讲，认真仔细地学习老师传授的学习方法并付诸实践，如果有不懂的地方积极向老师请教，因而在高一开学不久，我便已经积累到了一些不错的学习方法，这也帮助我在高中的第一次期中考试中取得了年级第159名，班级第2名的好成绩。取得了不错的成绩之后，我再接再厉，加入了班主任杜老师组织的学习小组活动，并担任组长，组织同学们营造积极的学习氛围来帮助自己和同学们持续努力，以收获进步。在下一次月考，我成绩略有退步，但我没有气馁，因为我早就对四中"逆水行舟，不进则退"的学习环境有所耳闻，因此我将这次成绩的退步视作是对自己的警告，从此之后更加努力。我知道四中学生都很有实力，但我认为超越他人也并非不可能，因此我一直将成为班级第一视作我的目标，并为之付出努力。

我在初中并未选考历史和政治，因此这两门的成绩一直位于年级后段，在高一上学期的期末考试，我认真准备这两门考试，同时也不松懈对于其他学科的复习，在期末考试中，我的成绩有所进步，但仍是班级第二。接下来的寒假，我也没有松懈，按照要求认真完成了老师布置的全部任务，并在开学考首次考入年级前100，并且取得了班级第一的好成绩。从此之后，我持续发力，连续多次在班级中取得了第1名，并且在年级中的排名也持续提升，一度进入年级前30。

我认为，高一、高二所取得的成绩并非完全是我努力的功劳，还有我对于努力方向的正确选择。在高一、高二，我不断思考自己考差和考好的原因，认为成绩退步的原因基本都在于努力不足，当我努力时，成绩几乎不会退步，而当我感觉自己近期努力不足时，下一次考试的成绩往往会倒退，因此，我确定我的学习方法暂时够用，只要保证自己的学习时长，便可以稳住成绩。

我在高一、高二便已经在使用做总结、整理错题等学习方法，而且总是优先完成老师布置的任务，不胡乱做题，我认为这便是我能用更少的学习时间取得相较于身边同学更好成绩的诀窍。

到了高三之后，老师布置的任务量和同学们的努力程度都更上一层楼，一天的学习时间就那么多，如何将"好钢用在刀刃上"变成了极为重要的问题。第一，不能自己乱来，不听老师的建议，只是凭着感觉和经验一意孤行往往会落得浪费时间、浪费精力的结果。第二，不能分心。我因为临近高考而感到紧张、有压力，又因为长时间的努力而感到疲惫和松懈，这时我所采取的办法是放空大脑，脑子里不想成绩、不想排名、不想大学，也不想高考后的暑假，这使我目的纯粹，每天只想着认真完成任务、尽可能提升自己的能力，最终成功撑过高三的高强度自习，保证了成绩的稳定。

对于四中学生来说，学习是首要任务，但远不是全部任务。我在四中的收获还有其他技能以及品格方面的。首先，四中培养了我的组织能力，我在班里先后担任了物理专项突破营组长和学习小组组长，多次组织小组活动锻炼了我的组织能力以及和同学之间的沟通、协调能力。为了提高小组成员的参与度和小组活动的趣味性，我不断尝试新的小组活动，如同学编题等，这提升了我的设计能力。为了提高小组成员间的凝聚力，我还设计了几次团建活动，利用假期的闲暇时间组织真人CS、小组聚餐等，有效地拉近了小组成员之间的关系，为后续的共同努力、互帮互助奠定了基础，同时也培养了我的领导能力。在四中，老师一直强调"家国天下的情怀，舍我其谁的担当",校长说,北京四中的目标,是要培养杰出的中国人,因此,在北京四中的三年里我们不只学习,还参加了各种各样丰富多彩的活动。在五四青年节,我们在操场上举行五四灯火晚会,晚会从晚饭后一直持续到晚上八九点钟,所有学生在操场上尽情地释放青春的活力,还有最后的喊楼环节,高一、高二的学生们面向教学楼齐喊"高三加油,四中必胜",体现出四中学生一脉相承的文化底蕴;还有每年9月的运动会,帮助同学们领略强身健体的重要性。可以说,在北京四中的三年,不仅让我在学业上有所进步,还让我在其他方面均收获颇丰。

我对四中的评价、四中对我的价值

从学术角度看,北京四中毫无疑问是西城区排名第一的学校,每年有七八十人考入清华北大。在2023年高考中,北京四中缺少高分学生的弱势也得到了弥补,共有4人考入北京市前20名。除了这些令人骄傲的数字外,作为北京四中的学生,我感触最深的便是老师的能力与责任心。首先,每位老师都很有实力,这里所说的实力并不仅仅是将课本上的知识讲清楚,而是能够让你清楚地了解到整个知识体系,让知识成体系地进入你的脑海中。在高一化学中,元素的价态变化是毫无疑问的重点,但是涉及氮元素、硫元素的价态变化较多,难以背诵记忆,这时我们的化学老师叶老师教我们用数轴的方法,从正到负,从小到大,依次厘清各个价态的主要存在形式及其性质,并了解价态之间的相互转化。在那之后,我对于元素价态有了更为全面的理解,并在氮元素的单元考中获得了100分的好成绩。还有生物老师在高三最后阶段时强调的整体复习,通过某一专题下的某一道题以点带面地回忆整个相关的知识板块,以帮助我们形成高中生物的整体关系网,减少对冷门知识的遗忘。其次,每位老师也都很有责任心,对学生的要求有求必应。在高三下学期最后的自习阶段,任课教师按规定周末可以不到校,休息一天,但出于对学生的关心,很多老师都选择了"5+2""白+黑"的7天工作制,配合同学们一起拼搏,一起度过在学校的最后时光。老师们所负责的不仅是学习方面的事,还有日常生活方面的事,我们的数学老师高老师经常疏导安慰压力比较大的同学，在同学们取得良好成绩之后会第一时间给予鼓励，在我们班级成绩下滑的时候也会苦口婆心地给我们讲持续努力的重要性，以及未来人生中应有的学习态度。她告诉我们不能三天打鱼两天晒网，不能盲目定目标，要贴合实际，还告诉我们要有每天的计划、长期的计划等。

总而言之，北京四中是一个很好的平台，能为学生们同时提供学业上的支持以及课余生活方面的支持，让学生在学业、艺术、体育和品格等方面综合发展。愿北京四中能更创辉煌，也希望学弟学妹们能在北京四中这个平台上走得更远。

班主任点评

5班的学习氛围浓厚，同学之间的互学互助十分到位，这里面绝对少不了金亦扬的功劳。金亦扬在学习上踏实认真，成绩一直名列前茅，是班里的标杆人物。他经常与同学交流学习方面的问题，带领同学们积极开展小组学习，在假期中仍然组织小组的云自习，在学习上为班级起到表率作用。

金亦扬属于踏实稳重的男孩子，即便成绩优异也从不张扬，我也不希望过度的关注带给他压力。因此在一边树立他为班级学习榜样的同时，也适当调节着公开夸奖他的尺度。

四中一直重视培养学生的自主学习能力，希望教会学生做好每天、每阶段的学习规划并自律高效地完成任务。而能实现这一点，无疑需要给学习自主的时间与空间，还有精神上的信任与支持。我对金亦扬就是这样，默默关注他的学习状态和成绩波动，适时地和他谈心，帮他分析自己的成绩变化。在网课期间，因为不能经常和老师、同学们互动，他感觉无法激发自己的思考，课堂效率大不如前。而且因为居家过程中不容易了解其他同学的学习状态，不清楚自己在同学之中的情况，这让他总感觉心慌、不踏实，自信心开始一点点动摇。班主任有时候可能和学生心灵相通吧，我主动询问他那段时间的学习状况，听他的反思，给他一直以来不曾改变的肯定与鼓励。

金亦扬属于比较典型的理科见长、双语较弱的同学，为了能帮助他全面开花，所有的任课教师在疫情期间开展分析会，针对他的学科学习特点逐一分析。我认真记录下每一科老师的评价与建议，再汇总之后与家长深刻地交流。金亦扬的亲子关系和谐，父母重视教育也有很好的教育理念与方法，所以与他的家长沟通，对他的学习有比较明显的促进作用。在一模，金亦扬的排名进到了年级第6，这是他前所未有的进步，正如我和他说的，"我确定你是能突飞猛进的那一个"！

最后的高考，金亦扬通过自己的不懈奋斗，如愿实现了清华梦。他的敦厚品行和对待学习的严谨态度，都是他未来成功的法宝，相信金亦扬必定前程似锦！

家长心语

金亦扬从小是个踏实稳重的孩子，性格不张扬，很少听见他大声吵闹，也从来不做调皮捣蛋的事情。他做事比较认真，很多时候喜欢自己看看书，琢磨琢磨事。小学的时候，他曾经一度很喜欢研究昆虫，所以一有空就想着去捉知了、捉蚂蚱、捉螳螂、养蚂蚁、养蚕，买各种版本的《法布尔昆虫记》去读书解惑。到后来，很多种昆虫他都能如数家珍，这也奠定了他初中、高中选择生物科目的基础，成绩也还不错。

初中开始，金亦扬慢慢在学习上崭露头角，尤其是选科之后，学习的都是他擅长而且喜欢的科目，成绩突飞猛进，初三就一直保持在年级前10名。老师的鼓励、同学的喜欢，更增加了他学习的动力。他认真地完成老师布置的作业，认真地和同学探讨，认真地向老师请教。初中班主任老师说他一直是"稳中有进"，这也和他一贯的踏实认真分不开。

高中如愿考入北京四中，这是他心仪已久的学校。入学后的成绩在160多名，也没有考入实验班，但是这些好像没有对他产生太多影响，也可能我们家长本来也不太在乎，没有给他过多的压力。孩子进入状态很快，和老师、同学熟悉之后，开始研究高中的学习方法，最后总结了他自称的"程咬金三板斧"：认真听课、踏实改错、及时总结。高中三年，他一直不打折扣地实践着这三个方法，成绩依然是"稳中有进"，高二基本上在年级前100名，高三保持在年级前30左右。

当然，金亦扬也有弱科，幸运的是他的弱科只有一门语文。这也可能是大部分男孩子的弱科。金亦扬从小不善言谈，喜欢自己琢磨，但是语文是一个重视理解与表达的科目，怎么解决这个问题？我们和孩子也想了很多办法，买了语文的教辅材料，报了语文的课外班甚至一对一课程，但是效果始终不太明显。后来，学校成立玉兰书院，把双语弱科的同学集中起来，指定相关科目的老师专门指导、答疑。不得不说，孩子的内生动力永远是最重要也是最有效果的。金亦扬的语文兴趣慢慢培养起来了，对一些语文题目的答题技巧也开始摸到门路。首先是基础不能丢分，古诗文背默是和自己下的功夫成正比的，他就采取"蚕食"政策，把所有的高考背默篇目分解到每天背默一点、复习一点，本着"不见其增，日有所长"的原则，坚持到高考结束。阅读理解就按老师的要求进行专项练习，然后总结反思，看看自己哪些答得偏了，哪些答得比较好，类似的题目再举一反三。当然，老大难是作文。作文除了要多读多练之外，似乎没有特别好的方法。这里要非常感谢孩子的语文老师魏荣老师。作为金亦扬在玉兰书院的导师，她每天除了上课，还要额外抽出时间指导孩子写作文、改作文，自己的孩子还很小，却把大部分时间投在了和金亦扬一样高三语文处于弱势的孩子的身上。孩子说他在学校经常去找老师面批作文，而我看到的是不论假期还是晚上，只要孩子给魏老师发作文稿，魏老师就总是不辞辛苦地用电话或语音指导他，一段一段地点评作文，孩子的作文水平确实提高了不少。

十二年的求学路，孩子很辛苦、很努力、很认真、很踏实。得益于他的踏实努力，得益于各位老师的教育培养，得益于很多同学的无私帮助，得益于四中美好和谐的校园文化，金亦扬如愿被清华大学未央书院录取，即将在他喜欢的大学里度过至少四年时光。回首这十二年，孩子在慢慢进步的过程中，始终坚持认认真真做事、踏踏实实做人，也正是踏实认真，才助力他成功。希望金亦扬能在今后的学习和生活中，继续坚持这两个标准，走出属于自己的康庄大道，"长风破浪会有时，直挂云帆济沧海"！

按部就班，脚踏实地

沈函宇　高三（8）班

　　沈函宇，原高三（8）班。先后担任历史、化学课代表。兴趣爱好较为广泛，擅长舞蹈、钢琴，舞蹈 10 级，钢琴 9 级。高考分数 679 分，年级排名第 54。

　　成绩雷达图：

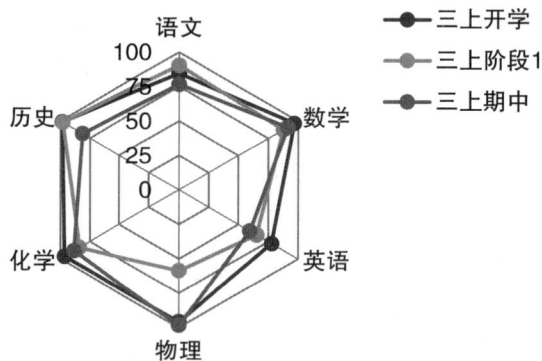

　　最终录取院校：清华大学行健书院。

学习经历

高二的物理学习中，电和磁是一大难点，一段时间内我始终无法突破。有了问题，我很喜欢自己闷着，一直到能够解决为止，但这样无疑花了太多的时间，效率很低。于是我尝试着加入魏老师的答疑计划，每周和朋友相约两个人占领老师一个中午的休息时间，去把每周攒下来的问题细细地问出来，老师从头开始讲起，耐心的讲解和精炼的思路概括，让我的成绩很快有了提升。"老师，您能帮我讲讲这个吗？""没问题。"就是在这样的对话中，我渐渐有了主动发问的勇气，也在两年的坚持中，成绩有了很大提升。不光如此，魏老师经常会让大家主动告诉他我们的问题，他会为每个人定制相关题目，十几道针对性的题目训练，会让我们对这个知识点有更深的认识和理解。老师告诉我，回归书本，也是成绩提升的不二法门。课前预习，大体上掌握老师将要讲解的内容，于是课堂上就能多呼应，课前没明白的点更要有针对性地去听。课后习题和科学漫步等也不能放过，它们很有可能成为材料出现在某道题目中，况且高三后半段也是需要回归书本的，早完成，早进步。

高一化学，我学得确实不错。这得益于叶老师组建了一个化学小组，每周我们必须把所学转化成思维导图。一张张越来越精炼但是内在逻辑越来越强的导图，的的确确促进了我的化学学习。化学在高一和高二，难度有一个超级大的跨越。高一就像是小打小闹，只需要掌握几个元素的相关知识，但是高二，四大平衡和原电池电解池的内容一上，就变得非常艰难，极其考查融会贯通能力。由于升高二的暑假，叶老师让我提前预习这部分内容，所以学起来较为得心应手。但是后半期，加入了有机，它又像是一个新的模块领域，开始考查空间想象平面几何等能力，这个思维转换，我就遇到了一点障碍。同时，它对于大家的细心程度要求很高，分子式少了 H、设问是分子式还是结构简式等，一个一个小坑等着大家往里跳，克服这些非智力因素确实需要不少时间来积累经验。虽然自诩高二上学期无机学得不错，但是在高二下学期很久没有接触无机之后也暴露了问题，开始模拟题训练，无机的难度又上了一个大台阶。班里有个比我还要优秀的朋友,她思考问题总是深入而全面,知识点把握极准。叶老师会以对她的标准来严格要求我,一开始我是极其生气又难过的,每次毫不留情地批评让我有点难堪,而思路的不全面不完整又难以改变。但是一次次的鞭策,让我不得不花大量时间去写题、去钻研,在高三的一次次考试中,取得不小的进步。

除了这两科,其他老师也时时刻刻关注着我、鞭策着我。高一伊始,我有些跟不上 A 班的节奏。苗老师半开玩笑半严肃地说:"一直上不了平均分可不行!多看书,多预习。"好像就这么一句话,让我迷茫的数学学习开了窍。我开始系统地学习数学,预习、听讲、复习、做题。在日复一日的努力之中,我的数学成绩突飞猛进。回想起来,为什么努力呢?是担心成绩,也是不愿意辜负老师的期待。高一的平均成绩是年级第 11,确实出色亮眼。但是高二分科以后,我的成绩变得平庸,好像中考失利的梦魇再次缠上了我,我又变成了不自信的自己。患得患失,想赢怕输。每天都在努力拼命,却又收效甚微,直到糟糕的高二期末结束,直到三方会谈开始。打动我的可能是老师话里话外的关切,他们并不相信期末是我的真实水平,给予脆弱的我一次又一次的肯定。"我相信你没问题,真的。"这种话听上去真的没用,但对我来说意义又是那么重大。就在一次次旁人不信的鼓励中,我真的重新振作,调整心态,开学考重回前 10。高三的时候,因为没有符合数学 A 班的选拔标准,我很意外也很遗憾地退出了 A 班。苗老师、叶老师等都在帮我争取,看到信任我的老师们,我真的非常感谢和感动。可能是周老师开玩笑的那一句"没事,你伤心我不伤心啊,好苗子在我班里",也是李伟老师"丫头,在哪个班都是一样学,是金子都会发光"的一句句肯定,让我重新向前。高三一年更苦,因为大家都在拼搏,所以保住成绩加倍艰难。无论是班主任周老师,还是各科任课老师在一次次答疑时对我的肯定,都成为我不放弃、继续前进的动力。

对于我而言,高中成绩提升的秘诀只有"好好听话"四个字。老师们都经验丰富且教学质量极高,阅历学生无数,自然能够为我们的学习指出明路。踏踏实实跟着老师的教导走,让干什么绝对保质保量完成,我想成绩自然会稳步提升。

对于部分学科，我有一点点学习经验想分享。语文、英语，我认为跟着老师走就没有任何问题，能够保证成绩不拖后腿。语文，默写一定要提早拿下。比如学长助学里，学姐曾经说的，古人"唯"和"惟"经常混用，高中只有四个诗句用了"唯"，大家可以自己动手赶紧找到记牢（答案是"唯见江心秋月白""唯有杜康"和《论语》十二章中的两句话）。不仅如此，名著阅读也是一个需要用功的模块。千万别等着高三临时抱佛脚，把该掌握的掌握清楚，《红楼梦》可以当成小说来读，寒暑假多阅读多记忆，《论语》学习不要浪费一点早读时间，抓紧记忆，积极把握住零散时间。

数学、物理、化学，在课上认真听讲，课下认真作业的基础上，还需要主动往前一点点，可以是学习更多的知识，因为创新的题目越来越多，没准学习到的更深入的知识作为材料出现在题目中，直接助力考试，更重要的是，它会培养更好的学科思维，做到真正俯瞰题目。主动向前，也可以是多做相关习题，说是多做，也不能盲目追求数量，做好每一道额外习题，琢磨命题人意图，在精细分析题目后，我们才能取得进步。相关的练习册我也推荐几本，数学五三，经历了一个寒假高强度刷解析几何和立体几何，后来成绩直线上升，这块水平一直很稳定。物理粉本绿本，好好把握。化学王后雄，做好这一本就完全够了，因为它篇幅确实很长、题很多。

历史学科，我经历了从高二平庸到高三亮眼的突破。首先，五本书，后三本的教材编写是根据专题，每一个模块都有中国古代史、近代史和世界史，学习的时候有些无所适从。高二成绩的下滑，来源于没有好好听话，老师让我把所有的同一阶段各个方面的历史总结起来，这样背诵记忆更加直观，但是我总是觉得高三有老师整理好的校本教材，所以懒得花时间处理。但是题目总是考查某一个阶段的不同方面，所以我考场上会花大量的时间去回忆知识点，耗费时间过长，磕磕绊绊做题，自然成绩平平。听从了学长助学里学姐"见字就背"的秘诀，当然最终我还是挑挑拣拣重点背诵，并没有真的做到一字不差，但是考试顺利了许多。历史题型越来越活，答题模板不必死记硬背，只要根据所学和设问组织答题语言，一定没有问题。

对于考试而言，最重要的是心态。诚然，这个方面我确实做得不够好，也就导致被自己束缚，无法发挥所有的水平。但是它确实是发挥正常的重要保障，也真的希望我的学弟学妹们能努力克服不自信和不踏实，静下心来自信地完成每场考试。年级越高，复习不完的趋势越来越明显。考前千万不能慌张，明确自己的主要漏洞有的放矢，万万不能每次都从头再来，因为绝对没有那个时间。考场中难免会有拿不准的题目，就像高三下半学期物理各区模考，给材料的题目大多知识点超纲，研读半天材料大家还是讨论不出来正确答案，把握重点，懂得取舍，聪明做题。考试后，不要对答案。攒人品的同时，避免自己大喜大悲，影响后续考试流程。

从没进去四中前，我就知道她有丰富的活动。进来一看，果不其然。天下明月白，我们一起在月光下，听着李斯特钢琴曲，看着舞蹈生在月光下伴着古琴翩翩起舞，最终一起祭月；贵州游学，我们徒步22公里，感受一次次突破极限带来的自豪和披靡向前的勇气；五四灯火晚会，在交织绚烂的灯光下我们跟着主持人一起呐喊着"我爱四中""高考必胜"，感受着几届四中人的超强凝聚力……多少老师们费尽心思争取筹划来的活动，让我们增长了见识，拉近了同学之间的距离，培养了意志品质。

四中最让我感动的，是她看中学习也看中素质培养。《澡雪》和《流石》，是北京四中特有的刊物，春夏秋冬一直陪伴着我们。我们这届，三年，一共66本《澡雪》。最后一本是高考前全体语文组送给我们的礼物，《大路之歌》里唱到老师们的希冀"不用相信别人，我们自己就是自己的好运气"。李博老师在最后一课里，希望我们成为善良丰富高贵的人。赵利剑老师在本该嘱咐我们如何高考的最后一课里说了这样一段话，我想我会永远记住："那么当有一天你们不用再学习历史这个学科的时候，这门课上留给你的一点东西还会不会长久地伴随着你，而且还在你的人生道路上对你有一些启示和帮助。如果真是那样，我觉得那是我的成功，也是我能够帮你们做到的最重要的事情……所以，我希望大家在未来都能找到适合自己的生活方式，能够成为最好的自己，葆有最精彩的人生，做一个健康、自由、独立的人。所以，all the best！"不仅成才，四中的每个人，都要成人。我们要带着知识，也带着正确的独立的价值观立身于这个世界里，我们要做拥有家国天下的情怀，舍我其谁的担当的四中人，去拥有充实无悔的人生，去赢人生中的每一场。

在很多学长学姐的朋友圈中，看到了离开四中之后的他们对母校深深的眷恋和热爱。作为最年轻的毕业生，好像还没离开多久，这种不舍和眷恋已经于心中萌生。无论是大气的操场，独具一格的六边形教室，还是漱石亭旁的茂密竹林，抑或是春天里绽放的卫生室前的杏树，都深深地烙印在了我的脑海中。毕业了，正如校门口地面上那块石板写的，"从这里开始，向前看"。我从这里再次扬帆出发，但她永远是我的底气，因为她说"我在。"也真希望有朝一日，我能成为她的骄傲，我对她说"我在"。

BHSF，Beijing High School Four，Best High School Forever！

班主任点评

沈函宇同学如愿进入清华大学，实现了高中三年的梦想。

从成绩分析，沈函宇没有特别的弱势，基本上每一科都保持较高的水准。物理、英语不太稳定，数学往往在最顶尖的边缘徘徊。保证每科都达到自己的最高水平，成为沈函宇的主要目标追求。

沈函宇的最大优势在于她有极强的时间规划能力，我在高一和她交谈的过程中就对此深有体会。比如她会利用坐地铁上下学的时间安排记忆性的任务，会把每天的时间（包括假期）安排得清清楚楚。这保证了她在完成课业的同时，挤出了大量时间进行课下训练。大量的训练和与同学的交流，使得她高一、高二的基础较为夯实，为高三的复习打下了很好的基础。这也是她高三长时间以来一直保持班级前3名，年级前30名的强大法宝。

在我看来，制约沈函宇更进一步（或者说能力全方面发挥）的主要因素在于信念。与高手长时间过招，以及成绩的徘徊（也就是进入最顶尖行列）和补弱成效的非即时性，使得她多次出现信心动摇、患得患失、想赢怕输的表现，总体概括为信念不足。与她的交流，主要在于及时肯定表现优异的地方，及时指出不足并指明方向，减少她的"精神内耗"，使其获得持续而长久的成就感和自我效能感。

山外有山，人外有人。对于高手，在和其他同学交流的过程中，必然会看到其他同学的长处，我们要引导学生正确看待个体能力的差异性，看到自身进取的空间和可能性，取长补短，见贤思齐。

努力成就最美的绽放

谭 詠 高三（9）班

成绩情况：高一、高二年级大体排名 3—15，高考成绩 681 分，年级排名第 47。

成绩雷达图：

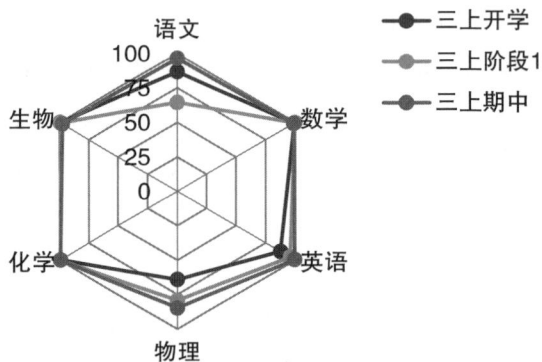

弱势科目：语文。

弱点：不能持久地保持高效努力。

送给学弟学妹的一句话：实力与运气缺一不可，而我们能做的就是把前者先打满。

最终录取院校：北京大学。

我的简介：谭詠，2023届9班，市级三好学生，优秀团员标兵，两次获得947奖学金。参与数学、生物竞赛学习，获北京市生物竞赛一等奖，北方希望之星数学二等奖，外研社杯全国二等奖等。高考选科为物理、化学、生物。

补　弱

语文是我自小学以来的弱势科目，可以说是牢牢地摁着我命运的后脖颈，语文分数好我就稳居年级前10，不好就大概率进不去。进入高三前，我的一二卷基本水平还可以，所以精力更多放在了作文提高上，会用软件背素材和名言来充实论据。然而高三以后祸不单行，一二卷的选择题和简答题也频频扣大分。在老师的讲解下我才认识到这些主观题也有自己的固定题型与答题格式，比如作用题要从内容、主旨、结构、手法、效果、情感等方面分条作答，以保证回答全面。在寒假，我在老师安排的计划之上又简单为自己增加了一些诗歌和散文阅读，做完题及时对着答案判题改错、对比差异，学习答案的表达行文。这样逐渐在做题时培养出了一套完整的答题之道，在没思路时也可以凭着分角度的思想取得保底分。从作文角度参与补弱课，学习破题、全程贴着逻辑论述，减少了审题偏斜的概率，提高了作文平均水平。

顺性而不任性

我的弱点是不能持久地保持高效努力，这大约与我贪玩的脾性相合。我认为这个弱点是符合人成长发展的一般特点的，所以并不要求自己非得做到持续高效。我向来认为不能过度消耗精力，这不利于高三长期的"作战"，玩好休息好才能学好，所以每当学不进去效率降低想要看综艺时，大多会选择歇一歇，满足欲望后再全身心返回复习大业。当然目标感要强烈，无论是为了梦想还是为了挑战极限，只有有对终点线的渴望才能确保放松后能继续干活，而非一蹶不振。

学习方法

我属于乖学生那一拨，从高一就乖乖跟着老师走，让完成的任务都会做，所以基础打得较为扎实，高三一轮的时候也比较轻松。所以方法一——也是我认为最重要的——就是跟着老师走。

方法二是把整理错题本改为套题重做。之前我一直是有写理科错题本的习惯的，但到高三后随着做题做卷子频率迅速升高，发现很难找出时间整理错题，后来的方法就是保留整张卷子，找时间重新过一遍。这种方法缺点在于耗费时间，优点一是省去了处理错题粘贴/抄题的工夫，二是在重过错题的基础上还能检验第一遍做对是运气还是实力。

方法三是尽早确认自己的弱势科目和各个科目中的薄弱知识点，然后为自己制订专属的复习攻略。比如我课下背一些课外英语单词扩充我少得可怜的词汇量，给自己补充一些含有经典题思想的电学大题、生物免疫题。老师是为多数人安排计划的，难免照顾不到每个人的特殊漏洞。这就要求我们发挥主观能动性，掌握自己的复习重点与节奏。

高三波动

高三上来，凭着高一、高二比较扎实的基础和好运气——刚开始复习的内容都是我擅长的——我连着考了两次年级第一，一度给了自己和周围人一种"这孩子可以啊，是不是能期末考个西城前几"的希望。我延续着高三一轮较为轻松的复习习惯，直到疫情把我们的期末考试变成线上，直到考完期末考试出成绩，我才愕然发现自己成绩排名大幅下跌，颇有跌破前50的趋势。这次考试给我的打击或者说震惊颇大，让我寒假大段时间能沉下心好好干事，算是对自己影响较大的节点吧（现在回看自己的高三下学期发展曲线和上学期真的十分相似，一、二模和前两次考试差不多都名列前茅，高考和期末差不多都难以言说）。

收　获

谈到对四中的评价，我想直接关联这篇国旗下演讲的内容——《四中是什么样的》。

从2017年9月走进四中广外的校门到今天，我在四中已经过了整整六年。其间经历了很多次别人听说是四中学生后的惊叹夸赞，也数次被问到抛开网上评论，我自身感受到的北京四中怎么样。是什么样的呢？回顾我在四中的成长历程，在混杂的丰富感受间选出两个：包容全面发展与重视情感连接。

包容多元的四中将关注的目光投在了学习生活的各个方面，每天都有大小活动在开幕与进行。每年雷打不动的9月30日运动会提供体育实践，也贯彻爱祖国的德育教育。我们开展北京高中里罕见的新年舞会，是美的教育，亦是交友良机。有幸参与的红色游学和无缘参与的支教活动，重视的是思想的深化与眼界的扩展，是由经历引发思考后的生命实践。四中提供的德智体美劳全面教育，我想，看重的依旧是培养杰出中国人的全面发展。

高三初期开年级会，马校长赠予我们两句话，其中一句是"要把睡眠当作一种信仰"，我深以为然并为之感动——我们都知道高三生有必须付出的艰辛，而校长提醒我们这身体还要为将来人生做准备，给紧张的高三节奏中学到夜里不敢早点睡的学子打上一剂定心剂。四中一以贯之的全面发展的育人理念避免我成为学习的奴隶或机器，并在一次次活动中用家国天下的情怀塑造着我的人格。

在四中，我们与老师好友逐渐产生深厚的情感连接，这种情感连接时刻温暖激励着我们。高一上来的第一个运动会，我报名跳高的项目，彼时互相还有些陌生的同班同学围在周围为我加油。依稀记得感到受宠若惊又有些压力时，小宋同学带着豪气对我说："是不是第一没关系，已经有名字就很厉害了。"一句话让我卸去许多压力。两年过去，今年运动会我又参与了跳高，围在周围替我加油的还是他们。虽然我每年的排名在退步，但他们始终给我以积极正向的评价与夸赞，告诉我你能行，同时也告诉我失败了也没关系，激励我努力也包容我的不足。

2022年在生物竞赛考试的前段日子，我们生竞小组都感受到比赛将近的压力与知识掌握粗糙带来的焦虑。这段时期，我们的竞赛教练郭老师一方面为我们争取自习课与选修课来学习生物竞赛的时间，另一方面又充分尊重我们的个人安排，不强迫刷完多少题，根据自己的薄弱环节备战。遇到同学因压力崩溃，一个个约着聊天疏导情绪，安抚好心情。郭老师对我们自主学习的信任尊重，在紧张备考时不断给我们提供物质与精神上的能量供应，让我们能够在竞赛学习中葆有动力，并拥有快乐充实的难忘回忆。

在线上考完高三上期末前的一个模拟测试，班主任赵老师迟迟没告诉我年级排名，后来家长去问，赵老师才透露出数字，30多吧，反正不大理想。说完，接着补上一句"孩子不知道就别告诉她了"。直白表达出不想影响到我备考期末的状态。居家学习期间意外收到即将退休的苗老师的指示"居家学习调整好心态，有规律有计划地学习和生活"，感到十分暖心，感到被惦念的温暖。高考出成绩后，叶老师、苗老师都在线上线下安慰我，为我强化高考只是一场考试的认识，让我别太难过，听得我眼泪哗哗流。

老师们给我提供的鼓励与宽容我不胜感激，对我的关怀指导我亦牢记在心，当遇到挫折感到失落想放弃时，这些情感连接便会成为我的动力来源，支持我站起来走下去。

我们与身边老师、同学因相处产生的深厚情感连接已弥足珍贵，而四中更为阔大的情感连接则令我深深震撼向往——之前好友出去参加夏令营，自我介绍时得知有一位学姐，两人在夏令营中迅速成为很好的朋友，后来虽然各自回到所在的省份上学一直没有再见的机会，但友谊通过互联网得到延续。四中人遍布世界各地五湖四海，我们进入一所大学，走进一家公司，或是只身前往更远的远方，总能因四中人的身份找到组织，找到另一个家。那些素未谋面或是初次相见的陌生人，会因为同为四中人相互信任，相互依赖，这份情感连接来源于四中精神对代代学子的滋养，根植在每个四中人心中，是我们无形的人际财富。时至今日，四中精神已然赓续了115周年。未来的日子，我辈四中人定当手拉手肩并肩，努力前行。

四中是什么样的呢？这个问题我难以一言以蔽之。除去教会我知识，四中还给予了我广阔的发展平台与丰富的进步机会，让我成为更好的自己。我珍惜这里的时光。

我很感激四中在我三观完善的成人阶段给予我阔大的视野和多元全面的思维，这是比硬知识技能更珍贵的收获。

家长心语

时光荏苒，女儿高中毕业了，我将这几年的亲子时光做了一个梳理。

尊重

孩子从小有主意，作为父母的我们一直有一个默契：以孩子为行为主体，且在孩子能力范围内的事情，都由她做主。不过在高中刚开始的时候，我们就遇到了一个不小的"挑战"。

按照中考分数，女儿可以上特色班，但是她思虑再三提出要选平行班。我们开了两次家庭会议，决定支持她，我们认为：①孩子的分析有道理；②心甘情愿地学习效果更好；③她可以也应该为自己的人生负责。

虽然由于其他原因，孩子最终还是去了特色班，但这件事对她的影响比较大。她看到了父母对她的信任和尊重，也回报给了父母更大的信任和尊重。后来分班选科和大学专业的预选，她都主动来征求我们的意见。我们提出了建议，并让她考虑老师的意见，但最终还是要"听取自己内心的声音"。她在高二时，基本明确了大学和专业的目标。

陪伴

像大多数二胎家庭一样，我把更多的时间用于照料幼子。女儿高中有晚自习，常常早出晚归，我们母女见面的时间不多。

即便如此，每周末我都会主动去找她。如果她没空或没兴致，就简单聊几句，反之则享受一段专属于我们的"嗨聊"。她讲老师的口头禅，讲同学间的绯闻，讲学生给老师"投喂"食物，讲校园的花花草草，还有运动会、舞会……

女儿最喜欢让我从照片上认识她的同学，然后不定期考我。这几年赶上新冠疫情，家长们没能组织活动，学校的活动也被压缩。我很少见到女儿的同学，但是通过照片，能对应上绝大部分女生和少数男生。

这些闲聊，让我感觉到女儿对同学和老师的喜爱和敬佩，以及她强烈的归属感和集体荣誉感。

当她不那么忙的时候，我会要求她陪弟弟玩，或者做做家务。她有时候会主动来找父母，和我们东拉西扯，或者玩一些诸如扑克牌之类的游戏。我们都很享受这样的时光。

没有压力的陪伴和互动，在我看来其实是给孩子"充电"。她感受到父母对她的关心和爱，内心更充盈。

接纳

女儿高一时叛逆期还在继续，不太好相处。我们说什么都不合她的意，甚至只要靠近她，她就做出防御的姿态。我们尽量不"招惹"她。有时候觉得需要干预，就用戏谑的方式表达不满，如"这是谁家的闺女，怼人都那么可爱"，她一般及时收口。孩子爸爸为了拉近跟女儿的距离，有意识地去看她正在看的综艺节目或电视剧，学唱她喜欢的歌曲，寻找跟孩子的共同话题。

跟小学和初中相似，女儿的学习逐年向好。随着排名的上升，她的压力也渐增。偶尔考砸了，她说一些跟自己赌气的话，我安静地听。看她情绪低落，开玩笑："这个分数也是你辛苦考来的，不要歧视它。"

孩子从来不用担心自己会因为分数或排名被父母责备，也不用担心自己的负面情绪释放出来会"引爆"父母，她知道我们会"托"住她，接纳她，对此她很安心。

随着孩子的成长，我发现生命自有其蓬勃向上的力量。除了家庭教育和学校教育的影响，孩子自己有对生活的观察和领悟。

在陪伴女儿的过程中，我从她身上学到了不少东西，比如看待问题的角度，思考和表达的方式，她的真诚、机敏、善良和坚韧等。

于我而言，输出也成了最好的输入。

勇于挑战，突破限度

张毓峰　高三（9）班

　　成绩情况：高一、高二年级大体排名30—50，高考成绩680分，年级排名第51。

　　成绩雷达图：

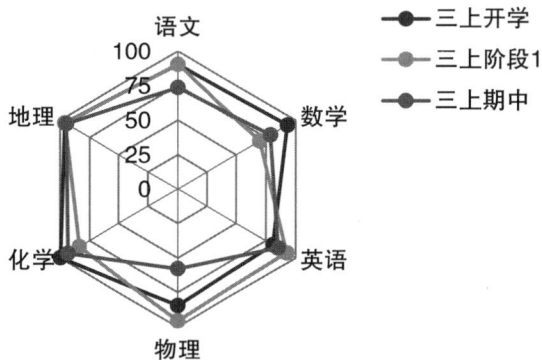

　　弱势科目：语文。

　　送给学弟学妹的一句话："我欲仁，斯仁至矣。"你的未来的蓝图就在你手上，如何刻画它全部取决于你，坚信你的潜能是无穷的。

　　最终录取院校：北大环科（强基）。

我的简介：我曾多次获得三好学生、优秀班干部、优秀团员、五四奖章等荣誉，获得北京四中947奖学金。体育方面，我擅长踢足球并在班级足球联赛中获得射手榜第二名。文艺方面，我参与了"戏如人生"活动，并主演了班级话剧《2202》。我还擅长欧体软笔书法，曾写过张载的"横渠四句"，并以之为立身原则。

我的经验

1. 弱科突破——以语文为例

高三的难点在于突破弱科，它考验的是你的意志品质。突破弱科的过程实质上是扩大舒适圈的过程，必然要经历难受、煎熬与疲惫，此时你最想逃避。悠游浸渍在舒适圈内固然舒服，但你得不到进步，因为无痛就无法深刻。一个昂扬向上的、积极拼搏的高三状态就是时时敢于将自己暴露在"毒圈"中，不断提高韧性，直至你已浑然不觉，应对自如，这时它便成为你新的舒适范围——你的强科。

突破弱科首先要找到弱科。通过高一、高二的考试及自身感受，我发现语文是一个大问题，它不像理科，能通过刷题快速见效；它是个慢功夫，重在积累，可能短期内波动大，甚至越学分越低，这都是正常现象。但我深知如果我想成为一个顶尖高手，就必须敢于面对并突破语文，因为它决定了我的上限。

具体方法是，要给够学习弱科的时间。反思我的语文，由于作业大多是软性的或选做的，我时常把它放在最后，甚至不去做。于是我在高二升高三的那个暑假做出了调整，将语文作业放在每天的首位或前几位完成，防止作业过多时挤占弱科时间。重要的是，要给它留出持续的一段时间，零散时间的拼凑会消解思维，无法得到提升，如写作文要计时在完整一段时间内完成。于是暑假里语文就像是背景板，其他科目点缀其上，颇有成效。

其次，勤于动笔总结积累本或改错本。我的作文总是空洞乏味，我的

《红楼梦》题总是不知从何下笔。自那个暑假开始，我便从《澡雪》、阅读题、《新闻联播》、《三联生活周刊》等着手积累作文的事实与道理论据，总结红楼人物、事件及事件间关系，并尝试在具体试题中应用我的总结。

然后是具体应试策略。具备知识与考取高分间仍有屏障，比如积累了如此多的作文素材后发现，实际考试中根本没有时间供你思考，能做完语文试卷就是一大胜利，更别提做好了。于是根据语文的各题型先规划好理想的完成时间，争取给作文留够 40 分钟。题型策略总结、答题框架完善也是通过平常试题总结形成的，这有助于精准、全面、快速作答。

研究试卷各类题型是必做过程、提分法宝。

（1）最应该准备的是背诵默写。这个模块有一个清晰的考查范围，已经基本上算是"透题"了。它更多考查的是你的学习态度，认真全面地背了，并且逐字订正了，那么考试一定能拿分；若不认真，哪怕只错一个字也是零分。而且背默最好在高二升高三的暑假就完全拿下，因为这是一个较长的自习时间段，高三紧张的课业很难再挤出时间给需大量持续时间"磨"才能掌握的背默。而且开学后的背默练习直接上理解性默写或原文填空，如果没背，这段时间将直接浪费掉，更会打乱整个高三的复习节奏。

（2）文言文是紧承着背默来的，因为背默全部是文言文体的段落或诗歌。因此在复习背默段落时，不能死记硬背，要贯通文意，掌握关键实虚词用法与特殊句式，这不仅为背诵提供便利，而且为以后做课外文言文奠定基本功。这对做文言文题很重要，因为课外文言文考的就是"你到底有没有读懂"。

（3）诗歌是我认为语文最难的一个模块，因为诗是一种艺术化表达，有些句法不同于一般文言文体，有些意象会根据诗歌语境变化而变化，有些典故常识也是特有的。常会出现完全没读懂或诗意理解偏离很大的情况。我们必须要读的是诗题、注释以及选择题注释，它们能帮我们了解诗歌的背景及诗意的暗示。诗歌的题目不能做得死板，练到后期可能会出现"过度解读"情况，比如一首诗可能只是单纯描写景物，却生硬地添加主观臆断式的作者情感。

（4）名著阅读的准备类似背默，也是提前预知的，即《红楼梦》或

《论语》。我经常见到一个怪现象，有人抱怨关于《红楼梦》的题不会答，去四处找资料，却不肯读一读原著。名著阅读考的也是你到底看没看过原著，粗略地过一遍亦不可，至少精读两三遍方能有头绪。而后再去找一些名家评述，如王昆仑的《红楼梦人物论》、钱穆的《论语新解》，帮助你打开思路，构建体系。一切的一切都基于对原著的掌握。另外，对于《红楼梦》，推荐自己总结各人物的出身背景、相关事件及对应体现的性格特点，或以大事件为点串联前后文段，宏观看布局匠心。对于《论语》，推荐专题阅读，比如总结孔子对于"仁"这个概念都有哪些解释，或基于"为政"提出过哪些观点。名著有 10 分以上，实在不容小觑。它也是假期里需要长时间攻克才能有质的飞跃的。

（5）阅读题是语文试卷里极为重要的一部分，包括多文本阅读、文言文阅读、诗歌阅读及现代文阅读，而它们有一个共同的策略，即"分层概括"。经常地，标准答案即对文本的分层，一层即一点，就算是短小的诗歌，内部也有其篇章逻辑。分层概括与分条作答体现了你思考问题的基本逻辑。多文本一般可用刷题来提高速度，现代文要完善各题型答题框架（注意不是答题套路）。分层时要注意作者本身使用的连接词，圈画各层内体现作者观点、情感的重点词句。

（6）语言基础运用题是较简单的一道，通过认真自学一遍，再加总复习指导便能掌握常考的字词、成语、病句、语言衔接、标点运用等知识。

（7）作文，不论是大作文还是小作文，都要先定考场上要写的一类，比如我的小作文只写议论和说明类，大作文只写议论类，这样在平时训练中便能着重而深刻地关注，避免摇摆不定，这种纠结时间在考场上是不允许的。记叙、抒情类文章特点是不稳定，易极高也可能极低，而议论类则较稳定，想得高分比较难，除非思维很深刻，行文语言漂亮，而且结构清晰。所以在平时要多读一些文章、书籍、报刊评论等。当代中学生缺乏的是"常识"，对一些时政或历史没有基本认识，或有的思想偏激、认识肤浅，这些都可以通过阅读与积累得到弥补和提升。

最后有一个终极策略，这适应于全学科，就是尝试提起兴趣，提高内驱力。热爱是内驱力的不竭源泉。对于语文，之前我的认识是"套路深"的无聊学科，总想投机走捷径，因此很长一段时间内我对老师的软性作业加以放手，认为对成绩没帮助。后来我发现从各种文章中学到别样而深刻的思维令我兴奋，从阅览人物总结素材的过程中拓展了我的认知范围，从作文的表达中感受到自由驰骋与挥毫书写的力量，这些都让我逐渐爱上了语文，想持续地学习语文，于是学好它、考高分自然是水到渠成的事情了。

"人类本身也有自己的限度，但是当人们一再把手伸到限度之外，这个限度就一天一天地扩大了。人类在与限度的斗争中成长。他们把飞船送上太空，他们也用简陋的渔具在加勒比海捕捉巨大的马林鱼。这些事情是同样伟大的。做这样不可思议的事情的人都是英雄。而那些永远不肯或不能越出自己限度的人是平庸的人。"对生命边界的摸索是人的伟大之处，正是人类能不断进步的原因。让我们放小视角到高三，高三的突破弱科本身就是一种自我挑战与潜能挖掘的过程，一种扩大限度的过程。你的限度就清晰地摆在那里，而你的笔也正亲手握在这里，试炼与闯荡的权利属于你。去突破吧！以此充实你的生命，感受前所未有的成长。

2. 基本学习方法

很多学弟学妹向我问起有何特殊的学习方法，我想来想去确乎没有所谓的奇招怪式；若有，学习岂不就成了极其简单的套公式了吗？走捷径是人的天性使然，但只可惜翻越学习这座大山自古只有一条路，那就是实干。如果你完全不知道从何做起，跟着老师的安排走总不会偏，按部就班地高质量完成任务是高三的基本学法，发现问题与解决问题就是高三的基本任务。在此基础上，根据自己的实际情况额外地做些工作以弥补弱科就是最好的状态。千万不要自搞一套，有先例证明这样做后果很严重，任何按自己想法的调整在实施之前都要找相应任课老师询问意见。

3. 心路历程

心态调整的终极策略就是没有心态。何谓没有心态？举个例子，在高考前一周的自习期间，我去找叶老师答疑，老师问我最近状态怎么样，有没有心理的波动？我当时就蒙了，努力回忆着这两周，我无时不在完成老师的规划，自主进行着弱科的突破与强科的稳定、文科的积累与理科的刷题。于是我这样回答："我沉浸在学习中，无暇顾及我的心态变化。"我也是有感情的肉体，也有过心理的波动，但在学习中可以冲淡那些或许本就无足轻重的、本质上是自我设置的所谓"波动"。按部就班，一板一眼，专时专用，平和稳定，不骄不躁，用实干使自己充实起来，便没有闲暇照顾心态。实在崩了不要逃避，找同学或老师聊聊是最好的疏通渠道。此外，要始终相信自己。

我的心路历程一直比较稳定，但感到从高三期中之后排名一直在缓慢地走下坡路，努力得不到回报，甚至在倒退，这是最令我难以接受的。最低谷的时期是高三下学期零模出成绩那周，综合排名跌到了前所未有的程度，全科崩盘。语文考出了有史以来的最差成绩，我找语文老师去答疑，老师却说："你没问题。"我当时感到极其迷茫无措，可我又能怎么办呢？难道怨天尤人，泣下沾襟，自暴自弃，直接摆烂？与其浪费贵如金的时光去宣泄情绪，还不如每天按部就班，尽自己的最大努力完成任务，充实自己，因为我坚信滴水终可穿石。一周之后的一模成绩就很可观了，我自信地和自己说："老师说得对，你确实没问题！"

在这里我还想分享一段杨绛写的文字，与诸君共勉。"每个人都会有一段异常艰难的时光，生活的压力，工作的失意，学业的压力，爱的惶惶不可终日，挺过来的，人生就会豁然开朗，挺不过来的，时间也会教会你怎么与它们握手言和，所以你不必害怕的。日升日落，总有黎明。"

4.问卷回答

以学长助学为一个契机，我向学弟学妹们征集了调查问卷，通过 Q&A 的形式或许能更清晰地呈现，这里可能也有你感兴趣的问题。

（1）Q：怎样让自己静心、净心？

A：把这个问题放在首位是因为它问及了高三的状态——纯粹——一年只纯粹地做好一件事，心无杂念。纯粹的高三生活是发现问题与解决问题的过程，按部就班地完成任务的过程是净心除杂念的过程，完成之后的充实感带来的就是静心的效果。

（2）Q：成绩受自己考场状态和题目的影响太大怎么办？能在多大程度上保持稳定？

A：受状态与题目影响大本质上还是没有把相应的知识点弄透，对知识点的边缘及延伸部分没有全面覆盖。另外，也有考场习惯的问题，如计算的跳步、眼高手低的审题都会给成绩增加不确定性与不稳定性。

（3）Q：高三如何能有持续的学习动力，避免到后期越学越累，学不下去？

A：谈到动力，我认为最好的学习动力是内驱力。外部力量的特点总是受迫的、不稳定的、不实的、只在短期有效的。内驱力则能发挥自我主观能动性。提高内驱力的最好方法是尝试对所学提起兴趣，比如做地理题，如果你能认为这是一种探索未知区域的过程、拓展视野的过程，或许做起来感觉就完全不一样。你就会切实地想"这件事到底是什么？需要什么？""这个区域的最大特色是什么？"而对这些问题的探究又恰是题目的高分关键，你想学不好都难。如果实在找不到动力，就跟着老师走，不会误入歧途。

（4）Q：高三一般睡多久？通常要学到什么时候？

A：这都是因人而异的。各人体质不同，对睡眠需求量不同，达到自己的充足睡眠状态（8小时最好，22：30睡，6：30起）对学习是很重要的，否则将进入恶性循环。课堂打瞌睡吸收不好，做作业便会困难，做得慢，就会拖到很晚，继续压缩睡眠。高三是一个紧锣密鼓、环环相扣的紧张节奏，一个模块没跟上，剩下的都会受到影响。

（5）Q：假期该如何安排？

A：我想郑重地向学弟学妹强调自主学习的重要性，可以说，任何的提高都发生在自习阶段。没有自习的复盘，课上的东西将会迅速湮灭；复盘却懒得动笔，现实和想象的差异将会在考试中显现。而假期则是最长的一段自习时间，在这期间，高质量完成老师安排的任务是前提，在此基础上是着重突破弱科，为后续的一轮复习奠基。假期是文科积累的最佳时期，语文素材与背默、英语单词与短语等都可以在此形成完整的体系。此外，练字、学习方法的调整、错题的整理全都是假期能干的事情。在假期里，你想有事干，总是停不住的。抓住这个好时期吧！

（6）Q：高三的学习究竟可不可怕？是不是会很累？还是有可能轻松驾驭？

A：这取决于你对待高三的态度以及前期的积累状况。如果你想实现上述突破限度、扩大舒适圈的蜕变，当然会累；如果想划水，那也是自己的选择。如果你高一、高二的积累过硬的话，一轮复习就会轻松很多；高二升高三的暑假是迈入高三关键的台阶，走好这步至关重要。

（7）Q：有没有逆袭的例子？高三真的能大幅度地提分提排名吗？

A：逆袭的例子一抓一大把，你不需要用这样的例子作为外在动力。就算没有，你也可以去创造。高三当然能大幅度地提分提排名。其实200名与150名、100名看似名次差异大，实则只需要你专注审题，减少低级失误，基础题争取不错，难题能拿的分都能按部就班地拿到。你要坚信你的潜能是无穷的。

（8）Q：高三是否会有周末或假期补课的情况，补课是否必要？

A：四中从不补课，最多在假期末尾提前几天安排自愿到校自习。我自身也从未去外面补过课，我认为课外班是使思维懒惰的帮凶，把学校老师给的资料全部做到弄透弄懂就已经极其充实、不易了。最重要的是补课这件事极大减少了上述（5）所论述的极其重要的自习时间。有很多家长有这个误区：谁上的课越多谁就收获越多。实际上是自欺欺人。

（9）Q：如何在密集的考试中找到自己的节奏，不断调整，以最好的状态面对高考？

A：到了高三第一件要适应的事情就是频繁的考试。小考试是不断试错、不断调整的机会，大考则是检验学习方法和效果的机会。要清醒地认识到，高考前的任何一次考试都是一次铺垫，起伏与波动很正常，错题是进步的必经过程，不要因为一次考试就灰心。

（10）Q：高三一定要放弃一切爱好，全力冲刺吗？如果不是，如何安排学习与兴趣的关系？

A：学习与兴趣间形成相辅相成、相得益彰的关系是最好的。比如，你在极其低谷、前路迷茫、踌躇不进时，倘若能用你的爱好进行适当的疏解，以最好的状态迎接新的一天备战当然是极好的。但倘若兴趣与学习时间冲突极大，建议可以暂时放一放兴趣，毕竟高三只有一年，而兴趣可以去追随一辈子。

（11）Q：必须要有强烈的目标感吗？

A：有也好，没有也罢。若有，而且能作为你的前进动力之一何尝不是一件好事；若没有，脚踏实地，切问近思，专注当下，也是很好的一种纯粹状态，未来是水到渠成的事。

（12）Q：和家长沟通不顺畅如何解决？解决不了如何避免？

A：实际上高三每天在学校与老师和同学沟通的时间最长，但有时候家长表现出的焦虑比自己更强。没有一个家长存心妨碍自己孩子的高考，他们也会想方设法照顾你的情绪，为高考备战让路，只是有时方法不当，你能理解他们关心你的初衷就会好接受很多、好沟通很多。

（13）Q：大学和专业如何选择？如果现在还没有理想的大学或者专业怎么办？

A：对专业的选择会随人的认知发展而不断变化，一年内变化很大也是正常的，暂时没有确切目标也不用焦虑，反而代表了你的谨慎以及对自己选择的负责。北大老师在做选专业讲座时说，一个好的专业不是世俗认可的专业，而是自我认可的，它的特点是自身既有兴趣，又适合。没人能替你找到答案，除了你自己。你可以继续摸索，但高三还是以纯粹的学习为中心，对专业不用太过纠结。

5. 在四中的收获

三年光阴，历历在目，永刻心扉。

初识四中，总感觉这里制度森严，高手云集，言笑不苟，"压力山大"。待真正融入四中的日常生活后才发现，它是多么的包容与多元。

课堂上，一方面，老师的教学水平之纯熟让每节课极其充实，上完后总会有如人类刚刚探索迈进全新领域般的激动感，意犹未尽，欲罢不能。另一方面，同学们也是极其活跃的，思维的碰撞相当激烈，因同学思维的发散与深刻，一节课的时间能获得五节课的收获。四中的语文课是别样的精彩，颠覆了我对语文学习的认知，让每位同学都具备"爱国关天下"的人文素养。体育课之丰富是四中的传统，哪怕到高三也仍然保持着一周五节体育课，真正做到了"文明其精神，野蛮其体魄"。

这里是含蓄的四中。老师教导我们"要以极低的姿态兼收并蓄"，任何别人提出的问题都要细致审视与思考，做到"有则改之，无则加勉"。不仅在学习上，更在平日待人接物时，杜绝眼高手低、狂放自大，这种人格的濡养将让我受益终生。这些绝非刷题能得来的。

这里也是热血的四中。每次年级会上总会有保留节目，全体起立喊口号："敢想敢拼，敢战敢赢。相信自己，相信老师，做到极致！"一字一句都掷地有声、热血偾张。这里不是一个人在奋斗，身边的同学与老师全部是这样的攀登姿态和昂扬斗志。这样的四中，虽百年亦青春。

回首三载，我很少经历没有动力或陷入彷徨的时刻，因为四中是片沃土膏壤，我的根须已深深地埋在这里，汲取着我成长路上所需的一切——理性的力量与温暖的感情。我们真正成了共同体，彼此扶持而非竞争，彼此依赖而非猜忌。绿茵场上我们奔驰，漱石亭下我们放歌。我想永久地住在这里，哪怕成为一石一木、一尾鱼、一张桌，因为在这里，青春、进步、创新、博爱就是代名词。

写到这里，我已忍不住向世界呼告：四中是北京，甚至是全国最好的高中之一。这点不仅是高考成绩与成才数量明确显现的客观事实，也是我在这里求学的切身体会。它不是军训式的刷题训练，它已远远地高于高考，以"培养杰出的中国人"为目标，以"勤奋、严谨、民主、开拓"为校训，使学生能够全面发展。"锤炼""铸魂"——这正是我在四中经历的一切。磨砺自我，继而淬出新魂。我只想对四中说：感谢，感激，感恩！

家长心语

陪伴

陪伴贯穿孩子成长的整个过程，不论是婴幼儿阶段，还是小学及初高中阶段，陪伴都是最重要的，最有效的，最温馨的，最治愈的。婴幼儿阶段家长的陪伴尤为重要，会让孩子获得更多的情感需求和安全感；小学阶段家长的陪伴会培养孩子的好习惯及做事的韧性。印象最深的是孩子自小学三年级开始学书法，每周都要去奥体公园新奥购物中心上课，从通州到北四环外，一上就是三年，中间孩子也有过放弃的想法，但因为家长的陪伴，最终还是坚持了下来。到了高中阶段，毓峰开始住校，到周末才能回家，家长能做得很少，更多的是照顾好生活，适当的交流，其他方面则是适时放手。三年的高中生活，正常的假期，毓峰几乎都回家，哪怕是遇到下雨下雪的天气，也没阻挡他回家的脚步。家的温馨是他力量的源泉。

信任

信任是相互的，但家长与孩子之间，最该做的是家长首先给予孩子足够的信任，然后才能获得孩子的信任，这个逻辑很重要，而不是相反。记得初中升高中时，学校和老师都希望他留本校，但毓峰坚持要上四中，最终我们妥协了，选择信任他，高考的结果也证明他的选择是对的。

理解和支持

高中了，孩子一天天长大，思想也一天天独立，虽然有很多想法跟家长还是有很大的出入，但作为家长还是要多多理解，并给予足够的支持，因为他终要长大，终要独立。关于高考志愿填报，我们家长希望他选个好专业，将来有个好的就业机会，但毓峰对北大情有独钟，最终还是上了北大的强基。未来的路还很长，还要他去开拓。他已是成年人了，他的未来他做主，他的选择他承担。

作为家长，对孩子唯有祝福！祝他身心康健，一路披荆斩棘，到达他理想的彼岸！！！

平心态，懂取舍

于川皓　高三（10）班

成绩情况：高一年级大体排名第110，高二年级大体排名第70，高考成绩688分，年级排名第23。

成绩雷达图：

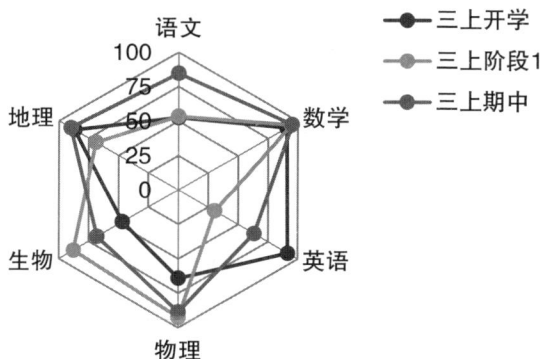

弱势科目：语文。

弱点：懒惰。

送给学弟学妹的一句话：要踏实。

最终录取院校：清华大学计算机科学与技术系。

我的简介：我是北京四中2023届10班于川皓，喜欢理科，各种球类运动和音乐。

我的经验

我的弱势科目是如何突破的

我的语文水平一直都是年级中游及以下的水平，偶尔有过超常发挥，但并没能找到关键点并保持。所以我高三在语文上投入了更多的时间。作文方面，我通常是35分、37分的水平，有时是立意跑偏，有时是开头尚可，但越写思路越乱。于是我开始找老师答疑。老师会告诉我这篇作文的不足之处，并进行一些立意和分论点的引导。这之后我会读一遍年级范文，学习他人好的立意、观点、论据，将我可能用得到的事例整理在一个 Word 文档里，没事就看一遍，加强印象。然后我会修改我的作文，保留在"正道"上的部分，对其他部分进行修改。改作文并不需要全篇原创，他人的段落亦可直接拿来使用，只是用完后要反思别人的逻辑展开是怎样进行的，整段的结构如何，等等。前面的阅读等方面其实套路化较强，我的突破关键就在于多做题，多总结技巧。这就要求熟练掌握各种修辞手法的效果，作用题的回答模板、赏析题的回答模板……要踏实做题，不怕做错。就算完全没有头绪，也可以看答案，学习一下答案是如何回答的，毕竟题多得是，不怕这一套没练习到。

我认为弱科能突破的一个必要条件就是课上跟着老师走。上课对自己的要求不能仅仅停留在听，而是要紧跟老师讲题思路，多回答问题，也要及时提出听课时的疑惑，同时记录老师的板书和口述的重点内容以便之后复习。

我的弱点是如何突破的

"家中诱惑太多，总是想着躺一会儿，玩玩手机，吃点什么，完全学不进去"，我相信这是大多数人的状态，我也一样。因此，我在高三多选择在学校自习，比如高三的寒假、周末……在学校尤其是图书馆里，总会有优秀的同学孜孜不倦，专心于自己的任务。沉浸在这种浓厚的学习氛围中，我就会更加投入，不那么想偷懒了。

此外，自己懒惰的时候也有可能是疲惫到无法专注了，这时候需要放下笔，去户外散散步，重新唤醒自己的大脑。拼命地学不一定效率最高，劳逸结合才是王道。重新回归的你面对曾经懈怠的任务会更加积极，不再懒惰。

我的学习方法

有关语文背默：为了方便复习背默篇目，我在高三的寒假将5本语文书上背默的页面扫描打印并装订成册。这样做相对于在网上查找资料的好处十分明显。首先，高考背默的唯一基准就是课本，这样做可以确保不会背错。其次，背默时要想记得牢，一定要注重理解内容，而不是死记硬背。书上的注释十分全面，再加上自己上课时记的笔记，可以帮助你在高三快速抓起高一学习的篇目。最后，我会在这本册子上做标记，比如通假字是红圈，复杂的字是三角，错过的字句随练习随整理，用荧光笔标出，常考的观点句用波浪线……希望大家尽早整理出一本适合自己在短时间内复习要点的背默宝典。

有关资料整理：我从高三开始将资料按6科分类，每科细分为讲义、大考试卷、练习卷……由于高一、高二做的卷子涉及的知识抑或是题型与高考略有不同，因此不是重点。分科整理之后，按科复习的效率会大幅提升，方便你按顺序回顾每次大考的不足之处，或者方便你按照一定顺序跟着学案捋一遍知识点。

有关考试回顾总结：在这一方面我做得并不是很系统化，也不怎么用错题本，我更喜欢在卷子上原地改错并进行错因与技巧总结。这项工作我通常在上课讲解的时候做，我听说有的人会在课下再总结到错题本上，但我不喜欢将一件事重复做。所以在每次大考前复习的时候，我就会从资料袋里拿出近期的卷子，通览一遍错题和做时有卡顿但做出来的题，加深印象。

对于考试中错过的以及拿不准的题，不仅要多看，也要重做。例如数学的导数题，我有时能做出来只是灵光乍现，再看就又不会了。这时候就需要在听过老师的思路之后重做一遍，体会方法的选择与技巧的运用。当然，第一次没做出来的题更需要再做一遍，探寻自己卡在哪里了，下次如何改进。

考试时难免会犯低级错误，或者是基础知识出了漏洞，因此我总结了一个"考前提醒本"，用于在考试前提示自己之前在能力范围之内的扣分原因。比如验证法向量、验证三角函数化简、共轭复数、地理常识……可以有效避免错误再犯。

有关答疑：要多找老师答疑，但不建议因为答疑打乱自己的时间安排，自主反思总结的时间是很重要的！答疑的内容，可以是近期的薄弱知识点，可以是批改作文，可以是与老师分享新的想法，也可以是单纯找老师聊聊天，寻求一些鼓励。在与老师的答疑中，你可以得到量身定制的指导，找到适合自己的学习节奏，你也能和老师就某一话题进行激烈讨论，碰撞出思维的火花……当然，答疑过后也不要忘记就相关内容进行整理，把老师所说的重点记录下来。

对自己有影响的重要节点和事件

高考前的第 14 天学校开始了自主复习阶段，但我只上了一天自习后就感染了新冠病毒，被迫在家学习。居家的一周日子里，我本想着顶着高烧也可以复习，跟上老师安排的自主复习进度。可是，我错了。发烧和恢复的时期我完全无法专注，足足 5 天没有复习任何内容。在紧接的三模中我也无法正常发挥，错误频出。这几天的时间，我痛苦、紧张、焦虑，但我成功地用一个技巧让我的心态重归平和，那就是"接纳每一种情绪"。如今很多人陷入"情绪危机"的原因就是将情绪二元化，即非好即坏：开心就是好，要尽可能多；焦虑就是不好，要极力避免。相反，我倡导情绪的一元化，所有情绪都是重要的。要积极面对、拥抱复习时出现的负面情绪，究其根本而不是一味逃避。如此之后，你可能会意识到自己有所不足，但同样也知道如何改进，进而获得内心的平静，远离内耗。例如，焦虑是有目标但仍缺少努力的表现，紧张是复习欠全面的表现……通过这个方法，我以积极平和的心态重回学校踏实自习，完成了最后几天的复习内容。

在这最后几天，我不光在"平心态"，还悟到了"懂取舍"的力量。由于自主复习阶段各科的任务都有以天计的安排，几天没干活意味着任务的严重堆积。回学校后，我发现无论如何努力，即使一天学 16 个小时，也无法完成所有任务，因此我找到了各科老师倾诉自己的苦衷，任课老师也都针对我的学习情况和考试大方向对任务进行了删减，告诉我什么是必做的，什么放一放也无所谓。最后几天我完成的任务并不多，每天的时间安排也较为轻松，但我完成的内容都是精华，都是针对我的弱点有所提升的。我不浪费时间去重复做已经掌握的简单题，大大提升了学习效率，日见进益。这次事件教会我懂得取舍，有舍才有得。在自己时间不充裕时，不妨从对自己提升高低的角度将事件排序并有所选择（绝不是从自己喜爱程度的角度）。如果今天作业很多，可以试着不写自己较为擅长的学科，避免拉长战线，保障正常的作息（该技巧因人而异，谨慎使用）。同时要记得，舍弃的就不再去想，我曾也想过"我没写的作业别人都写了，我会被别人落下一截"，事实上这一天的作业绝对不会对高考起决定性作用，不写又能如何？而且高考复习重在自我提升，要多和昨天的自己比较。

在四中的收获

四中是一个大家庭。我有一群可以疯闹又可以讨论问题的同学们，有悉心负责班级工作、时不时找我谈心的班主任李伟老师，有随时可以去答疑还附赠温馨聊天的各科任课老师……在这个温暖的大家庭中，我哭过，笑过，受到过批评，也被激励与认可包围，不可否认，我爱这个大家庭。

四中是表现自我的舞台。四中的文体活动堪比百家争鸣，一定要多去参加，投入其中，享受自己闪闪发光的青春。这三年里，我站上了不同的舞台。我参加了四中金帆合唱团，随团前往南京，与志同道合的同学们共同在紫金合唱节倾情歌唱。班里筹备戏剧节，我就跑去当了演员，在《暗恋桃花源》里面饰演老年江滨柳。尽管我完全没有相关的经历，但我通过与同学们的讨论钻研、相互磨合，成功完成演出。我还斗胆挑战自我，在五四灯火晚会上跳《极乐净土》，收获了大家的掌声，也完成了自我的破圈。

四中是四中人的精神家园。还记得高一去贵州的红色游学，我们在西风台齐唱《忆秦娥·娄山关》；参观遵义会议会址，深切追思革命烈士；20千米的徒步锻炼了我们克服困难的坚忍意志；天眼的参观更是让同学们亲身感受到中国科技的强大，激励我们更积极地投身于报效祖国的事业中。

希望大家看完这篇文章可以在学习方法上有所总结与提升，祝每个人取得如愿以偿的好成绩！

感谢北京四中！

班主任点评

总体来讲，于川皓同学的高中是自觉自律、井井有条的三年。于川皓参加了校合唱团，虽然排练占用了很多时间，但他能够充分利用时间，随团获得各项荣誉的同时成绩也保持在年级前列。他喜欢打乒乓球，但知道体育锻炼与其他事情的关系，不会陷入其中。尤其是高三这一年，他的自觉自律体现在能够听进老师和学长的建议，远离舒适圈坚持到校自习，纯粹的学习环境提升了他的学习效率，达成了更高的成就感；他的井井有条体现在他对各科学习资料的整理上，每科文件袋里的资料都是整整齐齐，并且能够清晰地记得放在什么位置。

作为于川皓高中三年的班主任，与他的接触主要在活动中或者课下的交流谈话。他对自己有比较清晰的认识，能够根据自己的状况及时进行分析和调整，也能够在遇到困难的时候及时寻求帮助。他会主动找科任老师答疑，而他的疑问不止于具体的学科问题，还有学习规划、心态调整等方面。考前保温练习的冲击让他濒临崩溃，但他能很快调整情绪，接受建议，主动与各科老师联系确定有针对性的措施，让他在进入考场前恢复到自信满满的状态，进而收获了自己满意的结果。

家长心语

非常感谢四中对孩子学业的培养、人格的塑造和全方位的素质教育，这给予了孩子成长的精神力量，能在四中学习是孩子最幸运的事！在这里我们遇到了最优秀的校长和年级组长，最负责最敬爱的班主任李伟老师，兢兢业业的各学科老师们，是他们的付出与奉献让高三（10）班成为孩子成长的精神家园。我们家长，也见证和陪伴了孩子三年的成长，感恩有这种美好的经历。

在此分享一下我的亲子经验：

陪伴是最长情的告白

家长是和孩子相处时间最长的人，最善于发现孩子的不足与缺点，但孩子们需要我们能看到他们的优点、他们的进步。家长们多些包容和鼓励，有耐心和爱心地陪伴孩子，不过分说教，学会站在孩子的立场思考事情是孩子喜欢的相处方式。家长学会反思，学会道歉，不要让坏情绪把孩子的内心封闭。这样的陪伴便是给孩子提供了最优秀成长的土壤。

我经常会对儿子说："儿子，妈妈爱你，你今天累不累，作业多不多，有什么开心的事儿？"虽然，傲娇的儿子经常用一两个字回应我，但我依然乐此不疲。他回不回应是他的事情，表达关爱却是家长必做的事情。

当然，陪伴也是有"风险"的，总会有一些不同观点导致言语上的冲撞，让我们不开心起来。所以，及时观察孩子的情绪变化，调整自己的心态，尤为重要，千万不要想着当日事当日毕，情绪也需要时间来消化的，有效的陪伴才是最长情的告白。

因材施教

每个孩子都有自己独特的个性、喜好和成长方向，而非千篇一律。高中三年孩子心理变化是复杂波动的，他们有自己的情绪周期，有乐观、积极、困惑、茫然和懈怠的时刻，我们家长要做自家孩子情绪的敏锐观察者、成长型思维的忠实践行者。寻找适合孩子的方向和节奏，给予适当的鼓励与压力，让孩子轻装上阵，按照自己的想法和方式去学习、去探索、去享受生活并找到自我。

发现问题不存疑

高三全年就是发现问题、解决问题。进入高三复习测试阶段，感觉错题反而比高一、高二增多了。可能是高三属于提升阶段，错题漏洞会比较集中暴露，但归根到底，还是没有做到"透、实、悟"，这时我们要鼓励孩子积极找任课老师答疑。四中的老师是最有方法、最了解孩子的，按照他们的指引一定能够解决问题、不存疑。

最后，再次感谢学校，感谢四中老师们的辛勤付出和悉心培养，祝愿四中桃李天下，再普华章！

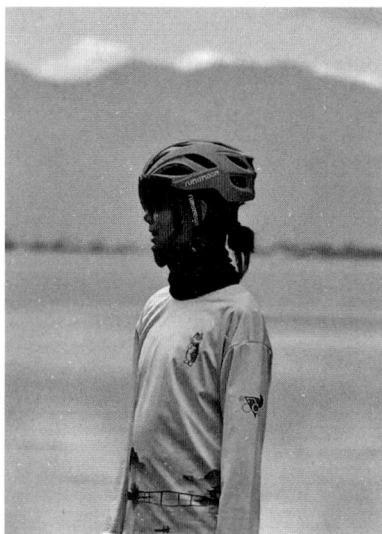

涅槃重生，成就新我

李小彤　高三（11）班

成绩情况：高一、高二年级大致排名第70，高考总分683分，年级排名第39。

成绩雷达图：

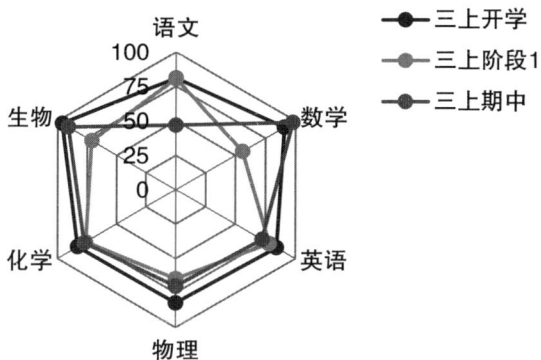

弱势科目：语文。

弱点：学习规划能力较弱，做事磨蹭。

送给学弟学妹的一句话：敢想敢拼，敢战敢赢，相信自己，相信四中，为梦想努力，永不言弃！

最终录取院校：北京大学医学部。

我的简介：从高三上学期期末年排 194，到一模年排 94，二模年排 51，最终高考总分 683，年排 39。高三一年是我跌落又逆袭的一年，提升能力与分数的路固然艰辛，但我内心始终有必胜的信念，相信四中，相信自己。

我的经验

高考结束，高中落幕。回首三年，四中带给我的远不止最后的高考成绩，更是深度学习的能力、百折不挠的品格与大效于世的价值观念。

犹记新高一，怀着激动与热血毅然选择了数学班。在暑期竞赛衔接课上，首次听闻"自学"这个概念，尝试通过自己阅读理科竞赛或大学书籍拓展学习知识。这使我对学习的认识跃上新台阶，在学习上体会着"独立与自主"，有更多自己的把控。高一的一年数竞对于之前从未接触竞赛的我来说倍感艰难，有时连听课都感到吃力，但仍不甘就此放弃，于是坚持了一整年。

还记得新高一那个暑假，我非常认真地阅读老师推荐自学的那本《因式分解》，一道不落地练习习题。还记得刚入学时的数学课上课下，和同学热烈讨论数学问题，感受到了不同的数学方法和相似的对数学的热爱。还记得刚上高一时每天中午到图书馆，将半个小时的宁静献给平面几何，纵然有时战绩平平甚至一事无成。还记得期中之前，贾老师一次次将课程节奏加快，我尽力跟上节奏，锻炼着数学能力、思维速度和意志品质。还记得期中考后部分同学退出数竞，我在犹豫中回想着几个月来的一路挣扎，还是准备咬牙坚持。还记得快到学期末时我有一周感冒在家，心中惦记着落下的竞赛课，再三犹豫是否坚持数竞，身边又有同学选择退出时，我还是尽力自学落下的课，继续跟着竞赛部队。这半个学期走来，也许对于早有接触竞赛的同学来说是家常便饭，但对于初次学竞赛的我来说，真的是很考验内心的毅力。也许最初让我挺过这些的只是犹豫与不甘，但数竞过后我更有了一份坚持的信心。高一下半学期，似乎逐渐开始适应快节奏的数学课，也有些找到了自己的节奏，感觉心态上比上学期好太多。

回首，感谢当初的执着与坚守，这段短暂的数竞时光不仅对我的数学能力与素养提升有帮助，而且塑造、深化了我的坚韧品格。

记得高一上学期结束，2020年底时，我在"我的2020"中总结了在四中的这半个学期：

在四中，我遇见了自己的初心。数学的大门向我敞开，数学的国度里，醉人的景色使人流连。一座座高峰彰显着威仪，云雾缭绕，增添了神秘。勇敢在同伴间编织一座坚固的桥梁，我们步步攀登、奋勇向前、永不退缩。有趣的构造论证题，仿佛是一位艺术师在雕琢美丽的作品，冥思苦想，寻求合适的设计。刁钻的不等式证明题，宛如一位耐心而细致的工匠正一点点地调整零件，比对式子的大小与结构，反复试探，容不得半点失误，力求无比精准。我在数学之路上如痴如醉，收获幸福与满足。

在四中，我遇见了知心的好朋友与可以深交一生的知己。在这里，有太多彼此相似的灵魂。身边的同学，每个人都闪耀着自己独特的闪光点，每个人都有值得自己敬佩与学习的优点、长处。在这里，大家互帮互助，携手共同进步，这是温暖的集体。在这里，"1+1>2"的真理被深刻阐述着。在这里，每个人都享受着关爱，也同时关爱着其他人。

在四中，我发掘了自己的潜能。在一道道难题的浴血奋战中，在一次次与高人的互相较量中，在一堂堂内涵丰富的课堂中……每一天，我都不断尝试实现自我的超越；每一天，我仿佛都在与自己的底线相遇，并尝试着突破它们。与一群优秀的同学相处时，自己实在不好意思懒惰与退缩。与这群能力超强的伙伴为伍，自己怎甘独自落后？这个学期，我稍稍改善了自己拖沓、磨蹭的低效学习方式，向效率高的同学学习，不断提高自己的速度；这个学期，我在同伴的鼓励下，发掘了自己的阅读兴趣，挤出时间，以阅读消遣身心，丰富灵魂，提升语文素养；这个学期，我投入英语学习的海洋，用心跟读，模仿标准发音，企图提升自己的口语表达；这个学期，我竭力跟进数学学习，尽全力跟上课程，保质保量完成作业。在竞赛学习中，我收获了解决问题的多种方法，更收获了耐心、能力与坚持的毅力。

高二是平淡的，没有了数竞为伴，便用力投入了物化生的课内知识中，成绩总体波动不大。

　　高三，对于高中学习之路来说，是最为惊心动魄的一章。这一年承载了太多泪水与汗水、太多拼搏与跌落。

　　新高三暑假，我参加北大综合营，激昂过，澎湃过，那时真的为梦着迷，幻想了太多，更有紧张、忐忑、焦虑。高三开学考与月考都不理想，期中前的全力备考使期中考成绩稍有回升。但紧接着的网课将我的节奏完全打乱。愈是成绩下滑，我愈发用更多时间思考学习的意义、梦想的意义、生命的意义，经常是几个小时的发呆，任宝贵的时间流逝。那是最不堪的时期，最严寒的季节，最黑暗混乱的日子。期末前，好友主动邀我线上自习。我奋力调整状态，增加学习时长，但期末考是如所料的最差。那时，北大的梦是又遥远又模糊得甚至只剩心中印下的一个浅影。在与家长谈心后，我决定不再想大目标，而是专注于眼下一点一滴的实干与进步。

　　我知道即将到来的寒假是我最后的充裕时间，我一定不能错过。很幸运，好友继续邀我全天线上自习，北大数院的优秀学长也负责对接我，给我许多鼓励与支持，这如暗夜里温热的火把，令我感动不已。

　　我进行反思分析。我的学习方法仿佛还延续初中的那一套，重点在理解、准确背诵知识点等基础部分，而疏于做题与总结题型。但是高考不仅要求重基础、重理解本质，也要求熟练度与能力。高三上学期我的主要问题是答题熟练度不够，不仅粗心而且写不完卷子，甚至愈演愈烈，化学5道大题有3道是白卷。对于理科，我寒假阶段将重点放在做题上，以学校的寒假作业本为依托，认真做每一题，及时总结提升，及时答疑，提升做题能力。这帮我提升了答题速度与准确性，也使我积累了众多答题经验。文科方面，我的语文、英语作文尤为糟糕。英语原是我比较擅长的一科，却在高三上学期持续滑落，经我分析可能是因为忽视词汇、句子积累造成的。于是，我利用寒假坚持每天翻阅几页维克多词汇，将这些考纲词汇再次拾起并记忆其用法等。事实证明这对我很见效，在开学后的英语大写作、微写作中，我的作文多次成为范文，经常用出巧妙的词语。

　　语文是我从小的软肋，犹记初中时初三从寒假一直到中考似乎都在补语文，尤其是作文。而高三从寒假到高考，这一幕又开始重演，看范文、反思总结、改作文，这样的循环不知疲倦地进行着。学习、思考、修改，这似乎是任何提升历程的必经阶段。

我改作文首先学文章的观点立意与谋篇布局，这是文章的大框架，是决定作文等级的关键。在精读范文后我梳理出一些常见与精妙的立意角度与逻辑，并尝试做审题训练，看到一个题目便与自己所总结的相联系，构思出文章走向。接着是精进语言。我把常上范文的同学的文章一起看，发现他们有自己的"语言库"，在不同文章里有相似的语句，于是我就从积累他们的常用句子开始，有意在自己的文章中增加使逻辑层次清晰的连接词或有文采的高级词句。就这样一点点修改作文确实有效，我的作文从35分以下的水平到几次荣登年级范文。

我深知自己语文素养浅薄，也一直想方设法提升自己的文学底蕴。即使在高三下学期我也丝毫不吝啬自己的时间，会逐一关注一些文章与评论，让自己处于一个人文环境。我的特点是，从功利的角度出发，做着看似不功利的事情。我甚至在一模后报了"人物"公众号推出的非虚构写作课。这看似不对口高考语文任何一个题型，但我从中感受到了记者的人文关怀与温度，对一些社会时事（作文素材）有了更深刻的认识。我一直坚信高考题会考出一个人的学科底层能力与素养，因此在高考前接受人文熏陶一定是对高考语文有帮助的，它帮助你跳出语文题目的几页字句，去感受大语文的深度。

从宏观结果上来看，我经过寒假的沉浸学习与提升，开学考取了佳绩，证实了我的一些分析与策略是正确的。但其实在这段憋着劲儿苦学的寒日里，远不止"朝着一个正确的方向努力而后提升"这样的轻描淡写。寒假之初，我为自己制订了详尽的周计划，具体到小时。虽然有弹性时段，但我仍很担心这种严密规划能执行多久。本着能多坚持一天是一天的心态开始，在线上自习保证学习时常的督促下，我一丝不漏地坚持了一周。第2周，我每天上午有语文课，于是调整了一些时间，勉强又坚持了一周。第3周是过年，我一边不知是该放松还是该不懈怠，一边又感慨假期已过半，担心自己的计划是否有用，十分害怕自己错过这最后的寒假补漏阶段。于是我与好友交流计划，懂得了进步源于一天天的坚持，不必有什么惊天动地的策略或高超的方法。后两周，寒假中期考试过后，我一边总结考试一边继续推进计划，一点点学会灵活制订与实施计划，也在经历"学不下去"时期后学着劳逸结合，认识到每个人都有学习的动力与疲惫周期，需感受并把握好自己的节奏。

回首这个寒假，我其实也只是保质保量完成了学校的寒假作业，除了语文作文外并没有额外的学习任务，也许关键就在这每日12个小时学习时长的平淡坚持吧！因为我是个学得慢、写得慢，但喜欢感悟知识本质、学得比较通透的人，所以学校的寒假作业对我已是全部的任务了。其实，这个寒假对于我来说最宝贵的绝不是成绩的提升，而是让我又一次重新学会了学习，学会了长时间高效深度自习，这对高三下学期高考前自习甚至今后的人生都有借鉴意义。我也渐渐知道如何面对自己的弱点，慢：就是用从一而终的坚持对抗短暂的难以见效，用强大的心态与毅力挺过想放松放弃的时段。

开学就到了高三下学期，最后的关头，我继续坚持不懈，每日记录自己的状态、计划与总结，加倍认真地听课记笔记，试着稍提前规划并完成每周的作业任务，拒绝拖延，专注高效地投入自习，及时找老师、同学答疑解惑。

此时，数学又向我发出了严重警告。记得我从刚上高三开始，数学成绩就一直达不到预期，每次考试都感觉有不少不该错的题目丢了分。起初我只是可惜，盼着下次别再出错，而并没有把它当成一个成绩下滑的报警信号。再后来，数学试卷上有些稍有难度的题目我也开始想不出解法，每次听完讲解才恍然大悟。我总有一种做题思路愈发狭窄的感觉，似乎被高三考题固定化以来学到的所谓"答题套路／答题模板"捆绑住了手脚，但想不出来办法解决。高三上学期期末考数学成绩创下新低，接着寒假中期考试又是致命一击，高三下学期开始，依旧是选择填空的错题惯犯。寒假期间我曾把数学和其他理科一同归咎于熟练度不够，因此用学校的寒假作业来提升做题手感。对于物化生来说比较有用，但是数学这科迟迟不见效。最后，我开始有心积累错题。起初没有关注错题是因为我认为我每次错得不重样，每次错题都像是给我准备的"惊喜"，始料不及。我一度怀疑我的记忆是有固定容量的筛子，随机遗忘重要基础知识点。在同学、老师的建议下，我开始积累错题，至少保证错过的再也不错。同时，我又多次重温数学笔记与基础知识，不断加固自己的"筛子脑"。当然，现实总不像童话故事，有了方法并不能立即见效。又是几周过去，选择填空仍每次必错至少一题。后来不知何时我开始连续几次选填不扣分了，但还没舒口气，又开始错。一波三折，就这样到了高考。高三一年来，除了海淀二模数学 140 分左右外，其他考试印象中数学都是 130 分、120 分，甚至下了 120 分。我总结海淀二模的经验，并以此鼓励自己数学一定没问题，就这样走到了高考考场。考数学时我做得比较顺利，一口气做到最后一题，中间没有卡住。我感到高考题和之前练的题出题方向有些不同，但按着逻辑思路写下，并没有什么堵点。考后听说这次数学考试特点是"去套路化"，难倒了一些人。我当时并没看出题目有没有套路，也许我更适合这套题目吧，最终我数学考了 142 分。回想高三一年几乎没考到 140 分，而高考做得很顺利，我想，也许一年的数竞是有用的吧，让我的数学素养提高了，让我的数学素养在高考中得到了展现。

高三下学期，我的物化生虽有进展但不稳定。在基础知识方面，我信任于高一、高二打下的基础，但也不敢放松。而基础知识之外是能力的提升，这便需要每次认真做题、认真听老师讲题、认真复习讲过的题。记得化学柳老师告诉我们，能力的提升就在一遍一遍做题与复盘错题、梳理逻辑中。我并没完全掌握学习提升的具体逻辑，但按着柳老师的指导听讲 + 复习卷子之后，我的化学能力以我可以感知的速度进步。我将此经验用于生物，发现同样适用。记得当时我将我的高考 6 科分为 3 组，语文和英语相似、数学和物理相似、化学和生物相似。因此，当有了成功的经验后，我会将某科的方法广而推之其他学科，有一定帮助。当然，每个学科都不完全一样，具体的策略仍需结合具体科目。

转瞬似乎就上完了最后一课，开始高考前最后的自习。我知道这是最终的关键，一定要沉心静气，水到渠成。我不仅多做题保持手感，而且大量复习试卷，重温错题与知识。我像是给自己织了一层暂时的茧房般全身心沉在备考中，再无别的事与我有关。这也确实符合我的特点，喜欢沉浸与专注。

我的前桌是我高三以来内心非常羡慕的学霸，她总能做到劳逸结合，刻苦学习。每当我学不动时，看到她伏案疾书的身影，内心就涌出更多动力。

高三，虽然是最艰难的一年，有数不清的困难和挫折，但也是我成长最多的一年。高强度的学习教会了我太多。我知道了有些进步需要很久的浇灌才会有结果，但只要坚持就一定能成功。每个学科，即使是曾经的强科，几天不理便甚感手生；即使是一直以来的弱科，几年的坚持也可以换来高考中的不掉队。如果考得不理想，不妨当作一回重新启动，心中怀有信念，只要没到高考，再迟也来得及。所以，何止高考，何止学习，人生的每个阶段，都是崭新的，都可以翻盘。如果说高考带给我的最大的感触是什么，我想一定是一切皆有可能！

现在，高考已过。回看在四中的高中三年，心中写不尽感慨。在四中我提升了学习能力，塑造了价值观，结识了众多志同道合的朋友。四中给了我太多，无法言尽。这里是"勤奋、严谨、民主、开拓"的殿堂与沃土，这里有敬业认真、能力高超又与同学平等相处的老师，这里是优秀青春学子汇聚的地方，是我的梦发芽成长的地方！

班主任评价

小彤同学是班里的体委。不了解她时会觉得有点蹊跷，怎么这么一位看似"文弱"的女孩子能够担任这个"硬核"职位？但相处久了便会觉得十分匹配，小彤的强大之处，在于她的坚韧不拔和对于自我的坚持。这也恰是体育精神吧。

印象最深的是初上高三时小彤与我的交流。她说起自己的不得已，是她习惯需要更多的睡眠，因此每天晚上大概会比其他同学早休息至少两个小时。到了高三，大家都在拼时间时候，她担心自己力不从心。听完她的担忧，我与她慢慢分析了问题：其实我们每个人都在根据自己的情况不断地进行取舍，必须做出的舍就毫不犹豫地选择，也未尝不是一种提高效率的办法。她静静听着，非常认同。其实我倒觉得她心里早有答案了。在这以后，她就是按部就班地进行着，再没有在类似的问题上纠结过。高三到最后的时候，她有几次在总结和分享的时候都坚持这样的认识，每个人都应该有自己的节奏，按部就班地进行，不需要被别人带跑。这份坚定从容和淡定大气说起来容易，能够坚持做到，实在难能可贵。

毕业后，小彤有一次很开心地告诉我，自己的妹妹也如愿以偿地考入了四中，希望也能够有缘在我的班里。我则很开心地跟她约定，如果有缘，家长会上要见见她这位优秀的学长和大姐姐。祝福这对优秀的姐妹，前路宽广，一切顺遂。

家长心语 | 徐徐而行——与女儿一起成长

作为一对不太称职的父母，却加倍享受着孩子成长的喜悦，多少有点偷懒未遂的庆幸，此刻，在女儿即将进入大学学习之际，我们的心情还是比较复杂的。女儿的高中学习是她成长最快的一段时光，是她人生中永不磨灭的一笔财富，更是我们家庭共同成长的一段见证。回忆历历在目，感受也波澜起伏，幸福、困惑、欣慰、骄傲，然后是感动，还有一点点期望。

三年前，我们和孩子一起度过了一个紧凑而忙碌的暑假。女儿性格平和，不急不躁，属于慢热型选手，但是目标性比较强。中考后经历了短暂的修整，女儿便开始制订学习计划，为高中的学习做一些准备。面对同学们惬意的度假晒图，女儿虽然羡慕但依然坚持自己的学习，读名著、上网课、看资料，在自己的小屋中挥汗如雨，安排得井然有序。最终，开学后，女儿进入了一直梦想的四中数学实验班。我们在感受幸福之余，也更加坚信一个道理：生活不能一蹴而就，不能急于求成，需要一步一个脚印地踏实做，持续地付出一定会有丰盛的回报。

高中阶段，在精英荟萃的班级里，女儿初期有一些压力，她经常回家和我们说：班里同学太优秀了，多才多艺而且学习效率极高，什么题目都会，很羡慕他们。这段时间，女儿内心应该是纠结的，天赋和努力在她心目中的重要性比例在不断斗争变化着，我们非常为她担心，怕她放弃自己的坚持。直到我们看到了她写的一篇作文，女儿说：学习需要动脑，需要勤奋，但不应有太多心理负担，临渊羡鱼，不如退而结网，用全力做最好的自己——勤动脑体不动心。那一刻，我们很欣慰，也有了一种豁然开朗的感觉。

高中阶段，我们能够感受到四中班级同学们之间友爱互助的氛围，他们相互讲题，结为学伴相互鼓励，共同进步；我们也感受到同学家长们的温暖和善良，他们互通消息，共享资源，共同呵护着班级群体里的每一个孩子。我们更感受到四中老师们的敬业和高水平，简洁的提示是那么的温馨，还有真诚的关心和细致的讲解，老师的过硬教学能力更是让女儿在高中阶段停掉了所有的课外辅导班。高考结束后，我们和女儿讨论网上热议的"顶级大学和1亿元"的取舍。女儿认为只要是自己努力得到的，就是最适合的；别人给予的，都是暂时的，不应该以单纯的物质利益获得为衡量标准。我们为孩子的认识感到骄傲，同时作为成人的我们有一点被触动的感觉。

一个资质平庸的孩子凭借着努力，在四中的朴实教育下，终于考取了自己理想的大学和专业，在知识积累的过程中不断地成长，我们非常感动。应该是道元先生的"自食其力"激发了女儿的自主独立性；是"致用无止境"的真知灼见，坚定了女儿的持续学习动力；而"大效于世"的呼吁一定会在她心中埋下一颗种子，这些都将为女儿未来的继续成长打下基础。

在四中组织的高三学生"成人礼"活动前，有一个家长为孩子取字的环节，女儿毅然在我们提供的几个选项中选择了"徐行"。"莫听穿林打叶声，何妨吟啸且徐行。"徐行，不只是慢慢走，更是一种智慧，回想这段时光，我们突然更加深刻地理解了苏轼先生豁达坦然的人生态度。

"为人着想真道德，持之以恒大聪明"是我们的家训，而"徐徐而行，做最好的自己"却是女儿自己的选择，在认同孩子、陪伴孩子的过程中，作为家长也有了成长的快乐。希望女儿能守住这个信念，慢慢来，认真做。

蛰伏三年，破茧而出

汪昊宇　高三（14）班

成绩情况：高一年级大致排名第 25，高二年级大致排名第 20，高考成绩 696 分，年级排名第 12。

成绩雷达图：

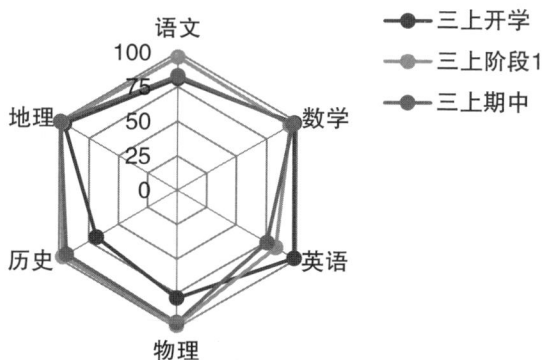

弱势科目：语文。

弱点：考试时心态波动大。

送给学弟学妹的一句话：相信自己！

最终录取院校：北京大学元培学院。

我的简介：张国荣的一句歌词中写道，"我就是我，是颜色不一样的烟火"，这也是我对自己的认识。我不喜欢将自己局限在各种框架中，而是在不断尝试中探索不一样的自己。我热爱历史和写作，曾在校文学社任公众号主编，在多期校刊上留下自己的文章。我又在高一突破自我选择加入校合唱团，参与了一些比赛和展演。这些活动让我重新认识了自己，也留下许多未知的领域待我探索。

我的弱点如何突破

在弱势科目上，改变自己对学科的偏见和自傲甚至自负的心态是突破的第一步。以我自己为例，在一模后面对高三下学期波动明显的语文成绩（西城一模 110 分，一周后的海淀一模 130 分），我进行了全面剖析。首先，我的语文成绩产生波动的原因是我自己并未完全掌握答题要领，而是随着自己主观认识恣意答题，这样一来成绩自然会随着自己答案与标准答案的契合程度的高低而上下波动。其次，我对标准答案认识较为偏激，时常怀疑其正确性，并仅通过比对关键词就片面认为自己的答案与标准答案一致，忽略重要细节导致失分。最后，我在作文上缺乏整体构思，导致作文结构不完整或较为混乱，常常无法将自己的观点全面表达，分数自然也不理想。

针对以上三点并结合自己的答题情况，我做出了一定改变。首先，我端正自己对语文试卷以及语文答题的态度，将学习重心转移到如何将自己的作答与得分点贴近和得分点怎样在文中通过定位与提取分析得到。在此基础上，我在老师的帮助下在相关的练习中总结阅读文章和做题技巧，例如将简答题答案分条写成彼此独立的答案，在散文阅读时选择略读和精读两种方式可以更快把握文章主线。然后我会辅以一定量的题目练习来完善答题格式与技巧，并接触更多类型的题目。

在作文上，受限于紧迫的复习备考时间，我并没有在自己的写作内容和风格上进行较大变动，而是总结以往作文中的问题，发现集中体现在审题和结构上。针对这些问题，我首先加快做题速度，保障作文写作时间控制在 45 分钟上下。再者，我选择在写作前利用 7 分钟左右时间进行提纲的撰写，以"是什么，为什么，怎么样"为写作框架，结合题目要求进行论点的提炼和论证过程的创新，并将可用的素材罗列在一旁，方便写作时直接引用。与想好论点直接开始写作相比，这样的写作过程可以免去在写作时思考的时间，也可以更好地分配各个部分的占比，避免在写作中出现某一部分内容写得过多而导致整篇文章结构混乱且不完整的问题。

就我而言，克服自己在弱势学科上的心理障碍也是攻坚克难的关键一步。在高考前，我选择了一套难度系数并不是很大的题目进行热身练习，相关作答正确率也比较高，这为我在第二天的高考提供了充足的信心。于此，我想告诉正在自己的弱势学科中挣扎的同学们，在平常的练习中，我们要一针见血地指出问题的根源所在，而不是选择逃避或是在题目的舒适区中麻痹自己，但在高考前夕，做一些自己擅长的题目，以必胜的信念迎接即将到来的考试，更有助于自己在弱势学科取得意想不到的突破。

我的学习方法

"乎专时专"

相比于其他人选择在学习上投入大量的时间以达成"12 小时"等定量学习的计划，我更倾向于将自己的任务按照学科分成长短不同的时间段，再把这些安排到学校的自习时间与周末的自主学习时间中，并非一定要达成一定量的学习时间，而是以确定大致学习时间后再进行机动调整的方案进行学习。在自己的学习时间内，我会尽可能地将精力全部投入在学习任务中，避免外界事务对自己的干扰；在学习之余的休闲时间，我会沉浸于休息和娱乐活动中，学和玩均做到专心致志，将两者分割成完全独立的两个部分。

即使在学习任务十分繁重的高三下学期，我依然坚持选择将周六半天作为自己的休闲时间，调整自己的学习状态。在这种方式中，我在得到充分的休息时间之余也能提高自己的学习效率，因为我必须在一天的时间中完成两天的作业任务。这样略显紧张的安排自然会在潜移默化中提高我的学习效率，避免了因为个人认为时间仍十分富裕而在学习中拖延等降低学习效率的现象。现在再看自己高三时的每个周末，虽然常在周六晚上焦虑作业量之大以至于周日根本无法完成，但每到实行起来，却又发觉如若每项任务自己全身心地投入，所用的时间甚至根本不用一天。我想这就是"专时专用"让我在繁杂的高三生活中仍能做回自己、忙里偷闲的一份底气。

学会"自学"

我在这里提到的自学并非是通过自主学习就能在学科上达到精通，而是要和课堂结合，自主制订出符合自己学习状态的学习计划的自主安排的过程。在整体的时间分配上，根据自己的学习情况和不同科目的问题与成绩目标，有计划地分配学习时长和学习任务格外关键。例如，自己在数学学科上存在短板，而在英语等科目上成绩尚可，就应在保障自己掌握程度较高的科目的学习质量下将学习时间向较为薄弱的学科倾斜，并将其作为每日优先解决的任务，率先完成。此外，便是分别利用好整块的时间与碎片化的时间。整段时间（1小时以上）可以分配到一个或两个学科上，并用来有针对性地解决某个专题的问题或者进行整卷练习，集中来攻克重难任务，而不是将时间均匀摊给多个学科。因为整块的时间更要求我们进行连续系统的学习，这样既有利于问题的集中解决，也能磨合自己的性子以适应长时间且连续的高考。如若将时间分散给多个科目，一是在各个科目切换间容易因学习任务完成而产生间歇感，让自己更想得到一段时间的休息，从而减少了真正投入学习的时间。二是这样的分散学习实际上可以通过多个较为零散的自习时间达到相同的结果，这便使得长自习本身具有的优势不复存在，浪费的时间或能再拼凑出一个短自习，这就有些得不偿失了。

回到具体的科目，自学是一个深入剖析自我问题根源所在的过程，需要在练习中不断自问自查，从而让自己真正了解问题的本质，并在老师的辅助下（如老师的看法、老师提供的额外练习）完成自我改善计划的制订，实现独立成长与学习。以数学学科为例，高一时面对班级较差的数学基础，高姗姗老师要求我们在学习每节课前通读这一节的课本并完成书后的小节练习，每节课前她会依次检查同学们的预习并批评那些没有正当原因而忘记预习的同学。除了日常学习中对下一节内容进行提前预习，我还将预习工作延伸至寒暑假，在寒暑假结合课本与教辅进行第一轮知识学习，达到可以明白书上例题与会做简单和中档难度的试题的程度，这样的提前预习有助于我在学习新课时能够更加有针对性地对理解存在困难的知识点进行专门学习，也能省去反复练习简单题的时间，从而用于对该类知识点的拔高练习。这样的自学方式更有助于那些数学思维比较灵敏，且没有参加超前学习的同学更快进入各个知识体系的深入学习中，也能在数学学习上挤下一些时间分配给较为薄弱的学科，减少学习压力。

所有的科目都需要大量的练习以巩固自己的所学，这是一个不断突破但也难免会遭遇瓶颈期的过程。在进入高三后，预习寻找问题的形式转变为在预复习和刷题中不断覆盖自己的学科知识面，并掌握答题技巧。高三的瓶颈期大约会出现在高三上学期期末到下学期一模前，每个人对这段时间的感受各不相同，但共性是会感到自己已经复习完却又无法掌握所有题型，成绩出现波动甚至不如没复习前的成绩。上届学长分享自己的学习经验时，指出自己在地理上学习上经历了一段做题没信心且成绩不理想的阶段，这主要是因为自己心理背上了包袱，既对自己有所期待又害怕跌入深渊，在内心的挣扎中难免会导致考试成绩随之发生波动。此时的自学更应重视将知识以及考试视作一体，将知识点融入考试中，归类总结不同的考点以及自己在内部细节掌握上的优势与不足。至今我的电脑中还存有自己在这段时间写下的许多试题分析和题型整理，虽然好多内容在写完后并没有再翻阅，但这更像是一种自己在遭遇瓶颈期时向外的输出以及对学习成果的肯定，毕竟这些内容我大抵早已在反复的练习中烂熟于心。

基于以上的学习方法，我想指出最重要的一点，那便是学会将时间掌握在自己手中。

对自己有影响的重要节点和事件——我的心路历程

目标感是我初中和高中六年最重要的精神支柱。在初二时，我通过公众号等相关渠道，了解了四中作为一所老牌名校所拥有的独特底蕴和其中最吸引我的特色班型——人文特色班，便将考入四中和进入人文班作为我初中阶段升学的目标。在中考顺利结束如愿以偿进入人文班后，我对自己的大学志愿进行了初步的设想。或许是因为我的中考成绩在2020级全体学生中并不是最好的一批（入学时的中考成绩在年级200名左右），所以我对自己三年后的毕业去向持保留态度，分档次制订了自己的目标，但仍坚持以北京大学作为自己的最高奋斗目标，谁没有一颗追求极致的心呢？

高一刚开始的学校生活是我整个高中三年最守规矩却又最紧张的一段时光。作为刚入学的新生，我牢牢遵守学校的各项规章制度，并在各个方面督促自己尽可能做到不遗余力，但在社交上遭遇了瓶颈。作为一名四中的新生，初来乍到的我很难快速融入已有的同学群中，也同许多新生一样仍处于对学校的探索和适应阶段，正用尽办法挨过这段时光。至今我仍难以忘怀好友张明晓在游学前向我提出的同宿邀请，让我们彼此之间建立起坚实的友谊之桥。作为四初的毕业生，他的许多宝贵经验也帮助我更全面地了解班级同学与学校生活，从而快速融入四中大家庭。

我在回顾自己2020年生活的文章《我的2020》中如是说："我知道你怀恋每一段相处的时光，每一次离别后的晚上都会痛苦到头痛入眠；我体会着你的情感，也会在不知不觉中与你融为一体；有梦就去追吧，我想你还年少，去看看自己向往的远方。"这份在高一上学期寒假中播种下的梦想的种子，在两年半后终绽放出绚烂花朵。

成绩是高中生不可避免的一个话题，入学教育时，中考成绩便成为对自我位置进行初步衡量的一个标准。在这个标准下的我显得并不突出，仅位于中间稍微偏上的位置。"十一"节后的第一次测试，许多科目的成绩也并未达到我的预期，但是50多名的年级排名给予了我一定信心。"中考的排名并不能代表高中的学习情况，我的潜力远不止于此。"我在给自己的半期总结中这样写道。成绩的变化也的确如此，随着我对高中生活全方位的适应以及在许多科目上逐渐形成适合自己的学习方法后，我在处理试题上能够更加得心应手，学科成绩也在逐渐提升。在高一上学期的期末考试中，我的排名来到年级前30，这样的进步无疑极大提升了我的自信，"有梦就去追吧"，这是我写下的对远方的憧憬。

在高一下学期、高二上学期的两个学期中，我的成绩一直稳定在年级第 20—25 名左右，同时我也在高一下学期加入了校合唱团并参与其中多项比赛和展演。在排练任务挤占一定学习时间的情况下，我的学习成绩仍然保持稳定，这也让我逐渐肯定自己的学习方法是行之有效的，能够帮助我解决许多学习中遇到的问题并提高自己的学习效率。学会在丰富多样又十分繁忙的校园活动中保持自己成绩的稳定，确乎是每位四中学子在学业上走向独立的必修课。

高一开学时老师提道，"高中三年十分短暂，高一是新生，高二是老生，高三就是毕业生"，初听这句话的我不以为意，直到我们在时势的不确定和居家与线下的反复中匆忙迎来了自己的高三生活。高三伊始，我还认为自己接下来一年的生活并不会十分艰苦，直到每天的 B 类下课后与晚自习间仅有 40 分钟的晚餐和休息时间；答疑表上写满了同学的名字，甚至额外缀上许多行；晚答疑的高三办公室三晚后仍灯火通明，负责答疑的老师眼皮已经开始打架，我猛然意识到高三的忙碌已经成为自己当下的生活状态。刚开学的一个月，我一直在同自己糟糕的心理和身体状态作斗争，过度的紧张与疲惫让我陷入整日的头痛，一直影响着我的学习状态，甚至退出了在四中的最后一次运动会。我选择与自己和解，改变自己以往过度要强的心态，试着通过增加假期的学习时间来慢慢适应高三的高密度、快节奏的生活。方法似乎是奏效了，在"十一"回来的月考、11 月的期中考中，我的成绩稳定在了前位。意外地，得益于学校独特的排名计算方式，我在高三上学期末考试中的排名来到了年级第一（因为两个文科都是年级第一，在等级分的计算下排名会被提升很多，巧合的是，最终的高考分数也与这次的折算分数几乎一致）。虽然是在特殊条件下的线上考试，但也给了我足够多的惊喜，"千年老二"的我竟迎来六年来第一次年级第一。

这三年发生的种种似乎让记忆都变得模糊，如今回想起寒假时的日子，却也仅仅记得自己每天按照学校的计划完成每日任务，日复一日直到开学。高三下学期的日子整日与试卷相伴，班级的小黑板前也贴起高考倒计时的天数，紧张感萦绕在我身边。回过头看自己这小半年的表现，在一模前我就逐渐被限制在自己的情绪中，紧张、焦虑、无所适从。一模前的宣讲意在通过强调一模的重要性并提起学生的紧张感。"以体验高考的形式来面对一模考试"，这是在一模前我得到的教导。当我真正把自己的情绪代入进去时，大考前的夜晚又因过度紧张而难以入眠，考试时也因忧虑而乱了阵脚，我确乎是在焦头烂额中完成了自己的一模考试。一模的成绩自然不是很理想，但我并不是一个十分悲观的人，好在自己的优势科目依旧优势明显，我这样劝慰自己。后来在和北大招生组老师交流的时候，老师告诉我，既然一模都这样差了，那就只有更好，事情不会变得更加糟糕。于是，我将一模中吸取到的调试考场心态的经验在后续的考试中通过实践不断完善。我将一模后的历次考试都当作试错的过程，例如我最后一天早起考历史会感到疲惫，那就试着在考前喝一杯咖啡，但是这样的尝试在二模中取得了相反的效果，这也让我放弃这个方式而转向利用其他手段调试自己的考试状态。我在放平心态的过程中也通过自己亲身体验，在高考前夕向着最适宜自己的高考状态进行转变。

历经种种，高考终于来到眼前。我们总说人会在不知不觉中获得成长，这份感觉于我格外明显。高考第一天前的夜晚，我一反常态很快入睡，面对各科考试时也不会泛起莫名的紧张感，那些在模拟考试中犯下的错误在离我远去。"还行"是我对整个高考的概括性描述，我似乎已经在重复上百次的考试中失去了对自我情绪的表达，但转而一想，自己在考试中极少出现因非智力因素而导致的额外失分，只在英语、物理等科目出现了少量的审题与计算失误，除此之外我都尽力做到我能够达到的最好，这样看来"还行"确实能够准确描述自己的高考经历。高考来得突然，却又有条不紊地进行，它或许是一次十分重要的考试，但也是向自己内心深处发问，发掘自己潜力的一次试验。

高考前看到过许多高考结束后学生激动地冲出考场跑向家长的视频，但是在地理考试结束铃响，高考真正结束时，我内心却平静如水，有一种高考后的日子本该离我很遥远，而现在又近在眼前的不真实感。直到毕业典礼后的聚会散场后，我才真正意识到自己已经在向人生的下个阶段迈进，而自己又陷入三年前同样的境地，在对旧事物的怀恋中被迫抽出，向下一段生活迈进。与很多同学再相聚已然不是易事，心中多了一份怅然若失。

老叶总在年级会上让我们喊出"我的目标就在那里"的口号，在高考以及高考出分后的那个清晨，我扎扎实实感受到了这句话的力量感。对于我的高中生活，我已经可以站在最终目标的大门前说出"我的目标就在眼前"的感慨，当然，这份目标感的指示还会继续指引我在人生下一个、再下一个阶段向着目标前进，毕竟高考，是终点，也是一个新的开始。

在四中的收获——四中之于我

在开学之初，校长就在年级会上向我们介绍了"四中人"的概念，学会做一个四中人也是三年中大大小小各项活动背后永恒不变的主题。四中人的精神不仅体现在"家国天下的情怀和舍我其谁的担当"的宏大之处，更于细枝末节之事体现，正所谓于细微之处见真章。例如，我和好友在四中的操场上行走时，好友总是会将地上散落的垃圾捡起并放入垃圾箱内，我对此常感到不解，他也仅仅以"我不愿看到地上有垃圾"来回答我的疑问。渐渐地，我开始向他学习这个行为，会同他一起捡拾地上的垃圾并投入垃圾箱内，还会在大风天的操场上一起追逐被风吹跑的纸团。或许最开始我进行这些动作时只是一味的模仿，或是主观地认为一起做可以避免他的难堪，但到高三时我们一同走在操场上，看到地上的纸团我会先他一步主动捡起。虽然这是一个再小不过的行为，但这确乎是榜样的力量带给我的改变，四中的每一个同学、老师或是校工师傅和保洁阿姨身上都拥有值得我们学习并提升的地方，并不局限于学业的知识。我想这就是四中教会我的细微之处的品德。

四中对学生的教育并不局限于传统意义上的课堂，而是将课堂这一定义拓展到各类各样的活动中。例如，高一下学期的人文游学一改往日由人文班自主确定主题的规矩，全年级统一定为"青春向党，奋斗强国"。最开始同学们或有疑义，本属于人文班的游学为何非要冠以这样"独特"的称谓。在游学中，我们虽然行走在与历届人文班几乎重合的游学线路上，但是因为这样独特的主题而使得我们能够阐发出与往届同学不一样的看法。

我们在司马迁祠行走，祭拜司马迁，齐诵《报任安书》时，内心不仅有对司马迁鞠躬尽瘁、死而后已的精神的喟叹，更有对司马迁行万里路后拥有的丰厚的知识储备而能够写下"究天人之际，通古今之变"的鸿篇巨制《史记》产生的思考，从而联想到我们的游学本就是一个在行万里路中感受天地自然与人文知识的过程，我们也会将这些知识投入到国家建设之中，在自己所奋斗的领域为国家建设添砖加瓦，共同成就自我与国家。同样的，我们行走在西北的大漠，在嘉峪关长城上齐唱《不忘初心》，在莫高窟的山后墓园祭拜常书鸿及一代代将生命奉献在敦煌的研究员时，所思所想也很难不与这次特殊的人文游学主题建立起联系。我们不难会将这苍茫无边的萧索之景与在这里奋斗扎根的一代代人们进行从无到有的建设所联系，他们在艰苦的自然环境中奋力保护那些被破坏得千疮百孔的文物和遗迹，青丝成白发；或是为了国家建设选择扎根边疆，开发西北这个充满潜力的资源宝库，在戈壁滩上完成一个个不可能；或是深入基层上山下乡，走访每一处贫困家庭，用青春助力脱贫攻坚，全面建成小康社会……结合主题，在特殊的环境下，我们更能在活动中品味主题背后的精神内涵，这不仅是文人骚客的离别感怀之思，还有奋斗强国的青春力量。正是四中家国天下精神的体现，教会我们做一个真正的四中人，也是人文班独特的文人特质的展现，让我们永远年轻，永远热泪盈眶。

毕业之后，我们便成了字面意义上的"四中人"，多了一层四中校友的身份。但四中对我的影响远不止于此，道元先生的训诫、四中人的精神将指引我们不断前行，最终成为一个不愧于己、心存四海的真正的四中人。

家长心语

回望过去三年点点滴滴，四中老师们辛勤耕耘、无私奉献、悉心讲解和倾心投入影响着每一位学生，打动着所有家长，我们和北京四中共同携手见证孩子的飞速成长，也一起走过了平凡又不平常的高中阶段，欣慰于孩子变得愈加自信勇敢和懂事。感谢四中对孩子的培养、教育、关心和爱护，感慨孩子的奋斗、坚持、上进和自强，感恩所有的努力浇灌在今天终于开出了绚烂的花，让孩子能够圆梦北大元培。教育是每个家庭都必须面对的课题，这关系着孩子未来的发展，作为普通家庭的父母，我们无法给孩子传授过多学习方面的知识，除了言传身教和陪伴，还有几点家庭教育所积累的心得体会与大家共勉，希望可以相互借鉴、共同进步。

建立良好沟通关系，引导树立自信

记得孩子刚进入四中的时候，偶尔会找妈妈倾诉自己的焦虑，感觉周围同学们都是来自全市各学校的尖子生，担心自己的学习跟不上。作为家长，我们不能与孩子一起焦虑，要尽量有意识地为孩子减压减负，积极鼓励孩子正确对待每一次考试测验和挑战。尽管我们也有些许担心，但从不在孩子面前表露出紧张的心情，反而经常跟他谈心聊天，告诉他不要过低自我评价，要对自己有信心，除了看到自己的不足，更要寻找自己的优势，分析提高的可能性，用平和的心态稳扎稳打，按时完成学习任务，不要失去自我，也不能急功近利。在高一第一学期期中考试中，孩子取得了年级前40的成绩，逐渐消除了自卑焦虑并建立起自信心，更能客观理智地看待自己的能力水平，每次的大考都有一定的进步，也找到了更适合自己的学习方式和学习方法。

倾听尊重想法意见，帮助明确目标

刚入校的时候，学校组织了北大元培学院的宣讲，孩子在宣讲会上深受鼓舞并产生了向往之情。回家后孩子告诉我们想考北大元培，虽然我们心里也存在很多不确定性，但没有立马给孩子浇凉水打击他的积极性，而是为他有如此坚定的学习目标感到欣慰，由此给他更多的支持和帮助。尊重孩子的选择、相信孩子的判断，在交流中有意识地引导和参谋，在生活中多鼓励、少批评，孩子就会感到被重视被关爱，才会愿意沟通交流。世上无难事，只要肯登攀，作为家长，我们深知自己的孩子不是天才型选手，想要实现这个目标需要付出十二万分的努力。三年里，孩子为了考入北大奋力奔跑，我们也在陪着孩子一起向前。

鼓励参加各种活动，培养全面发展

四中有着各种丰富多彩的课外活动，能够充分发挥孩子各方面的特长爱好，给予他们更多可能性，这也是孩子当初选择四中的原因之一。高中三年，孩子积极参加了学校的合唱团、文学社等，还参加了游学活动的前期策划。通过这些社团活动，一方面，开阔了孩子的见闻，增长了知识；另一方面，锻炼了孩子的策划能力和组织能力。作为家长，我们从来不会认为社团活动耽误时间影响学习，阻止孩子参加各种活动，反而非常注重孩子的兴趣培养。每个孩子都有自己的特长和喜好，不能只重视课业学习成绩，更要尊重并引导发展兴趣爱好，从而更好推动他们生活学习的动力和热情，真正具备良好的社会交往能力和自主思考能力。

引领养成良好学习习惯，学会爱与分享

孩子从小就非常善于总结，学习自理自立能力很强，我们也没有过多地监督干涉他的学习。面对高考，他做了充分的准备，对近三年北京高考试题进行了分析，统计高频考点和重点难点，复习时做到有的放矢，提高学习效率。我们就是积极配合学校和老师培养孩子的学习习惯，引导他合理安排学习时间，在他专注的时候不打扰，让他保持自己清醒的判断和独立的思考。

作为家长，我们既是孩子的战友也是榜样，要给孩子树立正确的价值观，注重他们的道德修养和精神成长。我们家的孩子从小就是个热心肠，善于与同学朋友交流学习心得，从初中就喜欢帮助同学复习功课。我们从不干涉孩子这些行为，并且鼓励他要多帮助同学。同时，对别人的帮助要心怀感激，这样人际交往自然就不成问题。

营造和谐家庭氛围，克服高考焦虑

家庭是孩子温暖的港湾，要让孩子感受到和谐平和的家庭氛围。我家孩子在高二的时候因为学姐高考发挥失常受到了影响，有过一段时间的焦虑情绪。如果这种焦虑的心态长时间存在，势必会造成孩子压力过大，影

响学习。因此，在高二的暑假我们在孩子面前都不提高考的任何事情，不给他造成外界的压力，并且鼓励他走出去感受祖国的大好河川，自觉放下思想包袱，化压力为动力，果然回来后情绪有很大的改善，焦虑得到了缓解。临近高考的时候，也出现过类似的问题，在孩子回家后我们从来不提及高考倒计时之类的话题，不制造紧张焦虑的环境，减轻孩子的心理压力。

以上几点是我们三年来的体会，孩子的成长离不开父母的辛勤付出，更离不开学校的培养，在此再次感谢学校、感谢老师对孩子的培养和关注，让他能够成为众多优秀学生中的一员。

成长·破茧

童嘉毅　高三（12）班

成绩情况：高一、高二年级大体排名第 10，高考成绩 691 分，年级大致排名第 20。

成绩雷达图：

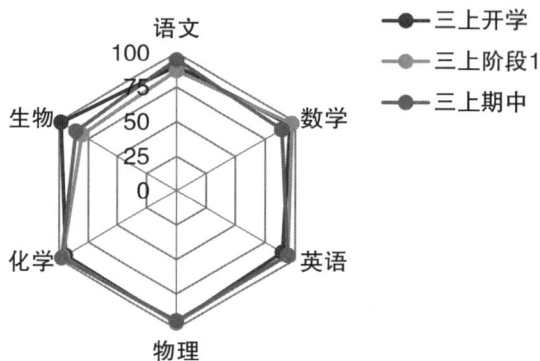

弱势科目：英语、语文、生物。

弱点：在文科方面的悟性不足，热情也不是很高。

送给学弟学妹的一句话：高中（尤其是高三）无论遇到什么困难，都不要怕，要微笑面对，克服恐惧的最好方法就是面对恐惧。坚持就是胜利，加油，奥利给！

最终录取院校：清华大学。

我的简介

我是北京四中 2023 届 12 班（物理竞赛班）的童嘉毅，初中毕业于北京师范大学第二附属中学西城实验学校，高考录取院校为清华大学，专业是计算机类。

我是一个典型的理科生，在数学、物理、化学科目上有着比较强的能力，但是在语文和英语等学科上能力相对不足，尤其是英语，直到高考，我也没有完全解决自己的问题。下面我将从课内学业、课外学业、兴趣爱好、体育活动、志愿活动等多个方面进行自我介绍。

课内学业

从高一开始，一直持续到高三，我在年级基本能够保持在前 10。在理科方面，我有着比较高的悟性，因此在高二、高三的时候数学一直是给我提分的科目。当然，作为物理竞赛班的一员，我也系统地学习了一年的物理竞赛，在高二的时候也偶尔接触物理竞赛方面的知识，因此，在课内物理上，我信心很足，解决难题的勇气也很大。至于文科，我在高三也一直努力攻克自己的弱科，但是一直找不到特别好的诀窍，现在回头看，可能一方面从兴趣上我对文科没有对理科那么有热情，另一方面则是缺少从小的熏陶和培养。幸运的是，高考的时候，文科也没有特别拖我的后腿。

课外学业

如之前所说，我在高一的时候系统地学习了物理竞赛，将力学和电学比较系统地学习了一遍，但是在真正比赛的时候，我也意识到自己的天赋实在不能与周围那些有天赋的同学相提并论。因此，我很现实地放弃了继续攻坚物理竞赛，转而专注于课内高考的学习。在这里也要给看到这段经历的学弟学妹们提个醒，如果发现自己确实没有学习竞赛的天赋，放弃竞赛的学习并不是一件非常丢人的事情，转而发展自己有天赋的方面，可能是更为明智的选择。

兴趣爱好

我的兴趣爱好主要集中于书法和音乐两个方面。书法方面，我擅长硬笔和软笔。音乐方面，我对于二胡也有一定的学习经验。小时候，我也曾在书法方面拿过相应的奖项，这也是能让我受益一生的一个能力。当然，既然是兴趣爱好，并不一定要做到特别好，只要自己喜欢就好了。就拿唱歌这件事举例，我并不擅长唱歌，但它成为我高三紧张生活中非常好的一个调剂手段。坚持自己的兴趣爱好，也是让自己从紧张生活中得以放松的方法。

体育活动和志愿活动

我并不是一个擅长体育活动的人，但是日常会参与体育活动，比如参与班级的篮球赛，是我三年高中生活的坚持。志愿活动方面，我享受那种帮助别人之后，心里满满成就感的感觉。高中三年，我完成了80个小时的志愿活动目标。

总体来说，我就是一个和大家一样的普通学生，有自己的强项，也有自己的弱项，有自己的爱好，也有自己的坚持。每个人都是独特的，只要我们明确发展目标，就能成就更好的自己。

弱科突破

高三阶段，我主要突破的弱科就是语文和生物。

语文

我的语文学科主要是在高三进行了突破。和很多理科生一样，我的语文在高一、高二一直没有什么起色，尤其是作文，始终上不了一类。因此，我在高三制订计划，针对语文作文和阅读两个部分提分。作文方面，我的计划是每一周或者两周（视高三的作业量而定）比老师所留的多写一篇作文，并进行修改，尽量达到四十二三分及以上。阅读方面，由于我在考试当中经常会错选择题，因此，我的计划是利用每天做完作业之后的自主安排时间做一套卷子量的阅读，只做选择题。至于解答题，我选择每三周左右做一套卷子的解答题，并且细心总结答题思路。

到了高三，计划实施起来越来越困难。首先，高三的作业量是很多的，毕竟一轮复习和二轮复习都需要有庞大的练习量来支持能力的提升。其次，注重语文弱科的提升，并不意味着放弃其他的学科。比如，我也必须保证每周数学、物理、化学三科的定量练习来保持手感。毕竟若是过于追求弱科的提升，却把自己强势科目的优势丧失了，也是一件很亏的事情。对此，我调整好自己的心态，告诉自己完成所制订的计划是为了弱科成绩的提升，而不是为了每天在本上打个钩，获得一种虚假的成就感。只要保证自己每次学习时真正收获一些东西，而不是一直在无用地做题，那么这段时间就可以说是高效的，适量减少所制订计划中的任务量，也是完全可以接受的。心态的改变是解决问题的第一步，把注意力从完成任务打钩上转移到弱科成绩的提升上，这就是解决问题的开始。

解决完了心态的问题，精力就转移到如何做到高效。接下来的内容，在我看来，应该不仅仅适用于语文这一弱科，对于其他科目大概都有效。

第一点是做完题之后的自判自改。高三的时候，老师答疑都很忙，没有时间专门给某一个学生进行极致的辅导，这时候想要提升成绩，最快的方案就是依靠答案和解析进行思考。这道选择题为什么选错？这道解答题为什么少了个点？我少了的点又是关于什么的？多多在自判自改的过程中，问自己这些问题，一定比选完了之后打钩、打叉，然后把题扔掉，要高效不少。

第二点是自判自改之后的反思总结。这道题我少了这样一个点，那道题我少了那样一个点，那么这一类题大概会从哪些方面进行回答呢？我写的内容又有哪些是废话？哪些是耽误时间？多多反思这些问题，比一味地做题要好很多。有一句话说得很对："做完100套题，可能还不如做透一套题。"对一套题进行总结与反思，归纳答题技巧与思路，是高效提升的方法。

第三点是持之以恒。有很多同学都是遇到了问题，根据学长学姐的思考和经验顺利解决了问题，找到了解决方案，但仅仅是 3 分钟热度，做了一周之后就不想坚持下去了。其实这种思想非常常见，因为我也有。但是在高中阶段，想要提升自己的弱科，就必须要逼一逼自己。弱科之所以弱，要么是对它没有兴趣，要么就是自己用功不足。"没有兴趣"这一点就不用过多阐释了，那有些人可能对于"用功不足"这一点有异议：平常看见学习成绩好的同学在学的时候我也在学，但是为什么我在这科上的表现就不太好呢？要知道，有些同学对于某些学科的用功是从非常小的时候就开始的，而你自己小时候并没有对这个学科有特别大的兴趣，或者加以重视，自然在基础上就比别人差一大截，这就是高中之前的"用功不足"。既然高中之前的事情没法改变，那只能通过高中生涯中的坚持努力来逆风翻盘了。平常打游戏的时候，我们也看得出来，想要逆风翻盘，就得有和对手拼命的决心，而且这种决心还不能中途泄下气来，否则对手占据优势，再次打压住你反扑的势头，你就基本翻不了盘了。在学习的时候其实也一样，你的对手就是你的弱科，想要逆风把它翻掉，首先就得在心态上和效率上叠好 buff，然后揪住它不放，才有逐渐变强的一点希望。

第四点是关于作文。写作文的能力不是一时半会儿就能提高的，但是只凭高三这一年使劲往上拔高还是有收效的。如何拔高呢？最重要的是多写、多练、多改，厚着脸皮找老师，让老师多多给你一些建议。对于打通"作文提升"这一副本，我的攻略如下：开局的时候，你的身上会带有"怠惰"和"不好意思"这两大 debuff，会让你的作文提升效率降低 70%；"怠惰"的 debuff 让你的作文输出频率降低，"不好意思"的 debuff 让你的作文输出质量降低，解决任何一个都可以大幅提高你作文提升的效率。那么如何去除这两大 debuff 呢？首先，从"怠惰"的 debuff 说起。在高三期间，学生需要到场地内找到一个名为 _____（请填入自己的名字）的 boss，在你好兄弟的督促和高三时你身边同学大量写作的刺激下，击败这个 boss，从而解除身上的怠惰 debuff 效果。如果你是一个作业比较多的高三学生，建议每一两周比老师留的作文量多写一两篇。注意！这一两篇都要修改好！一般来讲，只要有了感悟或者说热情，就一定要即刻动笔，根据以前通关这个副本的学长学姐们所说，当你有写作热情的时候，不动笔，决定拖一天再写的时候，你的写作热情就已经完全没有了。击败了这个 boss，并且消除"怠惰"debuff 之后，你需要在场内找到一个名为"语文老师"的 NPC，并且定期去找该 NPC 领取经验并升级你的材料（作文），时间持续一年。在定期的领取经验过程中，你的"不好意思"debuff 也会被消除。每次升级完材料之后你需要进行总结与反思，逐渐得到优秀材料（作文）的"锻造图纸"。你可以将其应用于考试，这样你就可以收获一个比较满意的分数。

最后，对于语文这一个具体的学科，我还有一些想说的。很多同学高一、高二不重视背诵，高三的时候再抽出时间搞背诵和默写，就很浪费时间。珍惜高一、高二的光阴，高三的时间可是很宝贵的，用在背诵和默写上面，那不是血亏？！

生物

生物这个学科一直在理科和文科之间来回摇摆，你说它是文科，却有很多逻辑推理需要做；你说它是理科，却又有很多基础知识需要记忆。因此，想要突破生物这一弱科，就必须要从理科和文科两方面进行研究。

首先，要把握好基础知识。"如果出的题难，可能 15 分的题有 9 分都是基础知识，这 9 分是由 3 个 3 分的基础空构成的。"我们的生物老师赵老师经常和我们这样讲。所以，在平常学习生物的过程当中，一定要抓住生物术语，关注关键词。对于某一些细节，尤其是练习册上的部分填空内容，一定要重视。同时，教材也是打牢基础知识的好工具，每一章最后都有基础知识的总结，这些东西甚至到高三的最后会被作为重点，让再次复习。

其次，一定要注意逻辑思维。上课的时候，老师举的例子不一定要记下来，而是要在晚自习这种可以自由安排学习内容的时候，对老师所讲的例子进行复盘，并且总结出这一类题的逻辑思考方法。以遗传题为例，面对某一个不熟悉的分离比例时，老师所讲的内容可能只是简单的自由组合或者连锁互换，但是老师的讲题和解题思路常常会透露出一些老到的经验，关注老师的思维路径，或许有助于你发觉他那些经过长时间教学提炼出来的，而且还不是那么容易表达的，甚至有点取巧成分的"核心思想"。想要进行生物这种选科的弱科突破，就一定要紧跟老师的节奏，探究老师的思维路径，总结出自己的经验。

最后要提醒一点，生物学科的突破不是一蹴而就的，有可能自己努力了很久，但是在模拟考试中依旧没有起色。尽管如此，不要灰心丧气，也不要中途放弃，相信自己，最终可以在高考当中考出自己高中三年最好的成绩。

在北京四中的收获——北京四中对我意味着什么？

"家国天下的情怀，舍我其谁的担当"，这是北京四中除了"勤奋、严谨、民主、开拓"的校训之外，学生们最常听到的话语了。和一些学校不同，北京四中的人文情怀是很浓的，在这里可以不必那么在意考试成绩，因为总会有老师和同学在身旁帮着你；在这里也可以不必因为自己一次的失误退步而失去希望，因为没有老师会抛弃任何一个学生。四中的平均分一直以来在北京名列前茅，我认为这也和北京四中一直以来坚持的不抛弃不放弃的精神有关。在这里，我们可以感觉到，除了成绩以外，人生还有更多有意义的事情。在每天第一节晚自习，七点到七点半的时间，我们会收看《新闻联播》，了解天下大事，而这个做法，从高一持续到高三，自主复习的高考前期，也依旧如此。可能作为北京四中的一名普通学生，在校园之内，对于"家国天下的情怀，舍我其谁的担当"这句话，并没有什么实践的机会，但是北京四中给我带来的是一种理念，给我心中种下了一颗种子，或许，在未来的某一个时刻，当真正拥有改变家国天下能力的时候，我们就会出一份力，为国家作出自己的贡献。

在初中的时候，我特别向往北京四中，我有四中情怀，以致在科技特长生招生中，我坚定地选择了北京四中。如果有人问我，北京四中在我心目中到底意味着什么？我可能会觉得北京四中在我心里是一种执着。从初中时的向往，到如今毕业后的怀念，我一直把北京四中当作人生路上重要的里程碑。在很多次我觉得这是最后一次在校园内闲逛的时候，都会在教学楼内的每一层都逛一圈，看一看学弟学妹们认真学习的样子，有的时候还会去办公楼拜访拜访老师，在校园内看一看银杏树，看一看柿子树，看一看松树……老校门、老校长室、办公楼、综合楼、教学楼、实验楼，都曾留下过我的身影，也或多或少地留下了我曾经努力过的痕迹。现在，有的时候我打开手机相册看一看之前临走时拍的各种照片，依然还会有一种感动。

北京四中对我来说到底意味着什么，我可能也说不清楚。只是每次想起北京四中，我都会有一种温暖的感觉，都会有一种归属感。

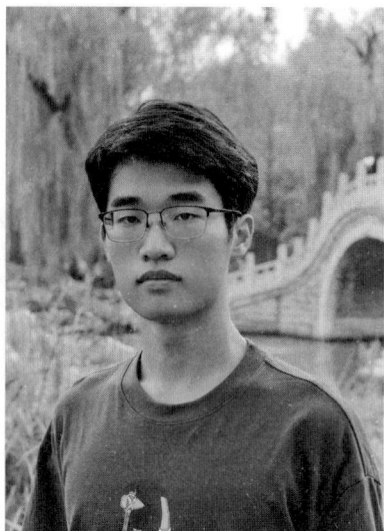

念念不忘，必有回响

杜达儒 高三（8）班

　　成绩情况：高一年级大致排名第100，高二为70左右，高三后成绩波动较大，有时能进入前50，有时到了100名之后，并且每次考试都会有一科产生较大失误，以语文、物理为主，时常拖后腿。好在最后高考发挥良好，总分689分，年级排名第21。

　　成绩雷达图：

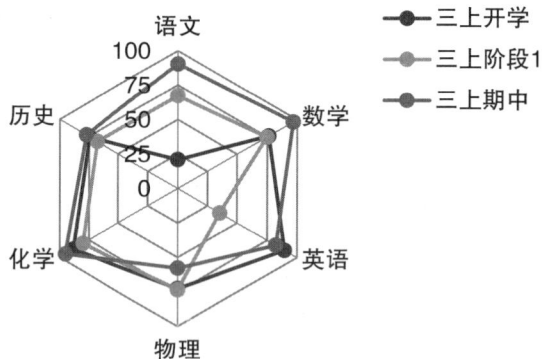

　　弱势科目：语文。

　　送给学弟学妹的一句话：念念不忘，必有回响。

最终录取院校：清华大学。

弱点突破

高三最令我头疼也是花费时间最长的是语文，希望通过对这个弱势学科学习历程的分享，让大家能够获得一些收获。

语文是一个所有人都接触了至少十多年的学科，但要取得高分并不是一件易事。作为理科生，我在文科方面一直相对薄弱，语文更是如此。对于高考而言，我的语文基础相对薄弱，对文学作品的阅读较少且没有很好的阅读习惯，导致我的阅读能力与语文素养都较差。此外，由于高一、高二对语文的不重视导致我并没有做过很多题型，因此缺乏做题技巧，经常不知道题目在问什么，并且也不知道相应的大题格式。作文也同样让我头疼，由于之前没有积累很多素材，对论点、论据等知识点掌握较少，背下来的作文素材也无法用好，成绩始终保持在38分左右，一直没有进步。

相信和我有相同经历的学生不在少数，那我接下来说说应当如何发现语文学习中的问题并解决这些问题。

首先，谈一下做题感觉。我个人认为语文是一个很依赖做题感觉的学科，毕竟答题大部分依靠的不是课内学到的知识，而是根据文本整合出来的内容，很依赖个人感觉。语文成绩较好的学生由于积累丰富、素养较强，有时候没什么技巧也能拿到很高的成绩。但一些成绩较差的学生由于积累较少与理科思维过强，无法敏锐捕捉文中重点与答案要领，因此需要技巧与经验帮助去解决问题，但同时也需要做题感觉的帮助。结合我的经验，当一段时间不做某类题目后水平会迅速降低，因此我建议大家每类题型，三四天至少做上一两道来保持手感，这对语文能力的培养十分重要。

其次，说一下发现与解决问题。针对语文试卷中暴露问题的地方，我们应当将错题分类，查找原因。语文考试有其特殊性，七个模块各围绕着几段文本进行设问，假如没看懂文章，那后面题目更不必说。此外，语文考试中主观题目存在答题格式与模板，如赏析、作用等，若是文章看懂了但不知道题目在问啥，或者想出来了但表达不到位，便是答题格式的问题。

再次，在自己寻找问题之外，我们也要利用好老师的答疑，从更专业的角度发现并解决我们的问题。对于一些自认为对但没给分的题目，我们应通过询问老师，找出不给分的原因，在这方面重点突破。此外，我们可以询问老师试卷所反映出来的整体学习问题，应侧重哪种题型的训练，应当额外做些什么，这对于解决我们自身特有的问题十分重要。

最后便是做题技巧。想要提升自己的语文成绩，毫无疑问需要做题，但这种做题显然不是盲目地刷题，那样不仅没有任何收获，反而会养成思维惯性，不利于之后的学习，因此语文做题也需要特别的方法。做题时，我们要规定做题数量，我个人经常使用的有两种，分别是单类题型做连续的2/3道和套卷做连续的2/3道题。在做题过程中最重要的是卡时间，哪怕是难题也要在限定时间 +3/4 分钟内做完，并且模仿考试的高压状态。另外，要严格按照先前设定的做题流程，不要觉得简单或难就随便写，这样考试才能应对不同情况。

很多人在做完题后仅仅简单扫一下答案看个大概便跳到下一题，这样的做题是对自己没有任何帮助的，做完题后的复盘有时候比做题还要重要。在做完一道题后，我们可以先快速地进行一个整体的复盘，对题目进行一个整体的评价：难易、是否做明白了、能不能对、自我评价等。之后我们要结合参考答案进行对比，发现自己的漏洞并进行改正。

上面便是我学习语文的经验与建议了，希望对学弟学妹有所帮助。其实无论学习好坏，努力一定会有进步，这是高三特别是面对弱势科目一定要记住的话，付出的收获绝对不只体现于一次考试，而是能在很长一段时间都有极大的收获。再痛恨一个学科也不可能放弃它，不如静下心来思考如何学，在学的过程中说不定会有新的收获。

班主任点评

杜达儒同学以优异成绩裸分考入清华大学，迈向了自动化专业学习的新道路。他是典型的工科男，思维灵活，数理化科目突出，语文成绩不是很稳定。

杜达儒的理科学习很有自己的想法，课余时间，他把大量精力投入到习题训练。从练习到总结反思，再到找老师同学答疑，整个过程高质量完成。喜欢刷题的同学很常见，但是真正把题目落到实处，通过题目反馈到知识方法，并转化为自己的解题策略的学生才是真正"刷题"的行家。以数学为例，尽管考题千变万化，但大量训练形成的积累保证了短时间找到恰当的解决方案，这是杜达儒的成功之处，这也极大提高了他的自信。

作为理科生，语文是杜达儒的薄弱环节，他为此投入了大量精力。特别值得大家学习的，就是他打破砂锅问到底的钻研精神。对待作文，他常反复修改，并找老师分析，这个过程有时持续很久，这样的坚持和韧性令人佩服。"不经一番寒彻骨，怎得梅花扑鼻香"，是对他语文学习的真实写照。高三一学年，以语文为突破口，我又向他强化了韧劲儿和斗志，对高水平同学而言，一两句提醒足以转化为强大的内驱力。适时的鼓励和鞭策，是我作为班主任的主要工作：时时勤拂拭，莫使惹尘埃。

值得一提的是，杜达儒同学担任班级生活委员两年之久，做事一丝不苟，亲力亲为，任劳任怨，很好地完成了班级的卫生值日等工作。这样的经历也练就了他精益求精的学习品质。一个人对待学业的态度，从他对待生活的态度就能表现出来，生活和学业其实是相通的，或许，这就是"攒人品"的深层逻辑。

家长心语 | 相信的力量

杜达儒之所以能取得如此好的成绩，是因为保持了三方面的相信。

相信北京四中的实力。在人格培养方面，四中"严谨、民主、自由、开拓"的教育理念，四中对于坚强意志、坚韧品格、高贵理想的塑造，四中对感恩、责任、目标、价值等的引导，深深地影响着每一个四中人，并让我们以四中人自傲。在教学授课方面，从接到四中录取通知书的那一刻，我们就紧紧跟随四中的节奏和脚步，按照四中的教学安排进行学习，仅根据孩子情况在最后阶段安排少量课外补习，其他时刻都是完全按照学校的教学计划进行学习。在教育条件保障方面，学校尽最大能力，提供在校时间的最大有效化、提供各种自习答疑条件，保障一个浓厚的学习氛围。正是对四中这方方面面实力的相信，孩子才能在四中铸魂、锤炼下，为高考积蓄力量。

相信孩子自身的能力。学习的事情，是孩子自己的事情，只有他发自内心地去学习，即具有自驱力，才能够学好，这个不是靠家长要求出来的。杜达儒初中时就表现出了对于学习的独立和自律，并有很强的上进心和自尊心。因此我们相信高中阶段，他依然能够保持初心。高中的学习和生活方面，都是他独自去安排，只是对于手机使用方面，提出了使用手机要可控的要求，杜达儒也理解并能做到。因此相信孩子，给他独自成长的机会、给他自我矫正的机会，适时地给予激励和认可、适时地灌输一些心灵鸡汤，为其高考增长力量。

相信保持平常心的幸运。作为高中生的家长，你能参与得越来越少，更多的是保持平常心，做好家长的后勤工作，保持良好的亲子关系和家庭氛围，不纠结、不焦虑、不攀比。相信这份平常心，为高考时孩子的心态稳定发挥了力量。

人生的路很长，高考只是一个关键时刻。相信现在的自己，相信未来有无限可能，将不断成为更好的自己作为努力的目标，相信所有的四中人都能拥有精彩的人生。

目标明确，坚定前行

李　硕　高三（8）班

成绩情况：高一年级大体排名第 76，高二年级大体排名第 65，高考成绩 692 分，北京市排名第 168，年级排名第 18。

成绩雷达图：

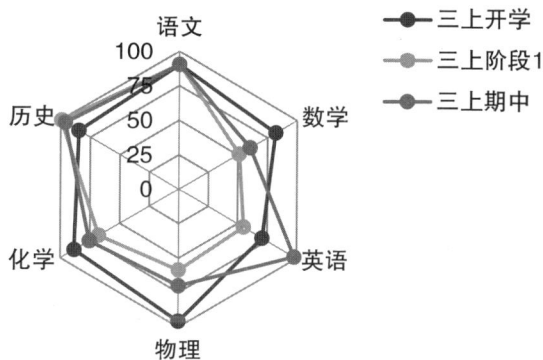

弱势科目：数学、化学。

弱点：不懒而散，最初缺乏组织性与学习章法。

送给学弟学妹的一句话：把握好自信的尺度，明确好前进的方向。

最终录取院校：北京大学光华管理学院。

我的简介：一个踩着四中录取分数线进入四中的草根青年，一个在活动中歌颂青春的学子，一个"非主流"的学习选手，一个从高一上学期年级排三位数逆袭到年级前列的非种子选手，一个在四中实现蜕变的青年。

四中的学习——学习之章法

三年前，我以与四中录取分数线齐平的分数考入四中，也因此在心中将自己归为了"吊车尾"一般的存在。高一时的我怀揣着敬仰和羡慕的目光看着同学们展现自己超强的学业能力，于那时，我在心中种下了一颗小小的名为"逆袭"的种子。然而，那时的我并不具备成熟的学习方法，只好诉诸于初中的学习经验。

高一、高二时，我几乎仍然照搬初中的老一套学习方法：题目做不对就去买练习册一份一份地刷，有疑难问题就坐在座位前不顾时间流逝地独自尝试。或许是因为侥幸，在各科学习都没有走向综合化、没有复杂系统问题的高一与高二初期，我凭借着"老一套"的方法，慢慢取得了一些成绩。然而，这样视野狭窄的学习方式给我之后的学习埋下了隐患。在高二后期，试卷上的问题不断变得复杂而灵活，各科知识点也走向爆炸式增长的阶段，任凭我怎样努力，都没办法通过"刷题＋冥思苦想"的学习套路取得进一步的提升。最终，我在高二上学期的期中考试中出现了全线崩盘的态势，心理防线也遭到了重创。

仔细回想，那也许是我在高中学习面临的"第一次学习危机"，同时也是第一个转折点。当旧方法走不通的时候，迷茫的我决定去和各科老师答疑，从而思考学习的新道路。

在和老师答疑的过程中，我意识到试题失分的背后并非简单是某个知识点的遗漏或混淆，更是知识架构的混乱和简洁做题思路的缺失，而这一致命漏洞是无法通过刷题来弥补的。因此，我逐步废止了之前采用的"漫无目的式"的刷题方式，而花费了更多的时间回顾老师的解题思路，进行"旧题重做"以反思自己与标准答案之间的思维差距。

同时，化学叶老师在一次上课过程中提出了一个经典的观点"把握出题人意图"。意识到这一点的我重新回顾了开学考以来的各种测试，发现每个隐晦的题目信息后都有着明确的知识点要求。于是我逐渐奠定了自己的"新学习章法"——以基础知识积累为主体，辅以解题思路和技巧培养。接着，我便一门心思扑在了高二的学业中，通过"自身知识积累＋与老师思路技巧沟通"的努力，在期末考试中我也以"非种子选手"的身份首次进入了年级前列。

伴随着各科成绩整体进步的同时，一个之前藏匿的问题逐渐显现：数学这一弱势学科对我的成绩造成的影响逐步扩大。每次考试，我的数学排名都往往在总分排名之后，优势学科被迫负担着数学的拖累。同时，由于在考试心态上，数学会对接下来的考试造成一定的干扰，因此每次我的成绩都会以"数学＋某科"的不理想成绩结尾。更为糟糕的是，我的物理、化学也逐渐出现了颓势。在简单判断后，我决定先着手解决数学这一核心问题，在此基础上实现物理、化学的理科进步。

与数学的斗争几乎贯穿了我的后半段学习生活，在此期间我也面对着学习时间分配过度不均导致的文科成绩下滑，以及反复波动的理科成绩的挑战。令我沮丧的是，经历高二下学期一个学期的努力，虽然总体成绩呈现出进步的局势，但数学成绩也只能勉强保持在班级中游水平。最终，我的高二下学期期末考试定格在年级排名 65 的成绩，这也让我意识到若不能突破弱势学科，我是无法进入年级前列的。

数学这一弱势学科的暴露便是我所遭遇的"第二次学习危机"。然而在暑假中，各科繁杂的作业冲淡了我对数学的危机感，反而产生了一种"我这样已经不错了"的错觉。在这些遗留问题即将被我带入高三之际，学校在暑假采取的三方会谈让我看到了逆转这一颓势的希望。在与数学周康老师、年级组长叶长军老师的交流中，我逐渐反思自己存在"不懒而散"的问题——即我对不同学科的学习重心的思路模糊，不采取"因科制宜"的方式，向各个方向一味地平均发力，最终导致不同科目的解题答题思路与答题方式相互干扰。在明确这一问题后，周康老师对我前一阶段的数学学习工作表示了肯定，并在沟通交流中和我一起建立了新的围绕"弱点突破"的学习章法——跟紧老师上课复习梳理，随时与老师答疑交流，并有意识增大选填题练习量。同时，叶老师指出在高三的快节奏复习下，应当做好日常学习规划，实现学习效率的最大化。我很感激二位老师最后给我提出的很高的期待——"高考700+"。从那时开始，我意识到自己的潜力是被自己极大低估的。我告诉自己要用"高水准"来严格要求自己，不要满足于一时的小小进步，要志存高远长期鞭策自身，不断实现进步。

高二暑假的自习中，我"不懒而散"的问题很快暴露出来。我在最初面对长时间的自主学习时，往往因为没有具体合理的计划，导致自己虽然焦头烂额，但学习效率无法保持在高水准。意识到这一问题后，我制订了以"数学单科突破""文科基础积累"为重心，辅以"选科手感保持""重要知识点回顾"的暑假复习计划。我以语文古文背诵、英语单词记忆作为一天的开始，同时在下午保证两个小时的完整持续的数学学习。这样完整的数学计时训练不仅提高了我对数学解题的思维敏感度，更在很大程度上提高了我对数学学习的信心，让我不再畏惧数学。对于三门选科，我也保持着很高的重视程度，我为其制订了周计划并努力在每一天内完成充足的学习额度，穿插在各主科之间，从而保持一天中的学习兴趣。

在此期间，我深刻意识到了"学习计划制订"作为重要学习章法的价值，它给每一天的学习生活提供了指导，从而在学习中避免了顾此失彼、慌乱匆忙。同时，它也让我在不断地探索中知道了自己的能力边界，为高三的长期自主学习生活打下了重要的基础。

进入高三后，我仍然在与数学这一弱势学科斗智斗勇，同时也面对着许许多多的新问题：语文进入大规模套题训练后，考试时间的分配问题逐渐显现；英语听口考试不得不占据大量练习时间，同时新高考阅读的难度加大，我对于语篇的整体理解也出现了一定的困难；物理的计算量与思维量骤然加大；化学工业流程与实验探究的答题思路在综合全部知识后显得复杂异常；甚至历史也不断涌现出复杂量大的新题型。高三的快节奏"纯粹学习生活"也带来了较大的不适应感：B类课程的劳累感、晚吃饭的饥饿感、"连轴转"考试的恍惚感、课后找各科老师答疑的奔波感……短暂的慌乱和摸索后，我凭借着暑假积累的"学习计划制订"经验，慢慢熟悉着高三的高强度学习生活。对每一周的学习生活设置需要重点突破的问题，面对每一天的自习时把握好不同的练习侧重点，我也成功在高三开学的忙乱中稳住脚步，开始了稳扎稳打的复习生活。

然而，我的数学这一弱势科目问题仍然没有完全解决，新出现的问题在于：日常的数学训练及题目小测中都能够有不错的表现，但面对大考中的完整卷，各种问题仍然层出不穷。同时，在多次化学周测失利后，化学这一科目也进入了我"弱势学科"的名单中。

在高三各科复习压力的重担下，想凭借暑假一样长时间投入某一科的学习已经不大现实，更不必提我还面对着各科成绩的波动，高三阶段的学科突破与稳定也成为我的新问题。与此同时，受疫情影响，在高三上学期的复习中我们不得不面对居家学习这一现实，这意味着如何保持高效学习、如何独自保持学习心态平稳成为同学们共同的挑战与困难。

然而，危机中也蕴藏着机遇，居家学习免去了大量路途波折、晚饭期间的排队等待、遛弯闲聊的时间，这让我得以在弱势学科上投入更多更持续的时间，我也决心利用这段时间进行弱势学科的突破，并且实现考试答题策略的稳定。

居家初期阶段，我也有过短暂的心态不稳，但是我凭借着一系列做法很快稳住了阵脚。首先，我将自己的日常心态稳定建立在三个重要的基础上：一是人生来就有追求自由和快乐的权利，而我们往往拥有这种追求的能力；二是出于高三学生身份的限制，我们在一定程度上会控制并限制自己的行为，但自控的能力是有限度的；三是当判定自己过度放纵后，人将产生懊悔情绪，从而产生自我激励或者自我否定的心理。在承认自己的自控力有限后，我制订了几条切实可行的方案：首先，我建立了自己独特的"小玩而大学"放松体系——花20分钟打一局游戏总是比浪费2个小时惦记游戏要强。我认为在高三阶段刷视频、打游戏等行为并不是一定要禁止的，但是应当确定一个相对固定的周末时间来进行短时间的放松，接着全心投入到学习中。其次，我决定落实马校长所言——"要把睡眠当成一种信仰"。相比于不断因为自己的瞌睡而懊悔，我决定把握好自习阶段的睡眠。同时，我也不再将"昼寝"视为洪水猛兽。正确的做法不是避免睡眠，而是利用睡眠和小憩，为下一阶段的工作做好准备。当然，我也并非真的呼呼大睡"一觉到天明",而是和高考的日程表对照,尽量找一个考试间隔的休息空隙进行半个小时的睡眠。于是,学习、娱乐、睡眠三者在高三的生活中实现了有效统一,让我不至于走入荒废学业的歧途,也避免了我走向心理压力过大、产生厌学焦躁情绪,从而保证了一个良好的学习生活心态,我的高效复习计划也得以继续。

在那一段时光中,我几乎每日都保持着"零点入眠六点起床"的生活,尽力保持着这样一种自律的生活习惯,它帮助我在上课前与放学后都有着较为充裕的时间进行自主复习。为了突破数学与化学的学习瓶颈,我一方面保证上课期间的全神贯注与校内基础作业的落实完成;另一方面也进行了较为大量的定向题目训练——通过各区近年的期末模拟题训练考试心态,通过老师布置的思考题训练自己的解题思路,并随时与老师答疑交流。在此期间,我逐渐掌握了一套比较成熟的解题技巧,并在与同学的相互沟通中不断将其体系化、完整化。在这样的努力下,我逐步取得了考试的自信,虽然成绩时有反复,但始终保持着向上的姿态。

回忆起来,我应当感谢"当时只道是寻常"的学习小组日常,在自习阶段我们打开摄像头对准桌面互相监督,互相分享学习经验,甚至开辟了周末闲聊的空白时间,让我们得以获取一些同伴的关注与鼓励安慰。"要想走得快,一个人;要想走得远,一群人。"学习中同伴的力量是任何人都不能忽略的。

在做好一系列准备后,我在期末考试中实现了弱势学科的第一次突破:数学和化学都达到了班级的上游水平,甚至单科排名与我其他的优势学科都不相上下。在期末考试中获取了信心的我在短暂放松后,又紧锣密鼓地投入到了寒假的新一轮自主复习当中。或许是由于之前已经积累了足够的经验与能力,"不懒而散"的问题已经被我彻底克服。我在寒假的自主复习当中,即使面对各科繁多的作业与要求,也能做到心态平和,有条不紊地处理各科任务,最终提前一段时间完成了作业要求,也得以实践一系列自主学习任务,为最后的冲刺打下基础。

进入高三下学期,也就进入了最后的冲刺。我也给自己提出了新的高要求:各科复习不留大漏洞、成绩要保持高位稳定。然而,实现这个目标的过程中我也遭遇到了前所未有的挑战。从开学考，到零模、一模、二模，每一次考试我都会有一门科目突然落后，从而导致整体排名的不理想，各科的漏洞和错误像是滚雪球一般越来越大，而且似乎做的题目越多，漏洞暴露得就越明显。最终，在海淀二模再一次全线崩盘后，我彻底陷入了痛苦之中，跑到化学办公室和叶老师进行了一波彻底的自我否定——"我感觉自己什么都不会了，感觉自己什么都做不对了。"

这种自我否定的心态便是我遇到的最后一次"学习危机"，也是有史以来最紧急、最迫切需要解决的一次危机。叶老师面对垂泪的我，反而向我表示：这一切都是二模后的正常现象，学校的理想状态就是要让学生在二模经历一次低谷，再让成绩如同对勾函数一般向上起飞。叶老师给出了解决危机的最后一件"学习章法之宝器"——"听老师的话"。

许多我们认为自己学习中的"疑难杂症"，大部分只不过是老师眼中再正常不过的"正常现象"。他们的教学经验让他们能在这种时刻给出我们最好的解决方案，最快速的进步方略。物理魏老师指导我暂时放下题目，回归教材；语文李老师指导我确定作文模式，精练大题答题语言；数学周老师指导我旧题回顾，注重研究高考题命题方向……在老师的陪伴下，我再一次重拾信心，通过自主训练和自习答疑克服了自我否定的心理，目标坚定、充满信心地走向了最终的决战——高考。

从我在四中探索学习之章法的最终结果可知，我在四中的学习章法探索是成功的，由中考的西城区第 500 名到最终高考的北京市第 168 名，这其中的三次学习危机与三次学习章法的革新，正是我实现"逆袭"的"法宝"。

四中的期待——大效于世

借用徐雁老师的一句话："高考与教学本来的目的应该是'立德树人'。"北京四中对于我的培育远不仅限于成绩的提高，更是一种"家国天下的情怀，舍我其谁的担当"。

始终坚持的一晚《新闻联播》放送、《澡雪》中的时文推荐与思想启发、历史课上的"以古为鉴"……四中在教学中期待我们更多地和时代接轨、与社会同心，因此四中的培养方向不仅仅关注学业提升，更关注学生的全面发展，从而让同学们成为"顶天立地的人"，让同学们成为"优秀的中国人"。

升入高中前的我，认为高中就应该简简单单地做好学习的事情，其他的情怀与事务都应该为其让路。然而，在高中期间我受到的四中情怀的熏陶无时无刻不在提醒我：在做好学习功课的同时，高中生更有很大的社会义务与发挥空间。历史课上，老师向我们讲解唯物史观以及历史核心素养这类"非考试内容"时，曾说道："对四中的同学而言，学习好只是本分工作而已。"四中对于学生的期待，远远不仅是"高考夺标"这样的成功，更应该努力超越高考的范围，实现全面发展。

因此，在四中的生活中，有语文课对于"重庆山火志愿者"的写文纪念，有数学课中拓展知识打开的线性代数大门，有英语课拓展阅读中的《经济学与生活》，有物理老师自主设计的建模类应用题与中国科技成就介绍，有化学课上自主探索化工合成的题目设计……我在社会实践"重走长征路"中徒步20公里山路，体悟"走好每一代人的长征路"这句话的分量；在数学建模活动中与伙伴学以致用，将中国古代碑刻书法与计算机建模技术架起桥梁……这一切，都是四中为我提供的成长的基石，我们作为四中学子，也理应站在四中的基石上，将手伸向天空的更远方。同时，四中也指导我"有生之年，皆学之日"，终身学习的理念使我在高考后也不会忘记提升自我水平，现在也会通过网络教育资源来不断丰富自己的知识面，了解社会领域的点点滴滴；凭借着四中这三年的基础知识积累，阅读更广泛、更深刻的书籍，不断提高自己的能力。

四中"大效于世"的理念并非一句口号，而是对社会"实用型人才"需求的一种回应与信心。我已带着四中给予我的自信走出校园，准备去做时代浪潮中奔涌向前的一滴水。我期待学弟学妹们也同样能在四中实现自己的全面发展，不忘记王道元先生百年前的谆谆教诲："诸生勉乎哉！"

尾声——远行的四中人

毫无疑问，四中在我心中是最优秀的高中。我曾在这里实现蜕变，也深知若无这里优秀卓越的老师与同学，我根本无法完成这个破茧成蝶的过程。在这里，我学会了在一次又一次的活动中彰显自己的风采；在这里，我在一次又一次的交流中摆脱了初中不善言辞的阴影；在这里，我接受了最真诚、最友善的待遇，也竭力用自己的温暖与努力去回馈四中的色彩。

即将离开四中，我的内心充满着坚定。如同《大路之歌》中所唱："我轻松愉快走上大路，我健康自由，世界在我面前，长长褐色的大路在我面前，指向我想去的任何地方。"这是四中带给我的自信，也是四中留给我的礼物。

我即将向前大步离开了，就如同小船要离开港湾，小鸟儿要离开巢穴，但我们曾经的世界并没有消失，它就在那里。正如同在操场南边，那个夏天会被绿色布满的地方，那里写着"我在"。

我会走得很远，但我永远不会真正离开。在将来，我仍会迷茫，我仍会苦闷，但四中已经给予了我清晰的目光与厚重的肩膀。在这里，我学会了依靠他人，更学会了依靠自己。我们都是少年，而"少年心事当拏云"，我们理应拥有凌云之壮志，或许这份壮志正是四中人所谓的"做杰出的中国人"。我们不会离开这里，但我们更应当积极地向前开拓，让我们追求拏云之壮志吧！

班主任点评

尽管在科技班，李硕同学不是典型的偏理工的选手；相反，他的语文、英语和历史比较突出。从年级50左右到最后角逐到裸分考入北京大学，他的经历的确值得我们学习。

成绩的不稳定，以及由此产生的长期心理波动，是高中后半段李硕面临的主要问题。心理是外在，内核是学法。除了心理疏导，我给予他更多学法上的指导。以数学为例，他经历了由单一刷题到多反思多总结的方法转变。高一、高二，他的数学学得较为粗糙，很多概念并没有真正弄懂弄透，计算偏弱，这导致考试总在某一道大题上折戟。另外，对于某些难题，他多数感觉是对的，但是未必能精细完整地做出。由此看出，李硕的感性认知强于理性认知。我便由此入手，通过试题分析和课下答疑，强化他深挖错误，并和基本概念、基本方法联系起来，从错中学。这样的长期训练，使得他的数学学科能力与日俱增。

强大心态的练就非一日之功。成绩起伏，心态波动是高三比较正常的表现，更为重要的，是内心坚定必胜的信念，而信念的来源，就是老师科学有针对性的引领和自己持之以恒的付出。高三的学习，不必在意一城一池的得失，要执着于高远的追求——但闻耕耘，不问收获，良好结果的取得，也就水到渠成了。对于心态起伏较大的同学，这样的心理暗示不失为一个好的策略。

家长心语 | 加油吧，少年！

李硕同学高中阶段在学习目标定位清晰后，始终秉持着"业精于勤，荒于嬉；行成于思，毁于随"的学习理念，在四中经历了三年学习生活的锤炼，祝贺他成功进入心驰神往的大学，也即将开始一段新的学习生涯，前路漫漫，相信他会笃定前行！

当他怀着惴惴不安的心情走进四中校园开始，作为家长的我们就像往常一样，与他随时进行着深入沟通交流，了解他的心情。基本踏线的成绩，以校额到校的形式填报了北京第四中学，知道一定会被录取，但拿到通知书的刹那，我们没有看到他过多欣喜的表情，更多的是看到了他知道班里部分同学中考高分后产生的压力。在新生家长会上，学校也一再对同学家长们进行着心理建设：孩子也许是初中时在校的佼佼者，但进入四中后会发现，第一次的开学考为什么名次比想象中的低？尽管做好了心理准备，但最初的情况还是那么的令人郁闷。在这些问题的困扰下，我们看出了他的不淡定。经过各自的思量，经过沟通，我们的思想迅速达成了一致。制订出由近至远的阶段性目标，纵向与自己PK。从班排名到校排名，再到理想的目标大学，踏踏实实，用坚定的脚步，一步一个脚印，向目标前进。开学前各位学长助学的讲说，给了他极大的帮助。和他曾经有着同样困扰的学长，把在四中学习的方法毫无保留地传授于他，最精髓的一招就是学长所说的，一定要听老师的话，不打折扣地完成老师各个阶段布置的每项学习任务，加之自己的努力，相信你的目标就在那里，而且一定能够实现！

对于他的教育，我们一以贯之采取的是朋友般的沟通，因为我们相信自他懂事以来，只要是对他成长有利的教导，他都会认真琢磨领悟其中的道理，然后发表自己的看法，共同探讨找出最适合他的方法。当然过程中不乏有关于怎样处理懵懂少男少女的感情，关于体育运动及玩电子游戏的时间占比，关于学科查缺补漏是否报课外班等问题，我们有过思想上的冲突，但我们都会保持良好的心态加以解决，因为我们的目标是一致的。

高二暑期的单独约谈，让我们家长与年级组长叶长军老师及班主任周康老师有了更深一步的交流，互通孩子在校及在家的学习生活状态，肯定优点的同时找出存在的问题，得到孩子由衷的认可。叶老师的一句，高考成绩要奔着700+，当时明显感到孩子的眼睛一亮，我知道这就是鼓舞的力量。约谈过后，在整个高二暑期，他始终绷紧了学习的弦，未有松懈。

在高三上学期，孩子的学习进入了他所谓的瓶颈期，尤其是他擅长的物理，总也考不出理想的成绩，而相对薄弱的数学学科，更是让他有些焦虑。就在这关键节点，学校采取了每位同学都有科任老师除了在学习方面，更是在心理方面进行辅导的举措，家长们也可以与老师沟通了解孩子的学习及心理状况。此方法取得了非常好的效果，也许在家长面前不祖露的心声，可以在老师的面前将心结打开，学校反馈说有些同学在老师面前泪流不止，那是另一种情感上的宣泄，更是毫无保留的信任。老师们用经验，分析问题，鼓励孩子们，让他们又信心满满地回归到备战高考的战场，我们家长看在眼里、喜在心间。

锤炼、铸魂！在四中，身心上全方位的锻炼，始终贯彻于孩子学习生活当中，四中的教育理念及期望"大效于世"更深深地刻在同学及家长的心中，那将是深深刻在骨子里的精神，愿四中的老师们桃李满天下！愿四中的同学们"大效于世"！

稳定心态，专注当下

孙思杰　高三（8）班

成绩情况：高一年级大体排名第100，高考683分，北京市排名第442，年级排名第38。

成绩雷达图：

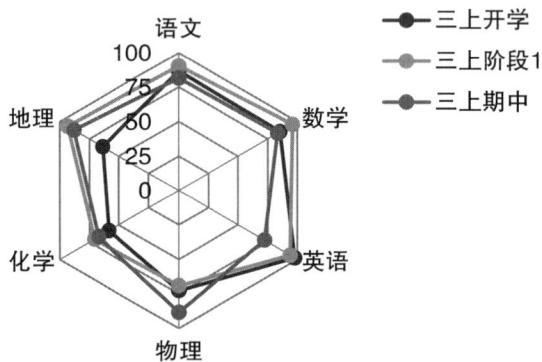

弱势科目：数学、化学、地理。

最终录取院校：北京大学地球与空间学院。

自　述

我是 2023 届毕业的孙思杰，来自 8 班。通过强基计划考入北京大学地球与空间学院。

我对于自己的成绩定位一直都觉得略有些遗憾，我在高一的时候能够稳定在年级的前 100 名上下，最好也只是挤进了前 50。到了高二选科之后，由于我的语数英成绩还不错，能够稳定在年级前 50，但是选考科目物理、化学、地理发挥一直不太稳定，尤其是地理，经常是在后 50%，所以整体排名并不是很突出（指进入年级会表扬的前 20）。升入高三后，我的综合排名迎来了滑铁卢似的下跌，我的短板也逐渐显现出来，最差的一次是高三上学期期末 108 名，最好的一次是二模的 19 名。

我对于我的高考成绩还算满意，自我评价为稍有遗憾但是发挥正常，总分是 683，正好是北京大学 01（文科）组的最低分数线。在北京市排名 442 名，年级排名 38 名。说是略有遗憾是因为我的文科成绩比我的平时发挥和预期低了 10 分，但是数学成绩还算不错。

我的弱势科目本应该不是数学，因为高一、高二我的数学成绩都是拉高水平的那一个，但是从高三一年的数据上看，数学是我发挥最不稳定的弱科，其次还有化学、地理，不过通过高三一年，我也算是做足了准备，由不断地重复模拟考试，找到漏洞，减少非智力因素失分，最终成功地达到了训练有素，能够面对试卷不慌不忙，根据培养的答题思路去作答，并且发挥出自己的基本实力。

但是我不得不坦白我是有致命弱点的，那就是我不愿意做"额外"的事，这里的额外指的是老师布置的作业之外可以做的一些总结与分析，但往往这些总结是对于突破弱科来说重要且必要的。归根结底还是凝结为"懒"这一个字，我是一个不愿意主动找老师，主动总结改错，需要通过"布置作业"来督促学习的懒学生。

我有很多话想留给或许能看到这里的朋友们，我的脑海中回响起年级组长老叶带着我们"相信老师，相信自己，做到极致"的口号声，这其中我最希望大家记住的是相信自己，不要把高中三年看作一场试炼，高三紧张的备考也不是所谓的渡劫，这三年是生活，是生命里不可或缺的一部分，所以请睁开你的眼睛，留心身边，珍惜身边的老师同学，享受仍在校园的每一分钟。

关于我本人，我是一个平平无奇的普通学生，没有特别的专长，有着普通的爱好，甚至于没有特别喜欢的专业，梦想什么的也是一片空白，但是我对我的高中生活非常留恋与珍惜。因为这段时光里有奋斗、有欢笑、有沮丧，是丰富的、充实的。

突　破

自升上高三之后有一个烦恼一直困扰着我，那就是我本应该占尽优势的科目数学却总是栽跟头，期望140+却每每落得120+甚至更低。看到身边同学的数学成绩飞跃式进步，再看我的原地踏步，十分着急。

于是我进行了一次又一次的试卷分析，发现丢分最多的往往是很简单的题目，像是选择填空的前三道题目、三角函数、立体几何、概率统计，再加上后面的大题有时没什么思路，于是总分就略显碲磔了。我下定决心要改变简单题丢分的现状，狠下心每周练两到三套选择题及第三道大题，就这样先练了一个月，等到下一次考试，却又错了概率统计。我本以为通过重复的高强度的训练，加上吃一堑长一智的自我警醒，我可以实现这个突破，但现实给了我有力的一拳，我的一模数学仍然在120+。

就在这时我意识到了一个宝贵的经验——我不是一个人在战斗，我还有老师，还有同学，自己分析并且训练自然可行，但是老师的分析更加一针见血，老师建议的练习方法更加有针对性。于是我开始频繁地往数学办公室跑，老师坐下来和我一起分析试卷，最后得出心态还是不稳，容易慌这一诊断。开的方子是进行易错点整理，如"看清交集并集"这些小提醒，还有诸如排除法，走两步等小技巧按照题型分类整理。

做完这些，老师对我还是蛮有信心的，但是我心里还是没底，于是老师挑选了题目，让我保持节奏，不要挤在考试前突击练习，每周练一套选填加前三道。我就这样练到了二模，果然，带着熟门熟路的轻松心态，加上万事俱备的信心，二模数学终于考了137分，突破了瓶颈。

接下来的问题就是如何攻克难题，也就是解析、导数、新定义这三道，我还是沿用这一套方法。因为计算能力已经较为扎实了，所以就是以练习和总结经验方法为主，先找到数学老师请他帮忙找导数解析题，并且商量一个练习的计划。在停课复习前我基本上是每天做一道，但是要求自己不仅仅是做出来，而且能够总结出思路画出思路图，并且找到最简单实用的方法，也就是考试上容易想到，并且在有限时间内能够拿到最多分的方法。举个例子，对于一道解析几何题目，我做第一遍时就是顺着做，和考试的状态一样，并且计时，很多时候只能做到一半，或者会用半个小时死算出来。第二天我找到老师请教简化计算、优化思路的方法，再用优化过的方法独立做一遍，做完后标注出关键步骤的思路，用一句话总结，这相当于是第二遍做。在大考前，把这些积累起来的题再看一遍，主要是留一个"这些题原来还能这么做，这个地方可以这样简化"的印象，对考试临场的随机应变更有帮助。

对于新定义，我的发挥一直都不稳定，我总结限制新定义拿分的因素主要是以下两条：一是考试的时候时间或许没那么充足，没时间计算；二是没有完全理解定义就开始做题。因此，我也是有针对性地制订了解决策略。

第一点就是考试的各个题型设置上限时间，超过时间就不再纠结。例如最夸张的一次，我选择题加上填空题有三道题第一遍没思路，但是我一看表已经用了40分钟，于是果断跳过，先往后写，把新定义第一问写完再回头算这些题。

针对第二点我认为就是要锻炼把定义的数学语言翻译成"人话"的能力，也就是把抽象的集合、表格都转化成"什么条件，在什么范围，有限无限，如何运算"这些语言。这有助于我对题目新定义的理解，也常常能帮助我获得第二问的解题思路，提示我是选用枚举、排除还是走两步找规律、反证法。

不过我认为做好新定义还是一个可遇而不可求的结果，我们应该抱有第一问拿全分，第二问拿几分就是几分的心态，而不是强求自己弄懂弄清楚每一问答案的思路，这也是全卷中付出时间和最后收益最不成正比的题目，与其花几个钟头去研究新定义的第二问、第三问，还不如将时间和精力投入在对导数、解析的题型整理上。因为高三复习讲究的就是一个把时间用在刀刃上。

突破的感觉是切实能感受到的，就是之前你以为自己不会犯错感觉良好，结果一看在简单题目上扣了太多分导致成绩直接下130分，但是训练过后，心里有底了，考试的时候就能够稳扎稳打地把卷子完完整整做完，并且遇到不会的也不慌，能够冷静取舍，考完之后预估的分数和实际的分数接近。突破在我身上的体现，就是有了更加清晰的自我认知和解答策略。

说完了具体的某一学科，我想再说说我自己的一些小缺点，也就是所谓"灵魂拷问"的内容。在高三前的暑假，年级组长叶老师和班主任周老师与我和父母举行了一次三方会谈，会谈的内容已经模糊了，但是当要求我进行自省，举出我的致命弱点时，我呆住了。当我回家再去想这个问题时，我给出的答复是，我是一个比较懒的人，平时在家也确实会被手机和视频软件干扰，导致没办法集中精神，所以我要为了自己，多学哪怕一分钟，按部就班地完整不拖沓地完成老师布置的复习任务。

于是我做了一些思想准备，那就是把家和学校"剥离"开，把学校看作认真专注学习的场所，在家里赋予自己休息的权利。其实这就是一个积极的心理暗示的效果，在经历了前一个月的适应期后，大致了解并且度过了每天早七晚十的工作日，和周末早八晚五的自习之后，学校这个地点就与心无杂念认真学习的心态绑定了。于是到了学校，就会自觉地进入学习状态，从而摒除其他的杂念。但是放松休息还是很必要的，于是我到家之后，会吃些东西、刷会儿手机，然后尽早休息，当然还是会把一些比较轻松的学习任务放到家里做，比如说背古文、听口练习、读地图、整理错题等。

这样的思想准备对我而言还是很有用的，可以让我在学校学习的时候达到最高效率，并且不偷懒地用好每一分钟。同样地，学习心态也很重要，也就是我是如何对待兴趣爱好与高三学习的关系，总结下来就是"玩的时候好好玩，学的时候踏踏实实学"。我在筹备、彩排音乐剧的时候并不会去想我的作业能不能写得完，但是当我演出之后回归高三复习，会跟剧社划清界限，大家也是很有默契地不再提起社团和音乐剧，全身心投入到每天的课程和自习中，以确保一种纯粹的学习状态。我的实际体验就是，尽兴玩了之后，学习效率和心情都会有极大程度的提升。当然玩完了之后还是要脚踏实地学的。

我一直认为自己是一个心态很好，能够稳住阵脚的人，但事实证明我的自我认知还是不够清晰。在一模的过程中和一模之后，我的心态发生了比较大的波动。或许是第一次按照高考模式演练考试过程导致紧张，或许是全校同学聚在礼堂里备考的大场面造成震撼，我对于这一次突如其来的正式感、预演感产生了巨大的压力。把一模当成高考，每一科考完之后，走出考场的时候就开始预估这一科目的发挥。

后来和班主任聊起，我说我太把一模当回事了，导致患得患失，他说这不完全对，应该在过分重视和过分轻视中间找到平衡点，这种模拟考试就是考试前别给自己太大压力，复习的内容也不要排得太满，考完后要格外重视错误，发现问题解决问题，不仅仅是知识上，还有应试策略、心态、技巧上的漏洞和改进点。这段话我奉为至宝。

于是我之后的考试都把心态放平，把它们看作是一次次小小的阶段考，只不过形式是高考模拟的模子。我的二模成绩在年级前20，对于我来说是特别大的进步，我将其归功于心态的放松。

我的高考甚至比二模还要放松，因为这个时候是真的没有什么可以再滚动复习的了，需要做的事情不多，更重要的是吃好喝好睡好。我颇为自豪的是高考连续几天睡眠质量都很好，没有出现失眠睡不着觉的情况。每天都是把便签纸上写着的几项最后复习的内容做完，再散散步，弹会琴放松一下。不得不说，这样的好心态保持到了最后一天，至少让我顺利完成了高考，没有在考完数学或英语之后因为难度心态崩溃，导致后续发挥不佳。

我很感谢四中，毕业之后，当我们六个同学沉醉在上海外滩绚烂的灯火下时，我对四中做过这样的评价，我说四中是一个小圈子，但不是一个小社会，因为这里的人都充满善意，愿意伸出手帮助他人，而不是利益至上或者钩心斗角。在这个圈子里，每个人受到的都是平等的关注、平等的对待、平等的自由；在这个圈子里，有会陪你直到十点四晚结束的老师；有和你共享兴趣，与你一同并肩奋斗的同学。我为我能够融入四中这个小圈子而感到幸运。

四中还是一个精神上的高塔。我从来没有大声表白过"我爱四中"，但是这份情感已然厚重到在无形之中再塑了我。我在强基面试的自我介绍中，自豪地提到我来自北京四中，说我喜欢北大是因为她和四中一样，充满人文关怀，充斥着厚重博大的情怀，"四中"现在对于我是一片乐土，虽然才刚毕业不久，却已经开始想念她。

班主任点评

孙思杰同学性格温和，和班里的每一位同学都保持着较好的关系，是班里的"暖男"。这样的性格也带到了学习之中，按部就班地完成老师布置的任务，没有特别的"内卷"表现，属于中规中矩的类型。他担任高三一年的学习委员，工作尽职尽责。

孙思杰同学各科比较均衡，文科（如语文和英语）较为突出。高一、高二整体稳定在年级前100，高三波动比较大，尤其是数学极不稳定，最后高考成绩基本达到了高三的较高水准。

孙思杰同学具有较强的学习能力，尤其体现在钻研精神上，尽管刷题不多，但是对待难题善于思考。比如，数学学科的导数大题，总是可以按照一般的处理原则，找到问题解决的思路方法，尽管某些方法看上去较为烦琐。他的这种学习模式比较贴合做科学研究的路子——细细琢磨，勤于思索——但是对于考试优势并不明显。从备考角度来讲，熟练的运算能力和短时间的爆发力更为重要，因此，在迎考过程中，我特别向他强调了训练的重要性，尤其是有一定难度的题目。这对运算能力的培养和思维能力的提高，以及对解题惯性的养成大有裨益。

从高手过招的角度考虑，除非具备较高的天赋和极为夯实稳妥的水平，否则仅仅靠学习能力是很难在激烈的角逐中脱颖而出的。所以在高二下学期，我对孙思杰的关注主要集中在信念的培养和较高目标的追求上。针对他不温不火的学习特点给予了正反两方面的分析，提出了更高的目标挑战，督促、激励他对待学业投入更多的时间和精力，精益求精，不求最好，但求更好。这一点，从他高三的表现可以看出效果。当然，这也导致了学生心态的波动，这一点在孙思杰的个人陈述中有所体现，这里不再赘述。

从孙思杰三年的表现可以看出，培养学习能力和追求学业成绩应该两手抓，对于后者，更需要强大的信念和足够的投入，对于高手尤为突出。

家长心语

在成人礼上送给儿子的信中，我们写道：孩子你勇敢地向前走，我们相信你，陪伴你，支持你！高三这一年走过来，我们送给孩子最好的礼物，就是充分信任、积极鼓励和温暖陪伴。

孩子是在忙忙乱乱之中进入高三阶段的。那个暑假，他一边做着暑期作业、一边上着高校夏令营，一边要系统梳理复习、一边还忙着音乐剧社排练。特别是音乐剧社活动，因为开学后要演出一台节目，暑期整个团队集中排练，不仅占用很多时间，而且还要早出晚归往来奔波，学习受到影响，身体休息不好，真让人捏了一把汗。不断有同学退出，有同学放弃。我们同孩子商量，他说要信守承诺，坚持下去，尽量协调好学习和排练，路上车上可以学习，排练间隙可以学习，尽可能赶进度、两不误。想想孩子对音乐剧的喜欢和热爱，想想他一直以来的投入和从中获得的快乐，加之他对排练带来的影响有心理预期，对自己学习复习有考虑安排，我们就不再纠结，明确表态支持他。高三开学后又排练两个月，音乐剧如期演出，他和伙伴们一道在舞台上展示最好的风采，用别样的风景拉开高三的序幕。

高三一模考试成绩不太理想，孩子心情有点低沉，特别是以前比较擅长的科目出现失误，一度对自己的能力产生怀疑，甚至对即将到来的考试产生焦虑。这时候我们做好陪伴，陪着聊天、陪着散步，每天晚自习回家路上，我们聊聊流行音乐电影，聊聊学校趣事，也会说说胜败兵家事不期、持续努力就是王道，而且未来的道路很宽广，不用过度看重高考的结果。同时，请人把钢琴调好音让他随兴弹奏，并抽时间一起去看电影《铃芽之旅》，听着优美的音乐，欣赏着精美的动画场景，沉浸于引人入胜的故事情节，头脑放空，心情愉悦，莫名的情绪渐渐消散，少年心事又开始向上生长。这段时间班主任老师和各任课老师都给予了孩子很多鼓励，以及学法上针对性的专业指导。孩子的包袱丢下了，心情舒畅了，精神更集中了，学习状态也提升了，二模考试稳住阵脚、取得进步，心怀阳光和希望迎接最后的高考。

反思求索，谋求精进

王瑞扬　高三（12）班

成绩情况：高一、高二年级大体排名第30，高考年级排名第24。

成绩雷达图：

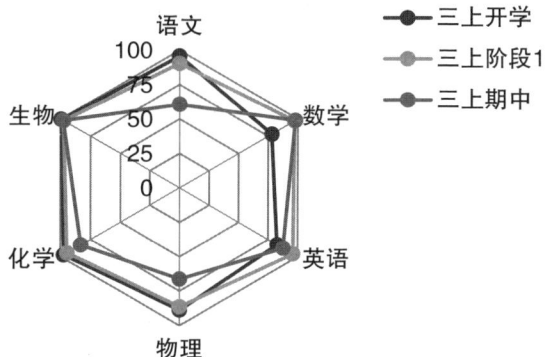

弱势科目：数学、生物、英语。

弱点：学业规划较被动，自主性、灵活性差。

送给学弟学妹的一句话：不拘泥自我盲目自信，不事事竞争妄自菲薄，做情绪与心态的主人，乐观、自信、昂扬、从容地拥抱学习，拥抱生命。

最终录取院校：北京大学。

我的经验

路

15岁的我在朝阳走完了九载求学路，来到西城闯荡。彼时的我在学业上一路顺风顺水，在小学、初中的小圈子里独步一时，鲜有对手。但是，对于圈子外的世界，对偌大的北京城里其他同学的情况，我未曾关心，也自然不甚了了。当我作为四中学生第一次走进这座校园，在那个炎热的午后踏上蓝色跑道，在教学楼见到了未来的班主任和同学时，我的内心是惶惶的，我不知道自己将在这个群体中扮演什么角色，不知道自己的高中之路将要怎么走。正是从那时起，我踏上了将贯穿我的整个高中生涯的探索和精进自身之途。

探索 · 挣扎 · 坚定

高中开学一个月，身处竞赛班但从未接触过竞赛的我目睹着身边的同学在各个方面大显神通——"拉格朗日""基尔霍夫"信手拈来，英语课上即兴发言技惊四座，古文翻译"信达雅"博得满堂喝彩……这个阶段的我满心崇拜，几乎在仰视着身边的同学。很快，第一次年级统考成绩发布，我的年级排在40左右，班级排位居第10，和初中时稳拿年级第一相比，落差不小，但也在意料之中。直到此时，我终于对同学们的水平有了一个初步直观的认识——大家果然很厉害！

面对这一事实，我庆幸我的心态调整是成功的。承认别人的强大，但我也坚信：通过自己扎实的落实，受助于自己持久的兴趣，我可以在现有基础上取得进步。于是，我延续着初中刻苦勤奋的作风，6：30起床，6：42出宿舍，6：55到班开始学习，晚上坚持上完四晚不缺席。到期中考试时，我的年级排提高到30左右；到期末，我成功挺进年级前10。在这个过程中，我的信心逐渐增加，因为我通过实践确证了自己的学习方法切实可行，安心带来信心。

下半学期，我数次成功冲进前 10，信心满满。我已成功探知了自己在四中的位置，仿佛初中的时光又回到了我的身边。

但是，升入高二的我一下子跌入了低谷。除过一次期中考试外再无前 10 成绩，两次期末考试分别以年排 40+ 和 30+ 草草收尾，几乎创下历史最低成绩纪录。很久后我意识到，这并非什么突发偶然事件，其隐患已经埋藏太久：在绝大多数同学具有明显弱势科目的九科时代，我的成绩掩盖了自己落实不到位的现实，一旦大家站在六科的平台上展开竞争，其弊病便暴露无遗。现实如此，但彼时的我未能及时归因，也自然难以获得对自己清醒的认识，难以理解自己的成绩何以呈现似不可逆的断崖式下跌。迷茫的阶段，碰上课内学习与课外生活之间矛盾的集中爆发，我进入了一个情绪不稳定期。

在这个阶段，我经常会受到焦虑感的无端攻击，身体上也出现了相应的反应，这直接影响到了我的学习专注度。身处其中，开始时，是无助的。我希望通过运动缓解焦虑，但无奈效果不佳。后来，我沉下心来思考：既然焦虑生发于自身，那么我应该努力找到自己焦虑的根本缘由。找到源头，思考明白，说服自己，焦虑也就渐渐离我而去了。这样，我为高三赢得了一个好的开局。

升入高三，我摒除了外来的干扰，投入了前所未有的精力，也获得了学校年级的认可肯定，这让我信心倍增。高三一年，成绩跌宕起伏难以历数，但已然成长的我没有再因一时的得失而让自己被情绪所奴役。我怀着对自己的信心，怀着对奋斗的信仰，撑到了最后，得到了一个令自己满意的结果。升入高三前的夏天，一个学长对我说："高三，是我在四中度过的最快乐的一年。"诚如其言，在一次次设定目标、付诸努力、达成成果的过程中，我一次次体会到充实，收获幸福感与满足感，当这一切告一段落之时，颇有一番恍如隔世意犹未尽之意。

从考入四中到顺利毕业，心态上几经风雨几历寒暑，终于从迷惘走向坚定、从恐惧走向勇敢。

行路心经

从前文所述的心路中不难看出，我和绝大多数人一样，在高中阶段经历了一段学法精进的过程。高二上学期时，同宿舍的好朋友曾毫不留情地指出我的学习效率低下，因为达到同样的程度，我的学习时间甚至会达到他的两倍。这使我不得不开始思考原因、谋求突破。终于，我找到了提升效率的方式——高度浓缩的三个字"想清楚"。这包含多方面的意思。

宏观上，"想清楚"是清晰地认识到自己在特定的学习阶段应该完成哪些任务，能够对某天某个时间自己的所作所为有所把握、有所掌控。任务必然会有很多，如果不能明确自己的节奏，考卷来了刷考卷，作业来了写作业，就会陷入被动，有针对性地解决自己问题的任务很容易会被抛到脑后或者一拖再拖，这是很不利的。所以我们应该主动出击，"想清楚"针对自己的情况，每天应该干些什么。

在宏观之下、中观尺度上，面对一项具体的任务，我觉得我们需要明确自己想要通过它达成什么目标。以高三下学期海淀一模为例，坐在考场上候考时，我会问自己：这场考试我的着重关注点在哪里，我想要通过它来验证或者解决什么问题。我在西城一模当中发现了自己在英语考试时间分配上的问题，所以我便告诉自己：海淀一模的主要任务是检验我调整时间分配的方法是否切实有效。于是，我在这一次考试过程中就会着重关注这一点。平时与之一样，面对一份作业试卷，或者一场随堂考试，我们应该清楚自己想从中获得的是什么。如若你旨在进行选择题提速，那么你就应该按照考场的方式来处理它，而不是在做题过程中把对每个选项的理解都做到100%。

在此基础上再缩小一步，微观尺度的"想清楚"是针对每一道题而言的。我们要问自己：能不能把做过讲过的每一道题吃透，再做保证不错？在此基础上，能不能找到其中的命题规律、答题策略，做到触类旁通？把这些事情想清楚，说来轻巧，但做来诚然不易。因为人皆有一种"快刷"的倾向，这本身恐怕也是一种思维惰性。当我们快速完成很大的工作量时，会收获一种强烈的效能感。而这，有时无疑营造了一种假象：我们做了大量的工作，我们非常努力，我们学得很好。但是，很多时候这种表面上的成就感掩盖了我们没能落实到位的事实，使得我们的工作、我们的思维倾向浅表化。于是，我们很可能会看到自己刷完的一本练习册没有批改完、反思完，练习册上的错题单独拿出来仍然不会。这恐怕就是因为我们一直在想着"向前冲""向前冲"，"停下来"的时间太短了。

补齐六边形

高中三年（主要是选科确定后的两年），我的单科成绩起起落落，难寻定数。但在波动之中可以看出，数学是我的最大弱科。也正是因为这个缘故，我在高三前有幸被导师纪荣强老师收入麾下。我内心知道，我在数学面前心存恐惧甚至自卑，因而对于数学老师我也很少亲近。我在与别人交谈时常常直接坦白"我的数学不好"，这无疑构成了一种消极的心理暗示，在我的心目中一遍一遍强化"我的数学不行"这一论断。这样，我是把自己装到了一个贴着标签的盒子里。我需要跳出去。

想明白了这一点，我开始主动亲近数学：课上积极参与解题方法研讨，每日安排额外的数学任务以第一优先级予以完成。于是，随着高三复习进程的推进，我得以逐渐体会到学习数学的快乐，也开始愿意分享自己的解题方法，我和数学之间的沟壑逐渐消弭。

身处其中之时不曾感觉，但经历一番后回头再看，顿感这段经历带给我的启示颇多。突破弱科，甚至说解决生活中遇到的任何一个困难，我们要做的，不一定是一味咬紧牙关硬着头皮逼迫自己向前冲刺克服它。也许，更多时候，我们需要做的，是去爱上它。疏则远之，亲则近之。放下恐惧、抛却芥蒂，在接触与喜爱的正反馈进程中自然而然地收获那牙关咬死却再也鼓不起的勇气与再也撑不住的执着。得此加持，成功方易。

数学是我自初中以来由来已久的弱势科目，它的存在对我的整体学业构成明显威胁。但在它之外，一些横空出世的"临时性"弱科也对我的心态调整、学业规划造成过很大的干扰。以高三为例，在高三上学期开学考试、月考、期中考试中，我的生物都成功考进年级前10，而它也是我自以为的优势科目之一。但是从期末开始所有大小考试我的生物成绩都堪忧，无论难易总在较低水平维持动态平衡；与之有类，我的英语曾在西城期末进入区前10，自以为英语水平并不超群但面对高考应该足够，但西城一模、二模屡屡考出极低成绩。毋庸置疑，在一模、二模的成绩分析报告上，生物、英语必然使得我的六科学力图呈现为凹六边形，它们是我在高三下的"新晋弱科"。

这在高压下的高三下备考过程中带给了我极大的心理冲击，一度让我感受到了前所未有的迷茫和自我怀疑。这一次，我真的无法明确找到其中的原因。我能做的，只有把应做的每一件事做好，尽人事，听天命。

好在结果是可喜的。最后的最后，在经历了几乎贯穿整个高三下学期的折磨后，在高考中我的两个"相对弱科"非但没有作为我的拖累，反而成为我总分的强大支撑。

走过后再想想，日常学习中，我们要经常性地反思。毋庸置疑，这是一个很好的习惯，可以帮助我们找准方向、谋求精进。我们要承认，90%的反思求索可以帮助我们成功归因，但面对余下的10%我们恐怕真的难以找到令自己信服的原因或者可以被证实的原因。在自我反思与寻求同伴、老师意见均失败后，我们再沉迷于寻找原因无疑是把自己逼入了死胡同，很可能会造成焦虑心理甚至导致崩溃。这时，我们应该稳住心态，坚信奋斗的力量：当我们融合多方意见建议并按照自己的规划付出百分百的努力后，当我们把能做的工作都做好后，成功的垂青应是水到渠成。这份魄力，我们需要拥有。但必须注意，这一切存在其前提，决不能和前文曾经提到的盲目自信画上等号。

说到此处，我们一直把关注点放在自己的弱科之上，这固然重要，但我在此也不得不给出提醒——弱科突破一定是建立在优势保持的基础之上，是扬长补短而非长短互换。正如马景林校长曾说的："即使是你最好的科目，你几天不去关注它，它也一定会给你点颜色看看。"对于优势不能过于自信，这句话背后有我惨痛的教训：高考前停课复习之后，我把大量精力投入语文、数学、英语，对物理、化学这两个优势科目给予了不同程度的忽视，于是昔日一模赋分满分的两门考试在高考中均以94分的成绩黯然收场，这12分的损失也使我与700+的目标彻底远离。

所以，不要忽视优势科目，不要在高考之后让自己痛彻心扉。

和舒适圈决裂

从小时候，或许是小学三四年级开始，褪去了幼稚淘气的我走上了一条标准"乖孩子"的道路。我会强迫症式地完成作业，完成每一次周测月考，按照学校老师规划好的学习路径去完成一项又一项任务、达成一个又一个成就。在我的潜意识中，这就像一个游戏，必须一关一关地通过，而通关路径已经由研发人员设定好，我需要做的只是仔细研究面对每一个关卡时如何攻克。这样的生活，我过了很多年，过得很惬意，过得如鱼得水。

但是，正如我心中知道但不愿承认的那样，这条路必然越走越无力。我必须做出转变。

准高三暑假，我第一次尝试制订详细的假期计划：首先将所有有价值的假期作业和自己需要完成的额外任务列成清单，然后将任务下放到每周。考虑到突发事件等情况，我没有制订具体的日计划，希望能够灵活调整随机应变。假期结束时，结果惨不忍睹。计划完成度乐观估计只有20%，很多天几乎直接躺平将任务无底线顺延至周末，而到了周末，又因为潜意识中这是休息日而不愿学习，所以未完成的任务越积越多。很多时候，因为不想学习所以拿起手机，在屏幕前浪费了时间又没能得到放松休息。

假期结束后，我和班主任霍老师一起研究，找出了自己的问题所在。首先，任务量本身极其不合理，需要进一步筛选精简。其次，以周为单位安排任务为拖延症留足了充足的空间。最后，计划内学习内容设定得太满，没有安排休息放松时间，也没有一定的自我奖励机制。这样的计划要求人一直在假期中保持高强度工作状态，根本不可能完成。而且一旦在某段时间的具体计划没能完成，很难做出调整。

后来，我在期末冲刺阶段以天为单位制订了复习冲刺计划，有效提高了任务意识与效能感。在紧接着到来的寒假中，我全面优化了假期规划，详细地按天分配任务，每隔3—5天安排一个补救日（即仅安排基本任务的日子，用于灵活补救，同时作为按时完成任务的奖励日出现）。虽然由于好高骛远任务量再次远远超标，但我欣喜地看到：这个假期的工作完成度较暑假已有了巨大的提升。

说实话，走出舒适圈，提升自己的任务规划水平，我开始得晚了，今后在这方面不断精进仍会是我的主要任务之一。在努力过程中，我真真切切地体会到：我不是铁人，也永远无法成为铁人。我们应该充分利用进化赋予我们的奖励机制来进行自我激励保证续航，而非一味强打强撑。我也意识到：最高效的规划方式是安排具体的休闲手段保证充分放松快速回归，而非因为"不会玩"而把宝贵的休息时间随意地浪费在手机上，更非理想化地根本不安排休整时间。

记忆小论

在高中的学习之中，多科目的大量内容的记忆与应用是一大挑战。基础知识的清晰把握可以帮助我们在考试中果断做出正确判断，而大量的"半成品"能够帮助我们大大提升解题效率。不光考试，在生活实践和日后的进一步学习中，条理清晰的记忆对于我们高效解决问题亦有着至关重要的作用。下面我从一个学习者的视角说说记忆架构与调用的策略。

宏观上来看，我认为记忆的第一个策略应该是构建"联系"。因为当我们调用记忆之时，直接检索可能显得困难，而通过构建并调用某种易于回忆起的联系去推出目标也许会更加简单。

比如我们在记忆单词 august 时，首先联想到 August（8 月）；然后联想到 8 月得名于恺撒大帝的继承者 Augustus（奥古斯都）；最后联想到一位帝王的特征，即本词的词义——威严的，令人敬畏的。这是建立了一个单词与我们熟悉的单词及背景故事之间有意义的联系。

又如我们在脑海中检索植物激素中细胞分裂素的效用时，可以先记住它的作用共有 6 条，再依据这一点进行回忆，不易遗漏。这里我们构建了具体知识点与数字之间的联系。

其实，这个例子也已经有些贴近于记忆的第二个策略——结构化。其对于大量内容的整体记忆十分重要。

比如，我们在整体把握生物选择性必修二的内容时，就可以强化构建知识架构。我们可以看出，本书按照由种群到群落、再到生态系统的由小到大的尺度展开，对于每一个尺度，往往是按照从"描述角度"到"动态变化"、再到"变化的影响因素和相关应用"的顺序来研究。在这样的框架下，我们可以填入具体细碎的内容，比如"种群的描述角度"这一模块下的"种群密度（及其调查方法）""出生率＆死亡率和迁入率＆迁出率""性别比例""年龄结构"等。

再比如我们在背诵语文或英语课文时，应该先厘清作者思路，记住作者话与话之间的联系，即说完这句作者接下来要说什么。对于英语课文，我们可以提取出每句重点词（动词、动词短语和重点句型时态）搭成架构，这样我们在背诵完上一句之后可以先想到下一句的核心（即上述动词等），然后轻松地将其扩充为完整句子。对待文言文等也是类似。比如，在背诵到"秦有余力而制其弊"时，我们会知道作者已经完成了事实陈述，接下来是三句描述秦国战胜六国惨烈场面的四字短句。那么此时，据此填空即可。

第三点记忆策略，我想说说充分利用自己的感官和找到适合自己的记忆方式。

我在初中时记忆文学常识等内容往往是在上学路上，完成方式就是单纯地反复听录音。时间长了，录音内容给我留下非常深刻的印象。这个过程中，是听觉帮助我利用了上学路上碎片化的时间。再举一例，我的一个好朋友曾说，她在晚自习的安静环境下很难高效完成语文、英语课文等内容的记忆，于是她往往会选择下课后到楼道中通过朗读进行记忆。当然，还有的同学喜欢把背诵材料贴在桌头时时查看，有的同学喜欢抄写……如是种种，都可以取得不错的效果。这些也许可以启示我们，通过充分利用各种感官，不仅可以提升效率，还可能拓宽学习时间。

最后，我想说说我认为非常重要的一点策略——充分理解记忆内容，理解其来源。

以马氏加成与反马氏加成为例。如果我们能明确其所反映的现象背后的亲电加成与自由基加成机理，那么便不用再去背什么口诀，也不可能再搞错氢到底该去寻找哪一个碳。

我觉得，这最后一点尤其适用于数学、物理中的许多公式和"半成品"。

211

当然，上述有的记忆方式和记忆调用是脱节的，它们或许只能帮助我们省去一些力气，需要花在最基本的记忆法则上的时间则无可替代。

最后还是要说，不管怎样，适合自己的记忆策略就是最好的。

四中！四中！

三年前，考入四中的我欣喜异常，但那只是因为四中作为百年名校早已名声在外，至于未来的三年中将会收获什么，我毫无概念。一俯一仰间，三年已过，终末回首，感慨颇多。

作为一所学校，四中在教书，但同时它也在鼓励我们走向世界、拥抱世界。从新年舞会到五四灯火，从天下明月白中秋活动到冬锻系列赛……四中用校本选修课程，用爱祖国田径运动会，用篮足乒联赛，用科技、艺术节，用每周五节体育课的坚守，让我们看到生活中不只有象牙塔里的一心只读圣贤书，还有世界纷繁文化的博大，有世界瑰丽生命的美好。我此生忘不了嘉峪雄关的彩虹，忘不了鸣沙山上的欢笑，忘不了戈壁滩上22公里的刻骨铭心，忘不了妫河岸雨中骑行的酣畅淋漓。四中在为我们创造561个灵魂共享的青春记忆，创造持守一生历久弥新的精神财富。对这一切，我感激涕零。

同时，四中在渐渐教会我们把责任担上肩头，把社会家国植入内心。它用多种多样的志愿服务活动教会我们志愿精神，让我们在志愿团队中找到温暖，收获归属感；它用跳蚤市场、公益爱心跑让我们认识到社会上需要我们关注的方方面面，在我们心中埋下一颗善良的种子。"为祖国健康工作五十年""做杰出的中国人"成为一代代四中学子的人生宣言，成为我们身份认同的一部分，成为我们内驱力的不竭源泉。

活动之外，在朝夕流逝四季流转的日常中，课程是四中生活的重要元素。在四中的诸多科目中，语文课应该是最有特色的一门。课堂上，我们会一起阅读经典美文走近名家人生，一起沉醉于三年来发行了66期的《澡雪》校本刊物。四中语文课是一面招牌，它在用三年的努力去做好一件事——启迪每个学子的独立思想，让我们能够主动发现、探索、思辨，能够体系化地表达观点，形成可以指导人生的思想智慧。

所以说，四中带给了我们开阔博大的眼界胸襟、舍我其谁的担当意识与足以使我们受益终生的大智慧。除此之外，我们不能忽视四中作为一个有机总体的生命所在——它容纳的一个个鲜活的"四中人"——带来的宝贵财富。

三年里，我从同学身上得到太多。我看到了比我更优秀的人比我更加努力，看到了基础没有那么好的同学凭着一股冲劲奋起反击成功逆袭……这里的每个人，都在自己的战场上奋力拼搏。身处其中，一切不愿努力的想法都会瞬间蒸发。

当然，这里不仅有勤学苦读的蔚然学风，更充斥着深深的同学情。在这里，一向内敛的我遇到了能够交换心灵的好友。正是在和他们交往的过程中，我认识到了自己不可能在所有方面都做到完美，学会了与自己和解。同时，也正是他们帮助我认识到了自己性格的弱点——不愿交流、缺乏勇气，并帮助我做出了改变。可以说，他们也是我的老师，帮助我完成了一次次心灵上的关键成长。

除了同学，老师也是四中人群体的重要组成部分，他们是校园里最可爱的人。他们能喊出年级里所有同学的名字，为了答疑可以无底线地放弃休息时间，为了我们美好的青春记忆而亲自下场穿上球鞋拿起球拍，为了我们43个个体的凝聚力而在茫茫戈壁上筋疲力尽时仍全力以赴地呐喊……他们陪在我们身边的光阴比参与自己孩子成长的时日更多。我们都是他们的孩子。当叶长军老师在化学最后一课上道出对我们人生的嘱托之时，我的泪水夺眶而出无法遏止。他们从没有把这三年相见当作萍水相逢，他们真心想为我们——他们的孩子——创造美好的一生。也许无言，但他们的眼睛不曾放弃六边形教室里的任何一个。千万次"谢谢"也无法道尽我心中的感激。

四中，是一座自由的校园，是将"民主"写进校训的地方。它给了我们足够的自主空间，给了我们无数的选择机会。四中，是每个四中人一生的精神家园。

四中，是我一生无悔的选择！

家长心语┃共风雨同成长——记陪伴孩子成长有感

说到孩子的养育，每一位家长都有一肚子的话，家庭情况不同，教育方式也不尽相同，但目标都是希望自己的孩子能够身心健康、快乐成长。陪伴孩子成长的过程也是我们不断学习、不断探索、共同成长的过程，并在这一过程中逐步形成自认为适合孩子的培养方式。

我的儿子是一位性格稳重、自律、有毅力、有主见且善良的孩子，自小到大生活和学习不需要家长过多的操心，而我们对他的培养也是基于上述特点展开的。

如果说小学阶段需要家长引导和帮助，那么到了初、高中阶段我认为更多的是对孩子的理解、认同和支持。

在孩子的成长过程中我认为好的习惯养成是非常必要的，它体现在生活的方方面面。自上小学开始，我们便注意培养他独立学习的习惯。所以他写作业不需要陪伴、催促和叮嘱。他的作业除去要求家长签字的以外，我们不是每天检查，而是隔一两天检查一次，看看有没有错题，同时了解做错的原因，仅此而已。从小学到初中，整体来说顺风顺水，没有太多压力。

考入四中我们是幸运的，我们一直坚定一个信念，那就是充分相信学校、相信老师。当然，相信学校、老师并不代表家长可以置身事外，相反作为家长我们要当孩子面临每一次选择时给出最佳建议，这对我们是个不小的挑战，不曾经历很难感受到。比如：入学后第一个选择，进哪个实验班，我们选择物理实验班的理由也比较简单，进数学班怕基础不够，化学和人文班又觉得科目的权重不足，只能选物理了。一年的物理竞赛下来，成绩低于预期，高二果断放弃去竞赛班，做这个选择时是比较痛苦的。高一末感觉到学化学有可能更适合我们，所以考虑转到化学实验班去，最后听取了班主任老师的建议才放弃了这个想法。面临选择的事项很多，六选三选考试科目、选学习方法、选大学的专业、选强基的学校，可以说选择一直伴随着高中三年，这期间我们也进行了海量的学习，信息有来自学校的、来自学长的、来自家长群的、来自媒体的、来自目标大学的，我们将信息过滤后把有价值的信息放在合适的场合3个人一起讨论，找出最适合的选项。作为家长，我们要和孩子一起学习，共同经历，才能做到设身处地、感同身受。

他是个比较有主见的孩子，尤其是在学业和事业方面，有自己的理想和追求目标，小升初择校、中考报志愿学校、大学及专业选择方面他一直坚持自己的想法不动摇。关于大学的专业选择，我们通过讲座、相关专业的朋友介绍等方式与他沟通交流、分析利弊，希望他能够多了解、认真思考，但他依然坚持自己的选择。由于了解他的性格特点，我们选择全力支持他的选择，只是告诉他选择了就要做好，不要后悔，更不要轻易放弃。目前为止，他基本做到了。

由于他是住宿生，不能天天见面，但又担心他压力太大，影响身心健康，所以我们约定每周至少电话联系一次，或者可以随时到学校见一面，尽可能让自己认同他的所思所想，并努力站在他的角度思考、体会他的感受，找到解压的方法，平复他内心的紧张和焦虑。当他挑灯夜读的时候，我会一直等着他，想通过这种方式告诉他，他不是一个人在战斗，爸爸妈妈一直都在。努力向上的路上虽然艰辛，但他凭借不服输的性格，以及对理想信念的坚定追求战胜了自己，越来越自信。

总的来说，培养孩子的经历让我深刻地认识到，培养他们的品格和能力尤为重要，只要我们用心去做，每一位孩子都可以成才。

相信自己，做到极致

熊　诚　高三（13）班

成绩情况：高一、高二年级大体排名第 154，高考成绩 675 分，年级排名第 72。

成绩雷达图：

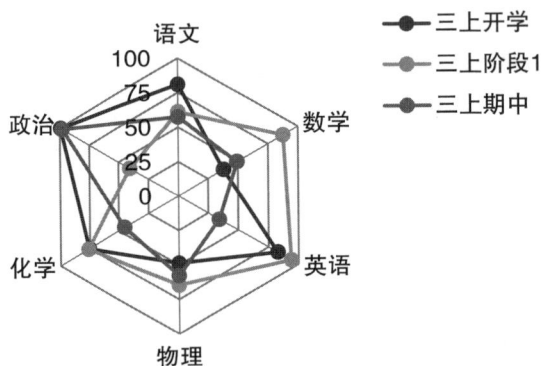

弱势科目：数学。

弱点：不够专注、不够自律。

送给学弟学妹的一句话：相信自己，相信老师，做到极致。

最终录取院校：北京大学医学部。

我的简介：我性格开朗，热爱生活，喜欢旅游和美食。能够积极面对各种困难。相信"爱拼才会赢"。我坚信一定能做好自己，未来会更加精彩。

我的经验

我的弱势科目是如何突破的

我的数学水平一直不高，从高一开始，数学就是我的弱科。而且在高三以前，数学学习都不是以高考考试为主，再加之其包含内容广泛、知识点杂乱，我一直也没有对其整体进行梳理，形成逻辑框架，这使得我对于基础的掌握很不牢固，更不用提做题方法的归纳总结。在做题中，即使这一道题做对了，换一种问法，下一次就不一定能再做对了。

上了高三，在经历了多次高考模板的考试下，我渐渐对于考题形成了一种概念，学会把题目分门别类，便于对难点或者是易错点逐个攻破。而且在高三的数学学习中，老师也在带着我们重新梳理知识点，尤其是高考易考的重点，同时根据每周做过练过考过的题目，在讲这一道题之余，也会提及相关的知识点、相关题型与相应的解题方法，这也使得我的知识框架把点连成线、画线成网，在做题时回想知识点更加快速且有针对性。

我们高三上学期每周四是数学的 B 类，一般用来做大题，在周二有一节数学自习课，用来完成选填题。第一次 B 类我印象很深，做的时候就焦头烂额，拿到分数一看 85 分的题只得了 45 分，仅仅是二卷就扣了 40 分。从那之后，我便以每周这两次限时练习的分数作为目标，努力拿到我可以拿到的每一分，尤其是像解析第二问前面联立方程求韦达的步骤分，同时把每一步都写开抄对，防止任何一分因为不认真不细致而拿不到，就像是求椭圆方程、求导的这些步骤。老师上课也会教一些良好的书写方式，我也加以学习与记忆，并在做题中反复运用。后来几次的分数确实有了起色，我也明白了，如果 100 分的卷子想拿 80 分，那一定要以拿 100 分的态度去面对。

随着时间的推移，我也遇到了更多的问题。就拿解析来说，我发现有一些题如果一上来就联立方程求韦达，不仅书写占地面积大，同时会影响后面的化简，化简要化到什么形式才能代入韦达的式子也难以确定，再加上解析的位置很有可能在第二张卷子的第一道题，答题空间本来就少，因此如果我的哪一步求错了或者抄错了，连修改的余地都没有。于是我找来往年的模拟题，专做解析，把西城期末模拟的解析的答题纸打印出来，力争少修改，按照写就一遍写对的原则练习。一天两道题，大概十天练习一轮，之后反复，不仅把解题时间缩短了，也把书写卷面的整洁度提上去了。

我的导数题也是一大难题，尤其是多次求导的题，求了几次导之后容易不知道自己在求什么，为什么要这么求，然后把自己都弄晕了，修改也不知道从哪一步改起。于是我也专门搞了一个册子整理各种导数题，对于不同的题型、不同的设问、不同的解题思路都分别做了归纳梳理，对于这些题中出现的各种情况也列举在题目后面，如果在考试中遇到，可以及时回想起这里面的某道相似的题，然后仿照这个思路解答。

简而言之，数学的提升，或者说数学分数的提升，可能更多的还是要注重在做题上，知识点的掌握与方法的熟练运用也都是服务于做题拿分的一部分，把题做对，不丢分是第一要务。因此，积累做题方法，提升做题效率这些都很重要，上复习课认真听讲，练习时间投入练习，跟着老师的进度不断推进，再加上个人课余时间的付出，数学的提升其实不难。对我来说，提升中最重要的，应该是认真地对待每一分的态度，这样使得我可以全身心投入练习的过程，投入每一道题。

我的弱点如何突破

我做事情不够投入，专注程度不够。在初中的时候，我习惯于同时做好几件事，比如边听歌边写作业，或者边看视频边看书，好像这样我就能把自己的效率逼到最大一样，但实际上分心很严重，两边都没有效率。上了高中，虽然没有再去同时干多件事，但是注意力还会在不经意间转移，听到什么风吹草动就抬头或者转身，同学在旁边聊天也经常性地管不住自己去听一耳朵，即使内容和自己毫无关系。于是我便主动远离这种容易让我分心的场合，比如去其他地方自习，或者努力克制自己转移注意力的冲动，最根本的是要提高自己沉浸在所做事情中的程度，很好的方法是限定时间完成任务，让自己不得不投入，不然无法按时完成，从而打乱后面的计划。

另外，我的自控力不是很高，如果在家里学习的话很可能一天都花在看手机上，周末还会起得很晚，导致学习时间无法得到保证。于是，在周中五天，能开放晚自习的时间，基本上都至少上到三晚（21：10）再回家，在高三一年，开放了四晚（22：00）后，我也每天坚持上完这四节晚自习。在高一、高二没有 B 类的时候，我也会在 16：15 放学后在班里自习，有的时候也会去图书馆自习，图书馆开放自习到 17：30。同时，在周末的时候，如果学校开放图书馆或者国学讲堂允许到校自习，我也会积极报名，一般周末两天也都在学校度过。我就是借助以上多种自我与环境的激励与监督的措施，使学习时间得到了保证，克服了弱点。

我的学习方法

保证学习时间。每天从早上 7：00 安排到晚上 10：30，每一个时间段都有事干，尤其是像 7：00—7：30、12：00—12：50、18：00—18：40 这种没有其他自习安排的时段。在 7：00—7：30，我会做一些需要专注的事情，因为这个时间段容易犯困，而专注于一些事情有利于提高兴奋度，对上午上课的专注程度很重要。在 12：00—12：50 我会做一些整理，而在高三下的 12：30 往后基本上用来睡觉，或者只是趴个 10 分钟，静心，对下午上课也有好处。18：00—18：40 班里如果不是很安静，我会去培训部 8 或者 510 教室学习，有时会用来去找老师答疑，或者准备晚自习的答疑内容；有时也会遛弯，放松心情有利于晚自习的高效专注。

记录。我会把自己想不清楚的、忘了的、印象模糊的写下来，解决后也把解决方法与结果写下来，这样有利于知道自己的薄弱点，可以针对弱点提高，也有利于记录成长，培养自信，不至于都不知道自己花了时间学了什么。这样的记录，一方面方便反复回顾、反复加深印象，知道自己的不足，同时努力去改正；另一方面也是增强应对考试的信心，到了最后不至于被"总是错""怎么做不对""为什么还不会"的心态打倒。

多整理。把书上知识、笔记、卷子上错过的与易混易错和常考的内容都记录在一个本子上，然后多看，平时多积累，有利于把书读薄，明确考前的复习内容。平时对待卷子和练习，都要有积累的意识。因为卷子做到最后一定是很多的，不可能把所有卷子都放在学校，而且即使放在那里，基本上也没有时间再去对卷子进行分类归纳，更别提用卷子复习了。我是用一个本子，做专门的积累。比如语文的背默、阅读的题型、作文类型与素材的对应，都可以分类整理并记录，像阅读，我不仅记录答案，还把方法总结到一边。

养成考试策略。我平时不一定计时做卷子，但是对考场上的时间，我会进行规划，明确每种题型的所用时间。比如，语文的多文本和文言文，我基本上安排在 40 分钟内做完，不然会影响心态和节奏。然后大概在 90 分钟内写到小作文，最好还能有 10 分钟左右的作文构思时间，大作文在 40 分钟内写完，最后如果能留出 5 分钟检查一下选择的选项和填涂最好。对于每一种题型，包括作文构思，我在平时都会分别完成并计时，这样可以在考场上自如应对。数学（选择 40 分钟，最后一道大题后两问不做的情况下，简答 50—60 分钟），英语（完型＋语法：10 分钟以内，阅读 7 分钟一篇，作文留 20 分钟），物理化学（选择 20 分钟左右，有些化学选择可能要 30 分钟），政治（选择 10 分钟，简答 10 分钟一问）。

青春只有一次，但选择了四中的青春必将无悔。这里有循循善诱的老师，有丰富多彩的学习生活，有海纳百川的情怀与不变的爱国信仰。从第一堂开学教育开始，四中对于我们的立人的教育从未停歇。从"优苦严"的校风教育，到"家国天下的情怀，舍我其谁的担当"的爱国教育，四中的历史积淀为新时代的发展注入活力。从参观校内的无名英雄纪念碑，到"青春向党，奋斗强国"的红色游学之旅，学校也在用亲身实践的方式，让教育深入人心。

家长心语┃默默守候，静待花开

上高中之后，虽然有住校的机会，但我们仍然像初中那样，一直让她坚持走读，每天早晚骑车或开车接送。路上接送一趟要花 20 多分钟，这一点点时间对于我们来说却是非常宝贵，因为走在路上可以跟孩子说说话，调节一下她的心情，缓解一些她的压力，偶尔也会旁敲侧击地了解一下她的学习情况，再嘱咐上几句。虽然她曾多次跟我们提出要自己骑车上下学，但在我们的强烈坚持下，还是保留住了这每天上下学路上的 50 分钟交流时间。放学回家之后，通常都是她自己关着门在房间里看书做作业，除了吃饭时能坐在一起看会儿电视之外，很少有时间跟我们交流。所以这接送路上与孩子的沟通交流就显得更为弥足珍贵了。

孩子长大后，如果还把她当成小孩子，啥事都要管，啥事都要说，就容易招来孩子的厌烦。青春期的孩子一般都比较敏感，而且容易暴躁。所以这几年我们尽量不招惹她，看她心情好、脸色好的时候才说上几句。孩子的思维比较发散、也比较跳跃，有时她会主动跟我们吐吐槽，发表一些莫名其妙的观点，我们一开始还想着跟她辩驳一番，想教她一些做人做事的道理，后来发现跟她辩驳真没必要也没意思，她就是要故意说点让我们内心崩溃、思想崩塌的言论，以彰显其思想与众不同，所以我们后来就不跟她较劲，干脆只当热心听众了。其实当听众也挺好的，一来可以让孩子多点表现自我的机会，二来可以让她锻炼锻炼思维和口才。看到她比较喜欢思辨，我们就在物理、化学之外帮她选了思想政治这门课，没想到思想政治在高考时获得了满分的优异成绩，这对于提升其高考成绩发挥了关键性作用。

高中这三年，在四中老师们的关心帮助下，孩子在学习方面一直保持着较高的热情，能够按要求自觉完成各方面的课业任务。因此，我们这几年基本不过问她的学习问题，只跟她约定了一个小目标：别掉队，努力挤进前 100！至于她的课后作业做没做，什么时候做，做得是否正确，这些我们都没怎么去操心。放手之后，她自由了，我们轻松了，各得其所，相安无事。就是有时熬夜太晚，我们担心她身体吃不消，因此又给她限定 11 点半必须上床睡觉，否则就给断网断电。听说她为了白天能够集中注意力听课，居然想出了一个狠招，换座位的时候申请调到后排靠墙边的座位，犯困时就站起来听课。想想孩子这几年也挺不容易的。

孩子在高中期间的学习成绩不算很理想，最差的一次好像掉到了 300

多名，最好的一次大概是 120 多名，基本徘徊在 160 名左右。结合她初中时期的学业成绩来看，我们觉得这应该是她的正常水平和层次。按照她平时的成绩，只要能够继续保持下去，应该可以考上一所 985 学校，所以我们对她没有过多的要求，也没有给她太大的压力，在她成绩不太理想时，我们会尽可能地去想办法或找理由来帮助她树立信心，让她有勇气去继续拼搏。毕竟能够考入四中的，大多是学业上非常优秀的学生，能够保持不掉队在我们心目中就已经很了不起了。

为了跟进了解她的学习情况，在每次期中和期末等大考之后，我们都会跟她一起仔细查看和分析各科得分及排名情况，及时查找问题和纠正偏差。通过对比各科的历次成绩和排名，我们发现她没有出现明显的偏科现象，各科成绩都属于中等偏上的层次，不是太好但也还不差，存在的主要问题是各科成绩忽高忽低、时好时坏，丢分的重要原因是不够认真、不够踏实，所以我们也没怎么着急上火，没有送她去上任何课外班，也没有找家教来辅导她的课业，而是让她按照学校的课程节奏去走，完全放手让她自己安排学习计划和学习时间，寄希望于她在关键时刻能够认真一点、细致一点。

在这高中三年里，我们始终保持着一个坚定的信念，那就是相信学校、相信老师、相信孩子，并努力调整好自己的心态和家庭氛围，尽量减少焦虑和传导压力给孩子，让孩子在奋力拼搏中能够感受到家人的关心和温暖。也幸亏有四中老师们的精心组织，班级同学们的互动帮助，让她在这三年里能够做到心无旁骛、安心学习。

相信自己，无畏前行

杨雪嫣　高三（10）班

成绩情况：高一、高二年级大体排名20—70，高考成绩年级排名第17。

成绩雷达图：

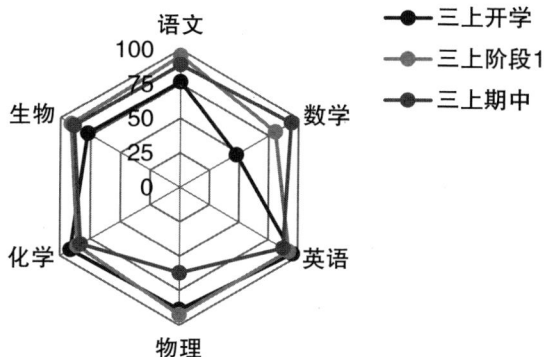

弱势科目：数学、化学。

弱点：得过且过。

送给学弟学妹的一句话：相信自己，你行的！

最终录取院校：北京大学元培学院。

我的弱势科目是如何突破的

在高一、高二阶段的每次考试中，我的数理化三门必有一门出岔子，有时两门出岔子，让我十分头痛。到了高三，因为高考物理难度相对较低，所以我的注意力集中在了数学和化学上。

先说数学，由于其较高的难度和拉分能力，数学是我高中三年投入精力最多的一个学科。我的数学算不上拔尖，也算不上烂，但只要导数和解析出得一难，我就拿不着分儿，体现在成绩上就是题简单的时候最高能上140分，题稍难的时候只能考120多分甚至110多分。所以我高三的策略就是，在保证基础题的基础上突破导数和解析。

这个时候我妈给我买了一堆讲导数和解析的书，不少还是外省的，难度较大，我也曾面对它们立下雄心壮志，但不出意料地，直到高考结束，我都没有碰它们。回过头来看，其实高三老师准备的各种习题完全够做。而且正如数学李老师劝我妈时说的那样，外省籍和北京题考查的侧重点还是有区别的，没必要练太多外省题。

高二的暑假，我进行了导数解析每日一练。题的来源包括李老师发给我的题、课上例题以及B类课没做完的题。具体操作就是每天计时完成一道导数或解析题，对答案，把做题思路复盘一遍用微信发给李老师，请李老师点评，然后改进或总结做题思路。假期的每日一练，除了让我保持手感之外，还帮助我了解并把控了自己的做题时间，帮我养成了复盘的好习惯，更重要的是它进一步帮我了解了各类题型和对应的思路方法。

高三上学期和寒假我没干什么特殊的事，就是跟着老师按部就班地复习。这段时间我成绩大体稳定在130分以上，运气好能接近140分，套题中解析和导数的大题基本都能做出来。这会儿的我对自己很有信心。

转眼到了高三下。在海淀和西城的一、二模中，我的数学均未达到理想成绩，就120多分，年级中游水平吧。不仅每回考试的倒数第2道大题做不出来，更糟糕的是前面的选填题也开始出错，4分8分地丢。我当时非常郁闷，好不容易攒的一点信心没了大半。

　　为了改善数学萎靡不振的状况，我主要做了如下努力。首先，每次模拟考考完，我都要自己复盘一下考试过程，然后去找老师再分析一遍。内容从时间分配，到题目的取舍、做题顺序、心态等，总而言之就是找出考试过程中所有可以优化的地方，与老师讨论优化方案的可行性并在下一次考试中改进。

　　这里插一句，由于模考不是高考，不必过于保守谨慎，所以在优化原有做题过程之外，还可以在模考中尝试一些老师建议的新策略。我在二模的时候就试了试把第 10 题和第 15 题先跳过，等后面卡住了再回来写。当然，最终是否采用这些策略，还要看自己的使用感受。适合自己的才是最好的。

　　其次，前面小题出错（例如 8+4=16）我觉得主要是心态问题。为了改善随着数学毫无起色而愈发沉重的心态，我每次大考之后都要找李老师还有我妈吐一吐苦水，随着他们的疏解，我的信心又找了回来。另外，就我个人而言，看表会影响我的心态，如果我在做选填的时候一直能看见我的表，就会有些紧张着急，后来我把表倒过来，等做到选择填空最后一题的时候再看，心态就好很多。

　　最后，也是我认为对我数学帮助最大的一点，就是我在最后这段时间里，尽己所能深刻贯彻落实了数学组倡导的"程序、系统、自检"理念。

　　一方面是易错点的自检，这个到了高三老师也会反复提及，最终发的学案附录里也有列出一些易错点，不过我还是建议平时多积累自己的易错点，可以记在常用的本上，没事儿看一看，这样记得更牢固。然后就像老生常谈的那样，考试前复习一遍，考试时多注意这些点，考试快结束时再挨个儿查一遍，能稳定减少错误率，同时因为检查的时候有目的性，也能提高检查的效率。

　　另一方面就是考试过程的程序化、系统化。就像是程序员写程序那样，哪一步做什么事（做题顺序、如何审题、多长时间写完选择、什么时候进入解析导数、什么时候检查……），遇到各种情况该怎样应对（某题卡住怎么办、选填花的时间比预期多怎么办……），都要提前想好，再根据实操体验，逐步优化。

在被富含计算量、绝对值和三角函数的一、二模倒数第 2 题打磨之后，我发现我在做倒数第 2 题时，主要有以下问题：（1）被卡住之后毫无着手之处，只好开始盯着题干冥神苦思，想了半天，大脑还是一片空白。（2）第 1 个阶段只要脑子里蹦出可行的方向，就立刻沿着它一路狂奔，最后大概率在错误的道路上卡死，或者绕远路。（3）被卡住之后还未充分思考，就决定放弃，转战创新题第二问，结果考完试对答案发现自己离做出来只差临门一脚，于是扼腕叹息。

出现以上这些问题，是我长久以来靠直觉做题的习惯导致的。看一眼题，直觉告诉我是这个思路，那么就能做下去；看到难点儿的题，直觉告诉我它也没法子，那我就不知道怎么办了。于是我决定彻底贯彻程序系统的理念，把导数解析的各类问题以及方法从头梳理一遍。

我梳理的方法比较直接，就是把高三每次重大考试的导数解析题，还有例题的方法回顾一下，然后整合到思维导图里，导图各部分的结构都是"某某问题对应的 ABCD 方法"。以导数为例，导数可分为两类问题，不等式问题和零点问题，这二者通常都要求单调性，零点问题可能还涉及取点。求单调性有 A、B、C、D 几种方法，它们的适用条件是什么？有什么注意事项？方法 B（假设是求导）用了之后会出现哪几种情况（有参数、导函数 =0 解不出来）？它们对应的解决方法是什么（例如因式分解、二阶导）？有什么注意事项（参数正负）？……我当时就把之前做过的题里用到的方法这样全列了一遍，对于比较难的 / 我掌握不好的 / 常考的部分，我也单列了出来，例如绝对值的处理方法、放缩的方法、取点的方法等。梳理完之后，我每天都把思维导图看一遍，争取在脑子里有个印象。脑子里有这么一套方法体系的好处，一是有效解决了我上面说的三个问题，我在被卡住的时候可以把遇到的问题对应到导图中，然后从相应的方法中根据情况挨个儿试，这样就避免了瞪着题目干想的问题。同时，我也能对比每种方法的适用范围，在察觉到不对劲后，及时收手换一种方法。如果我积累的每种方法都行不通，题目中又没有足够的提示，这时我才会选择转战创新题。二是给了我很足的信心，让我碰到长得有点怪的题也不慌了，因为我知道它一定能被转化到我已有的问题体系中，并被找到对应的方法。

当然考试的时候还是要讲究具体情况具体分析，不能死板地按照梳理出的方法，还要注重题目的提示。对于系统的其他部分也一样。比如在时间安排上，即使选填部分较难导致花了比预期更多的时间，也不用过于紧张，这时后面的几道大题通常都会放一些水，把时间补回来。

高考实战的时候，我按照李老师说的考前5分钟先通篇浏览试卷，然后开始想创新题第一问。看到导数题干我还有点蒙，因为之前没见过有e又有两个参数的导数，再看第一问，豁然开朗，原来这两个参数是让我求的，相当于没参数。开考后我跳过了第一眼没什么思路的第10题，导数解析多亏了我之前的梳理，也都较为顺利地做了出来，没有在方法上卡壳。做完导数我回过头连蒙带排除地把第10题做了，然后略微检查一下就收卷了。最后数学除了我放弃的创新题二三问，其他地方都没扣分，可以说已经令我十分满足了。

回过头再看，感觉我整理的一些细枝末节的或者技巧性较强的方法，其实对高考没什么用，高考主要还是考查最基本的方法，就算考技巧性较强的方法，也会与模拟题以及经典例题做出差异，因此基础永远是最重要的，只有打好基础才能追求进一步提升。

然后再说说化学。复习化学的过程，更是让我体会到了基础的重要性。我高一、高二的时候除了有机，其他的部分说实话都没太学明白，高三做起化学大题更是一团糨糊，尤其搞不懂那种解释原理和设计实验的空，怎么练都不管用，成绩大概年级里赋分70%吧。一次化学课上回答问题，我愣是没想起来铁泡在酸性环境中为什么会有二价铁，唉，被同桌提醒后，我羞愧难当，决定开始补最基础的元素化合物性质。

我首先是按照叶老师的方法，点线结合地记忆。点就是重要离子/物质的性质，线就是按元素化合价来记忆。另外，我把诸如金活表、酸性大表等重要的表写到一张纸上，加上常见微溶物、离子颜色等基础知识，每天晚上睡觉前看一遍。这样之后，我由于基础知识没反应过来而产生的错误确实减少了，而且好多原来做着比较生涩的题也流畅了许多。其次，我把数学的经验移植到了化学上，把做过的各套卷子里面的分析原理题及其对应答案都归类整理了一下，考试再遇到类似的空，就可以直接使用排除法，避免漫无边际地瞎蒙，就好像速率的原理分析题要从 ctp 催化剂表面积原电池里挨个儿排除一样。实在拿不准的时候也能把同类问题中沾边的原因全写上，只要得分就是赚了。

我高考的时候靠着上面这个办法填了几个空，最后化学赋了 94 分，对我来说也算是可以接受的成绩了。

学习方法

我的学习方法除了在上文弱科突破中说的之外，无非就是老生常谈的好好听讲、好好记笔记、好好做作业、好好听老师的话。不过我觉得有一点非常重要的就是要理解透彻。对于知识点，如果有不理解的地方，千万不能放过，一定要马上寻求答案。对于一道题，不能只是记住这道题的答案是什么，而是要知道这个答案是怎么得来的。如果想要进一步巩固知识或者判断自己到底有没有理解透彻，给同学或者家长讲一遍是个很好的主意，如果能让别人听明白，那么说明自己也明白了。

另一个好用的方法是，每天晚上关灯后在床上将自己今天做的一道比较有难度的题，或者比较典型的题再想一遍，这样非常有助于加深认知，特别是对于数学。当然它还有额外的好处，就是能够使我偶尔在梦中与数学题亲密相会。

同时，我非常注重睡眠。高三开学时，马校长曾经说过，要把睡眠当成信仰，我深以为然，而且向来是这么做的。高一、高二我每晚尽量保持在 10：30 以前睡着，到了高三最晚也尽量保持在 11：00 前。每晚 10：00 后除特殊情况外不学习，中午若有机会还要补上一觉。我觉得，睡眠充足才能保证良好的学习状态，如果睡眠不足，那我学起东西来真的是左耳朵进右耳朵出，还不如不学。

在四中的收获，我对四中的评价

在四中我收获了许多许多东西，收获了在别处没有的丰富多彩的活动，比如游学、五四灯火晚会、延庆骑行。这些为我的高中生活创造了许多美好的回忆：比如和同学一块儿在山顶还有黄果树瀑布抓虫子，虽然我那瓶虫子不小心被当作垃圾扔掉了，又比如在蒙蒙细雨中俯瞰天眼，还比如在五四灯火晚会上和同学一块儿表演街舞，这些都很有意思。

在四中我还收获了知识，以及受用终身的学习方法。在四中我还开阔了眼界，体验了进所学习，各种有趣的选修课也让我了解到了实用的技术，为我打开了许多新的大门。

如果让我重回中考报志愿那时候，我绝对还选四中，不仅仅因为它出色的教育教学水平，还因为它注重学生全面发展，有着深厚的校园文化底蕴，和谐融洽的师生氛围，这些都是难以被量化的财富。

最后，我爱四中！

班主任点评

杨雪嫣在学习方面的特点主要表现为成绩稳定。由于她的基础知识比较扎实，能够稳住各科的基本盘，因此总体上始终处在年级前列。她追求高效率的学习，而不是学习时长。针对自己的劣势科目或者问题舍得投入时间和精力。解析几何曾经是她数学里最担忧的题目，复习这部分内容时，她接受建议每天进行练习并进行方法梳理与反思，经过两周的持续努力，基本解决了相应的问题。之后在解决导数综合问题的过程中，做到举一反三，梳理了知识与方法，明确了解决问题的程序。

杨雪嫣在性格上的表现是乐观和自信，她始终相信自己能够在高考中取得自己满意的成绩，无论何时都能感受到她带给同学们的那种欢乐。虽然高三有过困难，信心遭受了挑战，但这种乐观的心态降低了她高考前的焦虑，减少了不必要的内耗，帮她走过了那艰难的时刻。

家长心语

没有一个孩子不期望得到父母、老师的肯定，我想孩子最后能够取得理想的成绩，父母和老师对她的期许和肯定起了很关键的作用，这些正面的评价成了她努力学习的动力。家长能做的就是帮助她达成心愿，支持她的决定，无论何时都不要说：你不行，你考不上，诸如此类的话，如果觉得她与目标之间有差距，那就找出差距，想办法帮她填上。

个人观点：高考这件事情，不是等到高三看成绩再决定考哪里，而是从一开始就想好我想考哪里、什么专业，为了去这个学校、这个专业，我需要考多少分、排位多少，然后从高中一开始就朝这个方向努力。至于中考排名什么样不重要，因为高中的学习方法跟初中有很大不同，高中会对初中的学习成绩排位重新洗牌，高二选完科目后又会再次洗牌，真到高三最后冲刺阶段，再翻盘的概率就很小了。另外，语文、英语是慢功夫，需要平时长期积累，数学最好提分，想高三冲刺翻盘，捷径是把数学提上去。

明确道路不放弃

史鹏九　高三（3）班

　　成绩情况：高一上学期期末年级排名第71，高一下学期期末排名第123，高二上学期期末排名第107，高二下学期期末排名第26，高三上学期期末排名第17，一模排名第49，二模排名第58，高考年级排名第32。

　　成绩雷达图：

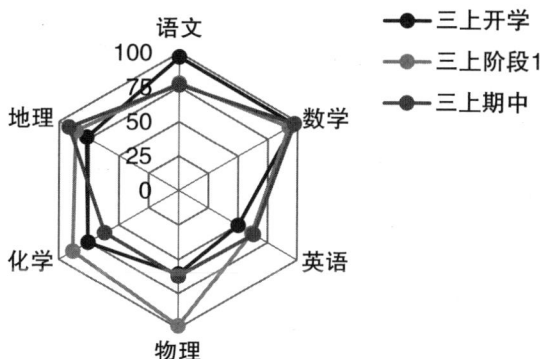

　　弱势科目：语文、英语。

　　最终录取院校：清华大学。

我是 2023 届 3 班的史鹏九，来自门头沟区。刚进入北京四中这个环境中，我的成绩并不好，但是我一点点地跟上大家的步伐，一步一步地走到年级中上游。

三年来我的弱势科目主要是语文和英语，我认为学习过程中最大的弱点就是心态，这个心态不只是失利时的迷茫，还有备考中的抉择。

我遇到过许许多多的困难，迷茫过、彷徨不知所措过，但我的家人始终给我鼓励，鼓励我拨开迷雾、继续向前，他们让我始终坚定、有信心地向前、向前，让我知道挫折、失败并不可怕，只要心中有梦、眼里有光，自然会脚下有路。正因为有他们一直以来的支持，我才能自信地、坚定地走过高中三年的路。

我是一个乐观开朗、积极向上的人，喜欢羽毛球、飞盘、台球、骑行、弹钢琴、古诗词、读金庸先生的武侠小说。虽然上述许多可能并不十分擅长，但我会经常参加这些活动，提高自己的水平，增强与他人的感情。高中三年来，我积极参加学校组织的各项活动，在学生会担任过社团部的部员，协助部长组织"百团大战"活动；参加过新年舞会，从风而舞；参加过两年五四灯火晚会，在热闹的场景中心潮澎湃，在三十二步声中尽情欢舞，享受青春之乐；在"红色游学"中去江西井冈山，体会井冈山精神；在延庆雨中骑行，锻炼意志品格……三年来，北京四中带给我的远远不只是学业上的进步，更有精神品格的锻炼、生活技能的积累、家国天下的情怀与舍我其谁的担当。四中是一片沃土，它让每一颗种子得以自由地发芽。学弟学妹们，你们可以在这里自由徜徉，全方位培养自己的能力，四中是一个有灵气的地方。

下面，我想具体谈谈我三年来的经验。

弱势科目的突破——不放弃

三年来，我的弱势科目一直都是双语，尤其是英语，高一、高二一直是小起大伏，但那时我并未重视这一点，把时间都花在三个选科（物化地）

的提分上了，高三一来，英语连续几次的大拖后腿让我不得不把重心转移到英语上，但弱势科目的提升，尤其是英语这种需要平常积累的学科，是十分困难的，而学习重心的转移更是导致了三个选科的不稳定发挥，我不得不做出抉择，如何在有限的时间内安排完这些科目？

我把额外的五晚的时间全部留给了英语，背记维克多3500词和老师下发的单词短语卷子。但词汇量的匮乏再一次给了我压力，我试着把不会的、不熟的词做标记，却发现每一页满满的全是标记，和不做标记并无太多区别。在一页停留太久，进展就会过慢；停留较短，与不复习又感觉没什么差别。我带着疑惑去找我的英语老师，她告诉我单词就是要一遍遍过，不要着急、坚持下去，不会的不要停留过久。我按照她说的方法一点点地实施，一段时间后，这种疑惑再次涌入脑海，我开始怀疑我的方法，日复一日地背单词也让我感觉到无比的枯燥乏味。

怎么办？此时已是高三下，时间紧迫，我的优势科目数学发挥得又不尽如人意，那时的我总是希冀优势科目来弥补弱势科目之短，我也把这一想法跟我的数学老师交流了，他说，我这种想法是不对的，花费同样的时间，优势科目能提升一两分，弱势科目却有可能提升十分八分，不如把时间花在刀刃上，不用担心优势科目一时的失利，如果高考前连失利都没有体验过，高考往往会更慌、节奏更容易乱，所以可以放心地把优势科目的时间分给弱势科目的补漏。于是，我再次稳住心态，在每个五晚坚持努力着。在西城一模，我的英语排名进入到了年级中上游，这大大地鼓舞了我的信心，但由于一模物理、地理的滑铁卢，我的学习重心再一次发生了变化，虽然不大，但是影响是我没有想到的。

西城二模，英语客观题错了7个，物理起色并不大，语文也出现了滑坡，这时我的心态发生了巨大的变化，我花了3天时间，找六科老师约谈，调整心态，忐忑地进入最后的15天冲刺。

自习期间，每天早晨复习的第一个科目就是英语，每天晚上复习的最后一个科目还是英语，复习过程并不顺利，各科的模拟题做得还是时好时坏，最后15天，我约了6次左右的答疑，希望能在最后一段时间补齐我的短板，但给我的感觉是：太难了。是啊，太难了。

高考前一天，经受语文、数学双重考验后，我变得异常疲惫，这种疲惫是我三年来从未体验过的那种身心俱疲的无力感，当天晚上，我英语学科的复习可以说是很糟糕，第二天上午临时抱佛脚，单词册随机翻页记忆，希望这随机一翻能翻到高考中出现的词，但显然，可能性太小了。

高考完，给我的感觉就是，英语完蛋了，做得很糟糕，我努力把无奈的情绪化作动力，完成了后三科的考试。直到出分后，我才放松下来：英语给了我一个巨大的惊喜，比我的预期高了8分，我之前的所有努力，终究没有白费！

事后看来，之前的努力都是有用的，尽管当时的成效并不显著，起起伏伏，我曾跌入深谷，也终究站到了峰顶——对我来说的峰顶。所以，面对困难，你尽管努力，心无旁骛、纯粹地学，平和地面对，胜利自然会水到渠成。

心态方面的调整——克服弱点

我心态方面的问题在优势科目上体现为两个误区。

第一个误区，在于过于依赖优势科目，寄希望于优势科目尽量多地弥补自己的短板。高三阶段主要的任务是查漏补缺，但随着在弱势科目上投入时间增多，优势科目的投入时间较少或者备考关注重点错误导致发挥不好，进而影响心态，致使复习备考失去自信。对优势科目没有信心，而且弱势科目的提升有时候可能并不明显，备考阶段尤其是一模、二模的紧张程度会进一步加剧内心的焦虑与不自信。高三上我的数学和物理大考都能稳定在年级前列，但到高三下，数学和物理连续发挥失常，物理的赋分在西城区内换算完都到了8开头，而我的弱势科目语文和英语也是小起大伏，高考临近的压力更是巨大，跟各科老师约谈完后，我开始调整学习方法。物理刘老师告诉我，没考好要找原因，夯实基础，更重要的是，要有信心。我开始回想我的二模，在一模物理大崩后，二模的物理答得畏手畏脚，基础题更是四处开花。于是我稳住阵脚，花几天时间把物理的基础知识从头过了一遍，在做各区模拟题的时候放稳心态，考好了鼓励自己，考不好查漏补缺，在高考也是取得了一个不错的成绩。在数学方面的调整，我是减少了部分数学的时间分给了英语，数学只是按照老师的建议温习解导，高考的时候数学发挥得还好，而英语的进步很大，远超我的预期。由此，我总结出面对优势科目的第一个误区，在于过于看重优势科目在提分方面的重要性，而且有的时候复习优势学科往往会忽视基础知识，会更看重有能力区分度的难题，从而导致不但难题没做出来，简单题更出现了大问题。而且无论发挥如何，对优势科目的自信是要时时保持的。

对优势科目的第二个误区在于，过度关注它。我数学连着几次考试都能到140多分，下次到不了怎么办？我现在成绩很好，下次会不会答得过于马虎？会不会答得畏手畏脚？像这样，想保住自己优势科目的成绩，是一个误区。成绩是过去一段时间自己学习状态的体现与学习成效的部分显示，它可以作为之后学习或考试的动力抑或是警钟，但我们无须过度关注它，否则会导致考试时候的心绪不宁，不如以一种"我争取考到高分"的心态去面对。年级组长叶老师教育我们学习要纯粹，我理解在备考过程中的纯粹就是只考虑我学到的和我欠缺的，去巩固、去弥补、去强化，单纯地投入学习，不去想凭借我学到的和我欠缺的我能考到怎样的成绩。获得好的成绩是一个水到渠成的过程。与其过分看重结果，不如在过程中下功夫，凭借自己的努力达成自己满意的结果。考试的时候心中安定，不去想我错了第几题怎么办，我前头错了扣3分，后头还做不做等这些干扰考试思绪的问题，对考试策略的安排要在考试前定好，各种可能的情况提前想好，避免考试时乱了阵脚，心态的变化会直接导致成绩的起伏。

对于弱势科目，我心态方面的问题体现在成绩没有起色时的不坚定，我的弱势科目是英语，往往投入很多，但见效很慢，有的时候还会因为占用了别的科的时间导致不但英语没考好，其他科目也受到影响，分数和排名下滑，这个时候，我总是会怀疑我自己的方法和能力，为什么别人都行就我不行？我们年级的三句口号的最后一句是：相信自己，相信老师，做到极致。受此影响，尽管一次次地失败，但我还是选择相信自己，相信老师，把自己的努力、自己的状态发挥到极致。如果自己的心态总是不平稳，那便加倍努力，以足够的底气使自己的心态变得平稳踏实，尽管努力，属于自己的终将得到，杞人忧天只会加重烦恼，无动于衷会加速下滑，患得患失会增加无形的压力，只有踏踏实实努力、采取正确的方法、相信自己一定可以，才能获得最终的胜利。

其实在四中，排名指数级增减也非常正常，高考之前的每一次失利都十分宝贵。要总结自己为什么失利，可以分着从6个学科看，比如是英语单词量少了，还是圆锥曲线类题计算方法不对？其次从整体排名上看，比上次少了多少名，班里谁进步大？他为什么进步了？我的哪一科进步了？为什么？最后反思自己最近一段时间的学习状态，及时调整，让失败有价值。

心态是一大关，也是我们必须突破的难关，学习再好，心态出了问题也是不行的。高考前的每一次测试、考试都是在帮助我们熟悉知识的同时锻炼心态、培养考试节奏，保持良好的心态、踏踏实实地努力，终有胜利的那天！

我的学习方法

我的学习方法在高一、高二主要以刷题为主，用的教辅有王后雄（物化地）、课堂导学与针对训练（物理）、五三（地理），当天的任务当天完成，一是刚学完相对记忆得完整；二是及时强化学习内容会让基础更牢。在刷题中总结做题经验，巩固所学知识点。对于王后雄，我的方法是学完当天把知识点温习一遍，把教辅上的知识脉络过一遍，第二天把题挑一些做一遍，最开始刷题是每道题都做，后来会挑一些有针对性地做，尤其是教辅上的例题要弄明白。放学的时候如果作业较多或者今天学的内容有较多不理解，放学后的时间用来复习材料、刷题；如果学习任务相对宽松，我就自行安排，参加一些体育活动等以放松身心，晚自习时间高效利用，把当天学习的内容弄会弄熟练为止。我会把任务在周一到周五的晚自习集中完成，这样周末自由的时间相对较多，周中晚自习时间充分利用，专时专用，做好复习和预习工作，稳扎稳打，打好基础。假期几个人结成一个小组，一方面，互相监督、互相督促；另一方面，自己在学习的时候也能看到别人的努力。

到了高三，自习的时间十分充裕，我个人的安排比较随意，高三自习的时候一般早晨先复习弱科语文、英语，然后上下午分三个选科，想先学哪个就先学哪个，最后学优势科目数学，富余的时间有的时候做第二天的任务，有时突破一道数学创新题前两问，第五晚背英语单词短语。周中安排较满，周六上午休息调整，下午和周日强度较周中有一定下降，用作缓冲。周中调整好状态，让上课期间和晚自习时间的自己状态饱满，尽量不犯困，午自习有时休息睡觉，以保障下午的专注度。平时在错题中找寻成长点，不断鼓励自己，相信自己一定行，一时的得失算不了什么。放学有时会参加体育活动，高强度学习需要一定放松。在假期，我会在完成暑假作业的前提下多做一点打基础的工作，以适应开学后的节奏。

对于语文议论文的提升，我的语文老师推荐我阅读梁衡先生的《觅渡》，并作人物性格总结、摘抄和背诵等用以积累作文素材，完善文章语言；改二稿，改到一类为止，每篇考试文章都要坚持改，虽然很痛苦，改不好会很迷茫，但只要坚持下来，就会有进步的。对于语文学科的其他内容，背默我在高二一年包括高三前的暑假完成，使高三花在背默上的时间减少了许多；平时考试做好做题思路的积累，比如诗词赏析题、现代文含义题。对于英语学科，正如上述所说，我觉得主要是背单词，单词量太关键了，尤其是西城二模，大大地折在了单词量上。高三下学期我是每天的五晚一个小时留给背英语的单词短语，虽然起效很慢，但高考很救命。

综合来看，我的学习方法以稳定和踏实落实为主。高一、高二踏踏实实夯实基础，高三在有一个稳定的基础的情况下稳步提升。如果学习方法没问题就一直坚持下去，可能现在成效不大或者没有任何成效，但请你相信，功夫不负有心人，有志者事竟成，踏踏实实做好每一步，剩下的就交给时间。

没有无心插柳，只有努力后的水到渠成。

重要节点与事件

红色游学

我们班红色游学的目的地是江西，我是导游组的组长之一。导游组的主要任务是提前搜好各个地点的介绍，在大巴上跟大家分享，在对要去的地点有一个大概的了解后再实地参观，这样印象会更加深刻。我们去井冈山，学习井冈山精神；参观滕王阁，切实感受"滕王高阁临江渚，佩玉鸣鸾罢歌舞"的胜景，感受王勃之才学；登上庐山，寻访美景，看瀑布"飞流直下三千尺"，览"云横九派浮黄鹤，浪下三吴起白烟"。

游学过程中我们一些组员利用同伴效应，观察舍友在干什么，或者一起组织一些学习活动充实夜晚，在游学过程中为期末考试作准备。一个宿舍一起学习，一个车厢的同学一同与化学老师谈论问题，都是游学过程中的学习。

充分利用好成长型思维锻炼能力，少带作业。要充实晚上的生活，学习是一方面，但不是唯一的一方面。白天好好玩，晚上适当放松，伴以学习为辅，这才是游学。

事后来看，我很幸运能成为导游组的一员，在搜集资料、汇总资料的过程中，我收获很多，同时还锻炼了我的组织能力。在向大家介绍的时候，我们的受益是最多的，对即将去的地方的了解也是最深的，在有较为充分的了解后，览物之情，自然会不一样，会比别人更加丰富、更加深刻。游学丰富了我对世界的认识，在校园里读万卷书，在游学过程中行万里路，放松我的身心、拓展我的见识、丰富我的知识、锻炼我的品格，使我在游学过程中全方位得到发展，且红色游学这个主题更让我对中国历史有了更深刻的体会、对我们青少年的责任有了更深层的理解，我们将接过历史的接力棒，赓续红色血脉、传承奋斗精神。

这便是红色游学带给我的感受，丰富又深刻。

三方会谈

高二到高三的暑假，年级组织了三方会谈，主要探讨我的目标、我现在的优势短板及之后努力的方向。三方会谈，让我增强了信心，也让我明确了高三一整年应该努力的方向。此后，我按照老师提的要求，在假期中着重努力，一点点弥补自己的短板，为高三打下了基础，让我在高三能有一个持续的、稳定的学习方法，并有信心、有能力一直坚持下去，以达成自己的目标、实现自己的理想。三方会谈还让我对于高考分数的预估有了一个更加合理的调整，让我对于自己的优势科目不要过于自信，对于弱势科目不要过分担心，只要有合理的方法，持续的努力，终能成功。

三方会谈，是对高三一年学习的规划与规范，让我们更有信心、更加有针对性地进行高三一年的总复习。

升旗活动

何其有幸，我们班担任了高二一整年的升旗工作，我作为升旗手，担任每天的升降旗工作。这是一种责任，更是莫大的荣誉。遇到下雨天，无论上什么课，都要跑下楼去把旗降下放回教学楼，待雨过天晴，再让旗帜在天空中飘扬。每天的升降旗工作是一项考验，但因为心中以此为荣，这份工作便会完成得尽可能好。每次站到升旗台上，责任感油然而生，我一定要把这项工作做好，也一定可以把这项工作做好——每次我都会这样想——最终也很好地完成了这项工作。

现在回想起来，我还会感慨，何其有幸，让我身处一个如此优秀的班级，一个拥有极强凝聚力的班级。尽管我们的成绩不是最优秀的，但是这份团结、这份拼搏的精神，让我以处于这个班级为豪。

四中带给了我什么

三年过去了，四中究竟带给了我什么？

绝不仅仅是学习成绩的提升，还有很多很多、很多很多。

带我们的一位宿管说过："四中是一个有灵气的地方。"

四中的灵，首先在于它独特的环境。

六边形教室，承载着莘莘学子之梦；窗外的白玉兰，在冬未尽春已至之际盛放，纯白的花瓣沁人心脾，给苦学的学子心灵的慰藉；金秋时节柿子树上沉甸甸的柿子，是一年以来努力生长后结出的累累硕果；书香飘飘的图书馆、清幽宁静的漱石亭、刻满古文的连廊，是我们美好的记忆……四中之灵，无处不在。

四中的灵，其次在于丰富多彩的活动。

新年舞会增进同学们之间的友谊；五四灯火晚会给每一位同学自由发挥的空间，我们在三十二步的余韵中享受青春之乐；红色游学带我们开阔视野、培养品格；戏剧节我们沉浸于人物塑造；运动会给每位同学肆意挥洒汗水的空间；篮球联赛、足球联赛点燃大家的热情；志愿墙上书写的是每位同学理想的未来，是我们奋斗所向、是我们精神所依……

四中的灵，还蕴藏在我们每一天的生活中，它在自习铃响后安静的教室里，在各项运动齐列的体育课上，在到了四晚仍灯火通明的教学楼中，在同学们聚在一起讨论问题的地方，在每个同学所在的地方。四中的校规校纪虽严，但我无时无刻都能感受到自由，感受到身边每一个人的热情，感受到四中勤奋严谨民主开拓的风采。

四中给每个同学自由、充分发挥自己能力的机会，让我们得以自由徜徉，让我们的特长得以充分施展。每天，我们在校园里沐浴阳光，听书声琅琅、歌声飞扬，和时代旋律一起交响。三年来，四中为我们搭建了通往未来的坚实桥梁，我们从这里启航。我们以四中为荣，四中带给我们的，将成为我们前行最坚实的底气！

班主任点评

史鹏九是个极其沉稳踏实的学生，有几个关键词可以形容他：坐得住，谦虚，执行力强，有计划性，心态好。高考的成功离不开其中的任何一个关键词。从高一的几次大考开始史鹏九就开始积极和各个老师约谈，也是从那时起他就有了报考清华大学的志向，但不知道自己离目标有多远。

作为班主任和他的英语老师，我让他做的是在高一和高二打好基础，多多输入，为高三的写作输出做好准备，从前文的六边形图中不难看出他的英语是相对明显的弱科，而他本人也非常愿意听取老师的意见，并能够根据自己的时间、精力将自己需要额外做的功课规划在内，比如认真打好词汇和语法基础。虽然他对语文和英语两个学科不是十分擅长，但正是他的"勤能补拙"最后在高考上帮他拿到了优势，可以说是三年以来不偏科，努力补弱的成功案例。有多少次我和语文老师都拿他的作文修改给同班同学做典型。他的作文每次都会认真修改二稿、三稿，直到老师说这次改得不错为止。

除此之外，别人眼里的他就如班里的"定海神针"，在学习上史鹏九十分担得起学习委员这一角色。他永远是班里最坐得住的那位，在他的带领下，班里有一群人跟着他一起雷打不动地上晚自习的四晚和五晚。如果说每个班都有那么几个灵魂人物，那么3班在学习上的"领头羊"非他莫属了。说到这里，特别想提一下高考最后冲刺阶段的全时陪伴，停课之后全部是学生自主复习，自主找老师答疑，对于很多学生来说，最后阶段老师的陪伴一小部分是答疑复习或者做题中遇到的问题，还有一部分是需要老师们的"心理按摩"。到了最后的冲刺阶段，学生可能会出现心理紧张，这个时候有熟悉的老师同学们的陪伴显得尤为重要。史鹏九是愿意主动寻求老师帮助的这类学生，他会在阶段性复习开始之前的规划阶段、每做完一套题的答疑部分和写作部分分别找老师答疑，因此老师对于他有针对性的问题也比较清楚。而且他心态一向是属于相对比较稳定的类型，不论成绩高低，都能以一个平稳的心态面对分析解决问题，所以在最后取得好的成绩是必然的。

家长心语

三年高中时光在紧张的6月结束了，记得高考前几天，从小很感性却很少落泪的你，焦虑地哭了，两次模拟考你尽全力了，虽然未达到自己预定的成绩，但你已经做到自己所能的极限了。你当时的心情，我们感同身受，我和你母亲告诉你，高考对人生很重要，但不是全部，而是锻造意志、淬炼灵魂后的人生开始。记得中考前，班主任李老师和你们说，备考就像黑屋子里洗衣服，你不知道洗干净没有，只能一遍一遍去洗。等到上了考场的那一刻，灯光亮了，你发现只要你认真洗过，那件衣服就会光亮如新，而你以后每次穿上那件衣服都会想起那段岁月。所以你只管努力就好。

回想当你拿到四中录取通知书时，我和你母亲对你说，当你踏进四中时就要树立好理想，有了理想就有了方向，就有了在学习中遇到困难和跌倒时再次站起来的动力。把学习比喻成你从一根铁轨走过而不从上边掉下来，我们相信你现在已经可以通过，但当你高考时，是要将这根铁轨放在两幢高楼的楼顶，你从上边走过而不掉下来，这就需要有过硬的本领和强大的内心。三年的高中时光如何才能做到，需要你在日常学习中去找寻方法。

现在高考结束了，你顺利地通过了铁轨，回首三年，你逐步做到了：

勤奋刻苦，在自己的弱项学科学习上肯下苦功、笨功，实践勤能补拙。厚厚的笔记，一根根用完的笔芯，因写字而变形的手指，都在为你助力。

毅力，学习中会遇到各种困难和挫折，咬咬牙继续拿起书本。这份坚持融入身体里，化为实现理想的力量。

同学间互相帮助、取长补短，学习上相互传授经验、集思广益，帮助同学也成就了自己。

进步，不与别人相比，只与昨天的自己相比，每天前进一小步。

强大的内心，再高的本领和技艺，都需要有强大的内心为基石。

拆掉思维的墙，不给自己设限，不否定自己，建立信心。

当你步入大学的校门，你需要更加努力，因为你的人生才正式开始。前路漫漫，珍惜！珍重！

干今天的活，忘记昨天的事

田乐祺　高三（13）班

成绩情况：高一年级大体排名第130，高二大体排名第80，高考年级大体排名第8。

成绩雷达图：

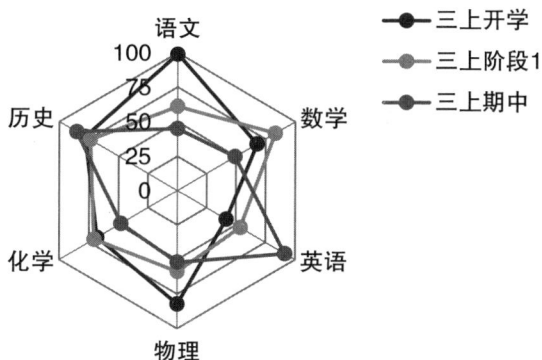

弱势科目：数学、英语、化学。

弱点：拖延，课后不能有效保证学习时长。

送给学弟学妹的一句话：保持自信，往前看。

最终录取院校：北京大学。

我的经验

我的弱势科目是如何突破的

一模、二模，我的英语作文总提不上去，常常维持在一个尴尬的分数不上不下。最终高考出分，我的大小作文估计共得 20/25 分，大约提高了 5 分左右。在最后一个月能稳定地提高这 5 分，我认为还是很值的。

临近高考进入自主复习，对于英语这样一个长期保持在平均分上下的学科，我认为我的阅读是不太可能靠应试方法去冲刺提升的部分，而语法的提升空间较小，打磨作文却是一个时间还充裕，方法也明确，提升空间很大的工作。

于是我每天固定时间写一套大小英语作文，找老师改 + 写二稿、三稿，一共攒了十多篇。虽然耗费的精力不小，中间也犹豫过这项任务是否值得我每天花 2 个小时来做，但回报也是可预见和丰厚的，庆幸自己坚持到底了。成果里体现在显性的部分，是高考前翻阅这些成文作为心理安慰和底气，隐性的部分是动笔能力上来了，体现在高考分数里。至少这十几篇考前集中训练的作文，整体来看后半部分的一稿水平和改动次数要优于前半部分，说明考前的这个"决定把有限的时间投入在英语作文里"的决策是非常正确的。

数理化的话，新高三暑假作业应该包含了所有知识，每一单元每一课都有一讲。扎扎实实计时做完，改错、总结、琢磨每一道有趣 / 痛苦的题，直到收获一本有黑笔、红笔、蓝笔痕迹，明显比发下来时厚许多的暑假作业就行了，没有太大必要做其他任务。如果认认真真完成，把假期作业消化干净透彻的话，每天需要五六个小时。剩下的时间除了完成文科以外，大概也不够做什么别的了。

以上这么安排我的自主学习时间的必要条件，是把任务总量数好了，分摊到每天。这样就不用思考每天应该做多大任务量，安排哪些工作了，既省时又省力。

我高一、高二的数理化基础挺薄弱的，知识全是漏洞。这么做了之后，不仅一轮复习会轻松太多，甚至当我上了一段时间的高三之后突然意识到，我可以"俯瞰"我的知识，把知识放到系统化的框架里。这很大程度上应该归功于新高三的寒暑假作业本。

拿数学举例，完成这项工作之后，知识点夯实了，随之而来的对于整张卷子的掌控能力也提高了，形成了更成熟的考试策略。进入高三，我的数学成绩上限提升到了 137 分左右。但并不是每次考试都能达到这样的上限，更多时候往往会因为层出不穷的小错误拉低分数，尤其是 4 分的选择、5 分的填空，还有十几分的大题的第一问往往都十分致命。接下来整个高三的任务基本上就是通过做题找感觉来提升自己的下限。除了导数和解析几何需要精进方法之外，就是通过不断地犯错踩坑，在低分里完善自己的解题程序。

我的数学海淀二模考了 102 分，原因是无数个选填粗心，以及一整道大题在第一问就开始错系数。临近高考的最后一个月里屡屡见到这样的分数难免会有些郁闷。我的调整方法是恢复心态和总结经验。

关于前者，可能大家都听过"模考只是高考的试错场"这样的话，但说实话要想平心静气地接受模拟考的低分也不是一件容易的事情。一是告诉自己"睡足觉就不会算错数"，至少对我自己而言，这个理论是管用的。退一步，通过这样的自我安慰获得一个良好的心态也有利无害。二是告诉自己"因为知识上的复习已经到位了，所以粗心错误显露出来，成为主要的大头"，原理也如上。

总结经验体现在通过程序性的手段来避免犯这样的错误，像加固飞机某些部位一样，重点关注试卷上自己犯错的多发地区和要害部分，注重检查。也许一次两次体现不出来成效，但它总会在关键的考试里发挥安全网的作用，兜住分数。对于整张卷子，我自判之后会统计那些"能力范围之内可以避免"的错误，把它们对应的分数拎出来，在实际分数旁边备注上这几分／十几分／二十几分和分数上限的距离，从而对自己的发挥空间有一个直观的认识，在缩减这一距离的工作上也会感觉更有动力。

以上这些经验方法有很多都是在和老师的交流中得到建议或者启发的。

自主学习固然重要，但足可见越临近高考，遇到困难和问题与老师交流调整的重要性。

我的弱点是如何突破的

前面提到了寒暑假计划，有了计划却不能执行，只会空收获一身的挫败感，还不如没有计划，拿到什么任务做什么。

我在家里一天能完成的计划量比不上在图书馆的一个小时。我觉得主要原因有两个，一个是客观上能够实现和手机电脑物理隔离，不会很容易放下笔去做别的。另外一个是图书馆里大家都沉浸在自习的气氛。周围都是同年级的同学，也许此时此刻手里拿的作业本都是同样的。这种集体氛围的磁场是外面的公共图书馆不能赋予的。有的时候学不动了，抬头环视一下大家都在学什么，转了一圈之后就又低头继续学了。

另外一个方法是到校自习。到校自习会有老师记录迟到情况，导致即便是寒暑假也要过着早八的生活。不过这样可以借助外力保持规律作息，避免了假期可能出现的"因昼夜颠倒而造成的心理上的倦怠、懒散，不能将临近高三的压力转化为动力"或者类似情况。况且在保证自习时长的基础上，假期的晚上也是较为自由的一段时间，可以自我调整放松，一两个月过去之后也没有太大的紧绷感。

回望高中三年，我的成绩起伏和图书馆是否开放、是否到校自习相关，以后的学弟学妹们若拥有周末图书馆自习、到校自习的条件，真的是很值得珍惜的。

我的学习方法

语文、英语背默，最重要的是每日雷打不动地划出固定时段。

我自己很难在室内自习的时候背得进去语文、英语材料，因为不能出声，总是盯着盯着就睡着了。后来尝试了午休的时候去户外背书，效果奇佳。高三午休很长，完全可以先背40分钟书，再回班睡个20分钟的午觉。实际上我后来就不需要睡午觉了，因为背书朗读是一件能让大脑放空休息的事情。推荐教学楼—科技楼连廊一层，不晒，风景好，绿色养眼。懒得跑那么远的话可以去教学楼—办公楼室内连廊，窗户一开就有风，也很舒服。高三的楼层来来往往都是认识的人，要打招呼很不自在。可以去高一、高二的楼层，作高冷状拿出一本高三复习资料朗读，在过往学弟学妹们好奇的目光中，为了维持高三生的神秘形象，自己就会不知不觉变得更加认真专注。我自己是高三下开春才开始午休户外背书的，如果能更早开始的话，应该不会头疼默写了。否则的话 plan B 就是老老实实跟着语文组建议来动笔头。我暑假、11—12月、寒假、临考前一共完整默了四遍，虽然颇有成效，但是和早早背书相比，写字还是太浪费时间了。

一轮复习推荐逐课逐单元来推进，进度会快很多，但麻雀虽小五脏俱全。

关于做题——整理卷子 > 做卷子。英语阅读、化学选择结构有机、数学物理前18道题、语文历史选择题等可以直接刷过去保持手感。此外的其他题目，做完了不整理，对我而言过一周就等于没做。

具体怎么整理可以问老师。我自己的话，一个是分类，一开始只能拿出一道题标一标知识点、方法、模型，按题归类，到后来就可以按类找题，举一反三了。能分类的前提是能抓住题的核心特点。

另一个是重写思路，写出这道大题的逻辑。这项工作能带给人极高的成就感，曾经被我用来对抗上课犯困或者考试粗心带来的挫败破防心态。成果先不谈，过程中见证一行一行的分析出现在笔下，或者是一个个箭头关系被画出来，本身就是一件十分激励自己的事情。这项工作见效的快慢可能因学科，因人而异，有的时候会写着写着恍然大悟，有的时候不会。但这项工作带来的回报总是会体现在一次次考试分数总体的增长趋势上。

我觉得即便是上了高三，"应试"这件事情本身也没有那么枯燥。和题目、出题人对话，揣摩设问的意图，这一精妙的过程带来的震撼和成就感是无法用言语来形容的。

家长心语

相信大多数父母和我一样，在陪伴孩子成长的过程中，总会遇到这样或者那样的问题，很难一帆风顺。总结这18年来走过的路，我想最重要的就是两个字——"心态"。每次女儿大考之前，我都会跟她说，考试考的就是一个心态。心态好了，自然能取得好的成绩。其实如果把孩子的养育看成一场考试，作为家长，最重要的也是心态。

首先，是和孩子做朋友，尊重孩子的意见。我们家整体氛围主打"平等""民主"，每次遇有重大问题，都要充分听取每个家庭成员的意见，之后集体决策。虽然身为家长，我和孩子爸爸从来都是用平等的身份来和孩子相处，特别是孩子进入高中之后，我们会充分尊重孩子的意见。比如，在高一选课的时候，传统理科选课组合是物理、化学、生物，田乐祺却提出要选物理、化学、历史。说实话这种大文大理的组合非常挑战孩子的学习能力，我们也是惴惴不安。但是经过和孩子的充分沟通，了解到她对历史的钟爱之后，我们还是尊重了她的选择。事实证明，兴趣是最好的老师，在接下来的高二、高三阶段，历史学科的学习不仅没有耗费多余的时力，反而帮她打下了厚实的人文基础，在高考中也取得了满分的成绩。当然，在尊重孩子意见的同时还要加强有效引导。我认为，对孩子的引导应该无时不在，从她很小的时候起，在每一个她的小决定形成的过程中，我都会帮助她充分了解背景、利害、可能遇到的困难……从而帮助孩子养成理性思维的习惯，做出自己认可的选择。

其次，是要保持家校一致，尊重学校的办学理念。中考报名的时候我在四中和西城区某知名高中之间犹豫不决，最后打动我的是四中的教育理念——做有理想有担当的中国人。高中阶段是世界观、人生观、价值观形成的重要时期，我希望孩子在四中，不仅能够学习知识，更能够认识到该做怎样的"人"、怎样成为这样的"人"。事实证明，四中给予了孩子紧张、充实、认真、富有内涵的三年，从马校长、魏校长到叶老师、路老师，从每一位老师的眼中，我看到了四中精神的传承。尊重教育规律，用心教书育人，在每一位老师身上都得到了淋漓尽致的体现。同为教育工作者，我坚信在这样的学校里耳濡目染，有这样的老师传道授业，每个孩子都能够成就自己的梦想。

最后，是要主动调整好自己。在高考备考期间，因为孩子父亲工作繁忙，绝大多数时候是我一个人陪同女儿在备考。按照学校的建议和要求，只能全力做好后勤保障，有关考试必须"只字不提"，面对各方亲友的关心、网络铺天盖地的消息、孩子学习状态的起伏，我的内心也是七上八下、焦虑忐忑。为了避免自己的情绪变化影响到孩子，我采取了"物理隔离"的办法，就是每当觉得自己开始焦虑的时候，我就会走出家门，通过跑步、爬山等运动来调整自己，等心态平稳之后再回家面对孩子。后来我和女儿聊天，她很惊讶，因为在备考期间她完全没有感受到我有焦虑不安的时候，反而觉得妈妈稳定自若的状态给了她很大的安慰。

感谢四中给予宝贵的机会，和大家分享在孩子教育培养方面的一点心得体会。其实我只是普普通通、平平凡凡的家长中的一员，只是努力做到家长应尽的责任和义务，以上只是我个人一点粗浅的体会，仅供参考。

保持热爱，奔赴未来

李　亨　高三（15）班

成绩情况：高一、高二年级大体排名第 46，高考成绩 686 分，年级排名第 31。

成绩雷达图：

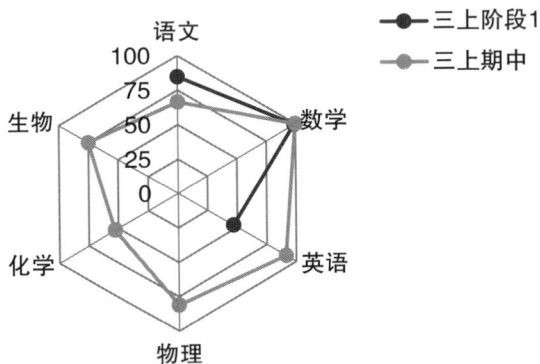

弱势科目：语文、英语。

送给学弟学妹的一句话：努力做最好的自己。

最终录取院校：北京大学。

我的简介：我是一个热爱音乐、热爱运动、热爱学习，尤其热爱数理的男生，稳重、靠谱是老师、同学对我的评价。我不怕吃苦，勇于挑战，高中参加数学竞赛学习以来，对数学的了解逐渐深入，思维更加清晰，热爱也与日俱增，希望未来能在热爱的数学研究领域深耕细作。

弱势科目的突破

我是一名理科偏科生，主要弱势科目是语文和英语。虽然从高考成绩上来看，我的这两科并不能称之为突破，但我还是想分享在学习这两个科目中的一些心得和体会。

我的弱势科目补差其实主要是从高三下学期开始的，原因在于高一、高二时我以数学竞赛为重，平时并不是特别关注其他科目的成绩，有时候语文和英语的作业甚至不能够按时完成。高三上学期，本来由于竞赛延期，就已经耽误了两个月的学习时间，而接踵而至的线上网课，导致学习效率严重下降。因此，直到寒假结束后我才意识到我的这两个科目有着很大的漏洞。虽然已经相当晚，但我还是做了一些计划让我的这两科成绩稍稍提升了一些。

语文

开学考试，我的语文得了 109 分。拿到分数的那一刻，我还是有一点失望的。假期我完成了语文作业，可是语文成绩非但没有提升，反而下降了。于是我便和肖老师约了答疑，进行试卷分析。

对每一道题依次进行失分分析后，肖老师放下手中的红笔，对我说："李亨，你觉得语文学习在你的学习规划中占什么地位？"

我说："很重要吧。"

"那你是这样做的吗？你是其他科很好，好到已经不用管语文了吗？"

"不是啊。"

"那你为什么不来找我答疑，你是没有问题吗？"

"不是有答案吗，看答案就行了吧。"

"看答案，你能完全看懂吗？你知道为什么要答这个，不答那个吗？还有作文，你不给老师看怎么能知道自己写得怎么样呢？"

我沉默了。这是我第一次真正意义上的找语文老师答疑。语文和数学不一样，看懂一道数学题的答案可能对你有很大的帮助，可以帮助你解决这一类的题目，然而语文就不尽然了，诸如诗歌、文言文、大阅读，又何谈标准答案一说？

这一次的谈话让我半天都陷入沉郁中，不过也启发了我很多。我从来都是习惯于独立学习，不太愿意多和老师沟通，有一点小问题就只是简单地接受，而不去深究。平时在上课的时候也只是保持沉默，很少问问题。然而，语文学习不能这样，语文作为一个文科，考查的是发散思维能力，需要我们去表达、去交流、去陈述自己的观点。除此之外，语文没有相对绝对的评判标准，我们也不好判断自己的语文水平，因此就更需要老师帮助我们，以防我们偏离轨道。

通过这一次的答疑，我逐渐形成了语文补差计划。我发现我的弱点主要有两项：一是文言文和诗歌；二是作文。对于文言文和诗歌，我计划每天刷一道文言文或是诗歌的题目，有不懂的随时找老师问。而对于作文，首先，要能够审准题，扣住题目写作。其次，掌握议论文的基本写作方法：如何让自己的作文条理清晰、论证充实，这两点都要通过作文写作—找老师面批修改提升。最后就是素材积累，这方面我计划每周积累一篇素材。

计划制订之后，我便尽量依照自己的计划开展语文学习。随后便是一模和二模，一模的成绩还算可以，成绩提升了几分，但到了二模，由于题目简单再加上一些失误，我的语文考了年级400多名。看到原来只能考到90多分的同学这一次语文都能达到接近130分，我很沮丧。当天我就去找了肖老师答疑。坐在办公室的小板凳上，我把我的困惑跟老师诉说："我的语文好像怎么补也补不上去，好像题目越简单我考得反而越差，永远都维持在110分左右的水平。"然而经过一番试卷分析，老师认为我的语文并没有我想象中那样的大问题，我的努力并没有都白费。我需要相信自己，继续做下去。

在接下来的海淀二模中，我的语文成绩终于有了起色，上了120分。虽然高考成绩依旧不理想，但我相信，这一个学期的语文补差是有所成效的。

我认为不能依据某一次的分数去评价一个人的真实语文水平，但是，大体上来讲，语文的分数与自身的语文素养紧密相关。语文素养从哪里获得呢？在于平常的积累，在于平常的阅读和写作。积累听起来是小事，其实关乎重大。记得高一时我的语文不好，找当时的语文老师袁老师分析作文，她看了一遍后问我："你现在读书吗？"我惭愧地说："不读。""你得读书啊。"当时她其实已经道出了我语文的最根本的弊病，就是积累太少、读书太少、摘抄太少。杨绛先生说过："你的问题在于书读得太少，而想得太多。"这句话用在我身上正贴合。然而，等我真正意识到这一点的时候已经到了高三，想要通过积累大幅提高语文水平已经不可实现。这也成为我语文学习的一个遗憾。

英语

认识到英语是我的弱科是在高三上学期的月考结束之后。我拿着 72 分的英语成绩，找到周老师面批。"你这英语就考成这样不行啊，"她说，"年级 200 多名，这怎么能与你的理科水平相符呢？"当时我的英语主要问题在于阅读方法不对、写作套路不熟，但大体的词汇量并没有问题。从这以后，我主要通过刷题来提升英语能力。其一，在刷题的过程中，我注意使用老师教给我的阅读技巧方法，在阅读过程中一遍遍地练习。其二，看到一些新的词汇（最好是较为常用的新词汇）以及好的写作套句、词组，用专门的英语积累本记下来，并定时进行复习检查。没过多久，在期中考试时，我的英语成绩便有了大幅的提升。但是后来因为网课的原因，我放松了对英语的学习，因而成绩又下滑了。之后便是成绩波动期，高三下学期，我的英语成绩波动很大，有时候能考 90 多分，但有时候又只能考 70 多分。我去找老师分析试卷，老师认为我没有什么大问题，就是阅读中的小问题比较多，因而积攒起来扣分较多。再加上我每次都不能准确地审作文题并想出合适的内容，导致我的内容分始终不能上一档。我想寻求突破，但是始终找不到突破口，因此可以说是度过了一段艰难的平台期。

总体来说，英语和语文一样，也是一个重视积累的学科。我的英语成绩不好归根结底是我的积累不够，以及因为这一点导致的对于题目意思理解的偏差。

我的弱点如何突破

在谈我的弱点如何突破之前，我想先分析一下自己的弱点。我把弱点分成几大类。

第一，是自身智力原因导致的弱点。这种弱点较难突破，比如数学的创新题，可能练得再多也不能保证在高考的时候一定能做出创新题。

第二，是自身懒惰导致的弱点。比如有时候我们想要完成某项任务，但是因为自己意愿不高而一直进行拖延。

第三，是非智力因素导致的应试上的弱点，也就是所谓的粗心大意。举个例子，数学考试的第一题，把集合的交看成了集合的并，因此白白丢掉4分。

第四，是学习方法等原因造成的没有完全掌握在我们智力范围内的知识。

针对第一种弱点，如果是到了高三复习的阶段，想要通过突破它来提分是极为困难的，也是极不现实的。

针对第二种弱点，如果不能管理好自己的时间，我的办法是强迫自己处在一个学习的环境中。在高三的寒假，以及高三的周六日，我都会强迫自己到校自习，因为我明白，在家里我很容易就开始接触一些电子产品，或者是躺在床上无所事事，这样就会导致学习效率极其低下，把事情都堆到最后期限之前集中完成。到校后，我的学习效率很明显地提升了。

针对第三种弱点，我的办法是制作一个错题积累本。这个本不仅仅记录普通的错题，更要分类记录那些由于非智力因素导致的失分。在考试之前我们可以看一看这个本，更好的办法是平时就尽可能地多看，在平时遇到这类题的时候要在脑子里提醒自己："这种题我之前在错题本上积累过，常犯的失误是什么，这次遇到这种题我一定不能再犯这种失误了。"这类情况的积累可能会有很多，比如在高考前我的这个本子上就已经记录了五十多条内容，但是不要担心，我们把考试当作一次检测这种低级失误的机会，然后通过平时的练习来弥补它们，到高考时就会减少这一类的失误。虽然不能保证在高考考场上一定不会有这样的低级失误，但是可以将犯这一类错误的概率降到最低。

针对第四种弱点，我的办法是强迫自己刨根问底。一是要积极地发现自己的问题和漏洞，将它们都记录在错题本上，然后尽快找到老师和同学询问。最好是产生问题的时候，就立即将其记录下来，或是立刻咨询老师或者同学，不要放过任何一个困惑。二是敢于提问，不要觉得自己的问题太小了或者没有意义，一定要问到自己明白了为止。

我的学习方法

复写

什么叫作复写？复写就是将老师上课讲过的内容用自己的文字重写一遍。这个方法学习理科时非常实用。以数学为例，老师在上课的时候会讲解若干道题目，一般情况下，同学们会将老师的板书抄得一字不差，但这样做的成绩往往不好。为什么？原因就在于看起来抄了笔记，上课也听懂了，但是知识并没有真正内化于心。也就是说，上课的时候，虽然听懂了老师在讲什么，老师解题用的是什么方法，但是它并没有真正为自己所掌握。有的时候去看笔记，突然就会发现某个地方怎么看不懂了，其实这就是因为上课时自己以为自己已经完全理解了老师所用的方法，但是实际上并没有掌握它的主体思路，它的细节具体是什么样的。如果说老师上课所传授的内容是100%，那么通过记笔记学到的知识大约只有50%，甚至只有30%。

为了解决这个问题，我使用了复写的学习方法。记笔记时我不会抄写板书，而是在听懂之后，用自己的逻辑将整道题的解题过程写一遍。这是当堂复写的方法。有时候，遇到更难一些的题目，我会在下课之后重新把整道题目的解题过程捋一遍。这是课后复写的方法。复写不仅能够帮助自己更好地理解整道题目或者知识点的思路框架，还能加深对于知识点的理解，让自己对知识的掌握更加牢固。比如数学题中某道题的结论是怎么推导的，上课时可能就是听一耳朵，觉得挺对，但是下课之后回想那个结论却不知道是从哪里推起的了。而通过复写的过程，我们就能还原整道题目的思维过程，同时还会发现许多自己在上课的时候没有发现的东西，进而消除课堂中产生的多数或是全部疑惑点。当然，有时候自己复写并不能完全想明白，这个时候就要多问问题，借助外力。

从我个人的经验来讲，课后复写对于知识点的理解和记忆效果会更好，但是它花费的时间也会更多。

面批、提问

《师说》中写道："人非生而知之者，孰能无惑？"有了疑惑，如果自己不能解决，就要提问。提问了，通过别人的讲解，我们弄懂了，就是进步。我曾经也是一个不爱提问的人，总觉得提问会显得自己很没有水平，会让别人看到自己的弱点。其实并不是这样的。每个人都有自己的知识盲区，谁也不可能做到在每次讲解时都能够一次听懂，或者是作业题全部会做，因此从这个层面上讲大家是一样的。从我的提问经验来看，被我提问的同学和老师都很友善，很少有因为提的问题太傻而不给解答的。相反，老师有时候更喜欢这样的学生。

找老师面批对于学习的效果提升也是显著的。以我的文科举例，之前的历次考试中我的作文都稳定在35分左右，但是在和老师提问、交流的过程中，我的作文分数逐渐上升了。临近高考时，我甚至能够连续多次写出40分以上的作文。有时候作文分高了，有时候作文分低了，自己也不知道为什么，而老师作为经验丰富的长辈，往往能够透过现象看本质，看出你的优势在哪儿、劣势在哪儿，他们知道怎么将你的优势和劣势最大程度地转化为分数的输出。

独立思考

独立思考的能力很重要，尤其是对于理科的学习。拿到一道题目，我们必须能够自己规划思路，独立完成，不能依靠他人，这样才能保证在考试时稳拿分。在遇到不懂的地方时，要先通过自己的思考解决，实在没有办法再去提问。近年来网络搜题软件火爆，当一道题不会的时候，我们很容易就会想到搜一下，帮助我们快速完成作答。虽然很容易得到答案，但是这中间失去了独立思考的过程。长此以往，在考试的时候就会习惯性地不想思考，解题就会出现困难。因此，我们应该培养独立思考的习惯，对于事物要有意识地进行主观上的思考。"这道题为什么要用这种方法？""这种观点说的有哪些方面对我有启发？哪些方面我不太认同？"平时多进行一些这类思考可以帮助我们深化自己的思想，提升解题境界和水平。

劳逸结合

高三的复习工作有很多时候是相当枯燥乏味的，而且任务烦琐沉重。在这样的环境下，我们的心理压力可能会过大，进而导致情绪上的波动，影响成绩。为了避免这种现象发生，我们要尽可能地给自己找乐子。什么意思呢？就是找一些能够让自己的心情更加放松，或者是能够让自己身心愉悦的一些事情做。不要认为做这些事情会耽误学习时间，其实良好的精神状态能够保证我们高效地学习。可以看看电影、打打球，和同学一起出去玩等。如果有自己的兴趣爱好也可以坚持下来。比如我平时喜欢弹钢琴，在周末的时候也会弹一两个小时，这会给我带来极大的放松和享受。在学校我们其实也可以找到很多乐趣。高三的时候年级组在过道中放了一个白板，专供同学们在上面写写画画，每天都可以看到同学们在上面写各种有意思的话。课间，我有时会去那个白板处驻足，让自己放松一会儿，等再上课的时候就会精神很多。

当然了，所谓劳逸结合，劳为主，逸为次，如果在高三仍旧抱着每天娱乐4个小时的幻想，那么就不要想着学习能够提升了。没有付出就没有收获，一定要做好吃苦耐劳的准备。

不要侥幸

高三的成绩有的时候是很复杂的，考好了一次并不能够代表下一次还能够考好，考好了一次并不能说明自己学得很好，考差了一次也不能说明自己学得很差。考得不理想也有其益处，因为通过一次考试暴露出了自己的问题，分数的不理想也会督促自己继续学习，查漏补缺。但是，如果某一次考得很好，比如，某个题目答案不标准但这次没有扣分，一定不能心存侥幸；相反，我们需要更加重视这类潜在的失分点。

定点突破

我一直极为反对题海战术。不能说题海战术没有用，但是题海战术教不出真正会学习的学生。我践行的一直是高效学习的理念，即做最少量的题目而得到最大的收益。当我们初学一个知识点时，要做典型例题，掌握典型方法。等到熟练掌握之后，我们就应该进行针对性的训练了。到了这个阶段，其实大部分的题目我们已经能够解决了。这个时候就没有必要再去做更多的题目进行巩固。通过几次全面的考试，我们就能够查漏补缺，从而进行针对性训练。

当然，训练一定要讲求高效。有的同学化学的实验探究题目每次都不会，便去刷题，但刷了几十道仍旧没有什么长进，为什么？因为他没有从自己做题的经验中找出错误原因，找出自己的具体薄弱点。相反，如果我们就刷两三道题，然后对每道题进行总结反思，没过多久就能够将这种处理题目的逻辑和思想提取出来，之后做题正确率就能够提高很多。核心原则就是，少刷题，多思考，定点突破。

自己规划

学习上我们应该有自己的计划，我要学什么，我要补什么。进入高三，年级组所制订的统一计划针对的是大部分学生，对个人不一定完全贴合。因此，我们一定要有意识地规划自己的学习。以我个人的经历来说，因为长期打竞赛的原因，我的语文背默在别的同学都已经完全完成的时候才刚刚开始。为此，我主动向语文老师提出加入语文背默小组，保持每天一篇的进度将语文背默按计划全部完成了。除此之外，假期包括自主学习阶段，我都会提前制作总计划和总目标，以及一天的小计划，具体到哪一个科目是重点，花费的时间应该更多，我都会列好计划。可以说，一个好的计划能够帮助自己找清学习方向，提高学习效率。

保持沟通

高三学业压力陡增，情绪不免出现波动，尤其是隔三岔五的考试经常让同学们苦不堪言。此时，好的沟通是帮助我们缓解压力的好方法。有时候别人的一句话，胜过自己一晚上的思考。在高三的时候，我和同学、老师们保持良好的互动关系，并经常同他们分享一些自己的困惑，他们也会认真聆听并向我提出一些建议。

在四中的心路历程

高中三年我学到了很多。首先要谈的就是我的竞赛经历。在初中的时候，我基本上没有接触过与竞赛相关的内容，直到初升高的夏令营，我才真正接触到数学竞赛。最开始时只是觉得数学很有意思，于是就想要报名进入数学竞赛班。学着学着，我发现数学真的是越来越有意思。虽然班里的同学陆陆续续都退出了，但是我依旧以学数学为乐，坚持上竞赛课。平常的竞赛课很苦很累，一周放学之后的加课要有两三次，意味着别的同学在这段时间内可以自由活动，而我们却只能继续学习。有时候社团和各种活动我们也不得不退出……到了高一升高二的时候，我被选入新的竞赛班，继续进行竞赛学习。高二的竞赛课更是"变本加厉"，周末只休息一天的时候都要加课不说，每天的作业多到甚至连我完成数学一科都有困难。选修课也被冲掉用来上数学。但是，在这个过程中我很快乐，不仅进一步被数学的魅力所吸引，也很享受解题的过程。

到了备考冲刺阶段，我们几乎是每天一套完整的一试和二试，上午考四个半小时，下午讲评和整理。然而最后，突然通知联赛延期，大部分和我一起打数竞的同学都选择了退出，但我没有，我选择继续学习竞赛，这是我心中对于自己所热爱事物的一种坚持。

总的来说，我的竞赛经历有一些小风小浪，但总体还算平稳。最后的成绩不是很好，有一些遗憾，不过没有遗憾又怎么能叫人生呢？我常常问自己，学竞赛带给了我什么，但又一时回答不上来。在常人眼中看来，学竞赛意味着承担很大的风险，万一学不好，高考和竞赛就会双线翻车。但是我不后悔，不后悔追寻我的热爱，哪怕真的放弃竞赛后我的高考能够获得一个更好的成绩，获得一个更好的人生。其实只要坚定不移地走自己选定的道路，对自己就已经算是一种成功了。

除此之外，我还想提一提四中独具特色的各种活动，对于我的成长有很大影响。游学路上，舞会的灯光中，五四灯火晚会的音乐里，我发现人有无限可能。并不是学习好才能叫好学生，其实每个人只要发挥自己的长项，做自己想做的事情就能做好。Don't let others define you. Just be yourself. 这是四中的这些活动带给我的最大启示。

在四中的收获

四中带给我什么呢？带给我很多东西，有四中的学习经历，有同学的友谊和老师们的关怀……但是我认为给我影响最大的是四中的教育理念。四中教导我们要有"家国天下的情怀，舍我其谁的担当"，四种校训告诉我们"勤奋、严谨、民主、开拓"，要"厚其积储，大效于世"，要做"杰出的中国人"。这些理念塑造了我的人生观念：人应当做一个全面发展的人，一个有使命有担当的人，一个能吃苦肯上进的人，一个有意义有价值的人。四中不是简单地告诉你这些理念，而是在实践中、在行动中让你去体悟。我们每天做的动作标准、整齐划一的课间操；我们即便到高三也坚持每天一节体育课；给同学们充分的自由，建言献策；充满特色的实践活动，多姿多彩的课余生活……四中学习生活三年，在多样的视角中，我认识四中，融入四中，四中也以其博大的胸怀哺育了我，促使我茁壮成长。四中带给我的，是终其一生都将影响着我的东西。

家长心语丨顺应天性，静心陪伴

这个夏天，孩子在留恋和不舍中告别北京四中。三年高中生活，过程曲折起伏，虽然磨砺增多、遗憾不少，但 2023 届学子们不负众望，高考成绩斐然，彰显出四中育人实力，李亨同学亦如愿考入燕园开启新一阶段的学习奋斗征程。回顾他的成长，除了学校良好的氛围、有幸遇到的每一位老师所付出的关爱与教导，家庭因素也是至关重要的。因孩子个体不同，成长过程涉及因素多，不能一概而论，我仅结合自己的体会谈谈，供参考。

第一，懂得孩子，因势利导。父母是最了解自己孩子的，孩子的性格秉性，在其幼时可知大概。孩子的心性成熟是极具个性化的过程，关键节点把控好，既不能放任孩子也不能过多干涉。孩子调皮贪玩，要帮助收一收；孩子要强什么都想做好，要帮助松一松，所谓收放自如，类同放风筝，有张有弛。有一点很重要，就是家长要用心了解孩子的兴趣和内在需求，小学、初中阶段可多一些尝试，不设限，只要孩子态度端正、踏实，知道自己该干什么，基本上不用担心他的学习成长。同时，家庭日常相处中也应传递出家长的理念和看法，比如，对待成绩，我们常说考试是一次学习的检验，重在查漏补缺、总结得失、夯实基础；又如，看待排名，我们晓之"天外有天，人外有人"，要淡然于心，不喜不悲，尤其是与优秀者同行，重要的是客观清醒地认识到自己的不足，知道自我激励和鞭策，能够直面并努力提高自己。

第二，尊重孩子，默默陪伴。现在的孩子是比较有想法有目标的，独立自主性强，不可小觑。尊重孩子，首先，要肯定和包容孩子，"金无足赤，人无完人"，理性对待孩子的缺点。家长的认可，能给孩子以足够的信心；家庭的宽松，能带给孩子以心灵的宁静，使得孩子心无旁骛，无论是学习还是玩耍都会更加专注。其次，尊重孩子的意愿，在李亨数竞学习的选择和是否坚持上，我们担心过学习过程太苦、投入时间精力太多会影响整体成绩、最后失利怎么办，但他态度坚定，愿意挑战和付出，并笑说"家长不能只看到高考"。2022年9月数学联赛延期，情况不明朗，又面临高三学习任务，大部分并肩的同伴选择回归正常学习，当时他也茫然和困惑，是否继续坚持？我们和他一起分析关键症结，如可以接受多久的延期期限、自己能把握什么、如果最后一学期再投入正常复习如何规划，明晰后不再纠结，调整心态，继续坚持，享受过程，不忧结果。最后，家长融在日常生活中的关注、陪伴都是对孩子无言的爱和支持，到了高中时期，家长更多的是管好孩子的生活，在这方面，李亨爸爸付出较多，如孩子平日上学不让接送，他就尽可能多地照顾孩子、多和孩子相处，早晨给孩子扫好自行车目送背影、晚上到地铁口接孩子回家，风雨无阻，乐此不疲。相信这份平凡质朴的父爱会一直绵延温暖着孩子。

第三，无为而治，自在自为。这句话常常浮现在脑海中，尤其是被问到孩子是怎么培养的时。高考后，我也问过孩子这个问题，他毫不犹豫地说关键在自己，的确，孩子是主体、是内因，自我成长最重要。我们的"无为"，一方面，源自孩子有自觉性，学习上的事自己上心，比如自上学起都是他自己收拾书包，里面分门别类、井井有条。另一方面，我们家庭比较民主，家长低姿态，有什么事和孩子商量着来，不大包大揽也不事无巨细，家庭成员各自努力把自己的事情做好。在学习方面，我们相信学校、相信老师、相信孩子，全力做好配合，按学校的节奏走，不主动额外加码，孩子有需求时，会帮助查资料找信息给支持。在孩子个性发展方面，孩子性情稳，我们沟通多、说教少，没有过高的要求，就是平常心，顺其自然。当然，在孩子成长的过程中，为人父母的焦虑、忐忑和着急上火情况也是切实存在的，烟火生活一半清欢，面对孩子，我们尽量传递出一份平静、一份坚韧。正所谓，时光清浅处，一步一安然，愿时光温润，岁月生香。

锚定目标，厚其积储

陈　龙　高三（15）班

成绩情况：高一年级排名第25，高二年级排名第100，高考成绩684分，年级排名第36。

成绩雷达图：

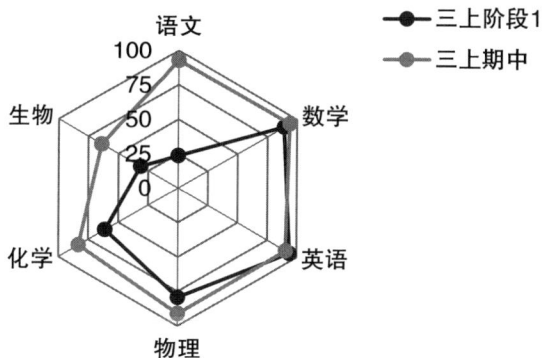

弱势科目：英语。

弱点：自律性差，积累少。

送给学弟学妹的一句话：不要把时间浪费在多余的琐事，以及与他人的争执上。高中生的终极目标是高考，除此之外的都是浮云。

最终录取院校：北京大学。

我的经验

弱势科目突破

高一、高二阶段，我的英语分数稳定在 135 分左右，而后在高三下半学期的半年内提升到了 142 分左右，最后高考发挥稍差，考了 138 分。对于希望上 985 甚至 C9 的北京考生来说，135 分水准的英语其实并不算拖后腿的科目，但如果要裸分考上清北线，还是应该提升到 140 分以上，才能确保稳妥，因此我在高三寒假前的居家学习结束后，便制订了针对英语的提分计划。

我在英语一科上，最大的缺点是词汇量较小，这影响到了我对完形填空题、阅读选择题中选项含义的判断。所以我最初的计划是在寒假的约 25 天时间内，以一天 20 页左右的进度从头到尾读完一本针对高考的词典，其中包括考试范围内的词语及其所有释义、与之相关的所有短语搭配等，以此扩充词汇量并为写作积累素材。但在之后的整个寒假里，这个计划完全没有得到执行，直到今天我看的页数大概还停留在 30 页之前。其原因有三：第一，我不是擅长进行大量阅读并记忆大量文本的学生，我所擅长的是记忆可以进行推导，且灵活多样、适用范围广、数量较少的数理类公式，所以这种提分方式并不适合我。第二，在任务的安排上，涉及大量阅读、大量记忆的任务需要长时间集中精力用脑，远比做大量习题要耗费精力，因此无论是客观上还是主观上，我都更倾向于采取刷题方式。第三，这个计划本身存在一定的不合理性，一言以蔽之，就是性价比太低。

高三开学后，我调整了对于英语的复习计划，以刷题和保持手感为主，每当模拟考中某个类型的题目出现问题时，便在《5 年高考 3 年模拟》上找到相对应的题型，连续做十道左右即可将手感提升回最佳状态，如果这一题型再次出现问题就继续重复这一过程。对于词汇量和写作素材，我选择的方式是背诵考纲中最基础的词汇（只背彼此之间完全不相干的若干个释义）并背诵范文。这一计划的原理同样有三：第一，高考英语能得高分与否，与个人的英语实际水平其实关系不大，因为考试的题型较为固定，各题型之间较为独立，考查内容的范围也十分有限，对于各类题目的题感才是拿满分的关键，因此针对题型刷题其实更有效率。第二，对于考试中出现的英语单词，我个人其实是有一定猜词能力的，生活中接触英语的场景也比较多，有一定的语感，可以通过上下文及词根猜测出一个单词的大概意思，或是大致推测出某个词组的组成、含义及使用方式，因此在比较个性化的学习方案中，减少词汇量的要求并不会造成太大的影响。第三，英语高考中的作文是话题限定的，背诵大量短语作为素材，往往不如去熟悉每一种类型的范文集效果强。而且在语境中背诵短语比单独背诵更快，使用效果也更好，更容易得到高分。有了更加适合自己的计划后，再进行提分，效率就大大提高了，我的英语水平也顺利提升到了 140 分以上。

英语的提分过程给我的启示有以下几点。

第一，计划一定要和个人的学习习惯、学习风格以及执行能力挂钩。我的经历只适用于我个人，其他同学的也同样如此。对于急切需要在某一科目提分的同学，一定要根据自己的风格制订计划，才能够快速见效。但这一点并不是说漂亮话就做得到的，即使是最好的同学，也很难在制订计划的初期就想出一个完全量身定做的学习计划，并在执行的过程中规避掉所有的阻碍，事半功倍。所以我认为正确的做法，应该是摸着石头过河，给每一个计划一个试行期，哪怕是在执行过后发觉效果不好而全盘否定，重新开始都完全没有问题，切忌在错误的方向上一条道走到黑。要随时调整计划，只有一个原则是必须遵循的，那就是尽早开始针对性地提分。如果一个学生在寒假结束后开始提分，那么他的计划就会受到限制，"积累"便不再是可行方案中的一种；如果他在一模后开始提分，那么他就不会再有一个月的时间给自己的计划当"试行期"；如果他在二模后开始提分，即使有高人指点，制订出了最完美的计划，也不可能对最终的结果有什么改变。但如果你在高三开学，甚至高二下学期就开始琢磨一个学科，琢磨自己的学习方式，那么这整整一年的时间将会为你的计划调整带来极大的余裕。越早开始制订提分计划，就越有可能最终找到最适合自己的方案并成功执行到底。至于计划的调整，我认为最重要的是关注个人的感受。如果一个计划执行起来很困难，我们就应该思考，是什么让自己坚持不下去，是什么在折磨自己，从而改变策略；如果一个计划没有成效，没办法提分，我们就应该关注在考试的时候，是哪些题型总是做不对、做起来很痛苦，是哪些知识点记不清、用不好，从而针对性地将这些问题逐一击破。值得注意的是，在计划中的个人风格这方面，是不能指望通过外力来搞定的。只有学生本人最清楚他需要什么、他欠缺什么，没有家长和老师能提供真正的帮助，所以这需要学生自己的思考与改进。

第二，计划一定要契合该学科的特色。这里的特色包括学科整体的类型（文／理）、知识点类型（记忆／理解）、试卷风格（个人能力／答题技巧）等。分析学科特色的过程，其实就是分析低分病灶的过程，因为分数和题目相联系，而题目又是和学科相契合的。这一点和第一点不同，是需要和有多年教学经验的老师进行深入沟通，才能得到有效认识的。如果你的学校层次足够高，就去找对应年级组里从教时间长、带班成绩好、经常参加教研活动，和教研员或教委有密切联系的老师沟通，这些人对学科的理解是顶级的，也是一个好学校真正的价值所在。高三一年带我们班的英语老师和化学老师都是这种类型，使我受益肤浅。术业有专攻，教学领域就应该交给最专业的人来做。让你的老师帮助你分析学科特色，提出针对各类题目的提分方式，学生再结合个人的风格进行具体细节的规划并执行，是我认为最有效的提分方式。

第三，评估一个计划的方式，最重要的就是看性价比。备考就是看你在一至三年的时间内能把自己的水平提升到什么等级，高考就是看你在一个半小时的时间内能把分拿到几成。和高考有关的一切，都应该用性价比来衡量，除非你能参加15次。我最初的英语复习计划最终一定能为英语这一科取得极佳的提分效果，但这也同样意味着我需要主动放弃剩余几科高效快速提分的可能性。这是因为按照那个计划执行到底的话，我在寒假的每一天将耗费大量精力，这会直接消耗我用于刷题的精力。而事后来看，寒假这段时间的刷题对我的数学与化学两科的做题手感维持有着决定性的作用，使这两科成了高考中的优势科目。这恰恰说明了放弃那个计划，才是性价比更高的选择。对性价比的考量是一个量化过程，你要大概估计一下一个计划的执行时间与成效。把每个任务细分到每一天的体量，会占据多少精力。在这种体量下，多长时间能够执行完。我的计划所针对的题型，可以为我提升多少卷面分数。把分数除以天数，衡量针对每一种题型的日均提分量，再比较这些计划之间的兼容度，考虑如何安排才能让每一个计划都得到有效执行。值得注意的是，你的高考目标也应该纳入量化统计的范围内。对于一个北京地区的考生来说，如果你的目标是裸分清北，那么每一种题型都要提到不拖后腿的水平；如果你的目标是普通985，那么有一两种日均提分量低的题型就应该选择性放弃了；如果你的目标是一本，只要跟着学校布置的任务走就可以。不同的题型、不同的目标有各自适合的选择，性价比便是帮助我们衡量利弊的一种方式。

我的学习方法

高一、高二阶段，我的学习以物理竞赛为主，所以其他科目的学习只把保证跟上课堂进度作为原则，不求得高分，也不再额外为自己增加正常作业以外的任务。在校期间，这种学习节奏维持得还算合适，但由于居家期间较低的听课效率，我在高二下半学期落下了生物、化学等科目很多进度，在高二下期末考试中排名200名以外。出于对课内成绩的考量，我尽早地减少了物理竞赛学习占用的时间，及时回归课内。高三上半学期，我一边跟着复习的进度，一边借同学的笔记整理之前落下的知识，在寒假期间隔绝了一切外界干扰进行复习，终于赶上了学校的正常进度。此后的高三下半学期，我选择了大部分周末时间留校自习，在完成作业的基础上针对每次模拟考暴露出来的问题进行提升，分科目分题型地给自己布置不同的额外任务，并在下一次模拟考中检验复习成效、发现新问题，充分利用好这些机会，实现了各科成绩的快速提升。

回顾自己的学习历程，有体会也有反思。我想给同学们的建议是，不要在学科竞赛等方面浪费过多时间，把高一、高二的大部分时间用在积累上，重点是语文、英语两科。语文应该主动找历年高考的作文题，计时50分钟左右完成，通过不断地找老师批改来提升自己的审题能力、编排能力，同时积累名人事迹作为作文素材。即使到了高三，也不会有太多针对作文的训练，所以要想提升作文成绩必须主动加练。英语最好在高一、高二就开始准备我前面所提到的词典并进行积累。把这种积累过程放在高三一年是不明智的，但如果在之前的两年中用较长时间完成了一轮甚至二轮的积累，对于高三一年的备考会有极大帮助，接下来要做的就只有刷题以寻找题感了。高一、高二没有浪费时间，进行了充分的积累后，高三一年的复习就会变得游刃有余，至少不会像我一样被语文严重拖后腿，差点无缘清北。

对自己产生影响的重要节点和事件

就学科竞赛这件事，我想谈一谈自己的看法。先说主旨：如果仅仅希望通过学科竞赛来获得保送降分等资格，在高招中取得优势，我建议尽早放弃。

首先要谈一谈学科竞赛的性质。学科竞赛的本质，是对于拥有超常智力以及坚定毅力的学生的筛选。要想在竞赛中获得成绩，你需要同时具备这两方面的潜质，其要求远超高考所需。按照之前的说法，也就是性价比极低。我认为，一个能通过竞赛获得保送资格或者降一本线优惠的学生，如果全力准备高考三年，一定至少能裸分考上清北华五的头部专业；相反，一个本来有高考潜力的学生，如果将高一、高二的时间全部投入竞赛中，反而有极大可能在得不到高校降分优惠的情况下影响到自己的高考，从而与本来能考上的大学失之交臂。学科竞赛所考查的内容，是创造性思维与本学科更深层的内容（以大学知识为主），和大学教学内容的方向有所不同，对于进入大学之后能起到的帮助，与在竞赛中考出成绩所要付出的努力，是不成正比的，甚至有可能因为在没有打好基础的情况下过早学习进阶内容，导致对知识的理解不透彻，从而影响大学阶段的系统学习。2023年五大学科竞赛的国家集训队一共有260个名额，而清北每年招生6000—8000人，C9每年招生40000人，仅仅抱着功利心去学习学科竞赛，很明显是一个极不明智的决定，所以我要劝退在带着类似想法的学生，尽早放弃学科竞赛。

　　那么，什么样的学生适合学科竞赛呢？在我看来，是对这一学科有着超越功利、超越课堂热爱的学生。能支撑一个学生把十几本竞赛习题集一遍又一遍反复刷的，一定是他对这个学科发自内心的热爱。在此前提下，考出成绩与否其实完全不重要，他所享受的是过程，就算最后得不到任何好处也不会有太大的失落与怨念，因为这种学生所期待的不是从竞赛成绩中得到的东西，而是从竞赛学习中得到的东西。就算他的天赋与毅力不足以使他考出成绩从而获得高校的降分优惠，但竞赛的学习仍然可以增进他对这一学科的理解与认识，巩固他对于这一学科的热爱，并为他带来极大的自我满足感。这种自我满足感会使一个人得到奋斗的动力，使他在今后的人生中也能为了自己热爱的事业奋斗，这是远比保送资格要有价值的东西。事实上，竞赛对于大部分考不出成绩的普通学生获益的方式，主要是通过高校的强基计划，而强基计划对学生的要求恰巧就是我所提到的，对学科纯粹的热爱。同时要注意的是，无论是参加学科竞赛，还是今后在这个学科领域内深造并从事科研，在做出这一选择前一定要慎重考虑，明确自己的需求在哪一层。

在四中的收获

　　我个人认为，对于我们这些高考生来说，名校的最大价值，就是环境和老师。但高中这三年有一半都是在网课中度过的，学校的环境对于我并没有太大的实感，所以我想谈一谈高中遇到的几位老师。

　　第一位是高一、高二带了我两年数学课的苗金利老师。苗老师是一位与众不同、风趣幽默、实力与自信兼具的老师。在他的课堂上，不存在晦涩难懂的知识点或是无法消化的难题，因为苗老师总能为我们举出一个个生动形象的事例、巧妙绝伦的比喻，而后又能由此升华，延伸到课堂之外，给我们带来世界与人生的哲理。苗老师有一种神奇的感染力，能让所有人沉浸到他的课堂中，让枯燥的数学变得生动，这要归功于他那幽默的语言风格与自信大方的气质，将数学教学中最有趣的一面展现给了我们。同时，他的治学态度仍然是极为严谨、科学的：紧抓概念的定义，保证学生们为数学学习打下扎实的基础；对每一道习题的细致讲解，让同学们不留疑难杂症；考试前的系统复习，不仅带我们回顾了所学的知识，更贯彻了数学思想与方法，使我们受益匪浅。我认为，在科任教学上，一个优秀的老师就是要有这样的能力。一方面，他能够让课堂变得足够活跃，并不一定要每个人都能发言、参与讨论，但能确保每一个人都全身心地投入到课堂中，认真地跟着老师的教学进度并保持思考。这需要一个老师的教学风格足够有趣，有着足够的个人魅力，同样也需要精心编排的课堂流程。另一方面，在课堂活跃起来之后，老师所传达给学生们的内容，应该是丰富而严谨的。对于考纲里的内容，应该狠抓每一个知识点的基本概念，保证同学们打下足够牢固的基础；对于整个学科的理解，应该将那些重要的核心思想与方法展示给同学们，并不断使用、不断强调，让这些思想方法潜移默化地成为他们的法宝，才能保证同学们在这一学科的道路上走得更远，走得更稳。在苗老师的讲台下听课两年，让我开阔了视野，深化了对数学的理解。

第二位是我高一那一年的班主任霍莹老师，同时也是这一年教我的英语老师。在正式开学前，她花了一整天的时间，在办公室约谈了全班43名同学，与每一个同学深入地就理想与情怀进行了一番长谈，又在之后的整整一年时间里，用实际行动告诉我们，那番对话不是在高谈阔论，而是真心对我们的未来满怀期待，并准备帮助我们每一天向着更优秀的自己一步步迈进。作为班主任，无论学校的工作有多么繁忙，她总能抽出时间，与每位同学进行至少每周一次甚至每天一次的谈话，不断关注我们的缺点与成长，并加以激励；作为英语老师，为了让我们在高一就奠定扎实的基础，她每周都布置大量的作业，并无比认真地每周按时批改完43份，其中的工作量可想而知。进入寒、暑假之后，她依然每天保持和同学们的联系，敦促我们执行自己的假期计划，鼓励我们参加学校组织的活动，全年无休。我总认为班主任的工作很烦琐，既要照顾到每一位同学的心理状态和学习情况，又要同时担负起教学的职责，需要投入大量的精力。班主任们就是这样一类人：他们燃烧着自己的生命，只为了更多学生能够发光发热。他们的理想与荣耀在于立德树人，在于让更多的人有机会实现自己的梦想。他们用每一天的关注为学生们铺平了道路，又将自己作为榜样，让我们明白了何为无私与伟大，引领着我们走向更好的自己。尽管霍老师只做了我一年的班主任，但她在我心目中的形象直到今天都熠熠生辉。

第三位是高中三年的年级组长叶长军老师，同时也是我高一、高二时的化学老师。作为年级组长，一方面是因为我们整个年级平时的表现确实还达不到完美的地步；另一方面也是为了对我们加以鞭策，叶老师总是在年级会上担任唱白脸的角色，使得部分同学对他有所微言，应该算是他本人在担任这个职务时做出的牺牲吧。尽管如此，他依然尽职尽责地承担着年级组长的工作，为整个年级的风气、各个班集体的学习状态、同学们的心理建设而操心着。作为年级组长，他能够认得出整个年级绝大多数同学，熟悉每个人的性格与特点，对每个人有着不同的期待，并对他们的学习与心理状态加以引导。叶老师对于找他谈心的同学总是来者不拒，愿意花上长达几个小时的时间帮助任何一位同学排解心理问题，帮助我们维持良好状态。使我印象深刻的是，高三那一年，在多数老师八九点就结束答疑下班回家的时候，他桌上的答疑课表却安排到了晚上 10 点之后，只为能够尽可能帮助到更多的同学。在多方面的重重压力下，叶老师及年级组做到了许多堪称"奇迹"的壮举，同时在高三一年的备考中和同学们一同进行着艰苦卓绝的奋斗，最终换来了我们这一届傲人的高考成绩。这不仅是同学们三年的汗水，同时也是叶老师及年级组全体的辛勤付出所赢回的奖励。这就是一个最理想的年级的样子：上下同心，年级组尽全力为同学们提供支持与指导，同学们齐心协力地奋斗，不辜负年级组所倾注的心血，最终交出一份完美的答卷，也将高中师生们最美丽的样子展现在了世界面前。

迫于篇幅的关系，我无法进行过多的描述，只能在三个不同的角色中各选择了一位给我留下最深刻印象的老师进行了回忆。但我对于每一位在高中曾给予过我指导及鼓励的老师抱有同样的感激，正是有了你们的帮助，我才得以取得今天的成绩，并有幸写下这样一篇文章。我要特别感谢余洁老师、肖勇老师、霍莹老师作为班主任及科任老师为我提供的特别的帮助，感谢李德胜老师、姜坤老师在物理竞赛上对我的指导，感谢叶长军老师、肖振龙老师等年级组成员对我的关注，感谢宿舍的马老师等三位老师对我的关照，感谢万珺老师、苗金利老师、贾祥雪老师、周敏老师、赵克险老师、刘刚老师等科任老师为我带来的有趣而又充实的课堂，也感谢辛守刚老师等体育组老师让我在体育活动中享受快乐。正是遇到了这些老师，我的高中生活才有了更加丰富的色彩，我才能在陪伴与关照中走到今天。

家长心语

北京四中的录取通知书和荣誉毕业证上，都恭印了首任校长王道元先生所作的训诫。这是一篇给当年毕业生的寄语，被四中人奉为四中精神的象征。在我的理解中，这篇一百九十一字的训诫文可以提炼概括为十二个字——厚其积储，学以致用，大效于世——正代表了求学乃至做人的三个阶段，三重境界。

陈龙是 2020 年参加的中考，通过北京四中道元计划从顺义区牛栏山一中考入四中的。尽管道元学生已经不再单独编班，但这一承载着先生训诫、四中精神的符号，也成为陈龙和许多道元学生内心对自己的要求与信条。

甫入四中，陈龙是带着些许不确信和小心气的。不确信是来自稍逊风骚的中考成绩；小心气是在即将与西城和全市尖子学生同台竞技时的不甘人后。带着这样的状态，陈龙在入学前的暑假一口气报名了数理化三科的夏令营和摸底考试，在完全没有竞赛基础的情况下通过了物理和化学两科的竞赛班选拔。这让我欣喜地看到，陈龙褪去了少年时的顽皮和戏谑，开始认真对待学习，付出努力了。此时的他，也许尚未参透道元校长的训诫，但已经开启了"厚其积储"的学习之路。

陈龙选择了物理竞赛，师从"大圣"教练李德胜老师，从零基础开始学起。在我们几次认真严肃的交流中，陈龙始终清晰而坚定地表达，他要完整地坚持下来，完成物理竞赛的全部学习内容，参加所有高中阶段的比赛。这条道路并不轻松，课外的学习时间只是很小的可衡量的投入，更大的不确定的投入和代价在于牺牲其他科目的课内学习，统考成绩排名直线下跌，竞赛成绩不理想对信心和信念的冲击，更换班级重建归属感和与老师同学的关系，等等。可以说，没有对物理学科、对竞赛深厚的热爱、执着的信念，是无法坚持不懈地学习、钻研的。作为家长，我强烈地担忧过、动摇过，已经可以预见到竞赛成绩能够达到的水平，无法对升入理想的大学产生直接的帮助，而在竞赛上付出的时间和精力，如果投入在高考科目的学习上，至少能够带来更大的高考成绩的确定性。在这样的情况下，我是希望陈龙能够舍弃竞赛，早日回归课内学习的。然而，陈龙的坚定与坚持最终说服了我。他在整个高二全力以赴投入物理竞赛的学习，专注、投入，完全践行了"厚其积储"的理念。尽管最终的竞赛成绩平平，但是，他在竞赛学习中收获的科研思维与方法，培养的解决复杂数理题目的能力将使他在未来大学阶段的学习中大大获益。同时，事实也证明，竞赛学习培养的能力在高考的考场上和顶尖高校的选拔中也给他带来了一定的优势。

在陈龙即将从皇城根下老校门走向未名湖畔燕园之际，我为他三年的坚持与坚守深深感动，他用这份执着践行了道元校长的训诫——厚其积储。而在这三年的求学之路中，我也深深地感谢每一位为陈龙的这份执着领航保驾的师长——霍莹老师、肖勇老师、余洁老师、叶长军老师、李德胜老师、苗金利老师、贾祥雪老师、肖振龙老师、魏华副校长、宿管马老师，以及所有任课老师和教导过陈龙的老师，感恩所有老师对陈龙的教授、引导、鼓励与包容，为他提供了许多便利，创造了能让他坚持自己的道路与学习方法的宽松环境，最终帮助他完成愿望，实现目标。

三年高中时光，四中不仅赋予了陈龙知识与能力，而且为他刻下了精神的烙印。未来，唯愿陈龙继续孜孜以求，追求学习的更高境界——学以致用，有朝一日不负所嘱，大效于世。

纵有万难，逐一排除

刘豫京　高三（12）班

　　成绩情况：高一、高二各次期末考试年级排名分别为115、50、30、65，高考年级排名第13。

　　成绩雷达图：

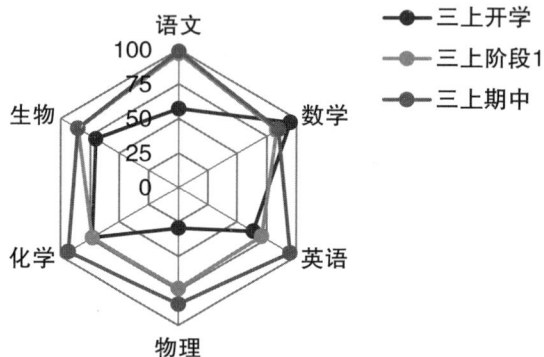

　　弱势科目：数学、物理和化学。

　　弱点：自制力比较差，容易被环境影响。

　　送给学弟学妹的一句话：下定决心，排除万难，去争取你所想要的胜利。

　　最终录取院校：清华大学。

我的经验

1. 弱势科目

我的弱势科目之一是物理。高一、高二，我的物理赋完分通常只有七八十分。刚升入高三的开学考，我的物理更是低到了 74 分。由于身处物竞班，身边很少有同学在物理上有困难，我更感到焦虑了。为了提高物理成绩，我先是列出了学习计划。我的规划大致就是先通盘复习知识点，再根据第一次期中考试的成绩具体问题具体分析，补一补自己的薄弱知识点和薄弱题型，最后到了寒春冲刺阶段，再重新刷一遍错题。

在高三上的第一个月，我找出了高一、高二物理的全部讲义，整理了其中的错题，重新做了一遍，并梳理巩固了基本知识点。但是我的物理分数低并不仅仅因为基础知识不牢固，还经常犯一些审题、计算上的错误。尤其是卷子比较简单的时候，如果我犯了这样低级的错误，赋完分更是惨不忍睹。所以在高三上期中考试后，我在物理老师的建议下买了一本《天利 38 套》，开始做题，摸索常见出题套路，提高做题的熟练度和准确率。在我做题的那段时间，经常有其他学科的老师跟我说不要刷题。在刷题时，我也经常发现自己同一种题型的题经常错，错过的题反复错。诚然，这些都会给我带来挫败感，令我感到自我怀疑，但是我相信学即是法，因此我继续一周做两套模拟题，只不过进一步加强了错题的总结和归类。终于，在高三上的期末，我的物理赋到了近 90 分。

在寒假里，我在完成寒假作业的同时继续刷前几年的模拟题，并且钻研答案的做法，学习答案中大题的答题要点和解题思路。高三下考试频繁，我的低级错误虽然在一定程度得到了控制，但整体来看还是太多了。在这个阶段，我明白了做题的时候要自信，要敢写。有的题看上去唬人，实际上只要敢动笔，按部就班，往往都能找到正确的思路做下去。

在一模、二模后的冲刺阶段，我又找回高三做过的讲义、周末练习、B 类练习等，重新做错题，并归类错因。终于在最后一次的高考中我的物理赋到了 97 分的成绩，于我个人而言是高中三年的最高分。

其次是化学。由于高一我并没有按部就班好好上课，因此落下了不少基础知识。尤其是在元素化合物这个背诵内容极多的章节，我差了很多知识。

在高三之前的暑假，我找同学借了他们的高一、高二白本，并准备了一个笔记本，用于梳理我不熟的知识点。一个暑假，我记满了一个活页笔记本。在高三上学期，由于化学学科的作业任务本身就很多，我只能尽我所能把任务完成好。同时，我尽量认真地完成 B 类练习。由于我高一、高二的时候一直不重视错题的处理，因此高三阶段我经常错一些高一、高二错过的题。所以到了高三上学期，我把更多的时间投入到错题总结上。我会把错题打印出来贴到错题本上，并且写出具体的错因，同时不看答案尝试自己写出正确答案。高一、高二的我也很抗拒去找老师答疑，但到了高三，我基本上每周或是每隔一周就会找老师答疑一次，有的时候是问问题，有的时候是分析试卷，有的时候是单纯地向老师寻求一些学习方法上的指导。同时，我认真完成课后的复盘工作。两节课的内容可能需要花费一个半晚自习的时间来复盘，非常占时间。尽管如此，我还是谨遵老师嘱托一丝不苟地完成复盘工作，力求在一轮复习中把每一个讲过的知识点记到脑子里去。即使到了高三上学期期末，作业练习非常多的时候，我也还是坚持把课堂复盘放到第一位。

高三上学期期末，由于考试不太难，我的化学成绩相对得到提高。因此，在寒假里，我除了完成作业和跟着学校进度复习外，并没有给自己布置太多额外任务。现在回看，我或许应该提前练习一点工艺流程题和探究题。

到了高三下学期，化学学习走向专题学习，我确实感到了能力的缺失。有些探究题，可能只能填对一半的空，看答案都搞不懂为什么那么填。甚至有的时候在课上听完了老师的讲解，我还要花上一个多晚自习的时间复盘，问同学，才能理解透。工艺流程题亦如是，一旦题目问得比较活，我就会手足无措，不知道该答什么。那段时间我也坚持了复盘和错题总结，但可能是归类不够，总结都停留在笔头，很多都没进入脑子，这也导致到了最后，我的化学仍然是赋分最低的一科（94分）。我想如果重来一次，我会更早地完成知识点的落实，然后开始系统性地练习工艺流程题和探究题，以便于更早磨出做题思维来，我也会更注重对错题错因的记忆和对题目整体思路的掌握，而不是流于表面功夫，洋洋洒洒写了一本错题集，但深层的东西却不进脑子。

最后是数学。我高一入学时数学还不错，分班进入了A班，但是高中数学题坑变多、套路复杂多变，加之我时常浮躁马虎，不好好审题，因此，高一、高二我的数学成绩都比较一般。到了高二下学期结束分班时，我没能进入A班。最开始，我并没有意识到问题的严重性，直到高三上学期几次考试我都考了120多分，甚至比语文分数还低，才意识到数学严重地拖了我的后腿。高三教我数学的是程国红老师，她耐心细致，对我们也是关照有加。寒假里，我向她要来了高三上做过的导数解析题，和同一学习小组的同学一起坚持练习。然而到了高三下，考试变多，我突然发现难题不是我的坎，简单题才是。选择题一道4分，填空题一道5分，我的选填题有时能错上个十几分，可谓是硬伤。在这里又要感谢程老师了，她给我们打印了十几套选填练习来做。大概是一模那会儿吧，我的选择填空终于做到了只错一道或是一道不错。从期末考试的130分到一模的135分，再到二模的138分，无论如何，在我高三的努力之下，我的数学成绩得到了稳步提升。可能是因为高考前夕失眠，一点半才睡着，精神状态比较差，最后我的数学只考了130分，但我不想否定高三一年我在数学上付出的努力。从上半学期重刷白本，到寒假重做每日一练和B类上的导数解析，再到下半学期十套十套地做选填、立体几何、三角，我自问尽志无悔。

我相信很多人都会在提升弱势学科时发现自己好像付出了很多努力，但是收效甚微，甚至在成绩上直观地体现为退步。我想说，学习上付出的努力不一定有即时收益，但在确定自己的努力方向正确之后，坚持下去，就一定会有收获。就像化学里的滴定实验，也许最开始付出了很多，pH值只有微弱的变化，但当努力积累到足够多，往往只需要那一滴或者几滴，就能达到滴定突越，实现量变引起质变。

2. 我的弱点

我的第一个弱点是自制力差。高一上学期期末复习阶段，我没上晚自习，回家糊弄完作业就开始看小说，有的时候甚至看到半夜十二点。所幸我的不良嗜好不多，只有看小说一个，戒掉这一个就行，不幸的是从 Kindle 到手机、平板，再到纸质书，能让我发展这一嗜好的媒介方式过于多种多样，要完全戒掉实属不易。高一上学期期末考砸之后，我深刻地尝到了自制力差的恶果。所以从寒假到高一下学期、高二上学期，我一直在学校上晚自习，周末和没有晚自习的周五晚上我则去西单图书大厦自习。自制力差的克服方法不外乎有二：一是不尝试自制，改为他制，利用强制手段约束自己；二是找到内驱力来源，找到低级趣味之外的目标动力，从而不因自制力低下而走上弯路。整个高中三年，我基本上都是靠第一个方法克服自己自制力差的毛病。第二个方法适用于高三一年。我在高二选科时确定自己想学医，在高三的暑假确定自己想去清华大学协和医学院的临床专业。众所周知，这个专业的录取分数很高，尤其是对于高二结束时处于年级中流的我来说格外的高不可攀。因为路漫漫，所以其修远；因为其修远，所以我不得不全心全意地上下求索。内驱力在高三必不可少。有的时候，尤其是在高三下学期，当我真的觉得自己的努力没有了方向的时候，我就会重新回想我这个目标，想象目标实现后，我或走在清华园的林荫路上，或站在协和医学院庄静肃穆的实验室里的场景。如此一来，努力便被赋予了意义，短暂娱乐带来的即时快感也显得微不足道了。

高三一年，支持我一路走下来的一句话是叶老师在某次年级会上提到的，别用最宝贵的青春去换最廉价的未来。其实我一直知道人生是由无数个选择构成的。每个选择的投入不同，产出也不同。低投入，回报大概率微薄；高投入，产出也相应增加。或者换个角度想，就如王安石在《游褒禅山记》里所表达的，尽志则无悔。我常想，我若是不在当下做出牺牲、付出努力，到未来的某天，回想自己前半生，什么都做了，但都没做到最好，那么我所拥有的就只有自己给自己留下的一地借口和遗憾。如若真是这样，未来的我该何等后悔！莫若在当下拼尽全力，尽我所能，那么未来的我即使没得到想要的成果，也一定在这一路的挣扎中修炼出了很多必备的品质，足以支持我走向更远的地方。其实这些话，听别人讲出来不过毒鸡汤尔尔，但当自己细细想来，大概率能打动自己，帮助自己做出更正确的选择。

另一句对我很重要的话，也是我给学弟学妹们的话的原型，来自网络疯传的一个视频——"回村三天，二舅治好了我的精神内耗"。我在那个视频中知晓了命运的无常与难为，也明白了主观能动性之重要。那句话是，下定决心，不怕牺牲，排除万难，去争取胜利。我的高三确实历经万难。线上网课，一模、二模失利……这句话一直萦绕在我耳边。没有不可克服的难，只有不够坚定的决心。抱着这种想法，高三也不过是一口气的事。

我的第二个弱点则是易受环境影响，也可以说是容易被别人卷到。我记得一模之后吧，晚自习课间，几个同学聊天，说到我们班有一个男同学，每天下了住宿生加时自习（23：30）后等宿管查完房（12：00左右）继续学到一两点。我听到这个事情之后焦虑极了。我想到自己分数没有那个同学高，还经常学到23：00左右就睡，很恐慌。于是，连着几个晚上，我也偷摸打着灯夜里学习。结果是我上课困得不行，化学课听得迷迷糊糊，导致课下还得额外花时间补回来。经此一事，我就不再跟着别人卷了。我有自己的学习节奏，别人有别人的，我只需要和自己比，毕竟每位同学的学习习惯和身体状况各不相同，正所谓适合自己的才是最好的。

我觉得减少被周围环境影响的另一方法就是制订计划。计划能极好地抚平焦虑，给予自己信心。我会根据记事本和备忘录列出周计划、日计划，按照计划安排学习、锻炼。列计划之前，我会综合老师的要求、建议和自身的薄弱学科、薄弱知识点分配时间和设定完成顺序。这样一来，即使我的计划不能全部完成，也往往能完成最重要的部分。其实学习卷的从来不是表面上的时长，而是大脑高度活跃、注意力高度集中时知识获取的有效时长。所以，有意识地去争取完成自己任务规划以内的事情，即便身处学习氛围没那么浓厚的地方，也不会被周围同学带着摆烂躺平；身处过分内卷的地方，也不会被其他同学带节奏，干耗时间磨洋工。

3. 我的学习方法

我自认为在学习上不是技巧型选手，大部分成绩还是靠时长和精力的付出取得的，但在语文、物理两个学科上，我还是有一些自己的学习方法的。

首先是语文。我认为语文想要获得好的成绩，本质还是要增加阅读量，提升文学素养，锻炼文字敏感度。我的高一、高二每年的阅读量基本都在三四百万字（课本教辅以外的杂书）。同时，我在高二的时候非常认真地跟着学校早读复习《论语》。我会把早读出现的文段抄在笔记本上，利用周末时间搜索相关资料典故等。到了高三，我没有因为自己高一、高二语文成绩还行而轻视语文，而是认真完成作业，并额外完成很多练习。最后冲刺阶段，学校语文组发了一个作业本，上面是去年一些冷门区县的模拟题，我发现我居然大部分都已经刷完了。打好底子做好语料积累和语感培养，高三备考复习不放松，语文学科大概率不会太差。

其实我觉得这一条对所有学科都适用。我身边有不少同学，包括我自己的生物学科也是如此。高一、高二，我的生物成绩一直不错，所以到了高三，我对生物学习就有些松懈。等到下半学期，我的生物成绩一直稳居中下等水平了我才开始着急。所幸在最后几个月我重新复盘了高三上学期的讲义和B类等各种练习和笔记，才终于把生物补了回去。尽管如此，我的生物也没能如我所愿赋到A1。所以，我真切地告诫学弟学妹们，不要认为某一个学科自己高一、高二学得好，高三就可以不管了。学习真如逆水行舟，不进是会退的。所以即使你是物理竞赛生，物理竞赛拿到了奖，到了高三，校内规定的作业任务也是要完成的。

其次是物理。高一、高二时，一定要把白本、《学习·探究·诊断》的错题做三遍以上，直到不错为止。尤其是理科题，我们会经常发现之前错过的题，在高三再见到时，不会的还是不会，错的还是错。所以在高一、高二的时候，一定要把每一道经典例题搞明白，完全弄懂每一个疑点，记住每一个设错套路。这个过程可以没有错题本，就用一些便签盖住答案，一遍一遍做完之后贴到讲义或者《学习·探究·诊断》对应题目位置即可。到了高三，可以把做过的题目按照题型、考点、解题思路分类，这样通过看每一大类里的错题比例，就可以找到自己的薄弱知识点，然后通过刷题、答疑的方式逐一击破。

4. 对我影响重要的节点

我认为高中阶段对我影响最大的节点是高一上学期期末考试。那次班级倒10的成绩戳破了我自欺欺人的幻梦泡沫，让我直视自己的现状与目标。也是那次考试结束我开始认真地思考我想去向哪里，当下的低级趣味和未来的长久发展哪个是我真正想要的。那个寒假，我反复思考和自我规划，在高一下学期付出了该有的努力，最终跻身年级前50。这一结果使我找回了自信，帮我明确了目标和方向，为我高中后续两年正确的学习态度奠定基础。触底未必能反弹，但触底之后全面复盘，深刻反思，长远展望和缜密规划，大概率能实现反弹。考差了之后最忌讳的是把责任都归结到他人身上、归结于老师、归因于运气，把自己撇得干干净净，继续放纵，继续浑浑噩噩。老师、学校、同学、父母……说白了都是我们人生的过客，区别只在于在我们生命长剧中戏份的多少。而导演这出戏的，永远是我们自己。我在那次考试后明白了这个道理。然而多少人还是看不明白这点，高考之后的家长群，一些家长抱怨老师教得不好，一些同学埋怨学校帮助不够，何其可悲！

对我影响第二大的是高一下学期一次去找地理老师的经历。可能是我确定自己不选地理，因此平时地理课上基本不回答问题，加上我高一还处于比较内向的状态，班级活动、课上回答问题等都佛系对待，从不主动争取，所以首次踏入地理办公室，哪想到教了我一年的地理老师看着我问了句"你找谁？"我突然意识到，如若我满足于班级中流的位置，可能会不起眼到老师都不认识我。我若想要更多，则需自己争取，争取站到顶端的位置。经历这件事后，高二一年，我上课有想法就举手，运动会等活动也是擅长什么就报名，最终，我在运动会上拿到了我们班唯一一块奖牌，课上回答问题也在一定程度上锻炼了我的语言组织能力和快速思维能力。

最后一个对我影响很大的事情是某次化学考砸后和叶老师的约谈。我当时已经意识到了化学的重要性开始补化学，刷各类试题、讲义等。然而那次月考我的化学分数还是很低。我去找叶老师面谈，他问我学习环节落实得怎么样，我信誓旦旦地说都落实了。他跟我说你是在自我感动。其实对于大部分学生来说听到老师这么直接的批评都会感到委屈，我也亦然。但是回去后，我又细想了叶老师的话。譬如我刷题，不会的题看眼答案就算过了，再见到同一道题还是不会。这就是无效努力，自我感动。学习不应该只问自己"我学了多久"，更要问自己"我学会了什么"。从那次约谈之后我最大的变化是学习上不再搞花活。与其用各种颜色的荧光笔画一遍重点，不如用一张纸片遮着背下这些重点；与其马马虎虎把习题册做完，不如细细致致地完成自己掌握得不好的一个章节。

5.四中教会了我什么

首先，更强的思维品质。四中的老师会强调全面的多角度的思维，也强调深刻的有意义的思维。语文老师在高一、高二时不会盯着书本念官方给出来的赏析，而是抛出问题让同学们自己思考，给出自己的见解。我印象极深的是一次书院课，老师们展示了几个时事新闻，让我们就新闻写时评。我们会发现，针对一个事件往往不存在所谓的最优解，而是只有较优解。很多事情不可能十全十美，而我们需要掌握的是综合考量各方因素，寻找到缺憾最少的解决方法的能力。同样地，在高三化学课上，化学老师叫同学们回答问题从不要同学们说题目答案，而是要同学们自己串下来题目的思路内核。这种循着现象溯求本源的思维方式弥足珍贵。

其次，温暖的氛围。四中的老师有原则也有温情。陈年年副校长会在上操的时候直言厉色地禁止我们点外卖，也会在看到高三女生晚上拎着外卖奶茶回教学楼时无奈地劝告"少喝点，对身体不好"。同样，秦老师平时在校风评比检查时不留情面地扣掉的每一分，也会在高三冲刺自主复习时给答疑的学生们糖果做鼓励。

最后，正确的价值体系。四中管理严格，奖惩分明。我们在四中的三年里，老师们会通过各种手段帮助我们塑造正确的价值观念。从数学老师课上的政治小讲堂到游学时的训话，其中种种，难以细说，但我相信每个四中学子都有体会。

家长心语

刘豫京的成长一直是各方面同时成长的过程。

幼儿园接她，经常看到她排在队头出来，接到时却在队尾，这个谜至今也没找到答案。当时他们班一个孩子妈妈说，你家姑娘不是那种上来就能打眼的，应该是慢热型的。

在四中三年的成长，也体现了慢热。从三十一中到四中，她自己心理压力比较大，总觉得优秀的人聚在一起，她的学校不如别人，别人就比自己优秀。孩子在物理实验班，都是优秀的孩子，有压力是正常的，这时，家长的作用就是让孩子相信自己是优秀的。我鼓励她什么都别想，按照自己的节奏努力去学。

在高一下学期，有学长来助学，她回来告诉我，想去协和医学院临床专业。在我看来，孩子的目标已定，家长的作用是监督并鼓励她努力去实现。她开始了解考取这个专业需要多少分以及大概处于学校多少名才有希望去协和，奔着目标去努力。

高二一年，成绩上下反复，最差时一百多名，好时四五十名。和协和医学院的录取名次相差甚远。甭管能不能考上，家长一定要坚信孩子能考上，并积极鼓励孩子。

高三压力特别大。高三暑假，叶帅开始组织三方会谈，谈到高考的目标分是多少。我和孩子深谈了一次，我觉得她的语文、英语一直不错，数学努努力，只要不拉分，应该有一个不错的成绩，目标分定在720。虽然知道这个分她应该实现不了，但人总要有奋斗的动力，最后考个700分，也足够用的了。

孩子就冲着720的考分，一直在高三奋斗着。我作为高三家长，主要作用是减少孩子的焦虑，孩子在合理范围内的要求尽量满足。我家妞的观点是：甜点能让我心情愉悦。所以高三就是各种蛋糕和甜品伺候。孩子高三上学期期末考得还算可以，但一模、二模都很让人担忧。孩子回来向我诉苦，我告诉她一切都看高考的成绩，过去的就让它过去，它们不能代表你的高考成绩，我相信你高考能考到 720 分。我一直都这么盲目自信地鼓励她。最终，高考考出了她上学以来最好的成绩，实现了她的读书梦。

总之，家长一定要相信：每个孩子都有自己的花期，不要着急，慢慢陪着孩子成长到属于她自己的花期就好。

拒绝内耗，与自我和解

许如心　高三（11）班

成绩情况：高一、高二大体排名年级 20 至 40 名，高考成绩 685 分，年级排名第 34。

成绩雷达图：

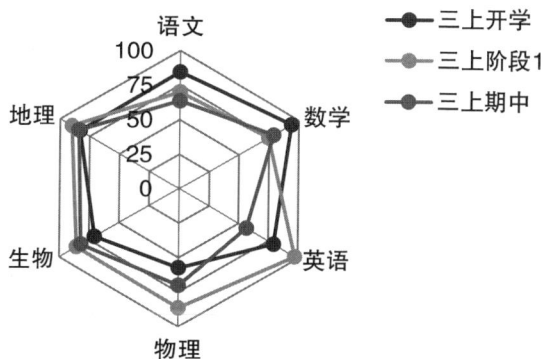

弱势科目：物理、生物。

弱点：过于随性，目标感不明确。

最终录取院校：北京大学。

我的经历与经验

1. "突破"弱势科目是与自己和解的过程

我是一个过于随性，目标感不明确的人，因此动力不充足，自律性也不够。这致使我的成绩通常并不稳定，所有科目都有可能是强势科目，而语文、物理、生物可能随机地成为我一场考试中的弱科，尤其是物理。每次考试，基本上就是一个"按下葫芦浮起瓢"的状态。

比如说，西城一模中，我的语文只有112分，物理、生物分数可以排年级第一；西城二模中，语文125分，生物年级前10，而物理刚刚能上班级平均分；海淀一、二模中，物理与西城二模一样，持续走低，而生物只考了70余分，也就是比年级平均分高不了多少。

在备考阶段，对于这种情况，我进行了自我剖析。

（1）物理：投入多却收获少。

从总体来看，我的物理是最弱的，同时也是最令我产生抵触心理的。我会错选择题，搞不清楚实验题，对于创新题更是绞尽脑汁都不会做，但是一看答案就明白了。从整张卷子来看，到处都有可能是漏洞，这是我整个高三最头疼的事情。但是不能慌，应从头梳理。

现在看来，把高中物理想得太过复杂也不是一件好事，我们确实需要一些简化。这种简化建立在读懂题意和读懂答案的情况下，也就是"有理有据"。我在做题时常常有这样的疑问：为什么答案能够从题干中找到关键的某一句话，然后从这句话中得出这样一个简单明了的式子？经过钻研，我发现这是因为答案把情境分析得透彻，然后对复杂的情境做了简化。那么为什么我不会做这种简化，但是答案却可以？话又说回来了，简化的前提是分析，也即"读懂题"。所以接下来就要解决"读懂题"的问题。

"读懂题"不仅仅针对物理，所有科目都需要读懂题。对我来说，理科中物理最难读懂，数学相对直白。二者都需要读完题后形成一个整体的认知与理解，这不仅需要一个宏观理解，基本量、量之间的关系等也都应包含在内。就好像做建筑设计，不仅是室内室外外观上的设计，内在的水管、电线等不为人一眼看出的部分，都要考虑而且明晰。

而我无法真正"读懂题"，可能就是因为我的基础知识不够熟练，哪个公式讲什么我虽然知道，但要我立刻将其与题目产生联系则并不容易。所以，为了建立题目—知识之间的逻辑关系，最重要的是打好基础（这是我本人在高一、高二时欠缺的东西），从根本上搞明白知识点。虽然高三最后复习阶段时利用好学校下发的"回归课本"学案，能够较方便地弥补这个问题，但是显然不如高一、高二时就认真透彻地学习效果好。

（2）生物：克服对波动科目的焦虑。

我的生物成绩波动性很大，多次考到过年级前三和年级平均分。于是我不好判断自己的水平，也难以修补自己的漏洞。因此，在高考前如何解决这种情况是我需要思考的问题。

我通过分析试卷发现，生物考得好时主要是西城出题；而海淀所出的试卷均考得不尽如人意。所以针对这种状况，我寻找了西城和海淀试卷的不同点。

首先，题目风格不一样。西城的出题风格我更加熟悉，而海淀则相对陌生。其次，做题状态不一样。西城的考试均是模拟高考，宽松，休息时间充足，而海淀的一、二模则是在上完一天课后的 B 类时间所做，那时我的体力已经所剩无几。最后，我的心态也受到考试形式的影响。

于是针对以上问题，我努力进行了调整。对于不同的题型，我整理了错题与出题思路，以求与出题老师的思路进行贴合；对于休息不足问题，我减少了体育课的运动（当然这只是一时之计，还是应该多多运动），并延长了午睡时间；至于心态问题，我试图通过考前冥想的方式调整。

这样针对性的调整方式相对来说是有效果的，我在 B 类时段的考试成绩有了一定的提升，而高考发挥得也还算不错。

2. 我的学习方式

（1）向内获取提升空间。

我个人比较内向，MBTI 中 I 属性高达 84%。在我的整个义务教育阶段，几乎是全凭成绩和绘画才能让老师记住。至于高中三年，我只主动答疑过四次，三次是找语文老师评析作文，一次是因为生物成绩从班级第一落到了班级倒数。也就是说，我通常习惯自己解决问题。课上讲了新的内容，我倾向于全盘接受，试图用老师或自己的逻辑理解一切，因此也很少产生问题。

这种学习方式的优势在于"多快好省"，快速理解，多多积累，在占据较少大脑算力的同时学习比较多的知识；而劣势则是容易把想不清楚的问题搁置，最后不了了之。这是我个人的习惯，可以作为参考，但也许对很多人不太适用。

至于相对普适一些的，在"物理"一段中提到，我会对自己的问题进行比较全面的剖析，我认为这是自我反思与提升的途径，也是自我学习、自我提升的关键。

一道题错了，看看答案，再看看自己的解答，问一下自己：哪步出了错？为什么出错？出错的根本原因是什么？是思维方式不够契合，还是马虎大意，抑或基础不牢？

这些问题是我一时能够想起的，其目的在于把一个错误"连根拔起"，做到深刻反思。

我以上所说都是个人习惯，属于我在做题与改错时的惯性行为，不必特意练习，只要在分析试卷时有这样一种刨根问底的意识即可。

（2）缓解内耗：学习中与学习外。

过度的反思与自我谴责可能会造成一定程度的内耗，所以我用一些办法缓解，让自己相对舒服一些。比如，我有非常明确的"想做"与"没有兴趣做"的东西，在自习期间我将它们按顺序或轮流进行。比如，有意思的地理图册，我先看一会儿，然后再克服艰难与困惑解决物理题。这是我在高三寻找出的一种最舒适的方式，既不会因为长期面对枯燥的知识而产生抵触情绪，也不至于总是在做轻松而并不那么重要的工作。

但用这种方式来缓解高三的整体焦虑与压力是远远不够的。高三的学习密度已经够大了，所以中午吃完饭后绕着校园遛弯的20分钟不白费；遛弯回来睡觉的15分钟也是必要的。在学习的时间中专注于学习，不学习的时间充分利用，不要再想学习的事情。在我看来，高三时带复习资料去食堂或礼堂是很不明智的，这样于学习收效甚微，还使真正需要做的事情受到影响，有时候甚至有害于人际关系，以至于"多败俱伤"。

另外，我甚至推荐在周末时花上一天半天，去逛逛超市、去公园遛弯。这和睡午觉一样，绝对不是浪费时间，而是为身心"充电"。其带来的效果可能远远超过到图书馆闷上两整天。

3.心态与状态

（1）看开与动力。

我是一个比较随性的人，家里也没有给我特别大的压力，因此我高三时其实不那么紧绷。我觉得把人生看开是好事，看得开意味着心态良好，这能够保证大考不会出现大失误。在我的理念里，高考不是什么洪水猛兽，也不是人生游戏的最终 BOSS，它充其量也就是完成阶段性试炼的检验而已。

在高考前，我的家长早早列好一个表，看看我考到多少分数分别能上什么学校。所以，如果我没有考上北大，也能高高兴兴去上海上大学，甚至学一个更加适合我的专业。

至于动力，其实我觉得它不是问题。到学校去，看看大家都在学习，我怎么好意思画画？坐到班里认真学习的同学旁边去，自然而然就会有动力。

（2）心理暗示。

由于我的一模、二模成绩均为高中以来的最好成绩（年级第5和第11），所以我认为一模、二模时，我的状态是很好的。在高考的时候，我便告诉自己，"这是一模"。这句话包含两个含义：一模而已，不需要太焦虑；但这毕竟算是大考，还是挺重要的。这种心理暗示能够将我保持在一个比较好的心态上，面对高考这种没经历过的事情不至于茫然无措，也不会过于紧张。我认为微微的紧张是有利于考试的。所以，如果觉得自己有些紧张，可以挑一个自己状态最好的大考，在高考时告诉自己，"这就是那次考试"。

班主任点评

如心是个"不算显眼"的小姑娘，印象中她总是坐在班级的角落里，不言不语，甚至表情都少有变化。她从不主动找老师交流，甚至是在老师属于非常"抢手资源"的高三阶段，即使我在本子上几次写"来找我面批"，她也不曾主动预约。但接触久了会慢慢发现，她实在是个特别的、不可复制的存在。

她的自我表达不在言语里，在她的画里。我清晰地记得有一次监考，偶尔无事抬头一看，被后黑板报深深地吸引住了目光，久久不能回神。那是一幅四中秋天校园一角的风景画，金秋的景色，每一笔人物的神情都十分传神，顿时让我觉得，彼时彼刻我站在了阳光普照的校园里。我们班的板报从来不让人失望，每一幅都是精品之作，是热爱的创作。

从那以后我开始了解如心，她是一个有梦想的女孩。她不仅画作美，文字功底也十分扎实，简单的应试作文都可以写得具有可读性。她会按照自己喜欢的方式做事，虽过程也有纠结，但能够看到，她从未停止思考和前进。接近高三最后阶段，她渐入佳境，用雄厚的实力一次次证明了梦想的力量。记得高考后如心妈妈给我发微信，感谢学校包容的氛围和大气的环境，感谢老师们的教育，成就了孩子。而我想说，有梦想的孩子永远最闪亮。

祝愿如心梦想成真！

家长心语

孩子的成长受到多方面的影响，为了营造更好的环境，我们也在不断修正自己的缺点，与孩子共同成长提高。

在学习方面，我们比较关注孩子基本素质的培养，从小就让她多读书，还让她锻炼快速阅读，养成了爱读书的习惯，也能够在读书和学习中保持比较高的效率。在整个高中三年，孩子都能够比较快地完成作业并达到老师的各项要求。在鼓励孩子多读书的同时，我们也尝试让她多接触不同类型的书籍，从文学、历史到科学、艺术，拓展她的知识面，培养综合的思维能力和创造力。

除了学业上的培养，我们还着重在生活方面进行教育。我们鼓励孩子多参与一些家务，包括洗碗、收拾屋子等，甚至让她自己做过几次饭。通过干家务，能够让孩子更接近生活、体验生活，让她了解任何事情都不是那么简单的。哪怕是从厨房把一个滚烫的碟子端到客厅，都需要亲力亲为才能做好。这样的体验有助于培养孩子的责任心和独立思考能力，使她在未来的生活中能够更好地应对各种挑战。

在励志方面，我们经常与她分享一些科学家的故事、英雄事迹，虽然孩子口头上并不一定完全认可，但也能够潜移默化地影响她。十几岁的孩子一般都不会完全认可家长的说教，但经常给予正面的鼓励总是能够在潜意识中对孩子产生积极的促进作用。我们尊重孩子的个性和兴趣，鼓励她追求自己热爱的事物，相信通过持续的努力，她一定能够实现自己的梦想。

在体育方面，我们努力让孩子保持一个较好的身体状态，主要是一些对抗性没有那么强的运动，包括跳绳、游泳、漫步 5 公里等。这些运动不仅能够增强孩子的体质，提高免疫力，还能培养她的毅力和坚持不懈的品质。

此外，在孩子的成长过程中，我们也鼓励她参加社会实践活动，去关注一些公益事业，帮助有需要的人。通过参与社会活动，她能够更深刻地认识社会的复杂性，培养她的同理心和社会责任感。

总之，我们致力于提供一个更全面的成长环境，注重学业、生活、励志、体育等各个方面的培养。我们相信，只有综合发展，孩子才能够更好地适应未来社会的挑战，成为一个有价值观、有责任心、有创造力的优秀个体。我们将继续与孩子共同成长，相互学习，不断进步。

生命在于绽放

周思源　高三（10）班

　　成绩情况：高一、高二年级大体排名第250，高考成绩年级大体排名第92。

　　成绩雷达图：

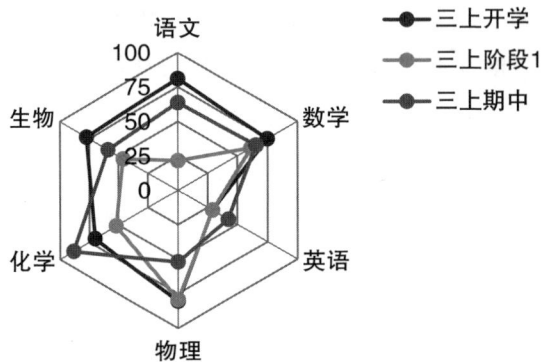

　　弱势科目：化学、数学、英语。

　　送给学弟学妹的一句话：不学习的高中会很无聊！

　　最终录取院校：北京大学。

弱科突破

1. 一波三折——化学长路

高一，由于不严谨的学习态度和对无聊记忆知识的不耐，以及对体育运动的热衷，我的化学成绩很糟糕。曾一度动摇过我的选科，但回首一看史地政，更糟糕。于是我下定决心，在高二改变这个现状。新的有趣学习内容（有机）和新的严厉老师（老叶）为我提供了最好的机会。全新的课程，加上课间不间断地提问，以及老叶醍醐灌顶的教导，令我如鱼得水，甚至得到过99分（满分100）。在这之中也遇到了许多困难，但在弄不明白问题的憋屈的驱动下，和同学不断的交流中，我秉持着老叶"悟"的理论，一步步吃透了有机，这为我树立了极大的自信。总之，高二好好学，一定没问题！

好景不长，高三第一次B类考试就给了我当头一棒，65分，考完我就感觉我虚脱了，一身的汗。高一落下的课加上好似没学的知识让我捉襟见肘，于是我找到了余老师，分析了我的问题，并制订了计划。因为高一的遗漏，我从基础补起，比如氧还顺序、常见物质的性质等，将它们分门别类地整理到本子上，这样更有助于记忆和查阅。然后就是积累，我会把B类、课上、作业中有特点的、有代表性的题目的知识考查方法记录在一个本子上，并在前面用记号笔标注该知识点的类别，例如黄色代表氧还、绿色代表无机。再者就是提升对题目的熟练度，这有助于我更快地解决简单题。适当运用二级结论是提升做题速度的良方，尤其在水溶液这方面。在做完这些以后，我的B类考试成绩回归了正常，约在80分左右，主要问题就在于实验探究和工艺流程。此时，我也迎来了实验专题和工艺专题，经过对往年真题和各区模考题目的仔细分析，总结高频考点、研究试题结构，我渐渐上道，加上一直总结的知识点，我在后几次的B类考试中如鱼得水，90分以上。再往后，随着对刷题的麻木，每次考试有些疲于应付，常出现基础空看错的问题。转机是在王学长的一次讲座上，得到了"手指口呼"法，就是在心中默念题目，该情况得到了改善。但当我带着忐忑的心情踏上高考的考场时，却因紧张忘了这一较晚习得的方法，加上考得很简单，赋分就吃了点亏，希望同学们引以为戒！

2.屡战屡败，屡败屡战——关于数学

高一、高二的数学并没有很难，但它在高三展露出了险恶的一面。我找到李老师，请他帮我分析问题，并找出了目前的解决方案——知识体系的构建与完善。考什么，怎么考，什么样的问题该怎么样解决，用什么方法，方法的选取顺序，题目上手后的操作程序……让我对知识有了一个更加完善宏观的认识，让我在做题的时候目的性更强，自然做得也就更快。不过，在真刀实枪的实践中，又有问题出现了，考试的紧张情绪令我对简单题的答案并不放心，往往需要换一个方法再做一遍并且得到相同的结果才能放心往下做，这无疑大大拖慢了我的选填速度，致使在做大题时有些着急，也可能导致前三道大题因为提速而出错。我将这个问题告诉了李老师，他笑着说"这没必要"，并告诉我应该建立一个更准确更高效的自我检查系统，比如三角化简后带个代数式之类的。按照老李的建议，我建立并完善了自检系统，终于在海淀一模中完全发挥了一把，这帮我树立了极大的自信心。本来觉得数学问题不大了，然而，在西城二模却又出现问题，由于试卷做得多了，有点考麻了，导致考试像平日做题，一点也不紧张，计算出现错误的频率增加。于是我又找到李老师，他认为高考的大环境很难让人不紧张，这种情况不会出现在高考。我听罢安心地去高考了，最后结果也让我满意。整理试卷准备卖废品的时候，我惊讶地发现，高三的大考，除了海淀一模和高考，没有一次考试考得好，可以说是屡战屡败，屡败屡战了，在此感谢充满生命力的自己。

3.不断地爬坡——英语困境

在此讲讲我的口语历程。我的英语十分差，特别不擅长口头表达，英语口语成了我最大的噩梦，所以我开始了为期6个多月的口语强化练习。因为晚自习回来太晚，所以我不得不早起40分钟，拖着疲惫的身体与朗读较劲。由于语感较差，我总觉得听力文本的朗读者是一边嚼口香糖一边读，

多少有点含糊不清，不过这种情况在一个月后改善了很多，可能是听习惯了，于是，我在第一次口语中得到了 49 分。还有就是作文，我的写作是从 332 开始的，是真心不知道该怎么写，还好，十分幸运地，我们有写作专题训练，介绍信、邀请信、道歉信，等等，每次讲完后的范文背诵，令人受益匪浅。按周老师的说法，英语高考作文，有套路、有章法，只要按照具体要求填充内容就行，甚至连分段方法以及写作行数都帮我们计算好了。于是，在背完范文后，对各种信的体例我都有了基本的概念，明白了书写套路。此外，老师会对年级每个班的范文展开评鉴，画下的好词好句和范文中的不足之处甚至踩坑之处，都帮助我见贤思齐，见不贤而内自省也。经过这样的训练，我的作文也从不及格到及格的 543，不过依然不理想。于是我找到老师答疑，发现了主要问题——审题！作文题目可不是那么好审的：确定形式主题，分清详略，想出主次要点。前两个还算比较容易，想出主次要点真的很难，因为这需要我们体会出题人的用意，让要点合情合理，有逻辑，让人可以接受，这就属于经验性的东西，需要多尝试，多失败几次就有数了，经过不懈的失败尝试，我终于在一次考试中达到了 663，而在最后的高考中，据我推测作文应该达到了 16—17 分，分数令我满意。

深刻地认识自己

想要进步，就要改变，想要改变，就要找到不足的地方，所以，一切自我的完善来源于对自我的深刻认知。我们对自己的认识起始于出生，随着年龄的增长不断完善，到了十六七岁的年纪，我们过去的人生有了一定积累，就可以开始总结经验，用来面对未来的人生、面对未来的自己。人是不断改变的，相信大多数人是在不断变好的，所以总结不变的和改变的，以明晰自己的变化，再根据自己的性格尝试改变，这样不仅仅可以找到自己的弱点，更可以找到前进的动力。再接着，就是尝试，尝试改变，尝试迈出第一步，万事开头难，有了第一步，之后就好办了。

就我而言，我最需改变的就是"懒"，不是通常意义上的懒惰，是一种安于现状，懒得改变，对现实的满足，缺少冲劲儿、目标。相比摆烂，更像是一种对现状的保守，这样，自然不会有什么进步。所以，如何解决这个问题呢？我采取的方式是利用我的一个习惯来改变，我对于开始的任务很难中断，或者说很讨厌中断，我会与一道算不出来的解析题死磕。所以，我的解决方法就是趁我被老师年级会上的至理名言所触动的时候，趁热打铁把我的计划列出，并立马执行第一天的计划，在这之后，按照计划执行就自然而然了。

体系与交流

我认为建立体系是一个有效的学习和应试方法。什么叫体系，我觉得可以简单概括成由多个元素组成并且各个元素之间有关联的，可对输入信息做出加工的元素的集合，类似于一个复杂的分段函数或者是程序。那么，建立体系有什么好处呢？建立体系让我们的思维更加有序，有序不仅可以帮助记忆，在应试中也可以更快帮我想起相关知识。所以，如何构建一个学习体系呢？首先，明确各个元素，就是所有的知识点要掌握，并且对知识进行总结分类，这个分类包括两方面：纵向的，沿着知识网逐步细化，比如，有机—有机物—糖类—单糖—戊糖—醛糖—葡萄糖；横向的，按照特定标准分类，比如，可以发生银镜反应，可以使溴的四氯化碳溶液褪色的，这往往可以针对考试进行总结。这样一个体系的基本组成就大体明了了，然后就是明确各个元素之间的关系，比如有机中各类物质的相互转化、无机里元素存在价态不同时常见物质如何相互转化。最后，再针对考试的高频考点、常见方法，将考试套路纳入体系，通过多次重复，把这种高频的送分题的解题时间缩短，把时间留给考试中不熟悉、要时间分析的陌生问题。此外，罗马不是一日建成的，一个体系的建立往往需要很长时间，而且容易遗漏一些元素，从而令体系不健全。这个时候，我认为交流就十分重要了，和老师交流，和同学交流。李老师曾说过，同学是我们最宝贵的资源，思维的碰撞不仅利于知识的多角度思考，也有助于记忆，我们常常会因为和同学讨论过一个问题而对这个问题印象深刻，无意识间，我们也加深了对该知识的理解。这是一个集众人之力完成知识体系的好方法。而找老师交流，则更多的是深入理解知识，对熟悉知识的再认识和对有难度知识的本质进行更准确的理解。

"悟"——"实""透"的第一步

1. 游学——生命在于绽放

在 2022 年高考周，尚未体会到高考压力的我们来到了贵州，开展了红色游学活动，游学的内容广泛，从红色文化到自然景观，再到科技成就，各有特色。游学，不仅加深了我们对贵州的认识，加深了同学之间的友谊，更是让我们收获了更加珍贵的东西。我最大的收获，就是感受到了浓郁生命力的勃发。贵州红色底蕴丰厚，遵义会议和娄山关战役，红军战士长征的坚定意志和悍不畏死的精神，令人不禁感叹信仰给人无穷的力量和超越生命的豁达精神。有幸，我们也模拟了一次缩略版长征，走了 20 多公里，本人身体不错，并且从小山路走得比较多，对这 20 多公里表示无感。但是，如果是我一个人，是不太可能走这么远的。一个人可以走得很快，但一群人才会走得更远。这让我在高考冲刺期间学会了从同学身上汲取力量。之后，我们去了 FAST 天眼，对它的总设计师南仁东老先生的事迹进行了了解，我再一次被生命的怒放而折服。

2. 运动会——如何发挥实力

高三的运动会让我印象深刻，不是因为取得了什么好成绩，而是因为没有取得任何好成绩。运动会过程中我们改变了战术，试图冲击 4×400 米。一切准备都挺完善，我在试跑中也感觉挺舒服，匀速 85% 的力度，能在 1 分 2 秒左右，这让我感觉冠军十拿九稳（因为我们班有一位女同学的速度和男生相当），但是，最后的结果却是第二，比第一名慢了 2 秒，比校纪录慢了 3 秒。为什么呢？因为我出了问题，错误地估计了我的耐久度（正值感冒），于是，前 200 米高速前进，后 80 米就像乌龟爬，如果匀速，我想提升 2 秒应该问题不大。这让我明白，除去信心和坚持，战术也很重要。学习和跑步比赛是一样的，找到高效的学习方法至关重要（体系的建立），这是触动我仔细研究我的学习模式的动机，并在和李老师的一番谈话后开始执行。

再就是跳高和跳远，我曾在高二时取得过跳高的银牌，虽说是银牌，但是实际上并未和金牌得主分出胜负，只是在跳数上输了，这个规则当时我不知道，所以并未在意跳数，实为可惜。而这次，我因为自信而没有做过多准备，把重心放在了比较陌生的跳远上，结果两项比赛均无成绩！赛后细数原因，比赛的前三天，我的脚腕轻微扭伤，虽并不影响走路，但在我助跑起跳，将动能从水平方向转化为竖直方向的时候，我的脚腕就不堪重负了，疼痛倒在其次，主要是它并不能很好地转化水平动能了，于是，1米6我三跳都没过，也就没有成绩了。后来在回忆的时候，我认为，就是因为一点点小伤，我的实力没有发挥出来，我一定不能让这种情况出现在高考中，那么，如何避免呢？我认为应该建立一个清单，这个清单要尽量包括所有可能的变量，比如高考前因为右手受伤而影响考试之类的，然后，尽量避免这个清单中所有的事情发生，或推迟到高考之后发生，这样就能尽量发挥出实力了。再说跳远，没有成绩的原因更简单，因为三跳机会统统犯规了！非常无语，在所有选手都跳5米开头的成绩的时候，身为一个6米开头的我竟然全犯规了！虽然每次犯规后我都做出了调整，但依然难改结局，还是要更多地练习吧。所以，从这以后，我每一次机读卡都要检查两遍，涂完了检查一遍，交卷子之前再检查一遍。

不一样的四中

四中，伴随了我成长中性格形成的重要三年，塑造出了现在的我，从人格的角度，我很满意；从成长的角度，正式启程。四中很不一样，这里有最优秀的学生和最优秀的老师，有最灿烂的青春笑容，最晶莹的奋斗汗水。四中所关注的从不只有高考的分数，四中培养的是杰出的中国人，不但要有家国天下的情怀，舍我其谁的担当，也要有野蛮的体魄，是真真正正在培养我们成为全方面的高素质人才。我们的目光永远不止有高考！令我印象深刻的是我们的红色游学。我们从北京到贵州，将近200人的团队，校方和年级组顶着巨大的压力，最后还是去了，圆满成功。为什么顶着这么大的压力，冒着这么大的风险，我们还是要去贵州？因为老叶的坚持。这次的机会太难得，这将是我们人生中和同学一起出游的最珍贵的回忆，不去，后悔一辈子。年老时，回忆起青春时期和同学一起游学，感受红色文化，重走长征路，在黄果树瀑布下淋着水汽凝成的雨滴……这会让我们感到青春的美好，生命的美好。还记得在五四灯火晚会上，所有学生待在操场上，集体大喊"我爱四中，高考必胜！"那声势，让人不由得产生共情，青春朝气，难以忘怀。曾经有往届学长把五四灯火晚会的视频发在哔哩哔哩上，标题叫"操场蹦迪，但是北京四中"，让我平添了一份对四中的自豪和归属感。

说起这一系列的活动，我觉得四中的仪式感一直很强，从天下明月白的祭月活动，集体复诵祭月祭词，到成人礼上的父母取字，再到红色游学中的模拟长征。四中一直用这些仪式感满满的活动，让我们潜移默化地感受这些活动想传达的意思，让我们在润物无声之中，建立认知，升华品格，完善人格，做到全方位的综合素质提升。

再来说一说我们的体育课和课间操，除了期末考试前两周，我们的体育课和课间操是无一缺席的，就连下雨下雪，我们也会在室内观看比赛，学习体育技巧，要换成别的学校，估计就上自习了吧。我们的体育活动更是十分丰富，运动会、足球联赛、篮球联赛、乒乓球联赛、长跑冠军赛、游泳赛、跳绳踢毽子比赛等数不胜数，更不说冬锻中的各项比赛了。四中对体育的重视，不言而喻。陈年年副校长经常在上操时讲："无体育，不四中。生命在于运动，我们也要为祖国健康工作五十年！"

值得一提的还有四中的课业教学，各个老师的教学方法各不相同，有循循善诱的，有醍醐灌顶的，有促使同学举一反三的，但都有一个共同点，就是诲人不倦。我记得一位物理老师因为中午为同学答疑而错过午饭，也记得老叶在四晚（9：20 到 10：00）答疑的身影。下雨时的课间操，老师的办公室也是随去随答疑。我想，四中人的优秀和四中老师的优秀，是紧密相关的。

还有我可爱的同学们，四中的氛围是真的好，他们活泼且富有朝气，和同学一起探讨问题，一起为相同的目标奋斗，深感吾道不孤。能在四中，遇见这样不一样的老师和同学，是我一生的幸运！

班主任点评

周思源最大的特点就是能够不断自省。高一学年对他来讲是放纵的一年，对于体育的热爱消耗了他太多时间；高二开始转变，学习上投入了更多精力，活动中也不再是自顾自地享受运动乐趣。高三更是全身心投入学习，主动戒掉了游戏，锻炼也在体育课完成。这样的转变来自于他对自己不断的反省与思考。无论是大考还是其他活动，他都能从中悟出一些道理，并在接下来的学习中加以实践。尤其是高三运动会的教训，促使了他的认真反省，并于后续的备考中举一反三，踏踏实实落实基础，避免不必要的失误。

周思源另一个特点是遇到困难能够主动寻求帮助，并能接受建议。高三每次考后他都主动找老师交流、分析问题，并根据老师的建议调整制订自己的计划并实施。比如，我建议数学考场上要注意策略，跳过选填最后一题。这个建议他执行后，为后续解决解析导数综合题提供了时间保证，守住了数学考试的基本盘，避免了成绩大范围波动的出现。再比如关于考前要注意保护身体的建议，对于喜爱各种球类运动的他来说，虽然很难，但他也接受并做到了，每天就是进行一些简单的无对抗的活动，哪怕是可以自由活动的体活课。

家长心语｜面对高考，超越高考

高考结束了，出分了，大学录取了，火热的7月里2023届高三即将接近尾声。此时年级组提供给我们家长一个能够细细回忆和记录孩子三年成长过程的机会，我感到特别荣幸。作为家长最大的感慨就像标题所说，三年的四中生活最终都要面对高考，但孩子的成长绝不仅仅是高考成绩，更重要的是人格的塑造和精神世界的丰富。

打开回忆之门，最先想到的是高一分班考后填错报班志愿这件事。那天年级组肖振龙老师先后与我们两个家长都通了电话，并且一定要孩子本人跟肖老师确认最终志愿，最后遵从孩子意愿进入相应班级。年级组老师严谨的办事风格给我们和孩子上了开学前的第一课，"马马虎虎"这四个字绝对不能带入三年的四中生活。

通过校额到校录取方式踏上四中这个高平台，入学后孩子一下从鸡头成了凤尾，周围同学们个个都是多才多艺的六边形战士，这只"井底之蛙"开始不自信起来。我们家长也开始为他担心，怕他一蹶不振，遇事退缩。好在马上迎来了高中生涯第一次运动会，赛场上能代表班集体出战拼搏让孩子找回了往日的自信，让他觉得，我也有我的特长，我也有我能行的强项。以后每学期的运动会、年级篮球赛、乒乓球赛、足球赛、冬季长跑，孩子都会积极参与并享受其中，运动中找回的自信对他的学习也起到了促进作用，高二时学习成绩也从中等往中上走。三年里，他从最初的一个狂妄自负的初中小毛头成长为一个谦逊又自信的准大学生，这个成长过程里饱含了学校给予孩子们的各种开放宽松的平台、老师们肯定的鼓励和同学们正能量的传递。

眨眼间高呼着"敢想、敢拼、敢战、敢赢"口号的孩子进入了高三，自然而然要努力备战高考了。贪玩的孩子主动远离了电子产品，课余时间的体育运动也按下了暂停键，用班主任李老师的话说，这孩子高三完全变了一个人，建议孩子强基计划可以冲刺清北，这无疑是对孩子学习上极大的肯定和鼓励。看着孩子天天高强度的学习，作为家长的我们帮不上一点忙只会瞎焦虑，这时高杰老师像天使一样出现了。北京四中家长学校中，按照不同的时间节点，不同的探讨主题，高老师组织邀请了往届优秀学长分享学习备考经验，优秀学长家长分享正确陪伴经验，包括各种答疑解惑，足足十期的家长会，每一期都严重超时。孩子和我们都是收获满满，最让人感动的是能感受到往届学长、家长们对四中深深的热爱，只有这种热爱才能有这样毫无保留的倾囊相授。相信这种热爱也是四中这片沃土滋养生成的，一届届优秀学长、学长家长们一定会接手接力，不断传承。而孩子不光学到了能够避免低级错误的"手指口呼"的锦囊妙计，更从中学会了感恩分享。

当金秋时节孩子背上行囊步入北大医学部校门时，相信面对我们临行前不断地叮嘱他会傲娇地说一声："放心吧，爸妈。我可是四中人！"

乾坤未定，你我皆是黑马

王敏达　高三（15）班

　　成绩情况：高一年级大体排名第 150，高二大体排名第 30，高考成绩 683 分，年级排名第 40。

　　成绩雷达图：

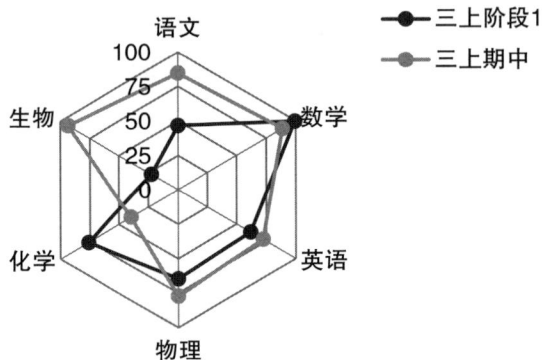

　　弱势科目：英语、生物、化学。

　　送给学弟学妹的一句话：乾坤未定，你我皆是黑马！

　　最终录取院校：北大口腔。

我的经验

对于弱势科目的突破，我在化学方面取得了卓越进展。

回想高三上的时候，化学是我的头号大敌，因为高一、高二的基础不牢靠，很快出现了滚雪球的 Bad Condition，在高三上期中考试甚至只有 61 分，可谓痛的记忆。痛定思痛，思考对策才是正解，于是我开始思考如何能改变局势。Step One 是夯实基础。在国庆长假期间，我抽时间认真将所有知识系统性地梳理了一遍，专攻知识性漏洞，不分散注意力于解题方法，这也为我后续面对复杂题目能快速联想到相关且准确的知识点打下重要基础。Step Two 是解题方法，也就是方法论。在这一方面，我认为我的方法还是独树一帜的。起因是有节课没有拿讲义，于是直接将整道题浓缩抄了下来，以实验路径为核心，同时注解每一步的理由和优缺点。做完后我意识到这道题在我眼里变得十分透彻，并且记忆十分深刻，所有涵盖的化学思想和工业途径变得一目了然，比盲目刷一天的题却在脑子里留不下什么痕迹要强上许多。于是，我开始使用这种整理方法，只整理有思维含量，有背后深层意义和有重点或是易错点的题。我自己整理了 20 道左右，顿时感觉化学水平上来了，对于知识的运用开始得心应手，思考速度、广度和深度都大有提高，化学成绩在全市都认为难度大的西城一模取得年级前五的名次，高考赋分取得 100 分。

下面来实战讲解一下：

这是 B 类考试的一道压轴实验探究题，很有意思，探究了银离子与单质硫的特殊反应。

作为一个有价值，有意义的整理，一定要体现出流程化思考，并且加深规矩意识，才能提高效率，减少失误。

第一步，思考实验目的：探究银离子与单质硫的特殊反应。我个人建议有一步预估，这样在看完各种新信息后还能抓住本质，不异想天开。在这里，由于银离子有较强氧化性，而硫单质具有还原性，预估银离子会变为银单质（黑色白色），硫会变成硫酸根（在水中结构具有稳定性）或者变成硫化银。

第二步，思考实验操作，实验一中做了滴加实验后发现黑色固体，实验二继续探究黑色固体的成分。注意到实验二第一步，酸化后滴加氯化钙后无白色沉淀，得出原体系不含硫酸根。向滤液 c 中继续滴加强氧化剂过氧化氢，底层逻辑是希望通过氧化剂来将假想存在的亚硫酸根转化为硫酸根，生成白色沉淀，且不能用高锰酸钾（氧化性太强，会生成氯气，一是干扰实验，二是生成有毒气体），结果为无沉淀产生，说明不含亚硫酸根。进一步探究无色溶液 a 的成分，根据氧还规律可知应该有 +4 或 +6 价的硫，分别利用氧化还原性质和特殊沉淀性质做实验检测即可。实验关键在于排除干扰，即排除一切可能通过其他途径产生相同实验现象的因素。本实验中的干扰就是具有氧化性的银离子被混合在无色溶液 a 中，可能使碘水褪色，因此必须除掉。至此，实验逻辑就变得无比通顺。本题重点考查对于自变量、因变量和无关变量的分析与操作，同时考查了对分结论的综合分析。

弱点突破

1. 我的弱点

（1）学习动力不足。学习动力不足往往是学习中最常见的问题之一。要克服这个问题，我建议制订明确的学习目标，将目标分解为小步骤，并奖励自己在每个阶段的收获。

（2）学习时间管理不当。时间管理对于学习至关重要。我推荐使用时间管理工具，如番茄钟，将学习时间划分为若干个时间段，并在每个时间段专注于一个任务。

（3）学习方法不当。每个人的学习方法都不尽相同，因此，找到适合自己的学习方法至关重要。我建议多尝试不同的学习方法，如阅读、讲解、实践等，并根据自己的学习风格进行调整。

2.突破方法

（1）制订明确的学习计划。在开始学习之前，我通常会制订一个明确的学习计划。这个计划包括学习目标、时间安排、学习资源等。通过制订计划，我可以更好地组织学习内容，提高效率。

（2）积极参与课堂。对于学校教育而言，积极参与课堂是非常重要的。在上课的时候，我会积极提问，与老师和同学互动，并尽量将课堂上的知识应用到实际问题中去。

（3）多样化学习资源。除了课本和老师的讲解，我还会寻找其他多样化的学习资源。例如，我会参加线上课程、阅读相关书籍、参与学习小组等。通过多样化的学习资源，我可以更全面地了解某个主题，并加深对知识的理解。

（4）注重复习和实践。学习不只是在课堂上获取知识，更重要的是将所学的知识应用到实际问题中。因此，我会定期复习所学的知识，并通过解决问题或者实践项目来加深对知识的理解和应用。

（5）寻求帮助和反馈。在学习过程中，我会及时寻求帮助和反馈。如果遇到困难或者对某个主题不理解，我会向老师、同学或者其他专家请教。同时，我也会接受和积极利用他人的反馈，以改进自己的学习方法和成果。

结论：学习上的弱点是每个人都会面临的挑战，但只要我们有正确的方法和态度，就能够突破这些障碍。通过了解自己的学习弱点，并采用适合自己的学习方法，我们可以提高学习效果，取得更好的成绩。希望本文所提供的学习方法能够对读者有所启发，帮助大家更好地突破学习上的弱点。

对我产生影响的重要节点和事件

1.第一次参加高中数学联赛失利

我是从西城区一所较为一般的初中考入北京四中的，但也幸运地成为全校唯一一个未参加暑期培训营而直接考入数竞班的学生，这大概是我从小对数学感兴趣并坚持学习奥数的结果。初到数竞班，面对这么多优秀的同学，我感觉压力很大，并且许多同学从初二就开始学习高中数学联赛，而我还是从 0 开始，这让我感觉像是输在了起跑线上，让我一度彷徨不安。于是，我投入了大量的时间和精力去学习竞赛课程，在数学竞赛教练贾祥雪老师的鼓励和帮助下，高二顺利入选数竞一队，继续提升水平，为了自己的兴趣和理想继续拼搏。但是因为我对自己的期望太高，脑子里的弦绷得太紧了，在一试考场上，因为太紧张，看错了几道极其简单的送分题，还在最后阶段将正确答案改掉，导致在二试中我还处在紧张焦虑中未能缓过神来，本来会做的几何和代数也在慌乱中胡乱写上几笔就到了交卷时间。那次考试，可以说是数次考试中的滑铁卢，我也意识到了几点需要改正的问题。

（1）无论考前还是考中，不要慌。一旦陷入慌乱，我的效率和思考速度与准确度都会大幅下降，使得会的题也不能准确做对。

（2）有强大的心态和持续思考能力。在遇到难题时，当大家的水平差不多时，就看谁的心态强大，可以支撑他继续完成思考。在稳下心态后，持续地从多角度对题目进行剖析和思考，就有很大可能突破难关，成功破题。

（3）平日里要与同学多交流。一是可以检验自己有没有学明白；二是可以听一听不同的思路，开阔视野，在解题时获得更多的角度。同时，也可以收获友谊和认同感。

2. 运动会

运动会是学校生活中一项重要的活动，它不仅能够促进身体健康，还对我们的意志品质有着积极的影响。本段将探讨运动会如何对我个人的意志品质产生积极的影响，包括坚韧、毅力、团队合作等方面。

坚韧不拔的品质。参加运动会需要付出大量的努力和训练，而这正是培养坚韧不拔品质的绝佳机会。我报名了 50 米跑，在长时间的训练中，我经常会遇到各种困难和挑战，例如疲劳、伤痛、失败等。然而，我学会了坚持下去，不轻易放弃。每一次坚持，都是对自己意志的锻炼，使我变得更加坚定和有毅力。

毅力和耐力的培养。运动会需要长时间集中精力和持续努力，这对我们的毅力和耐力提出了极高的要求。在比赛中，我们需要全身心地投入，保持专注和耐心，直到比赛结束。这种持久的努力和毅力的培养，让我学会了面对困难时不退缩，永不放弃。

团队合作意识的培养。运动会不仅仅是个人表现的舞台，更是团队合作的舞台。在团体项目中，比如 4×400 米接力，我们需要与队友紧密合作，相互配合，为了共同的目标而努力。这种团队合作的经验让我深刻体会到，只有通过团队的力量，才能取得更大的成就。同时，团队合作也让我学会了倾听他人的意见，尊重不同的观点，从而提高了我的沟通和协作能力。

挫折和失败的处理。在参加运动会的过程中，我也经历了一些挫折和失败，比如未晋级。然而，这些挫折和失败并没有打击到我，相反，它们成了我成长的动力。通过反思和总结，我学会了从失败中吸取经验教训，不断调整自己的策略和努力，以期取得更好的成绩。

自律和时间管理。参加运动会需要良好的自律和时间管理能力。为了充分利用时间，我学会了合理安排训练和学习的时间，确保两者能够兼顾。这种自律的习惯和时间管理的能力，不仅在运动会中起到了积极作用，也对后期的学习和生活有着重要的影响。

结论：通过参加运动会，我培养了坚持不懈、持之以恒的精神，锻炼了毅力和耐力；团队合作让我懂得了集体的力量和协作的重要性；挫折和失败让我学会了从中汲取经验，不断提高自己；自律和时间管理的习惯也让我在学习和生活中更加高效。总之，运动会为我提供了一个锻炼意志品质的平台，让我在成长的道路上不断进步。

3. 敦煌 22 公里徒步

敦煌是中国历史文化名城之一，作为一名学生，我有幸参加了敦煌游学，这不仅使我了解了历史文化，还锻炼了我的意志品质。下面将重点探讨敦煌游学中的 22 公里沙漠徒步对我的意志品质产生的积极影响。

坚韧不拔的决心。22 公里的沙漠徒步是一项巨大的挑战，如需要面对极端的气候条件和艰难的地形。然而，我并没有放弃，而是下定决心坚持下去。这种坚韧不拔的决心不仅让我成功完成了徒步，也增强了我面对困难时的勇气和毅力。

团队合作的重要性。在22公里沙漠徒步中，我们需要与队友紧密合作，相互帮助，共同克服困难。沙漠徒步使我认识到团队合作的力量，学会了倾听和尊重他人的意见，提高了沟通和协作能力。

毅力和耐力的培养。22公里的沙漠徒步需要长时间的持续努力，考验身体的耐力。在行走过程中，我需要不断克服疲劳、干渴和身体不适等问题，保持积极的心态和毅力，增强了我的意志力和自控力。

挑战自我和突破极限。在行走过程中，面对身体疲劳、气候恶劣等困难，我始终坚信自己能够克服这些困难。通过这次挑战，我不仅突破了自己的极限，也增强了自信心和勇敢面对困难的能力。

时间管理和能量分配能力。在活动中，我们需要合理安排时间，控制节奏，确保能够按时完成任务。这种自律和时间管理的能力不仅在沙漠徒步中起到作用，也对后期的学习和生活有着重要的影响。

结论：敦煌游学中的22公里沙漠徒步是一次宝贵的经验。通过这次经历，我培养了坚韧不拔的决心、挑战自我和突破极限的勇气，以及自律和时间管理的能力，增强了毅力和耐力，体验到了团队合作的重要性，这些积极的影响不仅在游学中受益，也将对我未来的发展产生深远的影响。

4. 三方会谈

家长、学生和老师三方会谈是一种有益的交流方式，有助于塑造学生意志品质和促进学生学习，包括目标设置、学习动力、自我管理等方面。

目标设置与规划。家长、我和老师三方会谈为我的学习目标设置和规划提供了一个平台。在会谈中，我可以与家长和老师共同制订学习目标，并讨论实现这些目标的方法和步骤。这种目标设置和规划的过程有助于我明确自己的学习方向，激发学习动力，同时也让我意识到为实现目标所需付出的努力。

学习动力的提升。在会谈中，家长和老师给予了我正面的鼓励和认可，增强了我的自信心和学习动力。同时，对于我遇到的学习困难和挑战，家长和老师也提供支持和帮助，鼓励我克服困难并取得进步。这种积极的互动和支持激发了我积极面对学习的态度，提升了我的学习动力。

自我管理和意志品质的培养。在会谈中，学生可以通过与家长和老师的交流，了解自己在学习上的优势和不足，并制订相应的学习计划和自我管理策略。家长和老师的指导和反馈，有助于学生培养自我控制力、自律性和自我调整的能力。这种自我管理的培养有助于学生更好地管理时间、制订学习计划、保持专注力等，从而提高学习效果和意志品质。

学业与个人发展的平衡。家长、学生和老师三方会谈有助于我在学业和个人发展之间实现平衡，可以共同讨论如何合理安排学习时间，以便我能够兼顾学业和个人发展。这种平衡的追求促进了我的全面发展，使我在学习上更有动力和热情。

建立良好的沟通和信任关系。通过会谈，家长、学生和老师能够更好地理解彼此的期望和需求，增进相互之间的了解和信任。这种良好的沟通和信任关系为学生提供了一个安全和支持性的学习环境，让他们更加愿意接受挑战，展示自己的潜力。

结论：通过目标设置与规划、学习动力的提升、自我管理和意志品质的培养、学业与个人发展的平衡以及建立良好的沟通和信任关系，家长、学生和老师共同为学生的学习提供了全方位的支持和指导。这种积极的关系不仅有助于学生在学习上取得好成绩，更重要的是培养学生的意志品质和积极向上的心态，为他们未来的发展奠定坚实的基础。

我在四中的收获

作为一名在北京四中度过了宝贵时光的学生，我感到非常荣幸和幸运。回顾这段时光，我收获了许多宝贵的经验和知识，对北京四中也有着深深的敬意和赞赏。在这篇文章中，我想分享一下我在北京四中的收获以及对这所学校的积极评价。

首先，我要感谢北京四中给我提供的优质教育资源。这所学校拥有一支充满激情和素质极高的教师队伍，他们不仅在学术上给予我们严格的指导和教育，还关注我们的全面发展。无论是在课堂上还是在课外活动中，他们总是鼓励我们积极参与、勇于探索，并为我们提供很多机会展示自己的才华和潜力。

其次，我要感谢北京四中为我们提供了良好的学习环境和资源。学校拥有先进的教学设施和图书馆，为我们的学习提供了广阔的空间和资源。无论是自习还是课堂上，我们都能够享受到良好的学习氛围和条件，这为我们追求卓越奠定了坚实的基础。

在这里，我不仅收获了丰富的学术知识，还培养了良好的学习习惯，摸索到了高效的学习方法。根据严格的学习计划和自律的要求，我学会了高效地管理时间，制订学习计划，并在学习中保持专注。这种学习方法和习惯不仅使我取得了优异的成绩，也为我今后的学习和发展奠定了坚实的基础。

再次，北京四中也非常重视个性和兴趣的发展。学校为我们提供了丰富多样的课外活动和社团组织，如音乐社、艺术社、科技社等，让我们有机会发掘和培养自己的兴趣爱好。这种培养个性和兴趣的环境激发了我们的创造力和创新精神，让我们更加自信和积极地面对未来的挑战。

最后，北京四中注重培养学生的社会责任感和团队合作精神。通过参与各种志愿活动和社会实践，我学会了关心他人、乐于助人，并体验到团队合作的重要性。这种培养理念使我更加关注社会问题，懂得为他人着想，并愿意为社会的发展和进步贡献自己的力量。

总而言之，北京四中给予我一个全面发展的平台，让我不仅在学术方面取得了优异的成绩，还培养了我的意志品质和积极向上的心态。这所学校注重学生的个性发展、兴趣培养和社会责任感，为我们的成长提供了广阔的空间和机会。在北京四中的时光，是我人生中宝贵的经历，它将伴随我一生，并在我未来的发展中起到积极的影响。我由衷地感谢北京四中，也向它致以最崇高的敬意和赞美。

家长心语

亲爱的孩子，我想借此机会给你写一封评价信，分享我对你学习表现的看法，并给予你一些建议，希望能帮助你更好地学习，保持积极向上的心态。

首先，我要说我非常欣赏你对学习的努力和付出。无论是在课堂上还是在家里，你总是尽力去理解和消化知识，你的勤奋和毅力让我感到骄傲。同时，我也明白学习的过程中难免会遇到困难和挑战。在这方面，我希望能给你一些帮助。而且，我愿意成为你的学习伙伴和导师。我鼓励你与我分享你的学习进展和困难，我将竭尽全力提供帮助和支持。我们可以一起制订学习计划，分解学习目标，确保你的学习过程有条不紊。同时，我会鼓励你多提问，主动与老师和同学交流，培养良好的学习习惯和沟通能力。

其次，我想强调一个积极向上的心态对学习的重要性。在学习过程中，我们难免会遇到挫折和失败，但这并不意味着我们应该灰心丧气。相反，要以积极的心态面对困难，相信自己的能力，相信通过努力和坚持一定能够克服困难并取得进步。我会和你一起寻找各种方法来保持积极心态，比如鼓励你制定小目标，记录每次进步，以及通过奖励和庆祝来增加学习的乐趣。

再次，了解和平复自己的情绪也是学习过程中的一项重要技能。学习压力和焦虑是常见的情绪，当你遇到这些情绪时，我希望你能学会冷静下来，分析问题的根源，并找到解决问题的方法。我将与你一起寻找一些舒缓压力的方式，如锻炼身体、听音乐、与朋友交流等，帮助你保持心理健康。

最后，我要强调学习不仅仅是为了取得好成绩，更是为了培养终身学习的能力和品质。学习是一种享受，是一种探索和成长的过程。不要把学习仅仅视为完成任务，而是要培养对知识的好奇心和热爱，不断追求进步和提升。我相信你拥有巨大的潜力，只要你保持热情和努力，就一定能够实现自己的目标。

亲爱的孩子，我希望你知道，你是我最宝贵的财富，我将一直支持和鼓励你的学习。无论你遇到什么困难和挑战，都请记住，爱你的家人在背后支持你。

我衷心祝愿你在学习中取得更大的成就，并享受这个过程。

珍惜当下，莫向外求

纪佳彤　高三（10）班

成绩情况：高一年级排名第18，高二排名第20。高考总分698分，年级排名第9。

成绩雷达图：

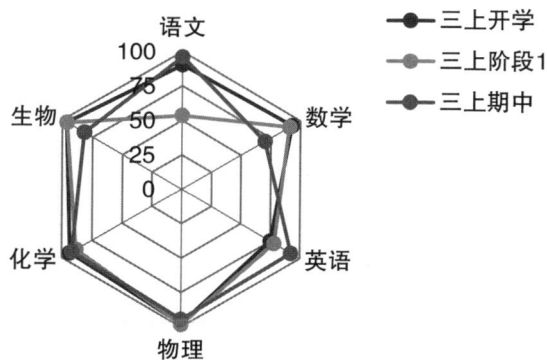

弱势科目：语文、化学。

弱点：好逸恶劳，没有明确的目标。

送给学弟学妹的一句话：按部就班，水到渠成。

最终录取院校：清华大学。

我的简介：我是北京四中 2023 届 10 班的纪佳彤，市级三好学生、区级优秀干部，北京四中 2021 年、2022 年 947 奖学金获得者，第 34 届北京市高中力学竞赛决赛一等奖。高考选科理化生。爱好广泛，喜欢接触新鲜事物，偶尔三分钟热度，不够踏实，在低效率劳动和不劳动中常常选择后者。

我的经验

关于弱科

在高二选科之前我没有明显偏科，除了历史没考好过之外，其余 8 科基本都处在居中或居上。到了高二、高三，学习的范围缩小到语数英理化生，做的题、考的试多了，对试卷的了解变得更清晰，也会意识到自己与高考之间的差距。明显的问题有语文积累不够、化学基础和能力都不太好。

我的作文常年徘徊于 37 分、38 分，看着别人 42+ 甚至 45+ 的作文分，默默想着就作文这一项就能差出六七分。我的写好作文分为三个阶段：下定决心但并没有任何行动、找老师和挠头、钻研范文多写作文和改作文。我的高二下学期处于第一个阶段，考前会突击在知乎上看一些作文素材，最后往往用不上或是用得非常生硬，记忆也模模糊糊。高三之前新建了一个 Excel 文档，按上届学姐留下来的格式每天整理两条作文素材，或事件或名言，一个假期过去大概有三十多条，不多，但胜在好用，因为自己筛选的总是更容易走进心里。有一个初步的素材库却并不意味着写作水平提高，事实上，我的作文还是很没有感觉。我找老师约了几次答疑，请老师看我的试卷、面批考场作文，每次的主题只有一个，就是问怎么才能写好作文，魏老师的建议都一样：多读多积累、多改多答疑。这个建议——说一句"大逆不道"的话——对我并没有什么帮助，就好像有人问我怎么才能提高成绩，我回答他"好好学习"一样，正确，但没什么实际帮助。这不是老师的问题。让语文老师审作文题，可能随便一个构思立意就是一类文，这不是可以口述的经验，而是见得足够多形成的直觉。

我意识到有些方向必须自己找。看了看范文，看了看自己的作文，一方面是发现他们能把话说得很清楚，而我只是写的时候感觉自己写清楚了，事后读起来完全不知所云。另外，他们的立意可以在不偏题的情况下拔高，又有新意。所以我开始写段首的总结句，能总结的时候就先承上再启下。写完一段就读一遍，看看我的意思有没有表达清楚。一开始也没啥效果，但多找老师看几篇、点评一下、改一下，就知道怎么说话更清楚了。同时，随看随记一些好的立意思路。到高三下，我的作文分数开始达到40分、42分，一模作文42.5分，自己写别的区的作文，找老师判也能上一类。可当时也还是没信心，担心高考语文（特别是作文）翻车，但事后来看，我确实是在进步的。

化学——一个让我痛苦的学科，基础物质性质课内方程式本来就不熟，陌生氧还实验探究做起来更是痛不欲生，复习讲义还不能不写。咬咬牙先把答案抄上去，等过几天再看，用荧光笔突出最不熟的知识点，错的题仔细看看错在哪儿，不会的再找老师问。写一遍记不住，所以要过第二遍、第三遍，边看边总结提炼，最终，把一个板块最易错的内容整理在一页纸上——这是叶老师所说的，"把书由薄变厚，再由厚变薄"的过程。我在这个过程中补齐了基础知识，前十道选择题不怎么错。

至于化学学科能力，真的很幸运遇到叶老师，他说起经典题目如数家珍，每个都能抓住精髓，把最重要的教授给我们，他从出题人的角度分析题目的结构，又能知道我们的疑问在哪儿、困难在哪儿。讲义上以及模拟考试中的题，在课上叶老师讲完后，我又对着笔记复盘了几遍（特别是一、二模考前），感觉水平提高了。最后赋分97分，很满意！

关于突破

很感谢高中三年老师的陪伴。高三刚开始的时候找不到学习的意义，有点抗拒学习，问我的班主任李伟老师我能不能多读一年，李老师很耐心地和我聊天，时不时地关心一下我的状态。之后步入正轨，也算是按部就班地上课、完成作业。数学纪荣强老师教得很好，答疑时总能给我最行之有效的建议，他以他平和的态度引领我更加理性地看待成绩，不再对分数患得患失，而是分析问题、解决问题，力求做到最好。我由此意识到我并不是要超过那些最顶尖的同学、拿到最高的分，而是在高三剩下的时间里看看有哪些分是能拿的，哪些是能争取的，哪些又是允许放弃的。于是我拥有了一个可以通过努力实现的目标——争取我可能拿到的分（具体来说，选填错一个以内，19题拿下，20题得10分以上，创新题争取第二问——这样就很好了；不过2023年数学考试20题偏简单，21题更难，分数要求有所调整，这都是后话了）。

好逸恶劳人人都会有点，可是看到李老师和其他班主任、年级组长叶老师、任课教师们为了我们留到晚上八九点甚至十点，真的不舍得辜负他们的努力。适当的休息后重整旗鼓，投身题海——这是我看到的大部分四中同学的状态，也是我在最后阶段做到的状态。

当我看到周围的同学为了去到梦想的高校而埋头学习，以很高的标准要求自己，也会有所触动。我从心里希望所有付出努力的人都能实现他们的梦想，也希望我能像他们一样成为坚定的追梦人。

正如标题"珍惜当下"，我一直很珍惜在四中的日子。在自主复习阶段，也是高中的最后阶段，格外珍惜和班里最努力学习的几位同学坐在同一间教室里的日子，珍惜自习结束后一起打球、玩飞盘的时光，想念因为身体原因回家的同学，珍惜全楼的同学挤在外挂楼梯上看漂亮晚霞的时刻。我不是一个有长远目标或者人生规划的人，是北京四中给了我动力，我要和大家一同走向未来，由我们创造的美好未来。

而"莫向外求"，其实就是要"向内求"。如果你也有慕强心理，或者羡慕别人的成就，应该知道实力并不是干看着就能获得的，与其期盼有朝一日自己的能力爆发出来，不如自己去努力提升，从自己身上求得突破的契机。

关于方法

常总结。一本厚厚的讲义，可以列一页纸的提要，贴在它的第一页。这样的好处在于既可以督促自己复习这本讲义上的内容，又省下了以后翻看的时间，因为在考前，我会把复习重点放在重要方法和之前犯过的错上，很难有时间完整看完每本讲义，如果之前整理过难点和易错点，复习就很高效。

关于节点

高中三年触动我的节点很多，印象深刻的，有很多都是日常生活中的小片段。

比如答疑。老师们解答完知识上的问题，都会询问最近的整体状态，或许只是随口一问，但当你表达出最近的困惑或困难时，老师总会认真倾听，给出好的建议。高三以来，我的数学成绩总是处在一个不上不下的尴尬位置，一次次期待下次能考好，但看到分数又一次次失望。有次答疑跟纪老师说"我高三以来数学就没考好过"，那时是一模前的零模，他不急不恼地跟我讲了接下来几个月的节奏和安排。"时间还充裕"，他是这么说的。他让我说说自己拿不准的地方，又帮我补充了几点，告诉我看看哪部分的讲义，还帮我找了一些题练手。这件小事让我印象深刻。一模遇到常错的幂指对和三角函数，也没那么紧张了。

初中时一切跟体育相关的项目我能躲就躲，因为身体协调能力实在不行，身体素质也很一般，体质健康测试勉勉强强混个良好。刚上高一的时候，带着一些想要突破自己的想法报了长跑冠军赛。当天非常紧张，上跑道前甚至相当恐慌，担心自己落后别人一大截或者根本跑不下来……发令枪一响，80多人就开始往前冲，我使劲跑到了一个比较靠前的位置就已经开始累了，陆续有同学从我旁边超过去，我没力气加速。经过看台时想着我的表情肯定糟糕透了，却突然听到有声音给我加油——那时我和我们班同学刚认识两个月，一下就感到超级温馨。最后大概是在80人中排到了前40，对我来说已经很不错了。这让我明白了一件事，那就是掌声并不单属于胜者，而是献给所有拼尽全力的人。

所以后来我也参加过女子1500米长跑、乒乓球联赛和篮球赛，感觉体育活动不再是噩梦般的存在了。尤其是同学们都很包容，很乐意带着不那么会打球的人打球，所以我很愿意参与。

李伟老师是我永远感激的班主任，从高一到高三，他在我们心中渐渐变成了一个老父亲的形象。李老师对校风评比前三的位置一直很执着，高一刚入学就给我们下达了力争前三的目标，可惜的是，在五次排名中，我们从未进入过前三，甚至两三次卡在七八名的位置。李老师每天早读到班都会用手顺一遍黑板板槽，连他的小女儿都学会了检查卫生。可能会有同学觉得这么做没必要，但我始终认为李老师在用这种行为教育我们对待生活的态度。结果或许并不是那么重要，只要做好我们应该做的事情，自己心里过意得去、对得起自己的付出，就可以了。把事情做好，何尝不是一种人生选择呢？

关于四中

在来到四中前，我从未想过我会喜欢上体育课，从未想过我会拥有如此多彩的课外活动，也从未想过能遇到这么多有着崇高教育理想的教师。

从小学到初中，我的体育课都是一个样子：站队、跑步、体测、比赛。我对体育没什么兴趣，最不想上的课就是体育。但在四中，一周五节的体育课有四种形式，除了上小课，还有选修课、体活课和自主课。我最喜欢的就是体活课。大家一起热完身之后就可以自由活动，篮球、足球、羽毛球、飞盘，想干什么都可以。高三的体育课数量不减，但显得更加珍贵，毕竟谁不想在上完烧脑的文化课后和朋友酣畅淋漓地玩一会儿呢？

体育老师们也都特别好，虽然在台上整队时比较严格，但私下和同学们一块儿玩时却一点教师包袱都没有，是亦师亦友的关系。

再来聊聊我所参与的课外活动。高一时我参加过物理、生物竞赛小组，虽然在竞赛上没收获什么成果，但它们丰富了我的学习体验。我担任过学生会的宣传部干事，编辑过几期公众号，有时候任务比较烦琐，现在想想这样的体验也还蛮有意思的。高二更多是一个见证者，见证了足球联赛、戏剧节，也同高一一样经历了五四灯火晚会、天下明月白、运动会这样的经典活动，或许亲身参与，在场上或幕后做点什么会给我留下更宝贵的记忆，但我也不算虚度，比起遗憾，更多的是珍惜曾拥有的东西。

上高三以后，苏永乔老师教我们物理，我对物理这个学科比较感兴趣，成绩也不错，经常找苏老师请教一些较难的问题。有一次问完问题，苏老师语重心长地对我说："你是个好苗子，要好好读书，将来才能建功立业。"说实话，"建功立业"这个词给我一种曹操酾酒临江、秦始皇统一天下的感觉，以为苏老师在调侃我，可是看苏老师的神情无比认真，我才收敛笑意，同样认真地回应他。短短几个月，我就认定了苏老师是很了不起、很值得所有人尊重的。他在讲台上绘声绘色地讲课，有时过于生动，引得我们哄堂大笑，几个男生插科打诨，苏老师也不恼，还是文雅地笑着，继续讲下面的课。答疑的时候，他会拿一张草稿纸亲自演算，就算问题超纲，也会给我们讲一遍，从来不把谁当作听不懂、学不会的笨学生。他给我用微分方程处理问题，我其实一知半解看不懂多少，可是他的样子我能看懂，他是多么希望为祖国培养顶尖人才啊。在苏老师身上，我看到了教育事业的伟大之处。在很多老教师身上，我们都能找到一种教育者的风骨，这种风骨，我们在百年前说过"大学者，非谓有大楼之谓也，有大师之谓也"的梅贻琦先生身上见到过，在北京大学校长蔡元培身上见到过，在一代代思考"钱学森之问"的教育者群体中见到过，如今，我在北京四中，感受到时代变迁中始终未变的教育初心。将来我或许并不会成为一名教师，但我会用我的行动，回报母校对我的栽培与感化。

班主任点评

纪佳彤给我留下的印象之一是坚韧。高一前的那个暑假初次见到瘦瘦弱弱的她时还有些担忧她的身体能否经得起高中的三年学习，可在高一的长跑冠军赛中，她在赛道上的状态让我惊讶，虽然很累，但她的步子很坚定很专注，这打消了我原先的担忧。两次疫情居家学习期间，尤其是高三上的居家学习期间，当时线上晚自习从7点到10点，加上白天的线上课程，每天的学习时长不比线下短，这对注重学习效率的她来说是个挑战，但她都坚持下来了。每天她都能准时出现在摄像头前，专注于自己手头的任务。

纪佳彤给我留下的印象之二是高效。高中三年她的学习成绩一直很优秀，但是她每天学习时间并不长，即使是高三也不例外。她会根据自己的具体情况结合老师、同学的建议采取针对性的措施，而不是盲目地人云亦云，靠大量刷题取胜。她上课听讲会抓住老师的重点，下课会针对不清楚的内容及时思考与答疑，晚自习时会精力高度集中地完成相应练习。

纪佳彤给我留下的印象之三是善良。她能够将心比心推己及人，能够看到家长、老师们的付出，进而思考自己的行为。她会毫无保留地分享自己的学习经验给同学们，也会细心地关心老师和同学们的身体，怀着感恩的心去面对同学和老师。

家长心语 | 选择与陪伴——高中家长要做好的两件事

作为家长，最近被问到最多的就是如何把孩子培养得这么好。其实回顾孩子上学的 10 多年，我们在学业方面的参与是非常有限的。一方面，现在的中小学的知识体系已经远远超出我们的知识水平。另一方面，每个学校都有自己独特的教学计划，家长参与过多反而可能影响到孩子的学习效果。总结起来，我们觉得家长，尤其是高中家长最应该关注两件事，那就是选择和陪伴。

中考出分以后，我们家庭进行了多次讨论，最终选择填报北京四中。站在今天这个时点回头看，当初选择四中是一个非常明智的决定。这所百年名校具有深厚的文化底蕴、正确的育人理念及优秀的师资保障，是孩子高中三年最重要的成长基石。孩子对四中的学习生活适应得非常快，美味可口的食堂饭菜、多样化的体育实践、丰富的社团活动，这些都极大地满足了孩子的好奇心，激发了求知欲。这三年里，孩子遇到了担当又亲和的班主任，严厉又富有激情的年级组长，专业又认真的任课老师，还有优秀、积极、团结的同学，"蓬生麻中，不扶自直"，这些都是孩子成长中最重要的，也是最难忘、最值得珍惜的。

有得就会有失，选择同时意味着承担责任。我们离四中相对远一些，选择四中就意味着要牺牲一定的休息时间。三年来，每个上学日 6 点左右，爸爸开车出发送孩子，通常 7 点以前就能到校。北京的早高峰大家应该都比较了解，出发只要稍微晚几分钟，到校就面临迟到风险。父女俩也没少经受"压力测试"。由于距离问题是在选择学校时已经充分考虑过的，所以虽然辛苦但并没有互相抱怨过。

接下来讲一下陪伴。相比选择只是出现在一些关键节点，陪伴则是无时无刻不在发生。有句话说，"陪伴是最长情的告白"，对父母来说，陪伴是对孩子的爱的重要体现。弗洛姆在其著作《爱的艺术》中提到，爱是一门艺术，爱需要知识和努力。因此陪伴孩子也不能仅仅出于本性，而是要掌握一定的原则和技能，尽量做到高质量陪伴。青春期的孩子正处于生命力旺盛的时期，这种旺盛不仅体现在热情、好奇、充沛、探索，也体现在烦躁、不安、易怒、多变。作为家长，第一重要的就是在孩子面前保持稳定的情绪，进而营造稳定的家庭氛围，给孩子一个安全可靠的大后方。时刻牢记，关系先于教育，父母孩子之间只有保持良好关系才有教育引导的可能。第二是包容。在父母眼里，孩子难免会有一些自己不以为然的小毛病、屡教不改的小恶习。但世上没有完美的孩子，也没有完美的父母，在孩子眼里父母大概率也是有着这样那样的问题的，所以不要苛责孩子，也不要苛责自己，如果有些问题暂时没有办法解决，不如坦然接受，把它交给时间。第三是用行动缓解焦虑。跟大多数家长一样，我们也会时不时陷入焦虑中。尤其进入高三，每天早 6 点出门，晚 10 点之后才能到家。孩子睡得晚了担心身体扛不住，孩子玩游戏了担心耽误学业进度，孩子下课玩羽毛球、飞盘又担心累了或受伤。孩子的成绩起起伏伏，考得好了怕她骄傲，考得差了又怕她没信心。实际上这些焦虑都是徒劳的，除了影响自己的身心健康，改变不了任何状况，而且还会加重孩子的焦虑情绪。我们的做法是用行动缓解焦虑。我会在早餐上多下些功夫，尽可能肉蛋奶营养全面，面、饭、馄饨、三明治各种花样多一些，这样孩子早上起来就能有一份好心情。爸爸则充分发挥诙谐幽默潜能，陪孩子谈天说地，缓解压力。最后要注意的是，不要把陪伴搞成监视。孩子在家学习的时候，我们会时常送些水果零食过去，但是绝不会干预她自己的学习休闲安排。时常也会发现她改玩游戏了、贴纸刻章了，或是直接倒床上睡着了，遇到这种情况，多数都不会打断她，睡着了就帮她关上灯让她踏实休息一下。各科老师的作业都不少，放松的时候总的来说还是有限的，而且孩子自身已经承担了很大的压力，作为家长，要尽可能去理解、接纳孩子，帮助孩子保持劳逸结合的学习节奏。

　　以上就是我们总结与孩子相处最重要的两件事。随着孩子进入全新的大学生活，踏上一段新的人生旅程，孩子与父母的空间距离将渐行渐远，孩子也将面临越来越多的独立选择，但父母的陪伴会一直都在，持续提供能量和动力。

在这里特别推荐大家积极参加四中家长学校的活动，尤其是"爱与交流"课程，我从中受益匪浅，学到了非暴力沟通方式，更好地认识自己和他人的关系，在对待亲子关系上更加从容和笃定。

厚积薄发，超越自我

刘谦益　高三（10）班

成绩情况：高一、高二年级大体排名第35，高考成绩699分，年级排名第5。

成绩雷达图：

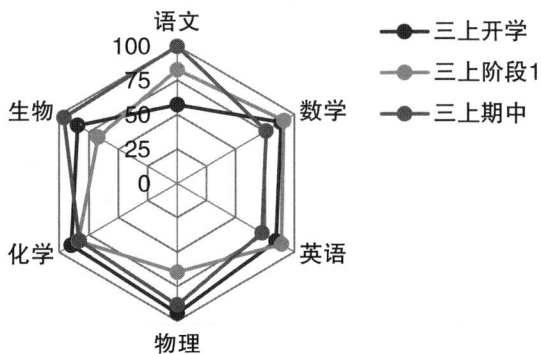

弱势科目：化学、数学。

弱点：做事容易没有计划性。

送给学弟学妹的一句话：相信自己、相信老师，做到极致。

最终录取院校：清华大学。

我的简介：我是北京四中 2023 届（10）班的刘谦益，担任班级体育委员，是校中长跑队成员，组织、参与活动之余，我的成绩也不错。虽经历过挫折打击，但一路走来，我收获了成长。

我的经验

1. 如何应对弱势科目

数学，一直是我的弱势科目。

由于分班考成绩不好，在数学分层教学中我被分到数学拓展班，这是专为数学成绩偏弱的同学准备的，班上人很少。对此，我非常失落，长期对自己的数学水平充满了怀疑。平时，我总会犯一些低级错误，比如少看一个条件，又比如求导出错。一次次不理想的成绩消磨着我的自信心，我难受过、哭过，也幻想过，比如，我总喜欢算一笔账：有很多不该错的点，如果我这里不错、那里不错，我也能考 135 分啊！

我急于证明自己确实有 135 分的水平，于是，做题时患得患失，愈发紧张，犯下更多致命的错误——这是一个恶性循环。我的信心在一次一次的循环中被彻底击垮，数学成了我最害怕的学科，每次考试，我都坐立不安、手脚冰凉。当然，奇迹没有出现，高二一年我几乎没有上过 135 分。

但幸运的是，我在拓展班遇到了安东明老师。他讲课注重基础，教的主干知识更加扎实，不得不承认，安老师的讲课方式很适合我。也正因如此，我在安老师课上打下了不错的基础，后来因此"意外"地进入数学 A 班。

在数学 A 班我度过了更为艰难的一段时光：考试几乎连平均分都够不上，我与班级前几名的同学也有着将近 20 分的差距。对于 A 班大部分同学来说，攻克创新题是上 140 分甚至更高分的关键，而我常常百思不得其解。一次创新题讲解课上，一连几道题目我冥思苦想第二问还是没有头绪，没想到老师竟说很基础。课后我很失落，觉得自己不够聪明，对自己的智商产生严重怀疑，似乎再努力也追不上班上同学了。我难忍心中的委屈，找到 A 班的数学纪老师哭诉。我想我当时的样子一定很傻吧，当平时幽默大条的纪老师温柔地安慰我，轻轻地拍拍我的肩膀时；当班主任李老师塞给我一个橘子时，我心里那一股委屈和自卑浇筑的高墙似乎忽然间出现了裂缝，从那一刻起一直走下坡路的我才真正走到了终点，开始抬头向上看、向上爬去。

李老师评价我的数学：心病比实力问题更大。事后我极力压下自己的尴尬，在数学上尽自己最大的努力，不敢有丝毫怠慢；我放下了对创新题的执念，开始打磨前几道重点得分题技巧。其实老师们早就说过，得高分不一定凭借创新题，比如安老师就经常强调"看清楚，算清楚，写清楚"，听起来要求不高，但真正做到却非常难得。真正让自己承认能力不足，确实需要一段过程，但相比于有些人到高考前一刻依然不想承认、在考场上依然和某道题死磕，我庆幸自己能够及时调整。即使无法解出创新题，做到安老师所说的"看清楚，算清楚，写清楚"，就足以超过大部分同学了。

高考考场上，果不其然，创新题让我毫无思路，但这并没有过分影响我的心态。我尽己所能写上两笔，果断放弃，回头检查，这使得我依然得到了 142 分的成绩——这是我高中以来最满意的一次成绩，没有之一。

弱科困扰无独有偶，我高一、高二一直成绩不错的化学在高三时急转直下，知识点掌握不牢的问题开始集中暴露，大部分分数丢在课本中就能轻易找到的知识点上，选择题一错就是两三个。一模结束，我的内心混合着六分紧张、三分焦虑和一分绝望，脑海中唯余一句：完蛋了。时间不多了，马上要上高考考场的我还在犯基础知识的错误——我真希望时间能慢一点再慢一点，可那是荒谬可笑的。

我几乎怀着英勇就义的心态，找出几套一模卷子，仔细将每道题中每个选项的知识点进行归类，找出我不会或是理解有些模糊的部分，记录在一张纸上——以前我做题以对为上，只要对了，便不认真分析其他选项，正可谓"千里之堤，溃于蚁穴"，正是对细节疏于关注，才酿成如今基础知识千疮百孔的局面——对照漏洞清单，我有选择性地回归课本，这才惊讶地发现原来使自己抓耳挠腮想不通的问题竟然就是书上一条简单的概念，是我没有理解或者忘记了，我一边痛恨自己为什么会造成如此疏漏，一边又暗自庆幸能及时翻书、填好漏洞。虽然不可能在高考前弥补所有漏洞，但为什么不用好那些已经出现的错误呢？亡羊补牢，为时未晚。

没错，一模之后化学成绩是我的噩梦，我倒数着日期，希望奇迹降临，能瞬间获得所有知识点，但我也不断查缺补漏，甚至从头看书学习，这个过程折磨着我的身心。我真正明白了"任何时候开始都不算晚"的道理。有时我们不禁会想：一年也许太晚了，一学期也许太晚了——但请相信，两个月，甚至20天都并非绝无可能，一颗一往无前的大心脏和双倍的努力让我扭转了颓势。

其实对于物理颇为自信的我也曾陷入过低谷，高一时运动学部分让我感觉就像在做小学奥数题，因记不牢公式，我算得很慢，连续几个60分让我彻底崩溃。记得那是一个安静的傍晚，办公室里只有我和张老师，我抠住板凳边缘，泪水在眼中打转，强忍着不让它们决堤。我们聊得很简单，但她的一句话让我三年难忘，她说："有些人学东西是慢热的，你就是这种类型。"

我一直拿这句话鼓励自己。我不知道老师是如何得知的，也不知道自己的物理成绩是什么时候提升的。越来越多的知识彼此勾连，我体会到了一种所谓悟透的感觉。我想，当你自以为学习新知速度很慢时，不必急着质疑自己思维迟钝甚至智力低下，也许你只是需要一点儿时间，只是需要更多的知识去搭建框架，才能融会贯通。厚积薄发，大抵如此吧。

2. 如何克服弱点

我不是一个善于计划的人，习惯把各种时间节点和任务安排放在脑子里，一切全凭自己的记忆力。高一、高二时，这种方法确实省时省力，写作业时只需在脑海里从语文到生物回忆一遍，分个轻重缓急，把要做的任务安排好即可。但到了高三，我再次企图依赖记忆力时，发现旧路难以行得通：有时一天之内三四个答疑，时间要相互错开；有时答疑要约到下周，早就忘了个精光。我不是突然惊觉答疑在即，手忙脚乱地找资料，就是彻底错过了时间。

几次之后，我早已精疲力尽，开始尝试笔头计划。几天下来，我发现不仅时间一点不错，完成任务后获得的成就感也比单凭脑子想要来得更加强烈。

关于如何列计划，我也渐渐获得了一些自己的经验，在此有几点心得分享。

（1）合理。

a.适合自己。任何时候，适合自己的计划才是好计划。网上不少人分享自己的学霸计划和笔记，但在我看来大部分只注重好看的字体、颜色而非纯粹的干货，过于华而不实。盲目"抄作业"只会适得其反，就算别人用来有效，这样的计划也不一定适合所有人。因此要客观理性地评估自己的学习状况，抓住自己的弱点，找到舒服的学习节奏，才能列出真正适合的计划。

b.力所能及。没人能一口吃成个胖子，计划也要切合实际，脚踏实地。比如一天刷完一本练习册，一个小时翻完一本课本的计划，忽视了学习效率，是难以完成且不合理的。同时，也要给自己留出一定时间，防止计划没有按时完成而开始内耗。

（2）具体可操。

空泛的计划没有可操作性，计划越具体则越能激发自己完成任务的决心。举个简单的例子，"学物理一个小时"就是一个失败的计划，怎么学、学什么都没说清楚。这个过于空泛的计划很可能最终被其他更加具体可操作的任务挤占掉。我们可以将其替换成"看物理必修一课本一至三单元，时间一小时"。

（3）调整。

常言道：计划赶不上变化。实行计划时，可能被人打断，可能发现自己无法完成，应当每天晚上对自己计划的完成情况进行总结反馈，进一步调整第二天的计划，不断更新，直到找到适合自己的计划。

（4）规划意识。

a.长期目标：长期目标就是我们奋斗的方向，有了方向，我们才能精准努力，不至于在某一个并不重要的方向投入大量精力，以至于在原地打转。举个例子，我的长期目标是"期末考试进入年级前十名"，那么在这样的目标下，我应当制订更具体的计划提高我的数学和化学成绩，同时，我会适当减少用在其他科目上的时间，以便实现得分最大化。

b.整体规划：具体到复习计划等，要有整体的规划，对大任务进行拆分。比如，提前15天复习背诵篇目，我们可以在第一天按照篇幅长短分配每天的任务，以后的15天里，只需要按照计划稳步推进即可，不会有考前抱佛脚，复习内容"堵车"的危险。

手机是大部分高中生的软肋，我见过沉溺手机游戏难以脱身的，也见过沉迷社交媒体而玩物丧志的。这种自我放逐令人悲哀，放弃了人生更多种的可能。

我深知过度使用手机对学习的种种危害，但也难逃其诱惑，有时候我甚至会为了暂时逃避学习，无意识地翻看手机，麻木地消去微信上的每一个红点儿，但在晚上又总会陷入深深的自责：荒废的时间本可以完成某某任务，我不能用自己的未来作为筹码去参加一场胜负难定的赌局。

于是我请妈妈替我保管手机，她很支持我，把我的手机藏起来。当我提出要查资料时，她信任地把手机还给我，但我通常会在查完后不经意打开 B 站，忘记时间，这令我懊恼不已，请家长帮忙似乎并不见效——其实大多数同学也一样。即使没有手机，分神方式也多种多样，只要不是内心坚定地改变，再严厉的手段也制止不了走神发呆。

在我看来，计划驱动是最可靠的戒瘾手段。高考前十多天停课自习，我制订了周密的复习计划，提前将 10 多天的计划全部列清。当计划一项一项地完成后，我感到越来越充实，心里的担忧也渐渐消失，而且每天有很长的运动或散步时间，我发现我暂时忘记手机了。

对于许多人来说，手机是一种逃避，压力越大、任务越多时，想看手机的欲望便越强烈。我们渴望通过手机暂时麻痹自己，殊不知会得到更强烈的焦虑。当我们做出计划并稳步实施时，压力也会渐渐减少。因此，我认为对于一个有自律性的人来说，内驱力往往比外界的强制措施更有效果，更可能激发其强烈的学习动力，更可能获得根本上的改变。

3. 从自卑到自信

2020 年夏天，我从石景山区考入北京四中，石景山区的教育水平相对西城区较弱，对于我来说，只有做到极致，才能够抓住我梦寐以求的机会，然而事实上我做得不够好，虽然有惊无险地被录取了，但中考分数与同学相比有些差距。

那时的我自卑、敏感，会为了同学误以为石景山区是远郊区县而感到自尊心受挫，极力辩解那是城区。但后来我发现在四中，英雄不问出处，旁人真心实意的夸赞，只与我们自身的努力相关。进入北京四中，它教给我的一课叫作自信。

不可否认的是，一开始我的自信与成绩有关，我对自己的评价有很大一部分建立在外界评价之上——包括成绩排名，他人反馈，等等。开学后的第一次考试，我意外成为班级第一名，其后的考试成绩也不算太差，我感到自己腰板儿直了，获得了重新审视和定义自己的勇气。不过，内心的要强使我开始跳出舒适圈，去尝试多种多样的可能性。越来越多成功的经验告诉我：我值得拥有机会。

高一时，科技实验班的部分同学有机会进入高校和研究所的实验室学习一年，当时我对生命科学极度痴迷，多次向老师询问活动时间和名额等相关信息，只希望给他们留下一个好印象。终于，我如愿得到了梦寐以求的机会，进入了中科院生物物理研究所。回想初中时，我胆小脆弱，从来不主动争取机会，而是学那姜子牙钓鱼——愿者上钩，期待着别人来发现。我常常纳闷，为什么我能做好的事情，却从没有人让我去做？也因此错过了无数我想要的机会。从我高一时勇敢地踏出第一步，并获得了回报，我开始明白：机会从来不会等着谁，也不会凭空落在谁的头上，就像伯乐不会注意连马厩都不愿意走出来的马一样。我打算遵从内心，勇敢地争取。

后来，我参加戏剧节试镜，为争取自己喜欢的角色与人宣战、比试演技；我竞选主持人，即使排练过了饭点也没有怨言；我在夏令营中主动担任体委，组织不熟悉的男生一起跳绳，夺得冠军……后来的我，虽然有时还是有些敏感，但我渐渐明白了自己是什么样的人，明白了自己想成为什么样的人，我会把握住那些锻炼自己的机会，不放走自己的"野心"。

一次一次的正反馈，让我一步一步积累自信，从自卑到自信，也许你只需明白：我想和我值得。

4. 在活动中认识自己

高中是一个广阔的平台，在这里我遇到了无数尽心尽力的老师、优秀的同学和志同道合的朋友。高中也是一个逐渐成熟、审视自我、定义自我的关键时期，在这段时光里，我的成长不仅仅来自学习，更来自与人交往，参加、策划活动的过程。

高一时，我报名参加了北京市拔尖人才培养计划，通过测试并进入中科院生物物理所研学一年。我一向自诩严谨，不能确定的问题不会轻易出口，以免显得自己无知。但我太想获得这次科研的机会了，第一次把尴尬踩在脚下，调动一切我已知的信息，展现出一种无知者无畏的姿态。当老师问到如何测试一种抗癌药物的作用时，我想起一篇英语阅读中曾提到，猪和人类的体型相近，于是没有选择小鼠一类的常规答案，给出了这个让全场骇然的回答。我看到导师的表情一变，似乎有一些惊讶，抑或是惊喜。当晚，我收到了入选的消息，我在大街上欢呼雀跃，也许正是临场"张扬"的表现，才让我在20多个人中脱颖而出。

后来我渐渐明白，很多时候，人们需要的不只是课本中学到的知识，更需要天马行空的想象力和创造力，科研也是如此。虽然我基础薄弱，但导师在我身上看到了极强的可塑性、发散性思维和强大的活力。我想，这可能是我得以入选的真正原因。

高二戏剧节临近时，由于演员空缺，我被担任导演的朋友拉去试镜。我的心情很复杂，既有被人认可和请求的窃喜，又有因临时上台而当众出丑的担忧。我满手冷汗地攥着稿子，悄悄地在一旁观看，其实没有人能够完美演绎，但他们都尽着自己最大的努力，我告诉自己，也许我应当放松，暂时抛却自己的完美主义，用情去感受。登上舞台，台词出口的刹那，我仿佛融入了角色，真的成了那个满心委屈和愤慨的导演，忘记了台下几十双眼睛的注视，即使念稿也释放出了充沛的感情，我的表演初步获得大家的认可。台下，我上网学习老戏骨的动作和语气，一遍一遍熟悉台词，通读剧本把握细腻感情。虽然后来我因故没有继续担任这个角色的扮演，但这份经历带给我全新的体验，唤起我对戏剧的兴趣。

高中三年，有很多很多活动，多数时候，我选择参与其中，因为我知道在参与活动时，我能获得单纯学习所获得不了的知识和体验。尤其对于一个内向的人来说，这正是一个跳出舒适圈的成长机会。我们能够和不同的人打交道，找到新的爱好，更能在尝试中认识真实的自己、定义自己的发展方向。

5. 如何平衡课内与课外

高一、高二的我很忙，竞赛、活动、训练，每天的安排都很满。我的课内成绩没有落下，这很大程度上得益于我对效率的重视。

彼时我在中长跑队训练，高一时一周两次，高二时结束了生物竞赛，一周三次投入训练，没有训练的周三也会来做志愿服务。班上几位学习不错的同学总是在我训练的时候去图书馆自习，或者练习导数解析。我十分慌张，整个高二，我几乎没有参加过放学到晚自习之间两个多小时的自习，我的学习时间远远不够，只能按时把作业完成，而导数解析也是我的弱项，没有额外训练怎能进步？那时我确实陷入了要不要减少训练次数的犹豫，但后来我没有，因为体力的释放带来了神清气爽。每次考试前我都紧张，感觉自己的排名将要被人赶超。但也是因为这种担忧，我更加重视提高学习效率：训练后拖着上台阶都不住颤抖的腿回班上晚自习，体力的释放让我注意力高度集中，几乎不会瞌睡，如果困了累了我就去楼下散散步，或是跑个 800 米。别人补觉、发呆，我却全力学习，正是这种高效，让我的一个小时成为某些人的两个小时，作业不仅完成速度快，而且质量高，即使不早起、不熬夜，我的成绩也可以稳定在前 50 名。

学习效率很重要，麻木地投入很多时间，可能费时费力却原地打转，不如高效学习几个小时更有收获。高效才能实现课内与课外的双丰收，实现真正意义上的互促互进。

班主任点评

刘谦益同学给我最深的印象就是戒骄戒躁、刻苦努力、永不言弃，无论是学习还是体育锻炼，抑或是班级工作。

在学习上，高一第一次大考总分位列年级第一，她分析说自己运气好，之后再也不提这个成绩。高二、高三期间尽管她的成绩很好，但依然能够看到自己的不足，期待自己像老师那样分析问题，一直在向各科最优秀的同学看齐。数学是她一直以来最不放心的学科，于是从高一开始，她除了完成安老师课上的要求之外，还努力思考其他班级的数学问题，积极和同学探讨，遇到不明白的就主动找老师答疑，这个习惯一直保持到高考。扎实的基础和良好的心态让她的高考数学取得了142分的好成绩。

在体育锻炼上，刘谦益更是将刻苦努力体现得无以复加。她从小有过田径的基础，进入高中后每周几次的田径队训练几乎让她筋疲力尽，但是她从没有想过退缩，而且还经常加练，坚持锻炼的她破了校运动会的纪录，代表学校参加区运动会也冲出了外校体育特长生的包围圈取得了优异名次。

在班级工作上，刘谦益担任体育委员。因为有她体育成绩的加持，我们班在运动会和冬锻的运动成绩上有很大保障。但要取得总分的好成绩，还需要动员更多的同学发挥他们的特长，她就会一次次优化方案，广泛动员，为达成最终目标尽最大努力。

家长心语

四中三年转瞬即逝，回望来路，萦绕眼前的竟皆是小事，点点滴滴的小事贯穿、托举起孩子三年的成长，仅捡几件记之。

小事一：分班。初入四中，怀着对学校的敬仰和来自小区普通校的自卑，孩子在分班意愿征集中自觉选择了普通班。分班考后，孩子爸爸接到肖振龙主任的电话，电话中肖老师讲明了孩子的状况以及班型，询问是否愿意调整分班意愿。本着相信学校的心态，我们选择了科技实验班。虽然进入实验班，但因为分班考试数学成绩太差，孩子在数学分层中进入了拓展班，面对寥寥十数人，孩子对自己一度陷入怀疑，班主任李伟老师及时发觉孩子的状态并劝导：适合自己的才是最好的。在拓展班中，安东明老师关注主干知识体系的建构，关注数学思想方法的训练，关注学生良好解题习惯的培养，为孩子后续的学习奠定了坚实的基础。追溯来路，我庆幸孩子在分班中走过的路，进入实验班激发了孩子的信心，进入拓展班磨炼了孩子的心性，奠定了学习的基础。分班，体现的是尊重，尊重学生的成长，尊重事实，实现的是因材施教。

小事二：五道选择题。高二升高三的暑假，安老师不再担任孩子的数学老师，但他组织的每日打卡五道选择题活动，让孩子受益匪浅。安老师每天精选五道基础题，并制订了打卡规则，学生自愿参加但要坚持。高考前安老师还为孩子们精心准备了打卡三百天纪念品。五道、三百天、一千五百题，这组数据的背后是付出，是坚持，是积淀，是四中老师锤炼学生品格、引领知识学习的见证。

小事三：助学。高考前夜，孩子未眠，但未表现出过分担忧，这缘于助学学长的叮嘱：失眠不会影响高考发挥。事实证明确实如此。四中学子，既是助学的受益者，也是参与者。2021、2022届学长从学习方法、心理调适、目标院校和专业选择等方面与2023届学生交流，给谦益留下了深刻的印象，成绩起伏时她会想起"起伏很正常，没有时间自怨自艾，要保持平稳心态"，化学基础题频频出错时她会用到学长传授的回归教材的方法，高考失眠时她又得益于学长的叮嘱……高考结束后，孩子主动报名了2023届学长助学活动。助学，是小我与大我的融合，是敦善行而不怠的传承，是大效于世的担当。

古语有云：天下大事，必作于细；天下难事，必成于易。以小见大，四中小事，处处彰显着四中的大胸怀、大格局、大境界：教学以生为本因材施教、教师争做人师与经师统一的大先生、育人以家国天下情怀与大效于世为目标。

最青春的时节做最优异的自己

郭锐蕾　高三（11）班

成绩情况：高一、高二年级大体排名 2—50。高考成绩 676 分，年级排名第 68。

成绩雷达图：

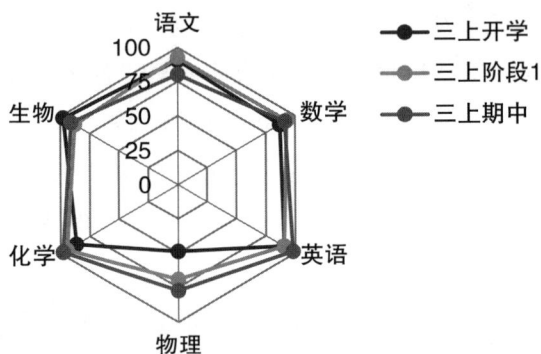

送给学弟学妹的一句话：在最青春的时节做最优异的自己！

最终录取院校：清华大学未央书院。

我在四中那三年

作为一所历史悠久、文化底蕴深厚的学校，北京四中一直秉承着"勤奋、严谨、民主、开拓"的校训，致力于培养学生的综合素质和国际视野。学校注重学生的思想教育和品德培养，让我们在校园里成长，在社会中立足。同时，学校有着非常优秀的师资力量和教育资源，让我们的学习更加科学、系统和严谨。总之，北京四中是一所非常优秀的学校，我为能够在这里学习而感到自豪。

在这所学校，我接触到了许多优秀的老师和同学。他们的学识、思想和行为都给我带来了深刻的启示。在学习上，我更加注重基础的打牢和思维的拓展。在老师的指导下，我发现自己在学习上的提高非常明显。同时，学校也注重学生的素质教育，让我们从小事做起，不断提高自身的修养和素养。这些都是我在北京四中学习的宝贵收获。

若说起我的三年高中生活，用两个词概括大概是"起伏"与"蜕变"。最近在背单词，有一个例句是这样说的，当开场白很合适，"So you remember how；I finally find my niche in highschool？"

初入高中，即使有了四中各校精英云集的思想准备，却还是被结结实实地上了一课。首先便是高一的9科教学，因为中考的六选三使我对地理和政治基本算是从零开始。刚刚进入高中仍然保持着初中的学习状态，从来不做课外题，只看教材，复习也是临考前一两个礼拜突击9科，结果显而易见，在刚刚迈入高一的第一次月考，我的年排成功从初中"高高在上"的个位数跌到了第191名，9科的排名除了数学剩下的全部稳居班级中下游，以至于看整体成绩单时总是从下往上看。这对我的打击无疑是巨大的，在初高中的巨大落差感与没考好的失落震撼中，又不禁有些迷茫了。毕竟进入四中的每个同学谁不怀揣着一个清北梦呢？而现实的打击让我不禁怀疑我是否是块儿清北的料。我始终感谢我不服输的性格，若不是那种莫名有些"争强好胜"的执着，此刻的我不会在此写这篇文章，也不会收到清华大学的录取通知书。在那段朦胧又模糊的时间里，如今回想我好像也不记得什么，只记得充实的生活。

我一直感激我的朋友们，我为有这么多志同道合的好伙伴而感到幸福与幸运。即使我学习并没有他们当中的绝大多数人优秀，但他们仍愿意在各种活动中带上我，同时不厌其烦地解答我"愚蠢"的问题。高一的时候大家彼此都有些生疏，因为我是从初中部升上来的，自然与班级里同是四中初中的同学们熟络，也就自然形成了我的交友舒适圈。由于自身的"社恐"体质，我与班内的其他同学有些陌生，注意到这点后我开始尝试走出我的社交舒适圈，多多与其他同学接触聊天。

我逐渐摸索着适合高中的学习生活节奏，在高一的月考到期中考试期间，我的生活大多是学习，来四中前我也听学长学姐讲述过四中"百团大战"的盛景、"天下明月白"的人文情怀、"五四灯火晚会"的疯狂以及舞会的美轮美奂，可面对我三位数的排名，我又怎敢放肆疯狂呢？我认为在那段时间里已经很努力了，期中考试排在61名，那时的我已经快要满足于现状了，四中的前100名已经很了不起了，不是吗？我又不算是前30、前20乃至前10的料子。可是真的是这样吗？直到高一期末考试，我破天荒地考了30多名，才发现每个同学都是一样的，既然来到了四中，本不存在智力差异的鸿沟，起初大家成绩存在的差异我认为源自适应能力的差异，有的人高中生活适应得快，便会提前展现出优势，而像我这种适应慢的，在探索与努力后也会开始崭露头角。此后我发现学习和课余生活好像是可以兼顾的。四中为所有同学提供了多彩的平台以丰富同学们的课余生活，但享受如此平台的前提是对于高中生活节奏的把控，这并不是说只有学霸才能享受参与各类活动，而是指在参加活动时知道自己的目标是什么，而不是乱花渐欲迷人眼般的横冲直撞。

化学之前一直是我的弱科，高一的时候，化学高老师会把成绩前10名同学的名字写在黑板上，很明显一次都没有我，可能这又是一个转变与适应的过程。初三化学说得直白一点完全是死记硬背就能拿满分的，而高中就不一样了，若是只靠背诵可能连及格都有点难度。我知道光凭记忆不行却不知道该怎么做，刷题亦无果，我开始迷茫，开始怀疑我的选课是否正确，毕竟我一直坚持的选课是物化生理科大礼包，那段时间我在动摇：是否应该把化学换成历史？后来因为对自己能否认真背书表示怀疑，再加上老师的鼓励还是选择了化学。如今回顾，我做了正确的选择。高二开始学习有机知识，起初的学习也是挺费劲的，基础知识繁杂，且好像没有什么逻辑。寒假叶老师教授了"梅香书苑"，当时我并未在意，盲目的自傲蒙蔽了我的双眼："我可是年级前20，这种对于后10学生的课还需要听吗？"后来我为这种自负付出了代价。因为课程紧，所以学案作业一留就是十几二十页，再加上我基础不扎实，为了不熬大夜我只能拿着学案趁着体育课打篮赛坐在操场上狂写，且还不会。我们班有几个我的好朋友听了寒假的课，题目做起来飞快，我还在抓耳挠腮时，朋友过来说："你要一点hint吗？"她一指点，我大彻大悟，问她怎么想的，"老叶假期讲过，这个题很经典的"。我当场石化。至于后来怎么补上来的，还得感谢韩老师让我们做各种有机方程式的总结，做了两份，一份是××能合成什么，一份是什么能合成××，对我的有机学习受益匪浅，也是我感受到总结的有益之处的开始。之前我自负地认为总结不过是书呆子干的事情，凭借我的聪明头脑不需要干这种费时费力的无用功，但这次我对总结的印象大有改观。总结并不是机械地把笔记抄一遍，真正的总结是复习一遍，把笔记上的知识按区块、按逻辑进行整合，可能一单元和三单元的内容有联系，三单元和四单元的内容也有联系，总结是将零散的知识点整合成思维网络的过程，于是做总结成为我高三备考至关重要的一环。

高二的期末考试，我的化学拿了满分，其他科也都不约而同地发挥了最佳水平，考了年级第二名，当然背后还是付出了努力的。高三，我的化学成绩一直比较好，这离不开柳老师的细心教导。柳老师的化学学案上密密麻麻全是笔记，即便是一道一看选项就知道哪个错了的选择题也要把题目的本源逻辑讲得很明白，并给我们科普一些额外的内容。我的化学节奏就是上课记好笔记，没记上的或者没听懂的找老师同学答疑，晚上回到家整体复习一遍今天的笔记，有不懂的用铅笔圈出来明天问老师同学。

老师们都说高二升高三的暑假至关重要，确实如此。这的确是一个查缺补漏的重要时机，我的物理和化学正是在这个暑假突击上来的，高二升高三的暑假切忌浮躁。我的一大缺点就是喜欢沾沾自喜。那个暑假作业堆积如山，所有科目作业都是厚厚一本，还不包括自主的回顾复习，我却因为考试得利而有些懈怠了，作业虽然在写却是磨磨蹭蹭，认为假期就是用来放松休闲的。7月过去一半多，一问去学校自习的好朋友，好家伙，作业进度都比我快得多得多，而他们大多属于平时并不是很卷的那一类。我一下有了危机意识。可是十几天，甚至20天的懒散又怎能说收心就立刻收心呢？我陷入了最痛苦的自我罪恶式摆烂，学一小会儿就想干点儿别的，干点儿别的时又陷入学不完了的崩溃状态，于是在自我内耗的路上煎熬着。8月初有个阶段性暑期检测，因为前阵子没怎么学，毫无悬念地全面崩盘。记得很清楚，生物线上讲评，我个人认为试卷挺有难度，平均分应该不高，结果一看竟接近80分，而我甚至连年级平均分都没到，老师PPT的第2页是表扬年级90分以上的同学，密密麻麻的名字，甚至有很多平时排名200开外的同学也在其中。那时我意识到了大家为了高三有多拼。好在我的课外班开课了，数理化三科，一科4小时，我本以为会超级痛苦，没想到竟获得一种愉悦感，感觉自己的生活不再内耗，时刻被学习充实着，并且自己的提升是肉眼可见的，开学考30名左右，比较满意。

我的另一个突破在于英语，具体的突破是从高一的110多分到高考的140多分。对于语言类的学科真的不是突击就可以学得到的，之前我对于英语各种考试的应对都是考前一两天猛背书后的单词表以及老师发的厚厚的学案卷子，高二的寒假，我偶然刷到《歌剧魅影》后便一发不可收地爱上了音乐剧，从此走上看英文小说的"不归路"。回头看自己对于高一英语的轻视真是悔不当初。高一的时候我们也有SSR的阅读任务，每隔一段时间做小组的集体presentation，但之前总认为英语阅读浪费时间，是做无用功。然而当我第一次在网页读到用英文机翻成中文的故事后，我感到机翻的效果太差，就一个一个词地查询、翻译，终于啃了下来。我自己读下来的第一本小说至今记忆犹新：*The Timeless Erosion of Fantasy's Dream by Mertens*。英语阅读很神奇，一旦攻克了最难的开始，以后可谓是顺风顺水，我时常也会碰到不会的单词，但根据上下文能推测出来。由于高二、高三对英语的热爱，绝大多数英语考试直接裸考90分以上。英语听力考试我光荣二战，一战49.5分，二战50分，0.5分虽属于不可控的分数，但也不要放弃，高考的四舍五入制度下，0.5 分可能是 1 分，而 1 分对于高考生来讲至关重要。

我曾经对高考感到无限恐惧，对于我来说，高考不仅是一场考试，更是人生中的一次重要转折。成功与否，将直接决定我未来的道路和生活质量。这样的压力，时常让我感到喘不过气来。我害怕失败，害怕看到家人、朋友失望的眼神。我害怕看到自己曾经的努力付诸东流，害怕未来的不确定性。

然而，正是这种恐惧激发了我内心的斗志。我明白，逃避和消沉只会让我更加迷茫和无助。相反，我应该选择直面恐惧，迎接高考这个多数人都要面对的挑战。高三的生活节奏与高一、高二不同，高三基本不再学习新的知识，而是对高一、高二的知识进行成体系的总结和梳理。高三的学案一本接着一本，试卷一张接着一张，但高三似乎没有什么作息上的改变。马校长曾在某个年级会上说过，高三要把睡眠当作崇高的事情，听的时候我不以为然，毕竟熬夜冠军一定是我。可我发现，一天 6 个多小时不到 7 小时的睡眠会让我明明眼睛睁得大大的，却一个字也听不进去，成了无情的抄笔记机器。困吗？不困。想倒头就睡吗？也没有。后来我知道了，这是因为缺少睡眠使得大脑进入混沌状态，身体的能量只能让我勉强维持清醒却不能让我消化知识。后来我开始注意睡眠的时间，听课效率得到极大提高。

高三的线上课与高二的轻松灵活不同，变得格外紧凑，因为无法面对面教学，老师们对于同学们的课堂进度不够了解，经常出现老师板书写得飞快，难题思路极为顺畅地往下讲，我却听得手忙脚乱，连笔记都抄不完的情况。课堂跟不上、笔记补不完、作业写不完，我的至暗时刻莫过于此。都说高三的期末考至关重要，是四中在全区的第一次亮相，而我却考砸了，只考了 70 多名。

没关系，这并不是高考，我还能再补回来。于是高三的寒假，我开始努力学习，这次的动力多来自内心对于高考的重视以及背水一战的冲劲儿。想看手机？那就下载一个专注 App（我用的是番茄），设置一个正计时的待办再开启学霸模式。我在上文提到过，我有一种不服输的鲁莽之气。这种软件之所以使我专注，是因为它的计时功能，一看都学了这么久了不能放弃，也就坚持下来了。再后来我开始不再关注学习的时长，因为它已经比较稳定地维持在11—12个小时了。时长是一方面，效率又是另一方面。肖老师曾给我们举例子，往届学长做过寒假结尾的个人总结调查问卷，发现有人学习时长不长，个人满意度却很高；有人学习时长很长，个人满意度却很低。"与其拖沓地做事，不如高效地完成然后去做其他事。"我是如此认为的。寒假我确实卷，我的同学们也在卷，看着别人的学习小组如火如荼地进行，我也怀疑过自己单枪匹马是否是错误的选择。后来释然了，自己的选择一定是最适合自己的那条路，我不喜欢被条条框框约束着，喜欢有自己的节奏。我高二开始不上晚自习，选择在家学习，疫情期间的自主复习也给了我弯道超车的机会。当然，不参加小组自习不等于拒绝向他人求助。在寒假我常常向我的好朋友寻求各个学科的帮助，他也会不时问我几个问题，一个忙碌又快乐的寒假过去，我的成绩又回来了。

高三下的生活更加简单，刷题，改错，考试，讲题，每天进行四选一的开盲盒行动。现在回想起来我的高三下学期就像一团薄雾，朦朦胧胧的。我想这种记不太清的感觉究其本质是跟随老师的脚步，跟老师走、听老师的话。高三的每次考试都可能有较大的起伏，前50名时常来个大换血，保持不以物喜、不以己悲的平淡心态是稳居高位的法宝，我们班很多常年待在前10的同学给人的感觉就是把排名看得很淡，可惜我还没有修炼到那个地步。

我是我们班物理课代表，但很惭愧的是我的物理成绩并不算优异，并非知识点不会，就是老错，于是我开始归纳总结。我对于物理的错题总结极为看重，因为我觉得老是莫名出错的原因是我没有达到题目"只错一遍"。我开始总结物理的错题，并不限于大考，也包括复习时总忘的点、平时的小测验，甚至是学案综测上的作业。做错题总结要规避的是浪费时间，我一道错题只记一句知识点或者错因分析。若只是为了某一步的计算错误而抄了整道题，这种行为在我看来多少有些自我感动式的形式主义了，要下真功夫，不做虚假努力。我对我的物理成绩更加自信的一个不可或缺的因素在于老师的帮助。我的物理厉老师非常认真负责，平时遇到不会的问题去找他答疑时总是讲解得很细致，演算也毫不马虎，一步一步算不跳步。有时候遇到新题不能第一时间做出解答也会思考后来班里找我帮我解答。在老师和同学们的帮助下，我的物理考试虽不算顶尖，但也有了较大的提升。

毕业季，是告别和新开始的交会点。我们把过去的美好记忆深深地铭记在心，带着感恩和希望，迎接未来的挑战。我们相信，无论面临什么，都能够勇敢地迈出第一步，追寻自己的梦想。我的心中永远会为四中留一席之地，我会怀念四中的玉兰和银杏，想念在四中和同学打雪仗的日子，想念在办公室答疑的日子。当我写下这一个个场景的时候，往事如放电影一般历历在目，六年的青春怎能让我忘掉呢？微风吹过四中的每个角落，我们乘着风飞往不同的远方，但我们都有同一个根，有同一个名号。"勤奋、严谨、民主、开拓"的烫金大字在阳光下闪着光，回头看一眼操场上的那块铜牌，上面写着：

"我在。"

班主任点评

人如其名，锐蕾是一个充满着活力和锐气的小姑娘。班里一直流行"卷王"的说法——也就是会带头卷起来的同学。锐蕾在我眼中是当之无愧的"卷王"之一。

刚进入高三，班里学习热情高涨，氛围浓厚。但我逐渐了解到，大家追求的不是扎实和质量，更多的是数量和速度。于是我在班会上专门谈到了这个问题，探讨高三一轮复习应该如何安排节奏、配合老师、注重落实。锐蕾是最有悟性的孩子之一，她很快悟到了。随后的班会上，锐蕾的发言直击问题核心，"我们都着急赶任务写作业，可是发现写完明天的还有后天的。更重要的是落实和扎实的学习，要及时复习和巩固"。

除了敏捷和悟性，锐蕾也坚持自己的节奏和风格。对于自习，大多数时候她并不需要别人的监督。我记得有一次调查假期是否参加线上自习，锐蕾选择"否"。理由是：电脑放在桌子上时间久了发热，没必要。她有着清醒的目标和自知，难能可贵。这也是我更乐于看到的四中孩子的样子。

高三最后阶段，锐蕾也曾遇到困难。一次大考后，我第一次跟她说起对于自我的坚持。坚定地告诉她，要重新找到自己，放下包袱。那个自己就是最好的自己。道理其实很简单，但彼时彼刻，锐蕾听得很认真。

很高兴在高考中锐蕾保持了高水平发挥，如愿以偿考入自己理想的高校。祝福这个有着鲜活的生命力的小姑娘，一路高歌勇往直前，所得皆所愿！

家长心语

对于孩子的学习，我觉得最有用的事儿就是从小学，在孩子还听话的时候，培养她良好的学习习惯，包括自主学习的能力、高效学习的能力、答疑解惑的能力。一个良好的学习习惯对她整个的学习生涯是受益匪浅的。

关于高中阶段的学习，我认为应该相信学校，相信孩子。能考上四中，说明孩子是有能力、有思想的，作为家长要相信孩子的学习能力，不要总质疑孩子，将自己的学习方式强加给孩子。如果有好的建议或发现孩子的不足之处，提点一下就可以了，不要碎碎念也不要攀比，青春期的孩子管过了说多了反而适得其反。

要相信学校，四中的老师都是经历了一届届高考的非常有经验的名师，孩子跟着学校的安排跟着老师的节奏认真听好学校的每一堂课、做好每一项作业，有不懂不会的地方及时找老师答疑解惑，相信高考一定能考出好成绩。不建议自己找社会途径单独学习，孩子学习时间有限，学了课外的一定会舍弃课内的，得不偿失。

关于选课，一是要考虑未来大学专业的要求；二是要明确孩子的爱好和优势。如果没有特殊的情况，建议听取学校的建议。

关于高三的学习生活，建议家长做一个安静的陪伴者，不要干预学校的教学和孩子的备考，不要带给孩子负面的影响和额外的压力。做好后勤工作，提供安静、轻松的家庭环境，给孩子的压力做减法，让孩子能够心情平静地备考。

关于手机，我觉得在了解孩子使用手机的用途后，可以允许孩子适当使用。像我家孩子，不玩游戏，学习累了，看看小视频，听一段音乐剧是她喜欢的调节紧张情绪、放松的一种方式。而且她有自控力和时间意识，我觉得没有必要管她。但如果沉迷游戏影响学习，还是要严格要求。其实这时候再强制要求已经很难了，孩子看手机玩游戏的坏毛病其实是小时候家长疏于陪伴、疏于管理的后果。

总之，家长要相信孩子，相信学校，放松自己，做一个安静的陪伴者。

尽己所能，不惧未来

尹　涵　高三（12）班

成绩情况：高一、高二年级大体排名第 7，高考成绩 688 分，年级排名第 25。

成绩雷达图：

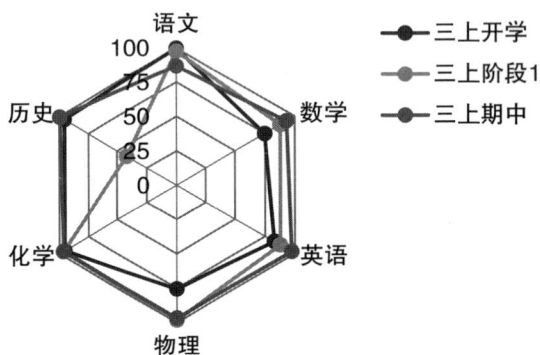

弱势科目：比较分散且多变。

弱点：对自身问题的针对性突破（行动力）较弱，考场非能力问题导致的失分较多。

送给学弟学妹的一句话：相信自己，相信四中，尽己所能，不惧未来，以更充实的自己拥抱更广阔的世界。

最终录取院校：清华大学。

我的经验

1. 我的弱势科目是如何突破的

现在回望高中三年，我的各个科目整体比较均衡又各有起伏，似乎说不出一个稳定的弱势科目。但在突破各个科目的低谷或瓶颈过程中，我认为有几个方面非常重要。

下面我以三个科目为例，分享我与它们的故事，也说说我对弱科突破的看法。

（1）化学——问题解决，瓶颈突破。

严格来说，化学并不能算是我的弱势科目，甚至应该算是我的强项，因为我在日常学习中对于这个科目知识的掌握并没有太大的漏洞，考试成绩往往也可以接受。

我想写它的原因源自高三成绩的无法突破。那时，随着练习的增加、基础的落实，同学们的进步非常明显，陆续出现了不少高分，而我虽然答题速度不断加快，完成卷子后剩余时间比较充裕，分数却始终停留在90出头。每张卷子出的问题各不相同，无法找到集中的知识点或者题型进行突破；大量由于审题、答题等失误引起的失分令我懊恼不已，却始终无法根除。这个情况一直持续到高三下学期。

于是，我开始不断地诊断我的学习方法：通过反思，我意识到高一、高二期间我对化学的学习主要包括课上学习以及课下对于学案一遍遍地复盘和整理，这给了我坚实的知识基础，但计时练习的缺乏让我不熟悉考场答题状态，没有稳定的考试节奏。在与同学们的交流过程中，我发现我对于过去做过的题目的积累不足，过去题目中出现的问题不能被有效地转化为能力，这也降低了我的做题效率。

所以，我进行了一系列改变，拿出时间，专注于先前考试的复盘，把过去套卷中出现的错误和反映的问题一一记录留档，分答题方法和知识点进行积累，在后续着重复习，并随着学校复习的进行将之前的积累进行翻新，尽力保证错误不重犯，把卷子吃透；我同时改变先前做题没有节奏、埋头写题的习惯，做题计时，练习复盘。考试前的状态调整成为我复习的重要一环。

这个改变并不容易，改变之后的道路也非一帆风顺，但在化学叶长军老师的支持下，我坚定了信心。在此过程中，我学会了正视自己的问题，不固守先前习惯而舒服的做法，而是为了解决问题进行有效努力。这成为我进一步成长的开始。

在高考中，我成功收获了这份改变带来的成果，其中最显而易见的就是化学的单科满分。

（2）数学——怀抱信心，踏实为重。

于我，在这三年的学习中，数学学科的学习状况可以说是最跌宕起伏的。高一至高二，我对数学的投入有所不足，成绩常有波动，日常练习中小错频出，数学苗金利老师在一次周末练习卷子上给我写下了"严谨细致"四字。在不断的起伏中，我也在老师的指导下尝试改正自己的问题，虽然有了一些改善，但并不显著。时间来到高二升高三的暑假，当时意识到数学学科漏洞大概方向的我对其进行了回顾整理和练习，期望能在高三的第一次开学考试取得一点突破。而就是这次考试，我考出了两年来的数学最低分，各类错误灾难般集中涌现。

那时可以说是我高中三年数学学习的"至暗时刻"了。现在想来，先前所出现的最大问题就在于并没有对发现的小问题用足够的切实行动进行改变。许多时间里，我在众多想做的事情间徘徊，下决心找题练习却没能坚持落实，行动迟滞，所以成果也甚微。幸而，前两年时间的学习为我打下了基础；幸而，我并没有因此丢掉思考数学的热情；幸而，在老师们的支持和教导下，我逐渐以积极的心态、踏实的努力走上了向上之路。

记得高三第一节课下课，后来成为我导师的纪荣强老师确认了我的名字，又看了看成绩单，我紧张地承认没考好，他却只是轻松地回了一句"看出来了"，让我知道错在哪里就好。我的心里轻松大半，在后来的几节课上，努力从先前的挫折中站起，尽全力去思考，去感受课堂的思维碰撞。渐渐地我发现，我也能提出好的问题，能找到好的方法，能挑战更难的题目。老师会在我灵光一现或取得进步时给我充足的肯定，也会在我出现错误时直率指出，时时提醒我脚踏实地，始终予我以信心。

自此，我不再害怕高三出现的一个个问题，也抛掉了心中无谓的愁绪与担心，题型不熟就练习突破，方法没有体系就回头整理，近期出的小错回看规避，长期缺的能力长期培养，有了不熟的题型多练就是。我越来越多地参与进题目的计算争论、方法的互相交流中，有时为了一道难题边想边改半日。三年来学到的知识和方法渐渐落实，我对于数学产生了更多的热情和勇气，也渐渐找到了更踏实的道路，获得了真切的行动力。

现在想来，这份心态是非常重要的，它让我能够一直怀抱着热忱去面对学习，将发现的问题转化为实在的练习，而非在内耗中身心俱疲。

那次开学考试后，我的数学成绩波动渐渐减小，排名渐渐提升，最终成为比较稳定的优势科目。

（3）语文——但尽所能，无畏风雨。

在这里，我想分享我和考场作文历时三年、直到高考落笔最后一刻的"斗争史"。

从高考成绩来看，我对于这个科目的突破似乎并不成功，因为我的高考语文成绩是我三年来大考的最低分，过往的优势科目成了最终大考的失常科目，但我仍旧认为我的分享是有意义的。直观来看，我的考场作文成绩在这三年间出现了很大的波动，从30分到49分的成绩都曾在我的试卷上交错呈现，这些起落间的经验可以做个借鉴。而结合最终结果，我的经历也可以成为"在迎接充满不确定的最终挑战前要再努力一点"的例证。

其实从初中起，语文一直是我的强项，我也对这个科目充满热情，在四中人文情怀的熏陶下尤甚，这也使我难以接受高一开学后两次大考作文二类中下的成绩。于是我拿着作文敲响了语文老师办公室的门，自此，修改作文成为我提升作文的最主要方法，万珺老师的办公桌前也成为我最常到访的地点之一。在高中的第一学期，我高考作文的框架尚未建立，也不会采用各种提升作文的方法，只凭着对改善作文的执着，在老师的鼓励和指导之下，一遍遍修改作文，一篇可改至四五稿。这段时间的努力给了我非常积极的回馈，高一上学期期末时，我的作文达到了 47 分，比开学时提高了 10 余分。

时间来到高二，学校对于议论文的训练逐渐增多，我的作文提升也到达了瓶颈，在二类上和一类下徘徊，加上学习生活的忙碌，我修改作文的次数有所减少。幸运的是，在这段时间我参与了学校的课后语文固本课程，完成了部分时评的写作和《九三年》的阅读分析，兼之语文课堂上对人文素养的注重与提升，我在不知不觉间获得了不少先前所缺乏的积累和写作思路。此外，我参加了学习小组和班级各类素材的积累和写作练习活动，保持了一定的练习量，这些都为我高三的提升提供了可能。

这一年的学习状况不太乐观，经过线上网课，我的各科都有大大小小的问题出现；作文作为我付出较多的板块，并未出现提升；经过学习，我越发认识到自己的不足——素材积累不系统、问题解决无针对，但一直没有拿出时间有效突破，而同时，同学们的进步却令人赞叹。

支持我走出这段时间的有两方面。第一方面，在高二这段时间里，我从未放弃对作文的希冀与努力。当时的我可能没有做出最及时的改变，没有取得最理想的成果，但努力终究不会白费，它给了我调整前进的可能。第二方面，高三这个时间点推动我做出了改变。在复习过程中的反思下，我越发意识到了先前学校给我们的资料以及语文书本身潜藏的价值，每天开始对先前的资料进行整理回看，要求自己对接触到的、对我有触动的文字进行积累。我调动着自己对于语文的热情，将其投入到一篇篇作文里去，在忙碌的语文办公室里尝试抓住杜蘋老师的一点空闲。终于，我又看到了提升。

当时的我以为找到了提升写作的方法，心里打消了一些不安，对这个我倾注热情的科目怀抱着期冀。但高三下学期的几次大考接连予我打击，到一模前夕的校考，我拿到了一张作文 30 分的成绩单。那天中午，与我同样惊讶的杜老师在与其他老师交流后，耐心地和我分析作文的问题所在。那次的作文是我没有处理好主体间的关系，老师温和的解释让我心服口服，我也提醒自己应当认真分析，理性对待。

　　大考之后，杜老师让我们写下对考试出现问题的分析和相应的解决方法，她也一一给出了评价和建议。我至今还记得，当我接过那张纸，映入眼帘的那句话："坚持，不要丧失信心！"

　　于是我继续从语文组拿来作文纸，去面对我不愿面对的题目，去继续我必须要走的路。

　　两周后的海淀一模作文，我拿到了49分。这是老师的鼓励，亦是我的幸运。那篇作文的主题是"你想成为的人"。坐在考场，三年来语文课堂上我曾学习的那动人的一切仿佛就在眼前，我丢掉了对于考场作文的一切顾虑，写下了那篇不算完善的文章。这篇文章受到的肯定给了我继续怀抱热情向前的鼓励与压力，也让我能更平和地面对接下来的每一次考试。

　　二模之后，我的成绩仍有起伏，但我不再慌张。

　　高考前，我练习先前余下的题目，尽己所能地将作文发挥稳定，用接连的一类分数给自己以积极平和的心态。

　　高考到来。坐在第一个科目的考场上，我当场就意识到作文的排布出了问题，原因既来自我在考场上的分析失误，也来自在我由不擅长的"小切口"切入写作。

　　从高考看，我的突破并不成功，没有获得理想的结果。但在这三年间，我所收获的已然弥足珍贵，我知道了每一分努力、每一个改变的价值，我未能做到的造成了今日的遗憾，我所做到的让我有幸没有与我的理想学校失之交臂。此外，我更收获了知识与情怀，习得了我所缺乏的韧性和"尽志无悔"的心态。

　　这不也是我的突破吗？

2. 我的弱点是如何突破的

　　"弱点如何突破"这个问题很早就在年级里被提出，但对于当时的我，发现这个最大的弱点就花费了不少时间，因为这意味着要从更理性的角度审视自己早已习惯的学习方式。当时的我先后想到了几点，例如长期计划、时间利用等，但现在回望，我的最大弱点应为考场非能力问题导致的失分和对自身问题的针对性突破（行动力）。

　　第一个弱点是显而易见的，在考试各科的失分分析中就可以看出。这类失分的解决方法并不难，一方面，增加计时练习，保证专注度，尽量在日常练习中模拟考试状态，统计每次练习的失分变化以调整状态。另一方面，增加模拟次数，在考试前调整状态，将自己近期常犯错误记录并复习。在克服这个问题的过程中最难的便是落实，因为相较于不计时的刷题，这样的练习会更耗神，精神也会紧张一些，我也曾因为惰性或者赶时间而在练习中不采用计时或不模拟完整考试，按照结果来看，效果会大打折扣。

　　第二个弱点的确定花费了我不少时间。高中三年，我们大多的时间里都觉得自己时间紧张。所以在高中的前半段时间，当我面对一个渐渐冒头的问题时，我都会看看计划表上临近的考试，然后转向我早已熟悉的过程——看看书、看看题，似乎这些都比解决那个有些棘手的问题对于当下的考试更有作用。而当我站在一个时间点，决心要解决自己的一个漏洞时，总会冒出需要大家一起完成的任务，这个并非强制的任务就在我的时间表上渐渐后推，直到消失不见。所以到高三复习时，我看着先前的计划，意识到，我可能已经随着一次次考试把我认为的需要复习的内容看了多遍，诸如化学学案、历史教材，却把几件早就想要做的小事抛之脑后，诸如历史卷子的整理、化学题的计时练习，我的学习并没有真的针对我需要的地方。

　　意识到这点问题后我改变了考前的复习方法，着重于漏洞突破，将略有把握的基础部分的复习时间压缩；结合日常计划，重视问题的发现和解决，定期回顾每段时间解决的问题。用这些方法，在高考之前，我的这两个问题都有了较大的改善。

3. 我的学习方法

　　高中三年来，我似乎没有什么与众不同的学习方法或是立竿见影的妙招。如果一定要说出一套方法，那么我想这样总结我的学习特点：怀抱兴趣，理解为先；计划引路，固本突破。

　　在四中的三年里，我遇到了许多优秀的同学，与他们相比，我很难称自己为勤奋。我不擅长刷题，自己做完的教辅寥寥，当同学们在讨论中熟练地引用题目时，我也没有那么快的反应；我不太擅长背书，对历史这类科目的复习更倾向于读书整理而非具体内容的记诵。

总体来说，我的学习依赖课堂的吸收和对概念、题目考查内容的理解，文科理科都是如此。也因此，我更加意识到理解的重要：我们可以课下在题目中继续摸索，但上课完全吸收理解更加高效；我们可以在千百次练习中将一个公式记住，将一类题目的解法了然于心，但自己把握题目考查内容方向、研究优化解法更加关键。理解和刷题练习、背书记忆并不矛盾，而且可以让学习的效率更高，让我们用更少的时间，达到更好的学习效果。

那么，如何强化自己的理解？

先和我一起看几个问题吧。

当老师引入一个新的概念，你是埋头记录黑板上一板板的笔记，还是紧跟老师的每一句解释、每一个推导，了解黑板上一撇一捺的来龙去脉？当老师讲解已经完成的题目，你是跟着他的思路再走一遍，还是只关注错误的知识、漏写的分析，而将其他的讲解匆匆略过？或者说，在每堂课开始前，你有没有对这堂课的到来怀抱期待，有没有调整好积极的心态，做好全神贯注的准备？在课堂之上，你有没有在理解吸收的过程中发现问题，提炼方法？在每堂课结束后，你有没有回顾课堂的收获，如果有未解决的问题，你是否有继续解决的热情？

这些问题的答案就是我强化理解的方法——热情与专注。与其把每堂课变为一场难熬的鏖战，把每本书变成一个累人的敌人，怀抱着焦虑和疲惫前行，不如对眼前的学习怀抱热情，主动参与到探索当中，那样我们收获的便不止是进步，还有真切的快乐。

在预备铃响起时，调整一下心情，让自己以愉快期待的心情迎接下面的一堂课，明确在课堂上要达到的主要目的。在上课时多多动用大脑，捋顺逻辑，查找问题，把总结出的有价值的点写在书上熟悉的位置。在课下多参与同学间的讨论，也试着拿出时间去研究几道题。通过这样的调整，我们可以为自己创造一个富有能量的学习环境，用每一节课、每一道题、每一次争论和思考充实当下，以向上的行动走过挑战和挫折、疲惫和迷茫。

当然，高中时期的学习不止如此，针对自身特点规划学习非常重要，这也是我在四中获得提升的最大的原因之一。

我不是一个喜欢限制每件任务的具体完成时间点的人，毕竟计划赶不上变化，反而会影响我的专注度。但这也有很大的弊端，因为没有计划和记录，很多长期的工作没办法被很好地规划落实，这在大考复习中尤其明显；因为没有一天内的时间规划，零碎的时间也不能被很好地分配利用，当天计划的完成完全依靠抽象的"抓紧时间"，对自己的效率也没法客观评定。

我后来的规划方法由三部分组成：每隔一段时间，或者在大考之前都会整理一个表格，按照科目列举每科需要攻克的问题或者需要完成的长期任务，以此来梳理、反思近期发现的问题，并作为下一步设计学习计划的依据。之后，我会开始设计每天或者每周任务的清单表格，并不要求具体时间，每三天左右留出一天作为调整日。最后，把自己当日所落实的内容记录在每天的表格区域，同时把当日发现的问题、下一步可以完成的任务或者一些其他的想法随时写下，以便后期参考，也使自己能够把握最近的学习状态。这样，就可以手握复习进度条，更方便地做到对自己的学习生活心里有数，让每一段度过的时间都能成为内心的底气。

对自己产生影响的重要节点和事件

在四中走过的三年里，我认为，我的成长是一个渐进的过程，很多事件共同塑造了现在的我，很难找出几个可以作为转折的节点。但是，我仍旧记得几个瞬间，它们可以作为我的那段时光的代表，展示那段时光里我的心路历程。

2020年盛夏，我被四中录取，面对着陌生而充满魅力的校园，既为自己的幸运而由衷快乐，也对将来在这个优秀集体中的生活感到有些忐忑。我没有突出的竞赛成绩，没有深厚的人文底蕴，也不算了解高中课程，同学们都是那么优秀，我不知道自己能否成为合格的四中人。当时，我迎来了科技特长生的会议，我记不全面老师在会上说的话了，但是我记得他告诉我们，来到这里就已经肯定了我们的优秀，四中会成为我们一生的精神家园。后来，第一次大考前的课间操，我听见老师拿起话筒告诉我们，不论面对任何困难，我们永不会一个人战斗，老师和同学永远在我们身边。正是这样的一群人，让这个校园真正成了我的心安之所，让我有勇气和力量开始下面的征程。

2021年夏天，我登上了游学的火车。凌晨4点，我坐在窗边，看着太阳从草原的边缘缓缓升起，阳光洒在桌面的书上，照亮了我们曾在旅途前读过的文字。同学们也渐渐醒了，椅子边慢慢坐满了读书、写字或是眺望远方的同学。这一刻，我感受到四中的风格包围着我，我们学习、思考，不拘于考试和成绩，身向远方，心怀天下。这种风格也塑造着我，使我去感知人文，热爱知识，追求更高的目标，怀抱不灭的理想与热忱，走向前方。

2022年夏末，即将进入高三的我们去到了延庆。那是一段令人难忘的旅程，我们一起在暴雨中骑行，淋了个透再回来开晚会。我头一回拿起话筒走上了舞台，唱起我们为高三选的歌。我们在世园会的大厅里支起帐篷露营，再在雨后的阳光里登上凤凰岭，欢呼着奔下山，奔向高三的生活。这段有些疯狂的旅程中，每一句歌词都像宣言，每一步攀登都像预告，它正式开启了我们的高三，像是出征的号角，聚集了我们积攒的力量与勇气，赋予了我们一起向前的能量。

剩余的节点零散于我的高三，那是一段充满了勇气与迷茫的时光。我记得2023年元旦时，小组的自习一直持续到新年的钟声敲响。电脑上同学们的身影和几句"新年好""新的一年要开心"给了我更多的安心与坚定。后来回校，在我因成绩而焦虑的时光里，我于评语上见到的"坚持"，在办公室里听到的"相信"，在进步时收到的鼓励和肯定，都是闪耀在这一年的光点，照亮着我的前路，让我逐渐以更平和、更自信的心态走向大考，也走向未来。

在四中的收获以及对四中的评价

三年前，那封有着玉兰花纹路的录取通知书写着这样一句话——"北京四中会成为你一生的精神家园"，今日回望，此言不虚。

我在四中度过了最好的三年青春，学校推动我向更好的未来努力。在这里，我遇到了最好的老师们，在他们那里收获了信心、支持与教诲；也遇到了最好的同学们，在他们那里收获了共同成长的时光。我既见过晚自习通明的灯光，也未错过窗外升起的月亮；既看过书中的群星，也穿过万家的灯火。我听过灯火晚会飞扬的歌声，在艺术楼里摹画过敦煌的壁画，在外挂楼梯背诵过《诗经》和《楚辞》……我感到这里的时光是鲜活的。

这里包容着我成长。我摸索着学习，从试着成为班委，到参加竞赛，到画出第一幅板报、写出第一条新闻，再到承担更多的学校工作，其中有坎坷、有不足，但老师同学们都在支持我前行，让我成为现在的我。

四中教给了我，知识不只为高考服务，还让我更好地看到这个世界、更好地面对未来的人生。我吹过天文台上的风，抬起头眺望宇宙的广阔，向往着人类认知的边界；我走过西北的戈壁，在风沙里回望千年的历史，走近无数远方的人们。我不只学会了解题，更学会了把握本质、严谨细致；我不只学会了写作，更明白了思维辩证、文以载道。

四中更赋予我情怀，让我成为更好的人。它让我怀着温情去看这个社会，看身边的人们，看千百年来、千百里外的人们；它教我用事实说话，为他人考虑，抛下傲慢，脚踏实地；它让我找到理想，为天地立心，为生民立命；它让我成为更好的自己，锤炼铸魂。

在这里，我发掘了自己对于知识的热爱，也传承着这里的人文情怀，我学会了以理性对待世界、怀温情面对人民，我学会了思考、学会了学习。我相信，不论我走多远，我都不会忘记窗前的玉兰、楼边的月亮和那一张张熟悉的面庞，不会忘记这里教给我的一切。

仰望星空，脚踏实地

李 琢 高三（12）班

成绩情况：高考成绩 687 分，年级排名第 28。

成绩雷达图：

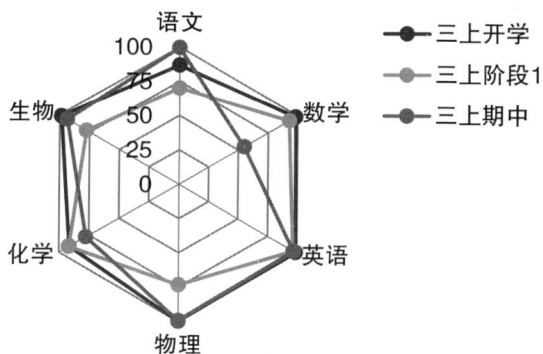

弱势科目：数学、生物。

弱点：考试心态波动大，状态不稳定。

送给学弟学妹的一句话：仰望星空，脚踏实地。

最终录取院校：清华大学。

经验介绍

此时此刻，回顾高中生涯，点点滴滴涌上心间。在四中的三年，留下了太多令我难忘的瞬间，也见到了太多优秀的同学，他们激励着我，也塑造了我。毕业之际，我很荣幸能将自己的经历和心得分享给大家，留下自己作为四中人的一点印记，也是对四中精神的一种传承。

还记得最后一节化学课上，叶老师对我们的殷切嘱托：做一个低姿态的攀登者。三年来，这一嘱托一直激励着我走过起起伏伏。在我看来，"低姿态"代表着永不自满、永不止息，而"攀登"则意味着超越自我。做一个低姿态的攀登者，需要专注于自己当下的不足和未来的可能，努力去实现自我的突破和成长。这让我们更加聚焦于一点，摒除外在的干扰，从点滴的扎实收获中，获得成就感和"续航力"，从而不断超越。下面我将通过一些实例来说明如何做一个"攀登者"。

我先从薄弱学科的学习谈起。弱科是我们学习过程中的"拦路虎"和"硬骨头"，弱科的攻克直接关系到综合成绩的提升。下面，就以我的生物学习经历为例，和大家分享我的弱科的成长过程，希望能对大家有所帮助。

整个高一学年，我的生物成绩大概在百名开外，这使我下定决心在高二实现突破。经历了高二的努力，我的生物成绩逐步提高。在高三前的暑假里，我利用假期作业对高一的知识进行了系统的查缺补漏，并取得了显著成效。整个高三学年，我的生物成绩基本保持稳定，高考赋分取得满分。回顾整个学习历程，有以下几点经验可以和大家分享。

第一，增强信心。三年的学习是一场长跑，查漏补缺的机会有很多。我们所谓的"薄弱"往往是对于某个学科的某些知识内容和模块而言，只要我们做到有的放矢、精准突破，就一定会取得提高。因此，以一两次考试的失利而否定整个学科的学习并不可取。与其焦虑，不如趁早采取行动。

第二，有的放矢。以生物为例，"遗传与进化"模块初次学习难度较大，很多对生物学习感到困难的同学是受到了这部分知识的影响。而遗传学在高考中承担较大的区分作用，是必须拿下的重点内容。做到有的放矢提高弱项，一方面要整体把握时间安排。利用好高一升高二和高二升高三两个暑假，高一暑假趁热打铁做好相关复习工作；高二暑假则要备战高三，需要重新拾起一些重点概念和方法。另一方面要按照知识层次进行细化，确定薄弱环节。比如，"遗传与进化"中包含分子遗传学、遗传规律、变异和育种、进化等模块，下分相应的知识点。利用错题作为"指针"，在分析错因的基础上，精准定位到知识、方法、表达规范等方面，填补漏洞，还要以点带面，随即解决连带知识问题。做好之后，可以在教材或习题册的相应位置画"√"，表明问题解决。"不积跬步，无以至千里"，真正的突破无不是在这样的日积月累中，悄然发生的。

第三，提升层次。学科学习需要从知识点出发，打下坚实的基础，也需要从更高维度去"俯瞰"，厘清主干脉络，把握核心思想，分析命题规律。比如，在初次学习时，生物《稳态与调节》一书的内容主要由大量的知识细节构成。而高三复习时，则更加重视其中的"科学探究"思想，即如何根据现象提出假设，设计和改良实验方案，得出相应的结论。这样的思维过程，在高考的考查中比重很大。高三阶段，我们重点复习了生命观念。运用"进化与适应""稳态与调节""结构与功能"等观念，解释试题中新情景下的生命现象，体现了对于学科核心思想的把握。再比如，物理学往往通过类比和建立模型研究物理现象，并广泛运用守恒思想；数学在解决问题时，经常灵活翻译条件，进行转化与化归，等等。这些思想方法的熟练掌握，需要从题目中体会、到题目中运用，不能纸上谈兵。另外，在复习阶段，可以尝试在一张 A4 纸上，将学科主干知识和其中的逻辑关系通过思维导图等方式精练呈现，这种练习对于学科思维的提升很有帮助。

由于我的选科是物理、化学、生物，以上这些策略可能更加适合于理科的学习。在此也略微提及一些我关于语文和英语学习的想法。

首先，这两个学科注重日常的积累，是一种潜移默化的提升过程。我们积累的范畴从课文到试题材料，再到报刊、书籍、公众号等。值得注意的是，积累不是"死记硬背"，也不是草率的"一遍过"，而是带着思考去读，读懂读透，有所收获。拿课文中的《石钟山记》举例，在完成了基础的字、词、句疏通的工作后，我们可以进一步思考文章带来的启发。无论是苏轼大胆质疑、小心求证的精神，还是他探索发现的勇气，都可以成为我们议论文的写作素材。再比如，学习课文《前赤壁赋》之后，我们链接学习了《后赤壁赋》，先积累了其中的文言字词，然后又比较了两文的异同，经过思考，收获良多。总之，"学而不思则罔"，积累的过程不仅要有广度，也要有深度。

其次，文科学习的过程中，分题型研究的策略依然可以使用。比如，我通过分析几次考试中的错题，将薄弱点确定为文言文阅读中的虚词模块，然后每天积累几个用法，等等。我认为"做透题"比"多做题"重要，语文和英语的学习更是如此。如果一首古诗或者英语阅读的 C、D 篇，在练习和考试过程中没读懂，之后也没明白，那做题的意义就大打折扣。拿语文来说，在阅读中揣摩和分析作者的写作技法、行文思路、思想情感，提高阅读质量和鉴赏水平，甚至化为己用，将对我们的学习大有裨益。

最后，写作功在平时。利用好日常的写作文、改作文的机会，熟悉思路，提升思维，锤炼语句，是提高作文分数的必由之路。此外，假期时间宝贵，要多动笔。语文作文要求同学们对个人与时代有所思考，这就需要大家积极关注时事，提升写作的视野和格局，展现青年人的使命与担当。

以上是我关于学科专项突破的一些思考。请大家记住，"学即是法"，任何学科的提高都离不开时间的投入。初期切莫好高骛远，从基础做起，回归教材，稳扎稳打才是正道。

以学科学习为出发点，我们的"攀登"之旅不止于此。三年的时光里，我们的成长也在于战胜自己的弱点。考试心态对于我来说一直是"老大难"问题。我的同学说，高考考验的是"挫商"，我深以为然。以下是我的一些经历和体会。

三年来大大小小的考试中，难题、逆境不可避免。"你难我难，我不怕难"这一老生常谈启示我们难题不但是挑战也是契机。冷静分析、从容应答，尽己所能就没有遗憾。要把握日常的考试机会，磨炼心态与定力。不断尝试，超越自己，就是进步，就是胜利。

相应地，题目容易、回答顺手时，"你易我易，我不大意"尤为重要。越是觉得题目顺手，越要仔细留心审题、规范等细节，才能最后胜出。

以上分析说明，题目的难或易并非关键，我们如何应对才是最重要的。考试还强调大局观，"考完一科，忘掉一科"，学会专注、纯粹地面对当下的试题，走好当下的每一步，我们才能走得更远。

高考前自主复习的一段时间，我偶尔到家附近的公园散步，在繁忙的学习之余获得一点放松。那时小满刚过，万物蓬勃生长，夏日的傍晚，夕阳下的树林里传来昆虫窸窸窣窣的叫声。当我们长期忙碌在案桌前，沉浸在试卷中的时候，总是忘记自然万物的节律依然运行着。放眼广阔的世界，眼前的琐碎得失显得渺小，胸怀也会变得宽广。多抬眼看看，多出去走走，缓解紧张焦虑的同时，也会多一分内心深处的从容和笃定。

经历了三年的考试，最终走向高考考场，"从容"对我帮助很大。不仅仅是面对考试，在未来的人生路上，我们也需要这样一种心态，"莫听穿林打叶声，何妨吟啸且徐行"。

让我们回到最初的问题，"怎样克服自己的弱点"，我的这些经历和感触也许能带来一些启发。如果有的方面不能让自己满意，那就像面对一个老朋友一样，坦诚地和自己的内心对话：我是怎样想、怎样做的？怎样可以做得更好？必须经历怎样的过程？我又将获得怎样的收获？

我在调整自己的心态时，经常走进大自然中。"当局者迷，旁观者清"，很多时候，从身处的环境中暂时抽身出来，更能统观全局，冷静思考，不会陷入无所适从中。而对于现实有一个清晰的认识，正是我们做出改变的前提。

明确了方向之后，实践的过程便是超越，这是一个循序渐进、痛苦而又快乐的过程。我们的行为习惯、思维方式都具有一定的惯性，想要改变它们一定是困难的。但当我们不断尝试，克服挫折，最终实现自我超越时，定能收获满满的成就感。我常常觉得，平凡生活中的伟大，就在于此。

最后，关于"学习方法"的话题，还有一些小建议留给大家，供大家参考。

高中学习中，自习时间的高效利用至关重要。不同于节奏统一的课堂教学，自习时我们可以有针对性地聚焦于自身弱项，是最关键的提升进步期。自习时，很多同学强调自己"很忙"，单纯用投入时间来衡量付出与进步。殊不知"忙"未必意味着学习有效率，有进步。学会让时间安排"目标导向"，聚焦自己"学会了什么""攻克了哪个弱项"，并以此来检验学习的成效。

高中学习中，尤其是在后期，面对海量的试题资料，大家可能会陷入无所适从中。我们做过的题目有很多，但它们的意义和价值实则并不相同。有必要对其做出筛选，精简内容，把有价值的题目留存、记录下来，甚至多做几遍，加深印象。总而言之，重视每一次练习，但整理的工作是要根据自身，有所侧重的。

高中的学习虽然辛苦，但只要我们不断攀登，超越自我，无限的乐趣亦在其中。过去的三年里，作为2023届众多"攀登者"中的一员，我是普通的，也是幸运的。幸运的是在四中度过了三年宝贵的青春时光，留下了一生难以忘怀的记忆。

家长心语

逝者如斯，如白驹过隙，三年时光弹指间匆匆而过。还清楚地记得当年孩子打开四中录取通知书、首穿蓝白校服的情景，而今天这批2023届的孩子们已经作为毕业生记入了四中的历史，并将奔向各自的前程，让人感慨之余难免又生出几分不舍。

对于2023届毕业生，四中是梦开始的地方，在这里，在各位老师和同学的陪伴下茁壮成长，并留下终生难忘的记忆。难忘的是红色游学中戈壁远途的汗水；难忘的是六边形教室深夜明亮的灯光；难忘的是老师们一遍又一遍不厌其烦地叮嘱；难忘的是校领导考场外一次次加油的击掌……

同学们就要毕业了，毕业不仅代表了一段学习的结束，也代表了一段新学习生涯的开始。作为家长，在孩子即将成为一名大学生之际，回顾孩子在四中的三年高中生活，有几点感触和体会。

首先，能够来到北京四中的孩子都是同龄人中的佼佼者。面对来自各个学校的优秀同学，如何调整心态，化压力为动力至关重要。入学之初，我们便和孩子进行了沟通，希望他能够在保持自信的同时，做好迎接可能出现的各种挑战和困难的准备，包括失败和挫折。孩子也积极地调整心态，从而比较顺利地完成初高中的过渡。可以说经历了四中的三年教育，孩子的抗挫折能力得到了明显提升。希望孩子日后进入大学，也能保持自信平和的心态，稳步前行。

四中是一个团结友爱的大家庭，毕业生们对学弟学妹的关怀令我印象深刻。他们在假期抽出时间进行"学长助学"，引导学弟学妹们了解学校和专业；高考前，他们还精心准备了考前提示，为学弟学妹们助力。优秀的四中毕业生更为孩子们树立了良好的榜样，就在不久前，我看到了2019届四中毕业生曹喆在武大作为优秀毕业生代表的发言，她用自己的实际行动践行了"今日我为四中为荣，明日四中以我为荣"的诺言。希望这届孩子们毕业后，多回四中看看，也能像曾经的学长们一样，为学弟学妹们提供力所能及的关爱和帮助，将四中团结友爱的精神传承下去。

四中是一所重视人文教育的学校，人文素养的培育对于学生未来的人生发展意义重大。自然科学可以使我们更好地认知客观世界，人文思想则可以使我们的人生走向幸福圆满。科技与人文在人的成长过程中好比是鸟的双翼，缺一不可。我还记得孩子和我们讲述红色游学见闻时的兴奋，在戏剧节表演前排练的投入，这些经历带来的潜移默化的人文熏陶，将成为他宝贵的人生财富。

新起点新征程，未来的路还很长，衷心地祝愿四中的每一位毕业生，都能在未来的日子里牢记训诫石上的嘱托，以自食其力为本根，以协同尚义为荣卫，德才兼备，行稳致远。

只争朝夕，不负韶华

方禹琪　高三（14）班

成绩情况：高一、高二年级大体排名第100，高考成绩686分，年级大体排名第30。

成绩雷达图：

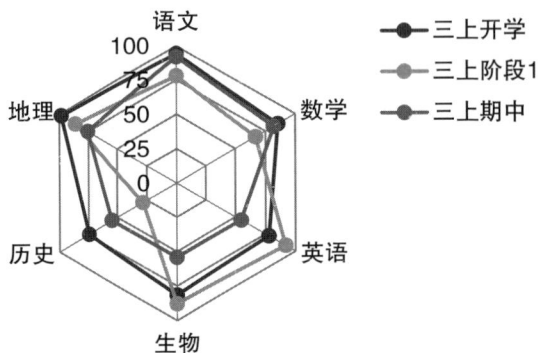

弱势科目：语文、生物。

弱点：心态不稳定。

送给学弟学妹的一句话：只争朝夕。

最终录取院校：北京大学。

我的简介：我是北京四中 2023 届人文班的方禹琪，在班里担任英语课代表。区三好学生。学习之余，曾有幸在母校金帆合唱团度过两年难忘的时光，见证了群星奖的诞生；亦曾担任两届天下明月白的主持，中秋佳节对月抒怀。同时，话剧节、配音大赛……都成为我最珍贵的回忆。学业的铿锵主旋律配上各种活动抑扬顿挫的伴奏，奏响独属于我在四中的圆舞曲。

我的经验

1. 方法总比困难多：语文弱科突破

我常常向别人调侃自己说：我就是人文班的文化洼地。没有一手好字来充当门面，更没有吟咏风月的诗情才气，徒有满腔热爱与惨淡的语文成绩。身边的朋友中不乏语文高手，但一番商讨过后发现，大家的起点不同，难以对症下药，所以找到适合自己语文素养的语文应试提分方法才是关键。

第一学期末，我在古文与古诗上暴露了重大问题，本着量变产生质变的宗旨，我开始狂刷《天利 38 套》。按照先翻译再做题的思路，开始小试牛刀。但是实际操作不尽如人意，在古文上，两个困难接踵而至：一是全文翻译配上我本不够渊博的文言积累，耗时飙升；二是虽然翻译了，但是就像英语初学者那句"每个词我都认识，放在一起说了啥不知道"，没有理解文段。幸而寒假语文答疑，我找到了突破口。在答疑时我发现老师的原文会画出很多斜杠，粗细不一，并带有标注。本着试试看的心理，我也开始学习文段分层，把观点句与论证句分开，把一个观点内不同的例子再分开，抽丝剥茧式的理解，却有奇效。同时，如果不先去看问题，总会遇到做到简答题原文意思遗忘，再去返工的情况，效率低下。所以我又改变了做题顺序，先看问题再读原文，并且惊喜地发现有时问题的题干对于理解原文有奇效。所谓祸不单行，古诗方面更是卡在了起点上：翻译不对。涉及思乡与思人，哪句是回忆，哪句是现在？涉及咏物诗，它的本体究竟是什么？……后来，在开学后的古诗讲评上，我才意识到了翻译诗歌要讲究情节通畅、逻辑合理。举个例子来说，前几句提到 A 地，接着几句景物描写，后面首次提到 B 地，再接几句抒情，那合理的逻辑应为，中间几句景物描写是描写 A 地的，因为 B 地在之后才出现，不可能 A、B 两地来回跳跃。同时，还应该借助题目、注释、作者生平、朝代背景来理解，比如注释里给了诗是作者在途经某地时所作，那么它的内容应指向途经地的种种，而并非目的地。很多时候，应该换个角度来想，我们考试所遇到的诗大部分是经过筛选而来的，诗人的文学水平逻辑能力可见一斑，所以这时候应该带着正常的逻辑去思考翻译的合理性，把诗当成一个故事，把自身带入，才能更好地与讲述者同频、产生共鸣。

大概到了一模的时候，大阅读的审题问题成了新的漏洞。记得很清楚，那道题设问是"答出要'抬头仰望'的原因"，我当时很兴奋，因为这无非就是个内容题，把和"高大""崇高"相关的内容从头到尾抄上就好，可没想到"仰望"带有情感色彩，作者的情感是关键踩分点，一下子 6 分减去 4 分。其实语文扣分就像小刀割肉一样，东 2 分，西 2 分，南 4 分，北 3 分，不断放血，血尽而亡。干着急徒劳，又去找老师答疑，老师只用四个字来形容："做题粗糙。"题目的设问就应当字字珠玑、用心揣摩。同时，不求精准的答题也遭到了无情嘲讽。唯有改变才会涨分，于是我把同类型的做过的题全部拿出来，重新审题、答题，每写一笔都要问自己一句"你确定想全了吗？内容、情感、结构、艺术性、主旨等都答全了吗？确定这个词可以概括精准了吗？"也就是这多一句的扣心自问，成功突破瓶颈。

而最令我头疼的是作文，它也是我最后十几天自习最为重视的一部分。因为不同于前面的简答题，作文题一方面提分空间大，从 37 分到 42 分有 5 分上升空间，相当于两道简答题扣的分数。另一方面，它有一定框架，好稳定分数，并且是稳定总分的关键。大概在 5 月 23 日左右，我去找老师答疑作文，老师指出的"语言表述差，加上字迹不清晰，读不明白"给了我当头一棒，这意味着我连最基本的"把话说明白"都没做到。一番自我打气过后，便是找病灶所在。当我将作文大声朗读后发现，长句子太多，倒装句很多；有些说法过于口语，部分句子句式不整齐；有些表达方式拐弯抹角。但怎么才能写出易理解的句子呢？我开始研究范文，找到他人的表述习惯，进而豁然开朗：首先，以主谓宾的结构书写。其次，多用肯定句少用否定句。最后，少用比喻，并且将之前表意不清的文段改写。终于，守得云开见月明。

犹记得出分那天自己吃惊的样子，那是半年来语文第一次给我带来喜悦。很多时候我们迷茫，不是因为没有努力，而是因为难以善终、深感徒劳，但语文真的让我感受到了"扎根的力量"——开花时最灿烂的爆发。

2.定力的硕果：生物弱科突破

如果问我生物备考留给我最深的回忆是什么，答案是：二模后生物考崩，在天台上和朋友哭诉想要复读的时刻。二模生物考场上，我从选择题开始含糊，接着就是第二道大题一个参数没读懂，卡住了，最后是倒数第三道大题最后一问不知道在说什么，导致所有做题节奏都乱了，特别是考完后看到大家脸上洋溢的笑容，绝望拉满。同时这个状态似乎在一模后成了考试常态。

每次考试不断会有新的问题产生，从基础的看错关键词、没看见信息、断句断错，到高阶的实验模型运用不熟导致考场难以套用、读不懂题目暗示、对图像理解有误……层出不穷。沮丧解决不了问题，而解决问题最基本的就是积累。我把每次考试的每道错题都总结出一些具有普适性的 tips（分为琐碎版和整体版，琐碎版会记一些遗漏的细节，完整版会记实验的模型等），并且把几次大考的所有大题摆在一起找共性问题。同时养成了一种习惯，就是在每次考试发卷后，先把每道大题的题头读一遍（因为那时候最清醒，最容易明白实验的目的，同时避免之后做题着急读得太快落掉关键信息）。

犹记得在高考考场上，在做完前三道大题后，我确定了今年生物考试的难度不大，在喜悦之余，一股戒备感涌上心头：这意味着容错率极低，"求全责备"才能拿到高分，必须提高精准度。于是放慢速度，尽可能每个空都多留点心。大概在距离考试结束还剩 20 分钟的时候，我明显感觉到周围人有的已放下了笔，可我仍警戒着自己，如果不能保证全对就没有停下的底气。于是开始从头筛选自己没有把握拿满的题，反复阅读题干，揣摩出题人意图。虽然老师在考前叮嘱"把时间留给你最有把握的题"，但考场策略的应变更为重要，可以说，也许就是最后 20 分钟的一点倔强与坚持，让我避开了"90 出头赋分 79"的惨状。

坦白来说，我的生物学科素养可能并不如一些比我分数低的人，但对于高考应试来说，也许就胜在了时刻战战兢兢，保有定力方面。屡次的考试失败，填不完的天坑，是那点定力，让我不怕从 0 到 1 的积累；面对浮躁的气氛，飘飘然的心理，是那点定力，让我精益求精、永不言弃。其实，高考不仅是对知识与素养的考查，更是对于意志的淬炼。

3. 稳定心态也许可以这样做

考砸后心态不稳定的确是困扰我三年的问题。我可以从排名第 9 波动到第 20、30、50、70、100。那种本满怀信心结果成绩大失所望的挫败感纠缠着我，使我痛苦。但好在我也寻觅出了调整心态的方法，即时停止内耗。

一方面是理性上的。首先，要学会找到成绩的欺骗性。这个欺骗性大体分为两部分，一部分是计算上的，比如学校的赋分和高考赋分的差异性。举个例子，我在一模时生物学校赋分赋到 30 分，尖端的同学可以赋到 90+，60 分的差距，在高考上是绝对不会出现的，过于低的赋分直接导致我排名下降到 100 名开外。这时候最重要的是不放弃自己，高考一定会大洗牌。另一部分欺骗性是失分中可以被规避掉的部分，比如字写错、判卷老师没看到、涂卡错误、笔误等，这些"低低级"错误不同于低级错误，是可以规避的，把这些失分加上，会发现自己的实力并非一次成绩所能反映。其次，要学会把注意力从成绩转移到错题中。在紧张的备考阶段，一定要考虑所做每件事的性价比。陷于成绩而不自拔，只能在 emo 的状态下畏葸不前，学习效率大打折扣。从错题中找到漏洞，对症施治，不贰过才是模拟考试的真正目的。最后，不管是早已轻车熟路，还是后知后觉，高考是新的起点，因此一切仍未成定局。

另一方面是感性上的。要学会倾诉。在英语的阅表积累里我认为最合理的一句是：Voicing out my problems thus providing a sense of relief（把问题说出来就会变轻松）。

很多时候我们不是没有解决问题的能力，而是没有直面问题的勇气。憋在心里更是一种逃避，而倾诉让问题公之于众，以一种对别人输出的方式去获得勇气，面对问题。我会倾诉给朋友、学姐、老师，即使他们有时只能提供精神上的同情与安慰，我甚至也曾对着灯火通明的街道倾诉。但不妨去试试，真的会有如释重负的轻松感。

4.我的学习方法：搞定"双高"轻松 get 高分数

或许单科的学习方法千变万化，但对于我来说不变的宗旨就是高效、性价比高。

记得升高三的暑假，合唱团正为群星奖而紧锣密鼓地准备，加练定是不会缺席。面对繁重的作业、想要弯道超车的心理，加之周围朋友因为学业繁重而退团，我确有点想要放弃。但我热爱合唱，这又是高中最后的演出机会，我不想留下遗憾，所以我决定赌一把，用开学考的成绩证明爱好是不会耽误学业的。为实现这个目标，我开始了短时高效的学习。而为了提高效率，计划本派上了用场。习惯性地我会每日列一些任务型计划，比如各科的具体任务，并在任务型计划之上给每个任务分配时间，严格遵守。在不排练的日子里将学习时长延长到 13 个小时，每天 5 个科目；排练的日子里晚上挤出 5 个小时，每天 3 个科目。在此节奏下，我不仅完成了学校作业，更有一个多礼拜时间自主复习，并且开学考迎来了开门红。

从上面的实例来看，计划确实是提高效率的不二法门，但计划的制订更需要理性。

（1）强度。

依自己的学习情况以及学习阶段而定。在上半学期一定把老师讲的落实（此阶段的知识考点还处于小白阶段，老师强调的部分一定是重要考点，势必要拿下），之后有余力再安排自己的节奏；勉强跟上时，认清现实跟着节奏走没问题；跟不上的，建议找老师聊，分析时间不够用的原因，以及问老师如何取舍。而到了寒假以及下半学期，要明白查缺补漏才是主旋律，并且每人的缺与漏是个性化的，特别是到最后自习时间，如果发现老师安排的任务完成不了，或者对自己帮助不大，果断取舍，每天固定拿出 2—3 个小时来补一个弱点。

（2）周期。

就个人体验来说，我习惯于列短周期的计划，因为在列长计划时会遇到以下问题：有难度且浪费时间（提前规划好一个月真的很难）；老师教学进度不稳定，并且新问题的暴露会让原有计划难以适用于现在（只能解决旧问题），计划需要推陈出新；完成不了的项目会积累，让计划无法执行，易造成心态崩溃。对于短周期的计划，我会每天早上现列计划，并且先有一个长周期内要解决的所有内容，至于具体是哪一天完成的不做要求，只要在长周期内即可。如果前一天暴露的问题多，那么着力解决新问题，如果没有问题暴露，则解决长周期内列出的代办问题。

而在性价比方面，主要考虑的是我所复习内容的效益多少。比如数学，我从来不会长时间去翻练习册前面的概念，因为能熟悉地应用概念才是做对题的关键，所以做题比背记性价比高。对于老师讲的例题，不应只是抄写老师的板书，而应当抽象出一些普适性方法，以自己懂的方式记住。比如历史，我不会去把那些已烂熟于心的内容翻了又翻，而是找准自己的七寸在哪儿，精准补缺。比如语文，古诗背得滚瓜烂熟不如过一遍文本，把易错字标画一下，把每句的意思翻译一下，以应对理解性默写。很多时候复习也需要理性，需找到考点真正所在、自己的薄弱环节，谋定而后动。

5. 追忆：四中与我

回首三年，四中带给我最大的震撼就是它的民主、包容和温暖。

四中是敢把民主写进校训的学校，年年不会缺席的提案反馈会给予每个同学发声的权利。四中是开放、包容的。在校园漫步，也许就会与"我在"的牌子相遇，也许就会看到一个极富设计感的日晷，也许就会看到烈士纪念碑前立着一束花，这都是已毕业的学长学姐送给母校的礼物。诚然，每一个四中人无论毕业多久、身处何方都是爱着四中的，因为四中是家，是曾教育塑造自己的家，是自己曾为之付出心血、共同缔造着的家。

四中的包容不仅体现在有"卷成绩"这一种选择，更在于其给予了怀有各种兴趣与特长的同学展示自己的机会。我所在的金帆合唱团就是最好的例子。在那里既有声乐特长生，更有怀着对于合唱的兴趣从小白一路成长的业余选手，我们的共同之处在于我们爱音乐，爱不辞辛苦日日夜夜加练，精心打磨一首歌的每一个字，只为在台上那几分站在聚光灯下的成就感。始终记得 2021 年 5 月 23 日，我们奔赴南京紫金合唱节的傍晚，老师那一曲《莫斯科郊外的晚上》，以及大家在演出完就着楼道的混响齐唱《我和我的祖国》的情景。四中的生活告诉我，归属感不只出现在高考备考共同冲刺阶段，更在一群意趣相投的人共同完成一项成就的那一刻。

记得毕业典礼上，我作为演出人员在台上与同学们齐唱《凤凰花开的路口》，在伤感的氛围里，我回想着高三一年的过往，发现脑海中只循环播放着我的英语老师陈姝在安慰忧郁的我的画面。她说：不要把注意力放在未做的事情上、还有多少漏洞，多去想你已经完成的东西、已经补上的漏洞。要相信自己，你真的没问题。时隔两个月，我依旧能在这话语中感到绵绵暖意。陈姝老师就是我在四中的暖炉，高二时嗓子发炎她送予的龙角散就是"治嗓稻草"；高三早晨答疑时她奖励的小蛋糕就是新一天的活力源；高考考前紧张，她发动亲属团，发来"小奶音"祝福语音；高考考完英语感觉作文跑题，更是千方百计晓我以理抚平我的焦虑……感动太多、情谊太浓往往不知如何表达，因为词不达意，一切尽在不言中。

感恩这样的四中，让我从一个懵懂无知、莽撞冲动的小孩，成长为一个有主见、更加从容的自己。它重塑再造着我，长久鼓舞着我，让一个即将踏进燕园、步入社会的我有了万分庆幸与底气。四中，我爱你！

家长心语

三年，一千多个日日夜夜，我的女儿终于迎来了绽放光芒的时刻，她如愿以偿地考上了自己心仪的大学——北京大学。作为一名再普通不过的家长，孩子的成长我究竟付出了什么呢？我觉得我付出了最好的爱——陪伴。

陪伴需要长情。回想孩子的成长过程，我从未缺席。从幼儿园时学习画画到小学时学习琵琶、英语，每个周末我都会陪着孩子去学习，从来没有任何怨言；相反，孩子一点一滴的成长进步都会令我感到格外自豪。暑期带孩子去旅游、研学，我们感受了壶口瀑布的壮观、兵马俑的震撼，爬上了难以登临的泰山和华山，到青海湖边散步，去天池看雪山，敦煌莫高窟让我们共同迷恋，月牙泉让我们流连忘返。上海的迪士尼、浙江的鲁迅故里、山西的晋祠，每去一个地方我们都会记录下美好的瞬间，完成一次旅行日记，留下美好的纪念。回顾孩子的成长，我觉得自己付出最多的是时间，因为自己是老师，有着寒暑假的便利条件。

陪伴需要用心。高中三年，孩子住校，我和她的交流似乎变少了，只能利用接送和吃饭时间说上几句，我知道，孩子学习压力大，我没法帮忙，只能不添麻烦，少去打扰。2022 年是最具挑战的一年，居家学习对我们来说是一次考验。我也要居家线上给孩子上课，而且我带的初三，压力很大，由于两个卧室之间不隔音，我就把笔记本搬到厨房，给孩子创造更安静的学习空间。除了上课，我开始研究菜谱，盘龙饼、咖喱饭、千丝万缕虾、糯米珍珠丸、牛乳囊、煲仔饭，大江南北各种菜系都尝试了，就是想着孩子需要补充营养，吃好饭，心情好，学习效率会提升一大半。我把做得成功的菜拍照上传到豆果美食，留作纪念。用心的陪伴很重要，孩子把我做的一切记在心间，用优异的成绩作为回报。

陪伴需要共同成长。孩子在高三，我在初三，她面临高考考验，我面临中考检验。我们都有压力，所以我更理解孩子，从来不向她提更多的要求，只要付出了、努力了就问心无愧。我相信自己的女儿，天道酬勤，一定会有收获。我从没跟孩子说过必须上怎样的大学、考怎样的分数、年级排怎样的名次，我觉得家长的想法固然重要，但孩子的想法更重要，我不可能陪伴她一辈子，更长的时间需要她自己规划人生，我做好自己的工作，就是对孩子最好的榜样引领，和孩子一起成长真的很重要。因此，这一年我每天早出晚归，努力工作，我觉得和孩子就是战友，一起面临压力，一起接受考验。送完孩子高考，我马上投入中考，从送考到阅卷一次没有缺席，我也告诉我的学生，人生会面临很多次考试，老师会成为你们中考最坚强的后盾，我带的这届学生中考语文取得优异的成绩。我觉得自己获得双丰收，为和孩子共同成长而感到骄傲。

陪伴，是最好的教育。如何让我们的陪伴有质量，尤为重要。作为一名孩子即将走入大学的家长，我的陪伴之路还将继续，虽然孩子终归要扬帆远航，但我还是想做她避风休憩的港湾，用温暖的爱滋养她，静待花开。

向内求索，向外生长

崔鲁玥　高三（12）班

成绩情况：高一大概排在年级第 10 名；高二成绩退步，起伏很大，在年级第 20—80 名浮动；高三成绩回升，高考成绩 698 分，排名年级第 9。

成绩雷达图：

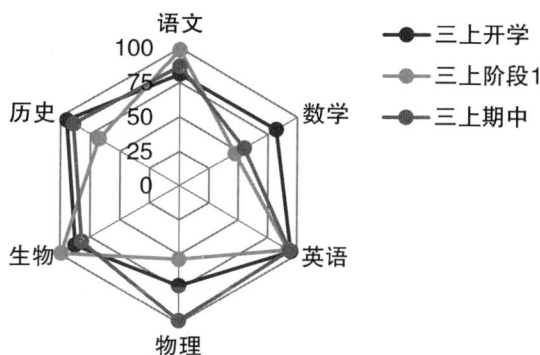

弱势科目：数学和语文；在校内赋分时历史相对较弱。

弱点：心态不平和，容易和同学暗暗较劲，影响自己的节奏。也会抵制不住娱乐的诱惑，浪费时间。

送给学弟学妹的一句话：勿忘自问个性化需求；专注于知识的获取。

最终录取院校：北大光华。

我的经验

1. 弱势科目突破

（1）数学。

我的数学一直不算好，在高二尤其差，甚至到了简单题因粗心做不对，难题又没思路做不出的境地。冲出窘境，第一项任务便是要练就选填全对的本领（或者只在填空最后一问扣 2 分）。我买了真题与模拟试卷，有一两个月每天做选填，平常根据学校复习进度做专项练习，周末做 15 道成套的试题，强迫自己放慢速度、按部就班写草稿，先养成保正确率的习惯。做完后自判，错题一定要总结到本子上，并写明错因和该题反映的易错点。这个本子我每周翻看两三次，对自己的弱点、惯性的了解很快加深了。集中练习后，我的选填从扣将近 20 分到能全对或只错一题，正确率上来了，我的做题速度开始渐渐加快。练习中，我对考点逐渐清晰，计算更熟练准确，还积累了选填适用的技巧，到了备考后期，选填控制在 20—30 分钟内完成，让整卷作答较为从容。

第二项任务是突破难题，对我来讲主要是导数，也包括一些对几何转化要求较高的解析。我首先把手头的题目——包括学校发的每日一练、学校的教案、西城区的总指和总测——按考试标准写完第一遍，在这期间同时研究总指每道例题的特点与解法，并总结到本子上，回过头找和例题相似的练习题，仿照例题作答，在重复练习中建立自己解题的章法。题目做完一遍，又把错题、第一遍做得不顺不好的题做第二遍甚至第三遍，边做边写每一步的目的，写完后重审整道题的解答框架，和同学老师探讨，进行优化。

我深切体会到了答题思路框架的重要，平日里写题清晰简洁省力气，考试时聚焦思路节省时间，而在高考考场上，由于紧张或是题目的确有难度，我的导数和解析都没能算到底，有的式子完全是在打马虎眼，但我并没泄气，因为我知道自己推进了绝大多数必要步骤，只差最后一两步，所以离考试结束还剩 20 分钟时，我不再与它们纠缠，而能安心地去做创新题第一问和检查简单题。高考数学我考了 138 分，于我而言无悔了。

当然，这些进步不是单凭我自身努力获得的。我身边有两个关系亲近且数学略强于我的好友，我们没少一起探讨分享做题技巧和注意事项。数学程国红老师也帮了大忙，她在我接连考砸的时候仍一直对我有信心，鼓励我、安慰我，帮我分析卷子、找额外的练习题，带领我走出低谷。她的答疑预约表满满的，我们都爱去她办公室坐坐聊聊，感受一下她所说的"数学办公室的魔力"。

数学依然是我的弱势科目，做题时依旧会犹豫慌乱，理解时依旧需要一步步磨，我确实不太喜欢它、不擅长它。不过，我可以说，自己大概突破了这个弱势学科，不是说我在学习数学的道路上柳暗花明了，而是在迷雾与坎坷间走下了能走的每一步。

（2）语文。

高一、高二的语文学习与高三差异很大，适应起来有点痛苦。虽然在备考时犯了懒，最终没能突破作文部分，但除此之外的题目都有进步。

语文考试的每个题型都有对应的技巧，对照标准答案总结练习后，至少不会手足无措，总能写点儿什么，但是最初的难点在于精准全面地识别题目要求，题干本身常常有隐藏任务，如果覆盖不上，丢分会很惨重。老师的教学顺序是先按题型走，多文本、古文、古诗……这样一路推进，每个题型安排一两周。我在高中头两年没有自主对标高考进行练习，所以高三一轮复习时挺挫败，但抱怨是没用的，只得化郁闷为动力，买了试题，跟着学校的进度自行额外练习。初期练习时，我选择避开几个大区（尤其是海淀和西城）近两年的考题，这些高质量题目不可浪费，要暂时留存。练习做完会自判，然后写总结。总结时先抄题干（不是文本），圈画关键词并标明对应的作答要求，再处理参考答案。答案内容分成两方面学习，一个是针对本题文本的处理，另一个是可以抽离的作答模版。老师的讲解与自己的体会相互对照，让我有效地找到往往被自己忽视的要点，逐渐建立起自己会用的答题模版。

个人的体会是，语文的题型不要划分太细，或者说不要按表象划分，而是按作答任务划分，再分别练习两点：一是识别作答任务；二是针对作答任务有效答题。

至于作文，我体会不深。有想法时，自然就写好了，说不出是按什么逻辑或设计行文，只是把自己的思索表述清楚；遇到不对味的题目，我时至高考也做不到按套路构造一篇说得过去的考场文。或许，日常多积累些、多思考些，也是可以的，但更经济实惠的做法大概是练就迅速完成考场文的能力。这部分内容，想必另有高人可以指点。

（3）历史。

事实上，历史不该算我的弱势科目，因为我喜欢历史，学得也顺畅。但身边选历史的同学大多真的很擅长历史，所以单科的排名和赋分起起伏伏，很难冲到前列，加上我越喜欢历史，越觉得自己学得不够，所以主观上把它算成"弱势科目"来认真攻克。回报很好，能和班里选历史的同学愉快交流，能在语文作文无话可说时搬出史料，最后考了个100分。

我不好判定历史是不是个需要刷题的学科，但我确定不记背史实不思索只刷题是没用的。题目的答案按点给分，但历史的事件都要放在时间线上、逻辑网里理解。一轮复习时，我给通史每单元做较详细的知识梳理，主要把知识点的时序排好。这个基本任务完成后，加上做了一些真题，我开始以历史大事（如新航路开辟、工业革命）为中心整理前后事件与它的关联，又参照选必课本把重要专题梳理。于是在高三上学期，我拥有了三份属于自己的精简版复习资料——知识点的时序排列、历史大事的因果逻辑、重要专题的发展变化。第一份重在制作过程，第二、第三份在高三下学期对我帮助不小，多次回看。而在课堂上，老师很注重时代划分和时代特征的分辨，他们带领我们把一段时间里的政治、经济、文化各方面内容串联起来，找出共同的、上位的特征，这不仅让背书更容易，也大大加深了我们对史实的理解，并对社会现象的纷繁复杂有了更多感受。

史实像小珠子，我们一次次用多样而合理的方式把它们串起来。或者说，社会的发展是一张太过错综复杂的网，节点之间仿佛联系太多又仿佛毫不相干，所以我们一次次挑出主干的、显眼的线分别描摹领悟，描摹的条数、次数多了，对节点和网的感知也就深了。结合备考来说，就是先背好史实，再不断拓展理解史实间关系的角度。

在备考的技巧上，我非常庆幸自己按老师的要求准备了错题本并及时总结，备考后期分题型进行的总结尤其有效。高考作答要求答案各部分齐全、形式合规，比史实罗列全不全更重要。我时常翻看，知道自己哪些题型作答容易不规范，就可以专门找题来练，亦可以总结出没有思路时尽量多拿分的方法。

备考历史，从来不会觉得自己准备好了，就连背史实也总有覆盖不到的角落。我在高三一直尽量享受这种无止境的准备，每次背书时允许自己开个脑洞，由一个史实出发顺便回顾相关内容，每次做练习题也会在答完后自判前再分析一遍，找找考点，体会一下出题的层次。我很佩服能连续背书几个小时的人和一本本刷题的人，他们的史实掌握和知识渊博程度远超于我，考试时想必比我自信得多，但我无法也不愿逼自己亦步亦趋，那是旁人有效的准备方法，对我来讲则痛苦超过收获，我看一会儿书做一会儿题必须停下来思索一阵，让知识碰撞出疑问和总结，我便快乐，便收获成长。

2. 弱点突破

攀比心一直都在，我只能正视它。我平常以自己调整为主，心理暗示通常就够了，告诉自己个人成长是最重要的，不能总是眼冒绿光地盯着旁人；情绪高涨了，就找一项自己喜欢又连续性长的任务（比如写历史大题或改作文），投入到学业里，情绪就退居后台自行消弭；实在学不下去了，我会列好学习计划，留出空闲，到操场或校园里闷头快走，帮助自己放空。有时我也会向身边最亲近的朋友袒露自己的嫉妒和焦虑——当然是在对方有空闲的前提下——我们放松地聊，分享各自不太光彩的感受和经历，也在必要时劝诫对方，一起调整。

我关注的"竞争对手"是很优秀的同学，在学业上我们彼此欣赏，也想向对方学习。现在回想来，我们相互答疑、讨论的次数不算少，心里不想弱于对方，讨论学习内容时其实礼貌而投入。几年的相处，尤其到了杂思渐少投身备考的高三，我那种恶性的攀比心理已经淡了许多，与"对手"的比拼心理变成了发奋努力的助推器。

还有一点，就是把眼光放广。我曾不敢欣赏自己的优点，觉得自己的优势不如旁人。这无法量化比较，也没必要比较，不如欣赏自己，带着好心态完成每天的任务。

各人有各人的症结，各人有各人的药方。我的法子权当参考和启发。

3. 学习方法

每科有不同的、更实际具体的方法，我在这里想写一些自己喜欢的通用技巧。

（1）上课时在课本或讲义旁速记对自己有启发的内容，不单纯抄板书。下课后结合课本、记录和记忆重新整理笔记。

（2）用好错题本，整理内容包括对题目本身的处理、对知识点的补充、对题型的提炼，在旁侧留一栏写索引（这样整理省时间省心思，想找某类错题时也不费劲）。

（3）充分运用习题答案，向它学习。有时焦虑了或累了，我会翻出旧题的参考答案认真读，让自己熟悉标准答题语言，且边读边想这部分答案是呼应哪段材料、哪类设问。这种反向的学习也是不错的补充。

（4）相信老师，成体系地学，让自己的思路连贯。在有弱点或有拓展需求时再自己额外找资源。

（5）提前规划。每星期（或自己适应的学习周期）开始前大致知道需要完成哪些任务，每晚核查当日任务完成情况并列出第二天的计划，精确到半小时。计划完不成是正常的，但至少心里有数且有动力。

4. 重要节点

（1）游学。

曾有同学这样描述：仿佛 2020 年和 2022 年是连在一起的，那个有游学有舞会有灯火的 2021 年像是一个梦。

我们这级在疫情乍至时度过初三和中考，并体验了最短的暑假。初入高中时，我惶恐紧张，不知道周围环绕着多少各种意义上的大神，也不知以什么姿态可以最自然地展现自己并与大家拉近关系。在高一，我一直有点疏离感，与同学和学校相处，总隔着礼貌的距离。

好在我们有了那次游学！这是四中足够惊艳的亮相。

首先是年级组老师对我们的关照让我感动，他们在多方压力下仍决定带我们游学以拓展眼界、丰富高中经历使我激动。

然后是同学们的自主性和行动力让我敬佩：游学的活动手册由学生统筹，封面封底的设计绘制、活动期间任务分工的安排、游学地点介绍的撰写、名胜古迹相关文章和诗词收集，等等，绝大多数事项是各班班委带领同学们完成的；游学期间各个任务组尽职又高效，行李组的男生们每次守在大巴旁装卸行李箱、扫尾组每次换酒店和上下车都提醒大家检查随身物品、导游组和导读组对手册上的相关内容进行更多讲解、摄影组扛着设备留下太多珍贵影像（对各种视频的制作贡献极大）、采访组和文编组每天忙忙碌碌推出公众号文章、策划组默默呈现了丰富多样且有条理的活动。

在游学路上，同学们的情谊大大加深，我真正融入了这个温暖的班级，烈日下徒步时我们彼此扶持，西北蓝天下的车厢里我们敞开心扉畅谈，看过洞窟、沙漠、关隘、雪山这样壮阔深沉的景致后我们真情地写下文字相互阅读。我是班里一个小行动组的组长，"不得不"与尚不熟悉的同学迅速熟悉，"不得不"调动一些领导力，这让我置身于同学之间时自在了许多。

游学离期末考试并不远，我们全情投入于游学，但在火车上尽是写字翻书声。游学结束后大家更是加快速度投入复习中，玩得痛快、学得专注，这是四中的样子。

一趟西北之行，让我体会到了四中氛围，也融入了班级和学校。这种归属感，为我日后的学习生活赋予最基本的力量。

（2）高二第一学期期中考。

高二对我来说是一个转折。我在高一的成绩还不错，所有学科比较均衡，因而在没什么突出优势且语数都较弱时总分还算高。但是到了高二，逐渐进入选科比拼的阶段，我的劣势骤然显现。而且，我高一下学期到高二上学期遇到了那件学生们或该避免但青年人难以逃脱的事——动感情。学业优势本来就在消退，又花了精力纠结于感情，我的成绩大幅下降。开学考、月考时我还一次次告诉自己这就是我的绝地反击了，直到期中考大失利，才意识到自己的学习真的出现了问题，而且这个状况是学科弱势的痼疾和长时间精力不集中的后果，不是一下子就能触底反弹的。

那次考试的失利让我直面自己的弱点，踏实下来弥补漏洞，并做好准备接受自己的低排名，把心思花在学知识上。我的低排名持续了整整半学期，高二上学期的期末回升了一次，让我重拾信心；成绩到高二下学期继续波动，但好歹也有冲回前列的时候；高三上学期也考砸过，但我的心态好多了，对自己的学习状况也更有数；高三下学期终于趋于稳定，虽然再难复刻高一的高排名，但也能跻身优秀生的行列。

期中考试的失利是当头棒喝，让我学会了低姿态，学会了耐心平和，接纳自己，开始漫长的爬坡。

（3）高三第一次周末自习。

自律也能带来专注的周末学习，但自律这件事很花精力。在学校，一切便简单许多，铃声从工作日响到周末，又响到下一个周一，周围的同学都埋头学着，区别无非是五天在教室，两天在图书馆。周末自习，让我的从众性、好胜心遇见浓厚的学习氛围，从而收获很好的学习效率；周末自习，维持周中学习的节奏，不走出学习状态，也就免去了挣扎着由娱乐转向学习的痛苦。

我其实不太喜欢和很多人待在一起，而更乐意有一个小空间独处，所以高一、高二从未上过晚自习。在校自习对我而言很是陌生，在高三下定决心尝试，也帮我进一步明确了"进入高三"这个事实，生活节奏因此而改变，学习状态也自然地改变。

由于校园空间有限，周末自习向来是学校为高三年级留存的专利，其他年级求而不得。当我在周末的早晨亮出校园卡，问候过映着阳光的训诫石，穿过槐树水杉的绿荫，看过柿子树、杏树的新动态，横跨连廊，踏上图书馆的台阶，回头看看空旷的操场和静寂的教学楼，能享有入校资格的满足感便将埋头学习的疲倦、焦虑遮掩了。学校对直面高考压力的毕业年级很关照，这份关照在方方面面显现着，于是，当我对自己、对高三日子、对考试产生失落与怀疑时，一个俗套但真实的想法支撑着我重整旗鼓——不愿辜负学校。

我其实一直不喜欢把个人的高考和群体的荣誉紧紧联系，高三前，我对这种意义、联系本身就抵触；高三后，我仍不喜欢听它们被一次次讲述，但我心底知道，它们是真实存在的。

5.关于四中

我在四中结识了精神契合的伙伴，遇到了个人魅力极强、像好朋友一样的老师，他们又一起塑造着、延续着四中的风格。

我在四中完成了为人处世能力的又一次提升，拓展了与同伴相处的方式，也更多方位地认识了自己。

在四中，我头一次在下课后忍不住鼓掌。老师对知识讲解的设计、教材之外的补充、有力地贯穿整节课的逻辑都让我激动，40分钟的课节饱满珍贵。老师们的惊艳之处不单单在于他们所知的广博内容，更在于他们成熟有高度的思维方式。我不仅收到了满筐的"鱼"，还收到了意义更长久的"渔"。

四中赋予了我们许多自由。说句题外话，这些自由常是四中被抨击讽刺的点，我曾想冲入网络舌战为四中正名，但我想，一些发表情绪化言论的人不关注也不期待回应，而真正对四中好奇、有疑问的人可以从四中本身的表现和官方信息里找到答案，四中的人们与其融于舌战的混乱，不如努力提供更多更全面的信息，展示真实的四中。

说回四中赋予我们自由。有自由，就意味着接受选择带来的结果。在学习生活上，我可以早早放学后（16：15下最后一节课，18点左右下B类课，一般21：10走读生下晚自习，高三可至22点，住宿生好像到23点多）就玩儿，那么成绩一定会差；我也可以去找老师一对一答疑、和同学探讨、自己拓宽阅读量、和题目奋战到半夜，选择自己的辛苦程度，收获相符的成果。这样的自由让我一方面对自己更负责，一方面"被迫"培养起自学、自己寻找资源的能力。在校园里，学生会努力践行民主，我们可以对校园活动提出提案，各项活动以学生筹划为主，我们有展现自己的平台……我真的"在"四中，四中重视我们的存在。年级里有各科顶尖的"六边形战士"，有学科竞赛大神，有艺术、体育特长人才，有能干的社团团长们和学生会干事们，学习的确是基本主业，但在保障学习的基础上，我们有贴近自己倾心的道路的自由。

在综合楼外壁上，确实有"民主"二字闪闪发光，校园里也确实飘荡着自由之风，但我也不会忘记，校训头一个词是"勤奋"，然后是"严谨"，继而是"民主"和"开拓"。我不知道如何形象地描写一上午安静的自习，或是形容下课后同学们冲向老师身边围成圈或排起队提问，或是勾勒中午办公室里、走廊里、教室外答疑的师生，但我知道，我在四中时刻感受着学习的激情，这让我对自己的要求更高，对学习这件事的认同也不断加强。

我的灵魂在四中找到了契合的位置和许许多多和而不同的灵魂。

家长心语

高中的三年学习生活，肯定是紧张辛苦的，不过四中在课业学习之余，还给孩子们安排了众多丰富多彩的课外活动，让他们有所调节和释放。即使是课堂教学，各科老师也都凭借自己精湛的专业知识、高超的教学技巧和各具特色的教学风格，让课堂变得生动有趣，充满吸引力。三年里，学习无疑是生活的中心和重心，学习成绩受到各种因素的影响，我感觉其中影响最大的是心理问题，而影响心理的因素里面情感问题又占很大比重。

1.关于心理：持续陪伴，经常交流

（1）"经常紧张，时常焦虑，偶尔崩溃"。

玥玥中考的成绩很理想，高一入校的时候，分到了物理竞赛班。这应该是一个年级里最好的班级之一了，班里的同学都特别优秀，用通俗的话说就是满眼都是"牛娃"。

玥玥在初中时并没有打过竞赛，没有学过竞赛的内容。记得中考考完那个暑假、正式开学前夕，物理老师就开始带着他们上课了。竞赛班有自己的节奏，物理李老师讲课简洁高效、节奏明快，很多东西玥玥在课堂上都消化不了，需要课后自己恶补。而班里有些同学学起来却是游刃有余、轻松自如，能够在课堂上和老师互动讨论，甚至指出老师的疏忽和错漏。

所以在入学不久玥玥心里就背负了很大压力，领教了班级里"牛娃"的厉害，感受到了浓浓的竞争气氛，再加上玥玥属于"社恐体质"，要适应新的校园、老师、同学，于是心中"经常紧张，时常焦虑，偶尔崩溃"，这也成了玥玥高中三年心理的一个常态。

确实，高中三年的学习生活是非常紧张的，玥玥这三年看到中考如何如何、初中学习如何如何的新闻和帖子时，就会经常以一种"过来人"的口吻"装大"地调侃：这些初中的孩子啊，赶紧享受初中的生活吧，现在觉得中考苦，到了高中你们就会知道，高一可比复习中考累多了。

所以从高一开始，四中的学习就抓得非常紧。也是得益于玥玥进了物理竞赛班，除了日常的学习任务之外，她们还有额外的竞赛课程。

在物竞班里，玥玥感受到了智商的碾压、竞争的刺激、同学的优秀、老师的睿智，也对自己的能力上限较早地有了认知，明白自己虽有一些天资、有一点聪明，但并不是天赋异禀型选手，或许这也促使她定下了"勤能补拙"的战略方针，三年里始终能够勤奋努力地学习。另外，物竞班的学习也让玥玥能够较早地决定不与物理竞赛较劲，这对她放平心态、疏导心理应该也有一定作用。

因此，玥玥在高考总结后，对于竞赛班是建议学弟学妹"能进尽进"，她是十分喜欢也十分感谢物竞班的学习氛围的。当然，也并不是所有同学都适合竞赛班，而且普通班、科技班的同学也一样优秀，我们今年的高考状元就是科技班的学生。所以进不进竞赛班也是因人而异，从玥玥的成长角度讲，进了竞赛班对她还是很有益处的。

另外，四中的学习安排虽然紧凑紧张，但还是给学生安排了丰富多彩的文体、实践活动，比如舞会、运动会、各种球类比赛、歌唱、舞蹈、朗诵比赛、各种社团活动、春游秋游、中秋晚会、元旦联欢、外出游学等。对于这些活动，玥玥由于社恐又担心耽误学习时间，有一些是否参加她是犹豫的，不过经过我们的劝说和鼓励，她基本都参加了。从经验来讲，这些活动应去尽去，对于增进师生友谊、帮助孩子融入班级生活、调节缓解心理大有裨益。

对于学校里的活动应不应该参加、怎么安排自己高中三年的学习生活，高考后一位同学的帖子或许给出了回答。他发布了"假想自己今年参加中考，考入四中后会怎样度过高中三年"的怀旧总结帖，这个帖子引起了一众同学的共鸣和众多老师学生的集体穿越。同学们纷纷在帖下留言，写出自己如果穿越回三年前会怎样安排高中生活，很多老师也参与进来，师生之间有很多有趣又让人感动的留言互动。很多同学的留言实际上是对自己三年高中生活中经验，更多的是遗憾和教训的高度提炼，或许会给学弟学妹们一些提醒和建议，让孩子们躲过一些弯路，避免一些遗憾。

（2）适当紧张、偶尔焦虑，不一定是坏事。

我感觉心理问题是高中三年最重要的问题。影响心理的因素有很多，班级的氛围、班务工作的承担、同学的关系、老师的态度、学习的状态、成绩的好坏、各种活动的举办和参与，以及这个阶段家长不想碰到但是这个年龄却又无可回避的孩子的情感问题。

玥玥属于心思细密、比较敏感的类型，十分在意身边人对她的态度。她曾经多次和我们说心里焦虑的原因，是担心如果学习不好，她的朋友就认为她不好，不是好人，就不再把她当朋友了。另外，她还会有一些大人看起来很没必要的担心，比如高考考不好上不了好大学，以后找不到工作养活不了自己怎么办？这个社会真的会给学习不好、考得不好的人提供工作机会吗？高考考不好会不会死啊？（这个问题实际上是另外一位家长说的他家孩子的疑虑，但是我说给玥玥听时，她没有一丝觉得好笑，而是一脸郑重，深表认同。）她代入感比较强，经常把各种会议上学校领导、老师对个别调皮不认真的同学的批评，代入为批评自己，给自己平添了很多压力，一度让她十分焦虑。不过回头来看，这些压力还是很好地转为了动力。当然带来压力最大的还是学习成绩。高中三年的考试很多，6个学期的期中期末，以及一月一次的月考。随着考试成绩的起伏，几乎每次考试前玥玥都会心情烦躁、莫名暴躁。记得在一模、二模考试时，第一门考试是语文，这是玥玥的弱项，尤其是作文，玥玥甚为困扰，结果这两次语文考试结束后她感觉都不好，就在晚饭的时候失声大哭。这曾经让我们一度很担心，这个状态后面的科目可怎么考？没想到她自我调整的能力还挺强，两次模考成绩都还不错。也许是这两次模考前，学校组织的大大小小几十次的考试，已经历练了她的应对能力，虽然压力仍在，但是已经懂得寻找情绪出口，虽然大哭，却未崩溃，抹干眼泪就能继续再战。

从这方面看，存在一个适当紧张、偶尔焦虑的心情，一定程度上也会促使孩子在学习上保持一个紧绷不放松的状态，或许也有一定益处。当然，焦虑心情还是不能忽视，应该充分重视。

（3）应对焦虑心情：关注、陪伴、交流和疏导。

对于应对焦虑心情，家长的关注、陪伴、交流和疏导很有必要。这一点主要是玥玥妈妈的功劳。她对玥玥的学习、生活、心理等十分关注，从小学开始，就坚持每天都尽量抽空和玥玥聊天，当然能不能聊得成主要看孩子心情。但是玥玥妈妈的这种陪伴交流，让玥玥在焦虑不安、想找人聊天的时候，会很容易找到聊天伙伴。她们有时候聊起来会没完没了，一两个小时也是经常。我偶尔也会去掺和几句，基本属于"打酱油"性质。虽然不是每次聊完都会立竿见影、阴天转晴，但是对于玥玥的情绪缓解应该是很有帮助的。另外，这种聊天使得玥玥对自己的心理焦虑甚至抑郁也不回避，并且能够主动去寻求解决办法。我们曾经建议玥玥，在心里焦虑时尝试去找校医院的心理老师咨询。玥玥对此并未接受，不过后来却主动提出来让我们带她去医院诊治。这种不躲不避、勇敢面对、主动寻求帮助，对于玥玥这种社恐来讲，实在是很大的进步，我猜想这对她后来在考试中能够保持比较好的心态、发挥出平时的水平，应该也是有帮助的。

2.关于情感：无须回避，正面应对，介入引导

也正是有了玥玥妈妈和玥玥的这种日常机制的聊天交流，才让玥玥觉得什么都可以和妈妈谈，对于自身的情感问题，玥玥也不对我们藏着掖着。

高一上学期结束，玥玥喜欢上了班里的一位男生，这当然会对她的心理、学习、生活产生影响，实际上她考试年排比较差的几次，都是在她和这位男生的"交往"期间。她把这些心思也都说给她妈妈听了。妈妈深明大义，知道这种情况在这个年龄段不可避免，实属正常，而且"宜疏不宜

堵"，所以其实是采取了适当鼓励的态度。比如，学校舞会的时候，玥玥犹豫要不要出手主动邀请，妈妈就十分支持，结果是玥玥如愿以偿，邀得心仪舞伴。对于班里以及年级里的一些少男少女之间的故事，玥玥也经常讲给我们听，我们也十分开心地和玥玥一起"吃瓜"。四中也是充分理解孩子们这个年龄阶段的情感需求，"不鼓励、不支持，但是尊重学生的情感，引导发乎情止乎礼就好"。所以对于情感问题，我们的经验是不用过度担心，但是也不能放任不管，信任学校、信任老师、相信孩子，做好配合工作就没问题。

3. 关于学习：信任老师，相信孩子

说到信任学校、信任老师，一样可以用在学习上。记得入校之初，老师们就讲，在各科的学习上只要跟上老师的进度、服从老师的安排、完成老师布置的任务，就完全没有问题，不需要再去校外的学习班学习。我们确实是这么做的，实际上老师布置的任务已经很多很紧凑，我感觉玥玥是没有多余时间和精力去报校外的学习班的。所以在学习上，我们是完全信任学校和老师，全部交给孩子自己，只是有时会"装模作样"地问一问有没有完成老师的作业。而且四中的老师是完全值得信任的，我觉得玥玥之所以对学习保持了比较高的兴趣和热情，与四中老师的高水平、高素质和全心全意地爱护学生、为学生的未来着想有很大关系。四中的老师不仅业务精湛、讲课技巧高超，而且每位老师都有自己独特的教学风格，有能力让学生们听得兴趣盎然。另外，四中的老师都能和学生们成为朋友，这种亦师亦友的关系，在我小时候上学时是根本意想不到的。玥玥经常回来跟我们讲老师上课的情形以及师生之间的互动交流，讲得绘声绘色，眼神里全是爱戴和崇拜。有了对老师的喜欢，对老师所教的这门学科自然也就尽心尽力地去学，不愿意让老师失望。所以学习这一块儿，听从老师安排、跟上老师的步伐就完全可以了。

4. 四中彩蛋：家长自己的成长

高中三年是孩子辛苦学习的三年，也是家长辛苦陪伴的三年，对于孩

子和家长都是一种历练。四中对于我们学生家长的心理也给予了充分的关注。我是在高考前近一个月的时候，看到了家长群里的信息，几位老师要组织一个高考倒计时21天家长日记营的活动，邀请有意参加的家长入群，每天在一个小程序上打卡，记录孩子的学习状况和家长的心理状态，群里的老师和其他家长可以对发出的帖子进行点评互动。这个活动陪伴了我高考前21天到高考那4天的时光，我写满了每一天的记录，让我的紧张情绪也有了一个很好的缓解出口。老师和其他家长们的点评让人感到温暖，其他家长的分享内容也让人看了心有戚戚焉。从群里的留言看，这种类似的活动应该比较早就有了，所以我想对心理有需求的家长建议，可以向学校老师或者其他家长了解一下，及早入群，打卡分享。

5. 总结

从这高中三年来看，我觉得最重要的是要解决心理问题，良好的心情是保持学习状态、取得好成绩的最好保障。当然影响心理问题的因素很多，其中情感问题可能是占比最大的因素之一，毕竟孩子已经到了这个年龄，这是正常的情感需求，是孩子成长的重要关节，某种程度上是和学习并重的一个方面。这方面我很感谢和赞赏四中老师们的态度和应对措施。我想这也应该是我们家长应该有的态度和举措。其他诸如同学关系、师生关系、班级工作、各种活动、课业压力等，也都会影响孩子的心情和状态，家长要保持对孩子足够的关注，不要把注意力只聚焦在学习成绩上，建议多和孩子沟通和交流，让孩子把家长当作能够交心的对象，了解孩子在这三年里的方方面面。学习安排上反倒不用过多插手，交给四中、交给老师，听从学校和老师的安排，做好后勤保障工作就好了。

总结起来就是，始终相信，持续陪伴，经常交流，时常关注，偶尔干预，相信一切都是最好的安排。

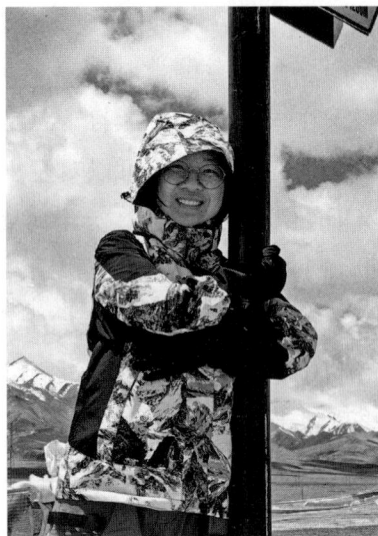

勇敢面对未知

姜紫涵　高三（10）班

　　成绩情况：高一、高二年级大体排名第50，高考成绩677分，年级大体排名第100。

　　成绩雷达图：

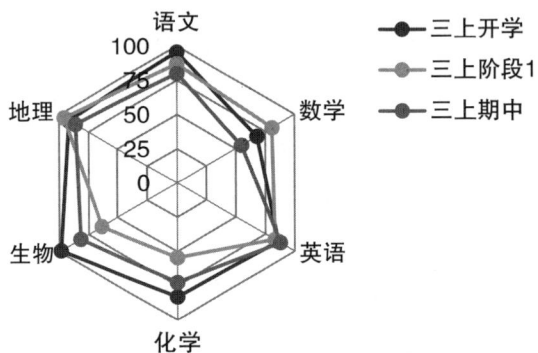

　　弱点：做选择与判断不够果断，不敢舍；不敢跳出舒适圈。

　　送给学弟学妹的一句话：勇敢地面对即将到来的一切。

　　最终录取院校：北京大学。

我的简介：我是高三（10）班的姜紫涵，在班级中担任组织委员。我在学习上脚踏实地、积极上进，生活中与人为善、乐于奉献。我严于律己，严格遵守校规校纪，曾连续三年获得北京四中三好学生称号；我求知若渴，参与了多项学科竞赛及活动，在其中开阔眼界、接触科研、完善自我。同时，我积极参与志愿活动，努力提高作为一名团员的思想觉悟，并尽己所能为身边的人带来积极影响。

我的经验

1. 极致自律

一个高中生要做到极致的自律不容易，或者说，几乎不可能。

人的惰性是与生俱来的，一个再勤奋的人一天中也有用于发呆、休闲的时段。有的时候休息是必需的，但有的时候只是拖延的借口。而对于学生来说，二者的界限常常是模糊不清的，二者的矛盾使我们难以做到极致自律，甚至难以定义极致自律。

我常常陷入一种纠结——在快乐地放松后感慨时间过得真快，紧接着开始悲叹自己在过去的一段时间内什么有意义的事情都没做，以至于怀疑自己的自律能力。我也常常羡慕那些相当自律的同学，他们看上去并不怎么需要休息。看着他们努力，我也会感到焦头烂额。是的，懒惰有时也是困扰我的弱点。

我并非是一个能够做到极致自律的人，但在北京四中生活的六年中，在无数老师和同学的引导和帮助下，我不断努力克服懒惰的天性，并初步养成了自律的习惯，其也回馈了我很多。因此，我想简单谈一谈学习上的自律该如何养成。

首先，向前看，惦记未完成的事情，培养任务意识。我们不需要经过一天的课堂学习后立马拿出作业开始动笔，但到家之后必须有任务意识和头脑中的初步规划。也许你会在到家之后习惯性地拿出手机看一会儿，但只要能够产生这种意识和规划，就足以保障刷手机的时间不会太长。在回家路上大致衡量作业量和所需时间，再结合听课效率和当天作业量规划复习，满打满算下来晚上的时间就差不多了，手里的手机也就没那么大的吸引力了。假期亦然，提前规划，然后每天惦记着哪些事情完成了、哪些事情没完成，适时调整，任务自然能够按时完成。忌只看眼前，抱着无所谓的态度对待课后的任务，此做法与自律背道而驰。

其次，适当延长情绪对我们向好的影响。就像暖流使暖湿气候向更高纬度延伸、寒流使冷干气候向更低纬度延伸一样，我们需要一种如寒暖流一样的后劲儿，帮助我们利用情绪、克服弱点。我曾因为一次数学考砸而紧急到书店买了两本练习册，但练习在两天后便宣告终止。其本质原因便是后劲儿不足，数学考砸的痛苦只延续了两天，而两天完全不足以改变我数学差的事实。因此，适当延长考好的快乐或者考砸的悲伤也许能够为某些学科的进步提供动力，在被懒惰麻醉时回顾一下考好或考砸、游学或会谈时刻的心情，也许就能够克服懒惰。但要注意，应当避免情绪对我们的坏影响，杜绝情绪化处理问题——自律与进步必须根植于行动！无法转化为动力的情绪难免让人陷入内耗，久处于此绝对不是能有效解决问题的做法。

最后，立刻解决问题，他律推动自律。升高三暑期的末尾，我意识到我的数学的确是稳定的弱势科目，解析与导数大题的突破迫在眉睫，因此我报名参加了班级内的解析突破训练。在假期的最后不到两周内每天完成两道解析，熟悉其常见的问法与算法。经过这段时间的集中训练，我的解析能力得到极大提升，同时感到前所未有的自信。讲这个故事是想说，意识到问题存在便要主动寻求解决，有良好的机会必须抓住。同时，在自己安排的学习规划中，我们不必抵触他人的介入和帮助——在做出突破弱科、战胜自我的决定时，我们已经证明了自律。

弱势科目的突破是最需要自律的。我们对优势科目有偏爱，如回家后常常先写优势科目的作业，而因为弱势科目写起来更费时费力而将其一拖再拖。因此，要想解决问题，我们必须尝试调整学习节奏，进行专项补差练习。高三期间，对于数学，我每周参加银杏课程并完成当天的 B 类练习，大考前约一周每天计时完成一套选填，出错的题目回归知识和基本方法，并在波动的成绩中寻找相对固定的优点和弱势。这些措施是我与数学李伟老师多次谈话整理出来的，在老师的帮助和指导下，我尽己所能地完成了对数学学科的突破，也完成了从他律到自律的转变。

有时当我放下手头的娱乐项目转去写作业时，也会好奇地问自己，为什么要这样做？最直接的是眼前的任务，周一要交的作业还没有写完，而它们的存在让我玩得不踏实。除此以外，还有较远的目标，我希望在高考中取得不错的成绩，为此我需要完成一些工作。但更重要的是，当我想到我能够和更出色的人站在一起、参与更了不起的项目、为他人为社会为国家作出我的贡献时，我会感到兴奋和幸福——这让自律变成了一件理所当然的事情。

年级组长叶长军老师曾对我们说，人有低级欲望也有高级欲望，低级欲望就是眼前的娱乐，而高级欲望包括个人梦想的成真、价值追求的实现，以及天性中对于向上的向往。我想，极致自律的本质和唯一途径就是高级欲望的激发，当美好的未来在眼前展开时，一切困难的自律行为都会变得轻松许多。

当我回看游学之后写下的日记与长诗后，我意识到，极致自律需要的决心并非每一个人能下，也非轻易做到。从内到外都能做到极致自律的人一定是有眼界的人，一定是视野高的人，因为他们的动力深刻于常人、长远于常人。

四中是培养自律的不二之选。无数的老师在背后默默支持我前行，班主任与任课老师对我有针对性的指导，以及他们安排得相当多的自习时间，都是我自律的源泉。除此以外，游学等活动让我看到了更广阔的天地，让我明白世界不是眼前的小天地，因而激发了我对于未来的想象和对于担当社会责任的决心。更重要的是，我身边的同学时刻在展示自律与优秀是什么样子，与他们交往绝非仅是人际关系的拓展，更是对不同优秀学习习惯、生活态度的探索和思考。这些对于我来说都是无价的礼物，是我走向未来的基础与底气。

我感恩四中！引用《巴黎圣母院》中的一句话，在四中生活的六年里，我感觉我获得了四中的形状，就像蜗牛具有蜗牛壳的形状一般。四中给予我的印迹会成为我一生的骄傲，她让我看到了天地的辽阔、优秀的模样、家国情怀与社会责任、个人追求与时代需要，也让我在走向极致自律的路上迈出了意义深远的一大步。我会带着她给予我的一切坚定地往前走。

2. 与缺点相处

高中阶段，我们很难定义弱科——每次考试的发挥不同，此次的弱科也许会成为下次的优势科目；也许只是发挥失常多错了两道题，年级排名便有大滑坡的风险。经过几周的努力，一次考试的弱科被慢慢补上来，但往往按下葫芦起来瓢，新的弱科又出现了。成绩的起伏，是再正常不过的现象了。

因此，当我们致力于寻找自己的弱科时，不能仅仅关注单次或者几次考试的分数和排名，而是要进行更深入的挖掘。要挖掘错误的本质，找到了它，便能清楚自己的弱科以及弱项，才有机会进行针对性的加强，逐渐减少缺点，而非盲目补课。

找到错误的本质并不像看到错误一样简单。以一道简单的地理问题为例：

吐鲁番是我国葡萄主要生产基地，葡萄总产量约占全国的20%，其中约一半制成葡萄干销售。

（3）简述吐鲁番葡萄大量制干销售的原因。（4分）

此类题目答不全是典型错误。要想做到答全，必须详尽地拆解设问，"大量""制干""销售"分别对应"大量高品质葡萄""光照通风等晾晒条件""运输条件与销售市场"三个条件，由此可大致得出答案。同时，一地做某件事的原因应该是当地具备做这件事的所需条件，并能产生好的效益。由地理位置出发判断吐鲁番盆地的地理环境与这些条件的匹配及产生的效益。由地理事物往上分析到地理环境，再从地理环境向下推导到地理事物，二者相合，保证满分。而"昼夜温差大"等模板化答题则不能得分。

要分析错因，首先要将整个解题过程拆分成不同部分。就此题，则可以分成审题与拆解设问（"大量""制干""销售"的原因，而非区位条件）、理解设问中的过程（大量高品质葡萄晒制成葡萄干并销售至市场）、勾连新疆的地理环境特点（由干旱环境分析出的条件）、精准且简练的表述（反向答题、无针对性答题均不得分）。

然后，回归到考场上的状态，注意一定要回到那时的思路，从自己出发找问题。是根本没对设问进行拆分，还是没理解整个过程？是对新疆的气候地形不熟悉，还是没有从位置出发的意识？是表述无法做到精确、去模板化，还是由于紧张和时间紧迫没来得及仔细思考？问一问自己，然后将答案及你的失分之处写在题干旁边，如此分析下来一套卷子，也许就知道应当往哪个方向努力了。

与地理的简答题相比，数学等纯理科的弱科识别及弱项分析更简单。回顾试卷，将错误对应的知识点精确到章节，便知道问题出在哪里。有时也需要分段来分析题目，但多用于较复杂的大题。

每次考完试的这一过程往往需要花费一定的时间，但这样的花费是十分有意义且有必要的。回到自己考场上的状态，审视整个做题过程，反思该学科的学习过程，这样才能明确地知道哪科是弱势科目、哪科是优势科目。

另外，在需要时应当找老师帮助。老师对于学生错误的本质看得相当清楚，且能够给出最合理的建议。曾在一次数学考试中，我的数学老师（也是我的班主任）是我们这个考场的监考老师，考完后他告诉我，我的选填耗时有点长，进解析比其他人晚了5分钟左右，解析虽然算出来了但是时间还是长了一些，直接导致我的导数和最后一题时间有点紧张。老师还建议我在选填最后一题减少无效耗时，并在解析题中更果断一些。当时的我感到有点惊讶，但也十分感动——老师的视角能够帮助我们看到学习和考试中更多更细的问题和隐患，而这些在我们高考之前就是突破的重点。

找到自己的弱项后，要学会如何面对。其要义在于，胜不骄，败不馁，持续努力。

不要因为一次考试某学科的失败而认为自己这段时间的补差是没有意义的，也不要因为一次考试该学科的成功就认为自己的补差计划和补差工作完美无缺。要深知一个学科的短板不是几天时间就能补齐的，因此必须有持续的重视和持续的努力。考试带来的情绪和心态变化不可避免，但要试着尽量延长其有利影响时间，缩短其有害影响时间。

高三上学期是我的成绩与心态波动最大的一个学期。当时我在很多学科或很多题型上出现了前所未有的问题。比如，有段时间我的英语作文稳定在10—12分，在这个项目上与一些优秀的同学拉出了五六分的差距。当时也确实很着急，每次练完作文看到442后都会痛定思痛，花一个多小时改一篇好的，但是下一次作文题目和这一次不一样，很可能又是一个442。

事实上，等我的作文逐渐稳定到16分左右的时候，我才意识到这是一件循序渐进的事情。一个处于焦虑中的人很难明白这件事，因为他只能看到一次又一次的失败，那时再坚定的信心也会动摇。从10分到16分，我并没有做其他特殊的事情，只是把老师要求的范文背了，把该改的作文改了，该重写的写了，并找老师批改评分，再没其他的。着急也好，不着急也好，认真地做事情，总会有进步。积土成山，积水成渊，细微之处的进步会在不远的未来被看见。

同样的焦虑也曾出现在生物试卷复杂多变的遗传题、数学试卷上手足无措的导数题，以及地理试卷上不知所云的简答题上。它们都在某段时间让我不好过，有的甚至一直延续到高考。但是我明白，解决它们的最佳方式就是训练和思考，冷静地计划然后认真地实施，除此以外好像也没什么可行的方法了，那还焦虑什么呢？

整个高中阶段，数学可以说是最让我头疼的一个学科。与其他学科相比，数学差得比较稳定，高三下学期之前年排名几乎没进过前百，考得好100名左右，手一滑就200多名了。其根源在于兴趣并非极高，且前期没有为高中数学做出一些准备，同时脑子并不太灵光。故以与其他学科大致相同的努力进行学习之后，数学的分数终究是不太高。

但我深知这是需要改变的，迟早是要改变的。高考之前我必须做点什么来建立起我在这个学科上的自信。

我进行了如下改变，并从中收获到了很多。

首先，养成复盘讲义的习惯。课上的内容记在讲义上，自习时段要及时巩固梳理，由解题步骤形成解题逻辑。在部分题目上需要由复杂变简单，高度浓缩式地写出解题的步骤；在部分题目上需要由简单到复杂，从一道拓展为一类，详细比对不同方法的优劣及适用对象。

其次，利用集中的一段时间对某个题型进行突破。例如解析和导数，分别利用两星期每天晚上做两道题，尽量快速地完成。一个月下来，在这两种题型上得到的提升是肉眼可见的。

再次，回归基础知识。将错题的错因归到基础知识上，并由此将相关内容进行全面复习。尤其要重视选填除最后一道以外的题目、前三道大题，如果在这些题目上出现卡题甚至是错题，则必须精确归因、借助复习。

最后，关注考试节奏。高三阶段考试的规制大致相同，套卷的出法也大同小异。因此，我们需要几次演练来感受自己的考试节奏，并在一模左右将节奏调到适宜且稳定的程度。但要注意，节奏仅供参考，带着预期上考场是一件危险的事，我们需要根据当时的情况对时间分配做出必要的调整，切不可影响心态。

弱项、弱科、缺点的存在是不可避免的。既然无法在短时间内改变它，就要学会与它相处。接纳它而不是躲避它，分析它而不是搁置它，尽己所能地改变它而不是心灰意冷地放弃它。要坚信自己有能力改变，但不要着急，要脚踏实地地努力。某一学科的状态下滑不要紧，理性地分析和思考，根据具体情况和老师的建议设立目标。

3. 平台与港湾

前几天有个学妹的家长打来电话咨询报志愿的信息，学妹今年中考考得很不错，在四中和实验之间徘徊。我毫不犹豫地告诉她："报四中。"

四中给予了我出众的学习能力，且不仅如此。她是极高的平台，让我得以拓展眼界；她也是温暖的港湾，让我得以自由生长。

我的班主任李伟老师曾经半开玩笑地对我们说："你们在高中花了大量的时间学习，但是毕业以后记得的肯定都是学习之外的事。"这话一点儿错都没有，回望这三年来在课堂上举手发问的经历、和朋友一起打球踢球的快乐故事、参与过的各种科研项目和写出来的综述论文，以及多次年级活动的旅行日记，真是让人感到幸福。

四中能让每个人都感到自由和舒适。我是一个不爱社交、言语耿直、运动能力差、坏习惯不少的人，爱好也比较偏，但我在四中找到了能够包容我、祝福我的朋友。我要感谢王智荣、王逸君、刘硕涵，我们会是一辈子的好朋友；我也要感谢10班这个大家庭，你们是四中给我的最珍贵的礼物。

同时，四中给予我们各种各样的机会。作为科技特色班的一员，我很荣幸地获得了英才计划的名额，接触到了我不太熟悉的生物力学专业，并认真地完成了文献综述，得到了很多宝贵的经验。我想，四中就是通过这样的机会将她的学生培养成有能力、有担当、有理想的杰出的人的。

在众多的活动中，最让我难忘的要属高一的高考周游学。回顾当年游学的日记，看到自己的文字中流露出的真诚与幼稚，我感叹我的成长。细致的记录中，我甚至回想起众人在高铁过黄河时探头到窗边的场景，回想起叶长军老师请我们喝的饮料，回想起西风台边的歌声和小卖部，回想起FAST上吊起的馈源舱……也许那时的每一天都充斥着思考与不解，但到今天回顾时只剩下幸福与怀念。

我不会忘掉22公里，耗时4个小时的徒步，不会忘掉黄果树陡坡塘的壮阔，也不会忘掉大家对于小卖部应该开在哪里的激烈讨论，更不会忘掉对于南仁东先生的敬意与钦佩。游学不会直接提高一个学生的成绩，但它绝对能拓宽一个学生的视野。学生与考生不同，四中要培养的是学生，是对真理有不懈追求、对完善自我有不懈追求、有理想有担当的人，而非只在乎成绩的狭隘者。我感激四中、感激年级组为我们提供了这样的机会、这样的平台，让我变得更加杰出。

感谢四中。她的烙印让我学会成长，更让我明白我应该为他人做点儿什么。如果有机会，我会尽我所能报答我的母校。

班主任评语

姜紫涵的特点之一是踏实。她会踏踏实实、保质保量地完成每一项作业，她数学作业本上的解题过程每次都可以当作标准答案，从叙述到计算再到书写。得益于一直以来的这种踏实,她能够度过高三上学期的艰难,也能够在高考中取得让自己满意的数学成绩。她的踏实不仅表现在学习上,还表现在工作中。她担任班级组织委员,从志愿服务到团员发展等工作都是一板一眼、井井有条。

姜紫涵的另一个特点是自律。高中三年她从没有迟到早退过,无论多苦多累,不存在起床难的问题。她做事计划性强,不管是寒暑假这样的长假,还是平时的周末,都会主动列好计划,并坚决地执行。

她的第三个特点就是抗压能力强。高一、高二对于姜紫涵来说还是比较顺利的,成绩也保持在年级前列,但是在高三上学期她几次考试的排名变化较大,这对她来说是个巨大的调整,因为她有固有的行之有效的方法和节奏,只是相对偏慢一点,这就导致过程中会比较煎熬,但是她扛住了压力,最终在期末的时候与大家追齐,并回归到了熟悉的位置。

家长心语

孩子的成长离不开家长、老师和朋友的陪伴与支持。在孩子的成长过程中,家长的陪伴非常重要。听说过这样一句话:优秀的孩子是"陪"出来的。我觉得真正的陪伴,不在于时间的长短,而在于陪伴的质量。下面浅谈一下培养优秀孩子的心得。

第一,用心陪伴。陪伴孩子要"用心",而不是"用力"。

用心关注、用心倾听、用心帮助,只有父母用心了,才能帮助孩子发现问题、解决问题。记得在高三上学期,有一段时间,孩子由于学习压力大,晚上睡得很晚。我发现这个问题后,和她进行了沟通,认真听取她晚睡的理由并给出我的建议。我并没有强制她必须要听从我的建议,而是按照她的想法来尝试,结果月考成绩并不是很理想。这个时候我又和孩子进行了简单的沟通,希望她能听取我的建议并尝试一下。这一次孩子没有坚持,听取了我的建议并在期末考试中取得了很大的提高。

第二,保持平常心,尊重地陪伴。

不要打击孩子,不要一味指责,不能高高在上,要给予孩子应有的尊重与信任。成绩并不意味着一切，孩子还有很多可能性。我们要帮助孩子正确认识自己，找到最合适的成长道路。

孩子在每次考试后都会遇到一些困惑，成绩并不是每次都很理想，这个时候，咱们家长就要用一颗平常心来看待成绩，并和孩子一起来分析每次考试的得失，鼓励孩子在自己擅长的方面继续保持，对于失误的地方今后尽量避免。家长要相信孩子能安排好自己的学习时间，在学习上不要指手画脚，可以给出自己的建议，鼓励孩子多找学科老师答疑解惑。

第三，相互沟通，做好孩子的倾听者。

倾听是人与人之间沟通的一种方法，这是因为倾听能够让对方倾诉自己的心声，能够把心里的郁闷、压力等不良情绪都发泄出来，从而使心情舒畅、精神抖擞。教育家周弘说过："要想和孩子沟通，就必须学会倾听。倾听是和孩子有效沟通的前提。"

孩子在成长过程中，无论是在学习方面还是在生活方面都会遇到一些困难和困惑而产生焦虑，特别是在高三阶段，孩子有时候会焦虑、郁闷、情绪不好，急需找人倾诉。这个时候，家长就起到了至关重要的作用。要找时间和孩子沟通交流，多听听孩子的"吐槽"，比如在接送孩子的路上，在吃晚饭的时候或是周末的某个时间，和孩子进行有效的沟通，主要是听听孩子的心声，了解孩子的困难，并给出一些建议或帮助，让孩子有发泄情绪的出口从而缓解压力和焦虑，适当给出建议来帮助孩子解决目前面临的问题，陪伴孩子度过人生中的一个重要阶段。陪伴，是要和孩子做朋友，我们都要放低姿态，互相尊重，彼此包容。父母陪伴孩子的过程，就是给孩子做好榜样的过程。以身作则，言传身教，是我们能给孩子的最好教育。

高考已经结束，孩子们即将开启新的征程。回顾过去的三年，真的是为孩子感到庆幸，在她最需要关心和帮助的时候，有老师、家长和朋友们的陪伴与支持，才让她在这三年的学习和生活中健康快乐地成长并取得了自己理想的成绩！

后记
做一个低姿态的奔跑者

2023 届年级组长　叶长军

此时此刻，2023 届的同学们已经进入了自己理想中的高校而成为最年轻的四中校友。

在组稿和审稿的过程中，看到了、感受到了 2023 届学生对四中的不舍、眷恋和感激，内心特别激动。

我一直在思考，北京四中被学生称之为"精神家园"，线上网课期间，因为不能入校，毕业的学生和没毕业的学生跑到四中校门口，说能呼吸到四中的空气也很好，也能获得支持和动力。北京四中究竟给四中学子在灵魂深处打下了什么样的烙印？

面对着在校的学生和老师，看着学生们忙碌的学习、军训和游学，看着老师们辛苦的教学、答疑和组织活动，我想到了很多，很多。

我首先想到的是 2023 届的红色游学。

2021 年，为庆祝中国共产党百年华诞，2023 届年级组在校党委的领导下组织了"青春向党、奋斗强国"重走长征路的五条红色游学路线，在贵州线实施了22公里的行军活动，去程：静默、思考，不许说话；回程：互唱军歌，歌声嘹亮。在临近终点时，有几个女同学掉队了，边走边哭，因为脚上磨起了水泡，每走一步像针扎一样，我作为年级组长，请她们上后面的救护车，当时后面跟着三辆救护车，结果没有一个同学上救护车，互相搀扶着走完全程。后来同学们写道：红色游学感受最深的是徒步，重走长征路！徒步完成22公里，30000多步，留在身体上的印记只有满脚的水泡、晒得发红的皮肤，意义究竟在哪里？看着身边的同学，看着在风中飘扬的校旗与班旗，我终于明白：水泡会消失，皮肤也能恢复，但留在我们心底的印记、同学间的鼓励、老师的期许，还有在极端条件下激发的潜能会伴随我一生，永远不会消失。这可能是徒步对于我个人的最大意义所在。

由此上溯，抗美援朝时期，四中先后有124名学生投笔从戎，奔赴保家卫国的岗位。

还有我们的学长黄诚，1930年进入四中学习，任学生会负责人，"九一八"事变后领导四中学生进行抗日救亡运动，是"一二·九"运动学生领袖之一。1937年"七七事变"后，按照党组织的要求投笔从戎。1938年春加入新四军，后任新四军政治部秘书长。1941年初皖南事变中不幸被俘，关押在上饶集中营，1942年壮烈牺牲，年仅28岁。

北京四中诞生于中华民族从深重灾难中觉醒的最初时期，她的发展始终伴随着中华民族的救亡图存，116年来，四中为国家培养了近40000名优秀学生，他们分布在祖国的各行各业，为祖国奉献着自己的青春和热血！

我们培育出了如此优秀的学生，其根源在于我们脚下的这块土地，荟萃了天下各地的优秀教师。

我想到了有一年的军训。

其中有一位教官，是位边防军人，曾带着极强的决心和力量，在新疆马兰驻扎。马兰，全体四中学子都不陌生的地方，那里有核试验基地和一代代隐姓埋名的爱国者；那里更有戈壁沙漠和无穷无尽的恶劣天气。日复一日的沙尘暴，7级以上的大风，一间哨所4个人的平房构成了他们的生活环境，夜晚的石子敲打着铁皮房，一夜神经紧绷，一觉起来，屋顶已然被掀翻。寒冷，是一个人盖三床被子加一件棉大衣都感受得到的冷。

当这位教官看到学生吃饱了而将半个馒头倒掉时，愤怒了，他说："我们保家卫国的意义何在？我不想保卫这样不珍惜粮食的人！"

就是这位教官，接到军训的通知，已经是临行前一天。他仓促地收拾了行囊，难耐激动的心情，从乌鲁木齐到北京，没有坐票，一天一夜，站了过来。军训第二天的下午他来找我们，摊开手，那双布满茧子不算白净的双手捧着带给同学的礼物。他说："部队里有纪律，不能送学生东西，但我第一次离开新疆边防带学生军训，希望可以激励他们好好学习，所以我还是带了，想送给最优秀的十个小战士，请你们一定要帮我转交。"他带来的东西都是对他来说最珍贵的，有一枚手榴弹的拉环，这是他作为新兵第一次学习扔手榴弹时留下的；有五枚军人常服上的领花，这象征着中国军人的荣耀。我追问他："您送我们这么多您自己还有吗？"他说："放心吧，我给自己留了一个。"他还带了四块在戈壁上一直陪伴着他守卫边疆的岩石，叫风凌石，经历了上亿年的风吹雨淋。他特别叮嘱我，希望四中的学生能像这四块石头一样，顶得住千磨万击，成为祖国最优秀的建设者。当时，在场的人，瞬间泪目！

我们的学生何其有幸，我们的四中何其有幸，得到如此优秀的老师！这是军训的意义所在！

北京四中，年年岁岁，岁岁年年，有多少优秀的老师在守护、陪伴、引领着四中学子在成长！

由此上溯，1955年首批特级教师刘景昆先生提出三热爱：热爱学生、热爱科学、热爱教学，特级教师张子锷先生的"上好每一堂课、教会每一个学生"，还有篮球、足球、排球、田径、游泳和体操样样精通的特级教师韩茂富先生，更有在情感育人中所表现出伟大人格力量的丁榕老师，都是四中优秀教师的代表。

以上优秀的四中师生，都贯彻着首任校长王道元先生所提出的："以自食其力为本根、以协同尚义为荣卫""厚其积储、大效于世"的精神，都是低姿态的奔跑者！

低姿态，是兼收并蓄，以天下为师，代表着四中的"勤奋、严谨"。

奔跑者，是求索上进，以天下为己任，代表着四中的"民主、开拓"。

低姿态的奔跑者，代表着四中崇尚科学、追求民主、全面发展、学以致用、终身学习、服务社会的发展主线，是四中源远流长、焕发蓬勃生机的意义所在！

最后，我想用2023届一位学生发给我的短信作为后记的结束语。

我真的很舍不得离开四中，我也真的舍不得您，每次您在年级会和班会上讲的都给我特别大的精神动力，任何时候看到您都是非常拼的状态。您让我感受到人是可以并且应当把生命的每一分钟都过得很充实很昂扬向上的，而且在攀登的过程中也能收放自如，不会丧失活力和快乐。您就像我们大家的严父和大朋友的结合体，能在四中遇到您做年级组长和班主任真的很幸运，是一个不可替代也不可复制的极致体验。

我一直都特别向往对任何事情都充满热情并能全力以赴的那种一直奔跑的感觉，您的那股劲儿会影响我一生，我会一直记得叶老师的教导和爱，一直奔跑下去！

祝福我们的四中，我们共同的精神家园奔向国际舞台、去影响和引领这个伟大的时代！